ISBN 978-0-259-41618-0
PIBN 10656626

Forgotten Books is a registered trademark of FB &c Ltd.
Copyright © 2017 FB &c Ltd.
FB &c Ltd, Dalton House, 60 Windsor Avenue, London, SW19 2RR.
Company number 08720141. Registered in England and Wales.

For support please visit www.forgottenbooks.com

English
Français
Deutsche
Italiano
Español
Português

www.forgottenbooks.com

Mythology Photography **Fiction**
Fishing Christianity **Art** Cooking
Essays Buddhism Freemasonry
Medicine **Biology** Music **Ancient**
Egypt Evolution Carpentry Physics
Dance Geology **Mathematics** Fitness
Shakespeare **Folklore** Yoga Marketing
Confidence Immortality Biographies
Poetry **Psychology** Witchcraft
Electronics Chemistry History **Law**
Accounting **Philosophy** Anthropology
Alchemy Drama Quantum Mechanics
Atheism Sexual Health **Ancient History**
Entrepreneurship Languages Sport
Paleontology Needlework Islam
Metaphysics Investment Archaeology
Parenting Statistics Criminology
Motivational

Der pavillonfähige

Dadant-Alberti-Bienenkasten

(Schubladen-Blätterstock mit Blatt-Breitwabe)

unter besonderer Berücksichtigung der

Königinzucht des Amerikaners G. M. Doolittle

(Autorisierte Uebersetzung seines Buches: Scientific Queen-Rearing)

von

A. Sträuli, Pfarrer,

in Scherzingen × Thurgau × Schweiz.

Zweite, verbesserte und stark vermehrte Auflage.

Mit zahlreichen Figuren.

Frauenfeld.
Verlag von J. Huber.
1902.

Huber & Co. Buchdruckerei, Frauenfeld.

Vorwort zur zweiten Auflage.

Es sind elf Jahre verflossen, seitdem ich auf Anraten meines lieben „Kirchenpflegers", des Herrn Gottlieb Müller in Oberhofen (meiner Filiale), im Herbst des Jahres 1890, in einem Schweizerkasten=Vierbeuter angefangen habe, Bienenzucht zu treiben; seit in demselben Herbste Herr G. Biel, Zivilstandsbeamter in Ermatingen, mir mitgeteilt, daß Herr Lehrer A. Wartenweiler in Engwang noch einen andern Kasten habe, in dem man wie in einem Buche blättern könne, und den ich dann sofort anschaffte, als derselbe im darauffolgenden Jahre an der Wanderversammlung des Vereins schweizerischer Bienenfreunde in Uster mit einem ersten Preise prämiiert wurde. Wie ich von diesem Blätterkasten aus allmählig zum Dadant=Alberti=Kasten in seiner gegen=wärtigen Gestalt gekommen bin, das ist eine lange Geschichte, die mir viel Vergnügen bereitet hat, die ich aber hier nicht verfolgen will. Daß in diesen elf Jahren meine Freude an den Bienen nicht abge=nommen hat, daß ich viel gelernt, studiert und erfahren, davon wird die vorliegende Auflage Zeugnis geben. Mein Interesse für die Bienen wuchs, als es mir gelang, mein bißchen Englisch, das ich von der Sekundarschule her besaß, so weit aufzufrischen und zu verbessern, daß ich seither im stande war, neben der französischen Bienenzeitung des Herrn Bertrand (Revue internationale d'Apiculture, Nyon) auch die englische von Cowan und Carr (The Bee-keepers Record, London), sowie die Bücher der Amerikaner G. M. Doolittle und Alley zu lesen. Schließlich lernte ich auch noch so viel Italienisch, um den Apicoltore (Mailand) des Herrn von Rauschenfels ohne große Mühe studieren zu können. Ich bitte, mich zu entschuldigen, wenn ich die deutsche

149055

Bienenzuchtlitteratur, die ich gelesen, nicht aufzähle! Ich bemerke nur, daß ich Gerstungs organische Auffassung des Biens teile. Wenn irgend etwas geeignet ist, diese Theorie im allgemeinen als richtig zu erweisen, so ist es die amerikanische Königinzucht.

In meiner Eigenschaft als „Echo des Auslandes" für Gerstungs Bienenzeitung: „Die deutsche Bienenzucht in Theorie und Praxis" stehen mir die Bienenzeitungen Amerikas (Gleanings 2c.), Australiens, Englands, Frankreichs, Italiens, Hollands, Schwedens (so weit reichen meine Sprachkenntnisse freilich noch nicht) u. a. zur Verfügung.

Was den Erfolg des Dadant=Alberti=Kastens betrifft, so läßt derselbe nichts zu wünschen übrig. Ich verzichte darauf, alle die wohl= wollenden Besprechungen in Bienenzeitungen und in Lehrbüchern der Bienenzucht, alle die begeisterten Mitteilungen und anerkennenden Schreiben aus der Nähe und aus der Ferne hier namhaft zu machen. Nur einige Briefe aus Alexandrien in Aegypten, aus Petersburg in Rußland und aus Wien erlaube ich mir zu erwähnen und die letzteren im Anschluß an dieses Vorwort wiederzugeben. Die Brauchbarkeit der von mir konstruierten Schublade ist bewiesen auch durch den Umstand, daß der Verein schweizerischer Bienenfreunde dieselbe dem Schweizerkasten=Brutraum aufgesetzt hat, natürlich in der Form, die das Hinterladersystem zuläßt. So entstand der Schweizer= „Ober= behandlungs"=Kasten, der nur ein Uebergangsmodell darstellt.

Es liegt sehr im Interesse der Imker eines Landes, daß dieselben eine gleichförmige Wabe und einen gleichförmigen Kasten besitzen. Ich darf namentlich auch die Anfänger versichern, daß mein Kasten die Billigung aller Fachleute besitzt und Abänderungen hinsichtlich der Größe, Wabenzahl 2c. unangebracht sind. Die Kasten meines neuen Pavillons sind erstellt von Herrn Arnold Künzler, mechanische Bienenschreinerei in Staad bei Rorschach (Schweiz). Diese Firma liefert auch trans= portable Bienenhäuser. An der Fabrikation der Kasten, sowie der andern von mir erfundenen Bienenzuchtgeräte bin ich in keiner Weise interessiert. Die Bezeichnung „Sträulikasten" lehne ich ab. Es ist für jeden Bienenzüchter selbverständlich, die Kasten bei den Fabrikanten direkt zu beziehen. Wer mein Buch besitzt, braucht die Kontrolle eines Dritten nicht.

Was die neue Auflage meines Buches betrifft, so wurde dieselbe nötig, da die erste, im Jahre 1896 erschienene, vergriffen ist. Ich erhalte sehr häufig briefliche Anfragen und Gesuche um Mitteilung sämtlicher Neuerungen und Verbesserungen an meinem Kasten, oder um ausführliche verständliche Mitteilung über die Doolittle= Königinzucht und andere Königinzuchtmethoden. Leider habe ich keinen bienenkundigen Sekretär zur Verfügung. Im Anfang hat es mir natürlich Freude gemacht, solche Anfragen gewissenhaft zu beant= worten. Allein ich habe auch noch viel anderes zu thun. Durch die Herausgabe dieser zweiten Auflage hoffe ich von mancher Mühe ent= lastet zu sein. Damit will ich nicht sagen, daß ich nicht auch fernerhin bereit bin, brieflich zu verkehren mit solchen, denen irgend ein Punkt nicht klar ist.[1]

Der I. Teil meines Buches, die Konstruktion betreffend, ist not= wendig etwas „hölzern"; doch habe ich ihn mit mancherlei praktischen Bemerkungen durchflochten und bezieht sich derselbe nicht nur auf den Kasten, sondern auch auf die Herstellung anderer besonders praktischer Geräte und Einrichtungen.

Im II. Teil beschreibe ich die Königinzucht=Methoden der Ameri= kaner Alley, von Stachelhausen und Doolittle und des Franzosen Giraud Pabou. Durch die amerikanische Königinzucht rückt unsere Bienenzucht plötzlich wieder um einen Schritt vorwärts. Ohne Königinzucht gibt es keine rechte Bienenzucht. Ich bin auch in der glücklichen Lage, erklären zu können, daß mein Kasten (der im wesent= lichen nichts anderes ist als der in allen Weltteilen verbreitete und aufs beste erprobte Dadant=Blatt=Kasten des Herrn E. Bertrand)

---

[1] Briefen aus Deutschland dürfen zur Frankatur meiner Rückantwort deutsche Briefmarken beigeschlossen werden, da ich meine nach Deutschland bestimmten Briefe durch die Post des benachbarten Konstanz spedieren lasse. Auch österreichische Briefmarken kann ich brauchen: ich werfe meine nach Oesterreich bestimmten Briefe in den Briefeinwurf eines der im Konstanzer Hafen verkehrenden österreichischen Dampfschiffe. Auf telephonische Anfrage gebe ich grundsätzlich keine Antwort. Ich bitte, mich nicht an einem Samstag zu besuchen, und, wenn möglich, lieber an einem Wochentag, als an einem Sonntag. Ich habe jeden Sonntag zweimal zu predigen und Kinderlehre zu halten und jeden zweiten Sonntag dreimal zu predigen und Kinderlehre zu halten.

mit seiner breiten, niedrigen Brutwabe (die Auffatz und Brutraum zusammen zu einem Kubus macht, der am meisten Wärme hält) sich zu dieser eminent praktischen Königinzucht ganz vorzüglich eignet, d. h. in gewisser Hinsicht für dieselbe notwendig ist. Dasselbe gilt auch von meinem Bienenhaus mit dem einfachen und praktischen amerikanischen Abfluggitter, das jeder Biene den Abflug gestattet, aber das Eindringen fremder Bienen in den geöffneten Stock unmöglich macht. Das alles ist für eine praktische Bienenzucht von großer Bedeutung, abgesehen von andern wichtigen Vorteilen, die meine Einrichtung bietet.

Um die amerikanische Königinzucht auf einfache Weise im Auffatz betreiben zu können, empfehle ich jedem Imker, wenigstens einen Kasten als Zuchtkasten nach meinem Modell zu erstellen, aber in den Dimensionen des Kastensystems, mit dem er sonst wirtschaftet. Wenn seine Brutwabe eine Hochwabe ist, muß dieselbe bloß (als Breitwabe) „umgelegt" werden. Die amerikanische Königinzucht im Brutraum des Blätterkastens ist wenn möglich noch praktischer, erfordert aber schon eine etwas kompliziertere Einrichtung, die freilich immer noch einfacher ist, als eine diesbezügliche Konstruktion in anderu Kastensystemen, die „Warmbau" enthalten und bei denen das Flugloch nicht halbiert werden kann. Ein einziger solcher Zuchtkasten genügt, um in zwei bis drei Monaten Hunderte von guten Königinnen zu erziehen, ohne das Volk entweiseln zu müssen.

Da die Drucklegung mich noch zu neuen Ideen angeregt hat, wenigstens in Bezug auf praktische Einzelheiten, die mein Kastensystem erfordert, bitte ich, das Buch vorerst ganz durchzulesen und zu entschuldigen, wenn das eine oder andere nicht als Endresultat, sondern in seinem Werden dargestellt ist. Ich habe hiebei im Auge namentlich das am Schlusse des II. Teiles besprochene, überaus wichtige, praktische Problem: in einem weiselrichtigen Volke eine junge Königin vom Auffatz aus sich befruchten zu lassen und die Erneuerung der Königin überall mit befruchteten Königinnen zu bewerkstelligen, ohne den Gebrauch besonderer Zuchtkästlein und -Völklein. Es ist dieses Verfahren offenbar noch besser, als die künstliche stille Umweiselung durch Zusetzung von Königinzellen ohne vorausgehende Entweiselung von seiten des Imkers, was in meinem System freilich ebenfalls möglich ist.

Im IV. Teil meines Buches gebe ich das Notwendigste über eine einfachere (?) Königinzucht und die Behandlung der Bienen zur Erzielung des größtmöglichen Honigertrages. Ein vollständiges Lehrbuch der Bienenzucht will meine Schrift nicht sein. Doch dürfte sie auch dem Anfänger genügen, da in derselben von allem Wesentlichen die Rede ist und nichts bloß vorausgesetzt wird. Auch wer nicht im Dadant= Alberti=Kasten imkert, wird in meinem Buche reiche Anregung finden. Es will überhaupt keine Schablone sein, die man ohne eigenes Nach= denken anwenden kann. Der Leser muß selber auswählen, was für ihn paßt.

Es kommt im III. Teil zur Sprache auch die „Rassenzucht". In dieser Hinsicht gehe ich aus von Ideen, die niedergelegt sind z. B. in W. Haake's Büchern: „Die Schöpfung der Tierwelt" und „Die Schöpfung des Menschen und seiner Ideale." Es ist das mechanisch= organische Prinzip des Gleichgewichts und des den Organismen inne= wohnenden Strebens nach Erhöhung des Gleichgewichtes, das sich auch auf die Bienenzucht anwenden läßt. Eines jeden Bienen= züchters Königinnen besitzen diejenige Qualität, die genau das Gleich= gewicht bildet zu der Behandlung, die er ihnen angedeihen läßt, nament= lich zu den günstigen oder ungünstigen Bedingungen, unter denen er die jungen Königinnen entstehen und später funktionieren läßt. Es ist das, was in Bezug auf die Menschen unser schweizerischer Geschichts= schreiber Joh. von Müller gemeint hat in den Worten: „Wo man Käse ißt, da gedeiht die Freiheit". Zum Beweis, daß bei der Bienen= zucht nicht sowohl die Rasse, sondern der Imker die Hauptsache ist, teile ich noch folgendes mit. In Keßweil, an der Linie Konstanz= Romanshorn, drei Eisenbahnstationen von Scherzingen entfernt, be= findet sich ein großer Korbbienenstand mit brauner Landrasse. Der Besitzer, ein 63 jähriger Junggeselle, erzählte mir soeben: Die Jahre 1881, 85 und 87 seien gute gewesen; seither habe er für viele Tausend Frauken Zucker gefüttert, aber nie mehr eine Ernte gehabt. Im Frühling würden ihm sehr oft Stöcke weisellos! Er habe schon 75 Schwärme von 100 Völkern bekommen. Diesen Winter seien ihm wieder eine große Anzahl Stöcke verhungert; er sei froh, wenn er die entstandenen Lücken mit Schwärmen ausfüllen könne. Der Sommer

1900 sei so schlecht gewesen und dazu der lange Winter! Ich erzählte ihm, daß ich neben schwarzen Völkern noch viele Krainer habe, von denen mir aber noch nie einer verhungert sei. Im übrigen werde auch ich die Landrasse fortzüchten, so weit sie noch zu haben sei, vielleicht zugleich mit Italienern und Krainern. Denn meine Kasten gestatten mir durch die zwei Schiedbretterpaare und das Königin-Absperrgitter nicht nur eine sehr einfache und erfolgreiche Bruteinschränkung (nach stattgefundener möglichster Brutentwicklung auf unseren großen Brutwaben) und die Möglichkeit der Schwarmverhinderung, sondern auch die rationelle Zurückgabe der Vorschwärme ohne Entweiselung derselben, ohne Unterbrechung des Brutsatzes und des Sammeltriebes, also ohne Kräftezersplitterung und doch zugleich so, daß eine Neubeweiselung stattfinde, derart, daß ich eigentlich die Vorschwarmverhinderung nicht nötig habe und mit sehr fruchtbaren und sogar schwarmlustigen Rassen erfolgreich imkern könne, namentlich auch darum, weil Schwarmköniginnen aus großen Völkern an Qualität von keinen andern künstlich gezüchteten übertroffen werden.

Die Bienen beziehen die Aufsätze, die im Anfang manchem als groß erscheinen mögen, auch über dem Absperrgitter sehr gern, wenn man in denselben bebrütete Honigwaben verwendet. Ich verweise in dieser Hinsicht auf das, was Ph. Reidenbach in seiner Schrift betreffend die Faulbrut über die bebrüteten Waben sagt.

Ich zitiere aus der Juni-Nummer des Record 1901 die Worte des großen schottischen Bienenzüchters W. Mc Nally in Glenluce. Er sagt: „Jeder Bienenzüchter kann mit sehr wenig Mühe oder Kosten und ohne Einführung irgend eines auswärtigen Materials in seinem Bienenstand die gegenwärtige Qualität seiner Bienen verbessern durch richtige Auswahl. Von den mannigfachen Methoden der Königinzucht ist jetzt vielleicht in der Bienenwelt am populärsten die von Alley, Doolittle und H. W. Brice praktizierte. Diese Namen sind bekannt als diejenigen wissenschaftlicher Königinzüchter. Die meisten Hauptwerke der Bienenlitteratur geben diese Methoden im Detail, aber Erwähnung verdienen Roots „ABC der Bienenzucht" (in 75,000 Exemplaren verbreitet), Cheshiers Werk (Band II), oder Doolittles „Wissenschaftliche Königinzucht", von denen irgend eines in den Händen sedermanns sein sollte, der Meister zu werden wünscht in diesem Teil der Bienenzucht."

A. J. Root in Medina, Ohio, der größte Bienenzüchter Nord=amerikas und der Welt, schreibt (in der 90. Auflage seiner Preisliste, April 1901) von Doolittle: „Alles aus der Feder dieses Schriftstellers ist so sicher, daß man sich darauf verlassen kann."

Doolittles Königinzuchtmethode ist in überaus interessanter und genialer Weise weiter entwickelt worden von Swarthmore (eigentlich Pratt in Swarthmore, Pennsilvanien), worüber ich in den „Nach=trägen" am Schlusse des IV. Teiles berichte.

Dem Herrn Verleger spreche ich den verbindlichsten Dank aus für die große Mühe, die er sich um die seine Ausstattung meines Buches, namentlich auch in Bezng auf die schönen Hauptclichés, gegeben hat, und ebensolcher Dank sei hier auch all den Herren abgestattet, welche mir in gefälliger Weise Clichés leihweise überlassen haben.

Scherzingen, im Winter 1901/2.
(Station Münsterlingen)

Sträuli, Pfarrer.

St. Petersburg, den $\frac{\text{27. März}}{\text{9. April}}$ 1900.

Geehrter Herr Pfarrer!

... Ich bestellte mir hier noch 5 Dadant=Alberti=Stöcke und baute mir für dieselben eine ganz leichte, eintagige Lagd aus einzölligen Brettern, nach hinten ganz offen, nur mit Laden (für den Winter und gegen schrägen Regen) zu verschließen; diese einfache — nötigenfalls sogar transportable — Einrichtung hat sich ganz gut bewährt; die Beleuchtung ist dabei natürlich die denkbar beste, und wenn diese Lagd auch keinen absoluten Schutz gegen Raubbienen beim Arbeiten gewährt, so ist man doch gegen die Flugbienen geschützt, und auch die Raubbienen finden einen nicht so bald als bei freien Stöcken. — Das war nun alles sehr schön; nun war aber der Frühling 1899 so ganz besonders kalt und schlecht, daß ich auf eigene Vermehrung wenig Aussicht hatte; ich beschloß nun, mir einige Bauernstöcke zu kaufen und mit den Völkern daraus die Lagd zu bevölkern; aber der „schöne" Frühling hatte die Stände der Bauern so mitgenommen, daß ich in der Umgegend keine anständigen Stöcke bekommen konnte. — Um nun die Lagd doch nicht leer stehen zu lassen, bestellte ich mir rasch 10 Krainer=Schwärme, welche ich dann endlich auch erhielt (am 16. Juni / 8. Juli): aber auch hier hatte ich wieder Pech; durch ein Versehen auf der Post blieben die Schwärme 2 Tage dort stehen, und da es recht heiß war, so waren die Schwärme sehr mitgenommen; ich setzte dieselben auf je 5 Waben; sie haben diese bis zum Herbst auf $^2/_3$—$^3/_4$ ausgebaut und sich auch ziemlich gut entwickelt; den nötigen Bedarf an Futter fütterte ich ihnen Ende August ein.

Es waren also die Bedingungen zur Beurteilung Ihres Stockes recht ungünstig; doch hat mir derselbe sehr gefallen; die Möglichkeit, hinten in den Stock zu sehen, ohne denselben zu öffnen, ist sehr vorteilhaft; auch ist eine kleine Revision — etwa nur durch Umblättern der Waben — sehr rasch und bequem und bei kühlem Wetter ohne Gefahr der Bruterkältung geschehen.

Für den Winter richtete ich die Bienen so ein: zwischen Pavillonwand und vorderer Stockwand — etwa 3 Zoll — stopfte ich Werg, ebenso zwischen den Stöcken; mit Werg füllte ich auch die Räume hinter dem Fenster; auch kam eine dicke Schicht auf die Deckbretter. Dann deckte ich alles mit alten Decken zu, auf welche noch eine Schicht Moos kam; schließlich stellte ich die Laden ein. — Am 14./26. November, als es ganz Winter geworden, schlug ich auch die Flugbretter auf und verhängte die Front mit Bastmatten; zwischen diese und die Pavillonwand kam noch Moos (vor die Fluglöcher natürlich nicht). Der Winter war recht streng, bis — 30° R. und mit anhaltend starken Frösten, so daß mir um die schwachen Völker in dem Pavillon etwas bange war. Vorgestern (also den 25. III. / 7. IV.) öffnete ich die Front des

Pavillons, d. h. ich nahm Bastmatten und Moos weg, schlug die Flugbretter zurück, und sogleich fingen 5 Stöcke an, lustig vorzuspielen — dem sechsten war das Lebenslicht ausgegangen — warum weiß ich noch nicht; es liegt noch so viel Schnee, daß ich den Pavillon nicht öffnen konnte.

Mit dem Resultat der Ueberwinterung bin ich ausnehmend zufrieden. — Ueber die weiteren Begebnisse im Frühling und Sommer berichte Ihnen seiner Zeit.

Mit besten Wünschen für das beginnende Bienenjahr und mit herzlichsten Grüßen bleibe ich Ihr

J. C. Harmsen.

Wien, 28. Juni 1901.

Hochwürden Herrn Pfarrer A. Sträuli in Scherzingen!

Unser Wanderlehrer Herr Hans Pechaczek beabsichtigt, heuer in der Zeit vom 29.—31. Juli die Behandlung der Bienen im Dadant-Alberti-Bienenkasten in der Schweiz zu studieren, und wird sich bei der Gelegenheit erlauben, Ihnen diesbezüglich einen Besuch abzustatten.

Wir gestatten uns nun die höfliche Bitte, unserem Herrn Wanderlehrer in dieser Sache gütigst einige Belehrung erteilen zu wollen und auch zu erlauben, daß er Ihren Bienenstand besuche.

Mit Dank im vornhinein,

hochachtend

Zentralverein für Bienenzucht in Oesterreich.

Der Vize-Präsident:

J. Anzböck.

Sehr gefreut hat mich ein Gruß, der mir am 18. August 1901 von der Wanderversammlung deutsch-österreichischer Imker in **Breslau** geschickt wurde und der mit folgenden Namen unterzeichnet ist:

Dr. Dzierzon, Pfarrer em., Lowkowitz (Post Schönwald),
Preußisch-Schlesien.
W. Günther sen., Gipsersleben, Deutschland.
Fr. W. Günther jun., Bienenzüchter, Gipsersleben und
Alwine Günther (seine Frau).
Max Hamsch, Lehrer in Breslau.
W. Koch, Hauptlehrer, Mayen, Rheinland.
N. Platz, Oberturnlehrer, Weißenfels (S.), Deutschland.

Alois Alfonsus, Redakteur des „Bienenvaters", Wien (Döbling).
Oswald Muck, Präsident des Zentralvereins für Bienenzucht in Oesterreich, Wien.
Hans Pechaczek, Wanderlehrer, Curatsfeld, Nieder-Oesterreich.
Franz Simmich, Bienenzuchtgerätefabrikant, Jauernig, Oest.-Schlesien.

Besten Dank und Gegengruß!

Wien, am 3. November 1901.

Sehr geehrter Herr Pfarrer!

Vor allem muß ich Ihnen meinen Dank aussprechen, daß Sie Ihr Buch: „Der pavillonfähige Dadant-Alberti-Bienenkasten" veröffentlicht haben.

Ich habe nach Ihrem System heuer neun Kästen in den Winter gebracht und muß denselben alles Lob aussprechen. Jedermann muß über die Einfachheit und Zweckmäßigkeit dieses Systems entzückt sein. Ich glaube, es wird sobald nichts Besseres nachkommen.

Bitte mich nun zu entschuldigen, wenn ich Sie durch diese Zeilen belästige. Ich will mir einen Pavillon für 32 Völker bauen. Da Sie sogenannte „Abfluggitter" haben, so möchte ich Sie bitten, mir freundlichst mitzuteilen, wie diese beschaffen sind oder wo ich eine nähere Beschreibung derselben finden kann, damit ich sie vielleicht anbringen kann.

Ich wünsche nur, daß Ihr System bald allgemein bekannt wird; denn es ist wirklich eine Lust, mit Ihren Kästen zu arbeiten. Ich habe mir dieselben selbst angefertigt nach Ihrer Anleitung und ändere auch meine 5 Hinterläder sofort um, wenn auch nur auf 11 Waben.

Indem ich Sie bitte, mir womöglich die obige Anfrage zu beantworten, zeichne ich mit bestem Danke und Imkergruß

Ihr ergebener

Rudolf Burschik,
Wien XIV/1, Beingasse 6.

Inhalts-Uebersicht.

Verzeichnis der Abbildungen.

Fig. 1. Kasten mit Aufsatz und Deckbrett, von „hinten".

Das Fenster ist weggenommen.

Fig. 2. Kasten mit Aufsatz und Deckbrett, von „vorn".

Zwischen Fluglochkanal und Flugbrett ist die Pavillonwand hinzuzudenken.
Der Fluglochschieber (auf dem Bild unvollständig) kommt in
Wirklichkeit an die Außenseite der Pavillonwand.

Die Konstruktion.

Die Brutrahme

ist außen 300 mm hoch und 435 mm lang, beziehungsweise breit. Innen, im Lichten, mißt dieselbe in der Höhe 268 mm und in der Breite 419 mm. Tragschenkel und Rähmchenunterteil, also die beiden wagrechten Rahmenteile, sind 16 mm dick, die senkrechten Seitenteile sind 8 mm dick. Sämtliche Rahmenteile sind 22 mm breit. Die

Erste Methode der Herstellung.   Zweite Methode der Herstellung

Fig. 3. Brutrahme
(Maßstab 1 : 10.)

senkrechten Seitenteile werden auf die wagrechten Teile genagelt; diese letztern kommen also zwischen die erstern hinein. Es ergibt sich somit für die wagrechten Rahmenteile, oben und unten, eine Länge von 419 mm, für die senkrechten Rahmenteile eine Länge von 300 mm. Diese Art der Zusammensetzung ist die einfachste. Es läßt sich für dieselbe eine sehr einfache „Lehre" zum Zusammennageln erstellen, die

Sträuli, Bienenkasten. 1

freilich nicht durchaus nötig ist. Ihre allgemeine Beschaffenheit ist in jedem Lehrbuch der Bienenzucht beschrieben, und ihre speziellen Dimensionen kann jeder leicht selber ausrechnen. Es ist ein Brett von 435 mm Höhe und zirka 360 mm Breite, d. h. das Brett muß über die 300 mm hinaus auf beiden Seiten noch so breit sein, daß auf beiden Seiten je eine 435 mm lange, zirka 30 mm breite und 22 mm dicke Leiste aufgenagelt werden kann. In der Mitte wird mit einer starken Schraube ein 268 mm langes drehbares Dachlatten=stück befestigt (in der Mitte auch dieses Dachlattenstückes), das die Bestimmung hat, die Rahmen=Unter= und =Oberteile gegen die Lehre zu pressen. Uebrigens gibt es beim Gebrauch einer solchen „Lehre" zum Zusammennageln nicht immer genaue Rahmen, weil diese aus einem Brett bestehende Lehre wächst oder schwindet je nach dem Feuchtigkeitsgehalt der Luft und je nach der Beschaffenheit des Holzes, aus dem die Lehre erstellt wird. Einfacher und besser ist es, wenn man die Rahmen am Hobelbank zusammennagelt, indem man die Rahmen=Ober= und =Unterteile einschraubt, was freilich etwas lang=samer geht. Bei Erstellung einer „Lehre" müßte die Faser des Holzes nicht in der Längsrichtung des Brettes, sondern quer gehen.

Bei dieser Art der Zusammensetzung der Brutrahme werden die Rahmen in der Höhe alle genau gleich, was weniger der Fall ist, wenn man die wagrechten Teile von oben und unten auf die Seiten=teile nageln würde; denn das Holz wird selten ganz genau in den vorgeschriebenen Dimensionen geliefert. Diese soeben erwähnte zweite Art des Zusammennagelns wäre überhaupt nur zu empfehlen bei Verwendung von lauter 8 mm=Holz für die ganze Rahme, und das ist freilich möglich, wenn man das 16 mm=Holz nicht zur Verfügung hat. Die wagrechten Teile würden dann 435 mm lang mit einer Verstärkungsleiste von 419 mm Länge zwischen den Seitenteilen. Die senkrechten Teile würden 286 mm lang, 300 mm weniger 16 (2 × 8) = 286 mm. Die Lehre zum Zusammennageln dieser Rahme müßte natürlich wieder ganz anders beschaffen sein als die zuerst erwähnte. Auch aus dem Grund möchte ich die Verwendung von 16 mm=Holz empfehlen, weil man dasselbe auch für andere Zwecke doch haben sollte, z. B. bei der Herstellung der Schublade, für den

Rost und eventuell auch für den Brutraum und die Honigrahme 2c. Ueberhaupt möchte ich bei dieser Gelegenheit und zum vornherein darauf aufmerksam machen, daß jeder Imker alles nötige Holz in allen vorgeschriebenen Dimensionen von jeder Holzfabrik billig erhalten kann. Was zu dick oder zu breit geliefert wird, kann der Imker brauchen, indem er einfach abhobelt. Was zu dünn oder zu schmal geliefert wird, kann er nicht brauchen und wird umgehend retourniert.

Es könnte scheinen, die Methode, wenigstens den wagrechten Unterteil der Rahme von unten auf die Seitenteile zu nageln, sei deswegen vorzuziehen, weil dann die Brutwabe auf dem Rost besser zu ziehen sei, d. h. weil die Wabe unten ganz eben wäre, ohne einen auch nur ein klein wenig hervorstehenden Teil, der sich allenfalls leicht ergibt, wenn man die Seitenteile auf den Unterteil nagelt, und der am Rost beim Ziehen hängen bleiben könnte. Allein gesetzt auch den Fall, das Seitenteil könnte unten ein wenig vorstehen, *man kommt doch nie in den Fall, mit demselben an den Eisenstangen des Rostes hängen zu bleiben oder anzustoßen. Die Rahme wird meistens heraus= gehoben oder wenn gezogen, ruht sie nur auf der hintersten Eisenstange auf einem Punkt.

Der wagrechte Rahmenunterteil muß so stark sein wie der wag= rechte Rahmenoberteil namentlich auch des Drahtens wegen, das kein Imker unterlassen sollte aus später mitzuteilenden Gründen. Das Drahten ermöglicht namentlich auch das Auf=den=Kopf=gestellt=werden der Brutwabe.

Die „Lehre" zum genauen Zersägen des Rahmenholzes in die Teilstücke, aus denen die Rahme zusammengenagelt wird, setze ich als bekannt voraus. Es werden auf einem länglichen Brettstück den beiden Längsseiten entlang 2 Dachlattenstücke aufgenagelt, so weit von einander entfernt, daß man zwischen denselben 4 Rähmchenholzleisten neben einander legen kann.

Durch diese Dachlattenstücke wird mit der Säge ein rechtwinkliger jenkrechter Schnitt gemacht. Je in entsprechender Entfernung vom Sägeblatt, das sich in diesem Schnitt befindet, wird, ebenfalls im rechten Winkel, quer auf das Brett ein Rähmchenholzstück genagelt, an welches die zu schneidenden Rähmchenholzstücke angestoßen werden.

I. Die Konstruktion.

Die Dimensionen der Brutwabe stimmen genau überein mit denen des Dadant modifié oder Dadant=Blatt=Kastens. Siehe „Der Führer am Bienenstand" (Conduite du rucher par Ed. Bertrand, 8me édition), übersetzt von H. Spühler. 2. Auflage. Blatt ist nicht von sich aus auf diese von Herrn Bertrand angenommene Wabe ge= kommen, sondern schon er ist „nach Amerika gegangen" und hat dort die niedere oder breite Brutwabe kennen gelernt. Die Art und Weise, wie Blatt diese Breitwabe in seinem Bienenkasten angewandt hat, ist freilich nichts weniger als amerikanisch! Seine Kasten hatten keinen Honigraum über dem Brutraum! Die Original=Dadant=(Langstroth= Quinby=)Wabe ist noch länger und niedriger als die Blatt=Wabe. Dadant selber aber erklärt von seiner Wabe, die er höher gemacht hat: sie ist hoch genug, dürfte aber etwas kürzer sein. Ueber die vielen Gründe, warum die Brutwabe eine niedere und breite sein muß und nicht höher als breit, haben wir weiter unten wiederholt Gelegenheit, uns auszusprechen. Für Wabenhonig in Sektions wird in Amerika die niedrigere Original=Langstroth=Wabe gebraucht, ja sogar Rahmen (als Brutwaben), die im Lichten nur 17 cm hoch sind. Ich bemerke auch hier schon, daß die Bienenzucht im Blätterbrutraum uns nicht im geringsten veranlaßt, von der Wabenform des Herrn Bertrand oder noch niedrigerer abzugehen. — Es können also die Brutwaben des Dadant modifié ohne weiteres in meinem Kasten ver= wendet werden, nachdem man die Ohren entfernt hat. Aber auch das ist nicht nötig, wenn man am Brutraum des Dadant=Alberti= Kastens Stirnwand und Fenster mit dem Amerikanerfalz versieht. Der Rechen ist freilich nur für 22 mm=Rahmen berechnet. Zur Not kann aber auch 25 mm dickes Holz in denselben gestellt werden. Es kann vorkommen, daß ein Imker die Brutrahmen des Dadant=Alberti, die also keine Ohren haben, in einen Original=Amerikaner (Dadant= Blatt) hängen möchte. Für diesen Fall versieht man meine Brut= rahme mit abnehmbaren Metallohren, ähnlich den „Metal corners von Novice" im Cowanstock. Sie werden von G. Heidenreich in Sonnenburg, Neumark (Deutschland), geliefert. — Man könnte der Brutrahme auch einfach ein 472 mm langes Rähmchenholz auf= schrauben oder Hakenschrauben einschrauben; nur sind die Haken an diesen „Winkel" schrauben gewöhnlich zu kurz. Man müßte sie extra erstellen lassen. Die Ohren müssen 18 mm lang sein. An einer Wabe, die Brut enthält und mit Bienen besetzt ist, soll man nicht Stiften einschlagen oder ausziehen müssen. Man kann auch dem Original=Dadant=Stock Leisten einnageln, auf denen die Abstandstiften der Dadant=Alberti=Rahme zu ruhen kommen und die das Einhängen von Original=Dadant=Waben nicht hindern. (Auch die Aufsätze des Dadant modifié können leicht als Schubladen gebraucht werden. Darüber weiter unten.) Die Innenhöhe von 270 mm (genau 268 mm) entspricht der Innenhöhe der Original=Dadant=Wabe und der Innen= breite der Schweizer= (Bürki=Jecker=) Wabe. Das letztere ist wichtig zu wissen für denjenigen, der aus dem Schweizerkasten in den neuen Kasten umlogiert. Die alten bebrüteten Schweizerwaben sollen ja nicht ein= geschmolzen, sondern als Honigwaben in die Honigrahmen des Dadant= Alberti geschnitten werden. Zum Zwecke des Umlogierens kann die Schweizerwabe umgelegt, d. h. als Breitwabe auch in den Brutraum des Dadant=Alberti eingestellt werden. Ueber das Wie und Warum siehe weiter unten.

Es ist schon viel geschrieben worden betreffend die Dicke des Tragschenkels der Brutwabe. Es wird behauptet: je dicker sie sind, desto weniger bauen die Bienen Wachs zwischen denselben. Die Wachs= verbauung hat aber ihre Ursachen anderswo. Sie ist größer, wenn ein Bien sich, trotzdem ein Aufsatz aufgesetzt ist, nach oben abschließt, wenn der Aufsatz kalt, nicht mit dem Wergteller bedeckt oder das Volk schwach ist. Im warmen Pavillon scheint sie etwas geringer zu sein, wenn das Absperrgitter nicht angewendet wird. In meinem Wartenweiler Blätterkasten waren die Rähmchen 25 statt bloß 22 mm breit. Ich habe in denselben mehr Wachsverbauung gehabt, namentlich oben. Sei dem, wie ihm wolle: die Wachsverbauung zwischen den Tragschenkeln der Brutwaben geniert uns nicht im geringsten.

Viele Imker verwenden von Waben= zu Wabenmitte eine Distanz von 38 mm statt 35 mm. Betreffend die Operationsfähigkeit des Blätterbrutraums hat das absolut keinen Zweck. Die Waben auf 38 statt 35 mm zu hängen, hat am Ende einen Sinn für diejenigen Kasten, in denen die Waben nach oben herausgezogen werden, nicht

aber für solche Kasten, wo man in ergiebiger Weise blättern kann.
Der zumeist dickere, in der Regel mit Honig gefüllte Teil der Brut=
wabe befindet sich hinten und oben. Sobald ich im „Original=
Amerikaner" bei der Bewegung nach oben die wenigen Centimeter des
Honigklotzes heraus= und emporgehoben habe, ist der schwierigste Teil
der Arbeit geschehen, und dem untern, dünnern Brutteil der Wabe
mag es dann, namentlich weil man im Original=Amerikaner nicht
blättern kann, zu statten kommen, wenn die Waben etwas weiter von
einander entfernt sind. Im Blätterbrutraum befinden sich diese honig=
dicken Teile der Brutwabe, falls sie überhaupt da sind, am Fenster,
wo die Brutwaben beim Blättern so wie so auseinander kommen.
Abgesehen davon: je weiter die Brutwaben auseinander gehängt werden,
desto dicker werden wieder die Honigklötze. Haben die Brutwaben
38 statt 35 mm Distanz, so braucht es im Frühling mehr Bienen
zur Erwärmung der Brut, d. h. es gibt bei 35 mm Distanz mehr
Brut. Wenn die Gassen zwischen dem Holz der Wabenträger eng
sind, entsteht allerdings hinsichtlich der Quantität weniger Wachs=
verbauung; allein um so völliger wird nach oben durch Wachs ab=
geschlossen, namentlich bei Anwendung des Absperrgitters. Bei weiten
Gassen (zwischen dem Holz der wagrechten oberen Rahmenteile) werden
die Verbauungen mehr lokalisiert und erstrecken sich nicht der ganzen
Länge der Wabenträger nach. Diese Verbauungen verursachen es
überhaupt, daß in Bezug auf das Blättern die Sache sich gleich bleibt,
ob diese Gasse eng oder weit sei. Eine Wabe, deren Rahme bloß
22 mm Dicke hat, ist besser entdeckeln. Bei dieser Rahmendicke können
Schiedbretter und außerhalb derselben befindliche Rahmen besser auf
die Seite gerückt werden. Wir gehen also unter keinen Umständen
von 35 mm Distanz und von 22 mm Rahmendicke ab. Daß die
Bienen in breiten Wabengassen besser überwintern, scheint mir eine
bloße Ausrede zu sein. Wie man gleichzeitig die Distanz der Waben
vergrößern und die Tragschenkel der Wabe verdicken wollen kann, ist
mir beim Blätterkasten unbegreiflich. Die natürliche Distanz ist eher
34 und nicht 35 mm. Alles Abweichen von 35 mm, um besser
operieren zu können, ist beim Blätterkasten illusorisch und überflüssig,
ja geradezu schädlich. — Alle Teile der Brutwabe müssen in einer

Ebene liegen und im rechten Winkel zu einander. Von dem letztern soll man sich namentlich vor dem Drahten der Mittelwände überzeugen. Außerhalb des Stockes, beim Operieren, wird die Brutwabe entweder auf einen mit einem Blätterrechen versehenen Wabenknecht gestellt oder irgendwo zwischen zwei Leisten, z. B. eines Transportgeschirres, gehängt. Um das letztere zu ermöglichen, erhält die Rahme 2 Stifte, die genau 7 mm unter Oberkant der Rahme jedem senkrechten Rahmenteil gegen Stirnwand und Fenster, 7 mm vorstehend, eingeschlagen werden. Man verwendet dazu Stifte mit verstauchten Köpfen. Der vordere gegen die Stirn-wand wirkt zugleich als Abstandstift, der verhindert, daß die Rahme allfällig ganz an die Stirnwand gestoßen und dort mit Propolis angekittet wird. Wenn diese Stifte alle genau 7 mm unter Ober-kant der Rahme einge-schlagen werden, so hängen die Rahmen alle gleich hoch, wenn man z. B. einen ganzen Brutraum, resp. ein ganzes Volk, zum Ver-einigen in 2 übereinander

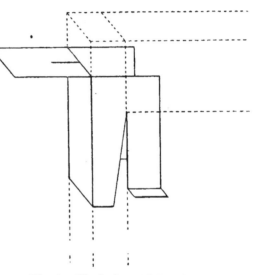

Fig. 4. Abnehmbare Metallohren.
(Bei G. Heidenreich, Sonnenburg, Neumark.)

liegende leere Schubladen über ein anderes Volk, resp. über einen andern Brutraum, hängt und dabei abnehmbare Ohren von Metall verwendet. Ueber das Wann und Wie später.

Man könnte einwenden: Warum nicht alle Brutrahmen zum vornherein mit Ohren versehen und den Brutraum mit dem Ameri-kanerfalz!? Darauf ist zu entgegnen: Es kommt sehr selten vor, daß man die Ohren an den Brutwaben braucht, und daß wir sie sehr selten brauchen, ist eben ein großer Vorteil des Blätterbrutraums.

Andere Abstandstifte hat die Brutrahme nicht. Es ist das namentlich beim Schleudern von Vorteil. Die untern Abstandstifte

gegen die Stirnwand befinden sich nicht an der Rahme, sondern an
der Stirnwand selber zwischen oder bei den Agraffen des untern
Rechens. Gegen das Fenster haben Abstandstifte weder oben noch
unten einen Zweck. Die untern Abstandstifte an der Stirnwand
dagegen sind absolut notwendig; wenn sie weggelassen werden, könnte
es eben doch vorkommen, daß die eine oder andere Rahme zu nah
an die Stirnwand gestoßen und dort mit Propolis angekittet wird. —
Die Stiften, mit denen man die Rahme zusammennagelt, dürfen nicht
weniger als 35 mm lang sein. — Das Abschrägen der senkrechten
Teile (des Rechens wegen) ist nicht nötig.

Die Brutrahmen können jederzeit bequem mit der Hand aus
dem Brutraum entnommen werden; denn das Deckbrett oder eine
aufliegende Schublade kann 15—20 cm aufgehoben und an einem
starken, richtig gekrümmten Draht, der später beschrieben wird, auf=
gehängt werden. Man legt den Handballen, nachdem man mit Rauch
die Bienen entfernt, auf den Rahmenträger, resp. den wagrechten
oberen Rahmenteil, und packt denselben mit den Fingern. In gleicher
Weise kann man die Rahme auch am senkrechten Rahmenteil packen;
allein auf diese letztere Weise ist die Brutwabe natürlich schwerer.
Dasselbe ist der Fall, wenn man eine Zange verwendet, mit der man
die Brutrahme am senkrechten Rahmenteil packt. Ich habe sehr prak=
tische Zangen konstruiert, mit denen man die Brutwabe ebenfalls von
oben am oberen wagrechten Rahmenteil fassen kann. (Siehe Waben=
zange.) Damit ist das Operieren im Blätterbrutraum trotz der langen
von der Seite zu regierenden Brutwabe dem Operieren im Original=
Amerikaner in jeder Beziehung überlegen. Denn dort kann keine
Brutwabe nach oben herausgenommen werden, ohne daß man dabei
beide Hände gebraucht, während wir beim Blätterbrutraum für die
Entfernung einer Brutrahme, mit Ausnahme von sehr schweren, mit
Honig ganz gefüllten Waben, nur eine Hand brauchen und mit der
andern die Rauchmaschine halten können. Die Behauptung, man
werde beim Operieren im Blätterbrutraum mehr gestochen, ist auch
aus andern, nachher zu erörternden Gründen nicht sachlicher Natur.
Wer es, namentlich bei freistehenden Kasten, für nötig findet, kann
beim Operieren im Blätterbrutraum ähnlich verfahren, wie man

beim Original-Amerikaner verfährt. Dort wird ein auf dem Brut=
raum liegendes Stück Wachstuch oder Zwilch nur soweit zurückgerollt,
als Waben herausgenommen werden. Wir können zwei Stück Roll=
bretter von Jb. Heß, Grandchamp, Neuchâtel, von entsprechender
Größe an die Brutwaben stellen und je nach Bedürfnis zu= oder
aufrollen, so daß jeweilen nur da eine Oeffnung vorhanden ist, wo
die betreffende Wabe herausgenommen wird. Allein das ist im ge=
schlossenen Bienenstand, wo man hinter amerikanischen Abfluggittern
operiert und die Bienen nicht durch Raubbienen gereizt werden,
absolut unnötig. Statt der Rollbretter kann man auch einfach Em=
ballage verwenden, den man auf einige Rähmchenholz=Stäbe nagelt.
Diese Stäbe sind so lang, daß sie vom Boden des Brutraumes bis
über Unterkant der schräg aufgehängten Schublade reichen.

Der Rost.

Es ist aus verschiedenen Gründen, die weiter unten zur Geltung
kommen werden, ein bleibender Vorteil des Alberti-Brutraums, daß
die Brutwaben auf einem Roste stehen. Diesem Rost verdanken wir
es auch, daß die vorstehend beschriebene Brutrahme so einfach erstellt
werden kann, sozusagen ohne jede Zuthat. Der Rost selber ist etwas
sehr Einfaches und besteht aus 3 Holzstäben und 3 Eisenstangen.
Die Holzstäbe werden auf den Boden des Kastens, resp. des Brut=
raums, gelegt, zwei davon je an die Seitenwand und einer in der Mitte,
alle drei in Kaltbaustellung, also in der Richtung gegen die Stirn=
wand parallel zu den Seitenwänden. Sie werden am Boden fest=
genagelt. Man verwendet dazu 16×22 mm=Rähmchenholz. Sie
werden auf die Schmalseite gelegt, sind also 22 mm hoch. Diese
Höhe gestattet, unter den quer darüberliegenden Eisenstäben bei be=
ginnender Wintertemperatur die Oelkartons bequem einzuschieben und
im Frühling vor der eigentlichen Revision wieder herauszuziehen mit
dem Gemüll und den toten Bienen. Sind die Holzstäbe zu nieder,
so streift man beim Herausziehen der Kartons die toten Bienen an
den Eisenstäben ab. Weil der dritte Holzstab in die Mitte zu liegen
kommt und dort ebenfalls festgenagelt wird, sind zwei Kartonstreifen

nötig, mit denen man den ganzen Boden bedeckt. (Die Kartons werden
im Frühling herausgezogen, bevor die Wachsmottenlarven sich entwickeln.) Auch mit andern Instrumenten habe ich unter dem hohen
Rost bequemen Zugang, namentlich auch mit einem an einem langen
Stiel angebrachten ebenen Schäufelchen mit scharfer Schneide, mit
der man allfällige Wachshäufchen am Boden abstößt. — Man hat
nicht zu befürchten, daß die Bienen unten an den Brutwaben bauen.
Das thun sie in der Regel erst, wenn der Kasten mit Honig voll-
gepfropft ist und auch dann selten.   Der Imker muß also nur bei

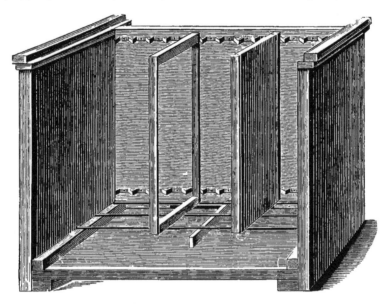

Fig 5 Brutraum mit Rost, Rechen, Brutrahme und Schiedbrett.

Zeiten Raum für den Honig schaffen durch Schleudern oder Aufsetzen.
Auch ist ein allfälliger Schaden, wenn er je in dieser Beziehung sich
einstellen sollte, bald repariert. Was das Füttern betrifft, braucht
man ebenfalls nicht auf einen kleinen Abstand zwischen Unterkant-
Brutwabe und Boden Rücksicht zu nehmen. Denn man füttert nicht
mehr mit der Futterflasche und dem Tröglein von unten, sondern von
oben durch das Deckbrett. Uebrigens würde gerade dieser hohe Rost
eine erfolgreiche Fütterung von unten ermöglichen. Wie, wird im
gegebenen Falle jeder leicht selber „erfinden" können.   E. Bertrand

füttert im Dadant modifié durch einen Trichter, der durch die Wand des Kastens führt und die Flüssigkeit in eine flache Vertiefung im Boden leitet. Früher hatte man die 8 mm dicken Eisenstäbe des Rostes in die Holzstäbe eingelassen namentlich der Schiedbretter wegen, um sie im Winter und zur Zeit der Brutentwicklung bienendicht auf die beweglichen Holzstäbe stellen zu können. Diese Schiedbretter schlossen bienendicht auch an das Deckbrett. Allein die Ansichten über die Wärmeökonomie des Biens haben sich so sehr geändert, daß man jetzt weiß: eine solche Einwinterung, namentlich im geschlossenen Pavillon, ist nicht nötig und zwecklos oder geradezu schädlich. Auch die Brut= entwickelung hängt nicht von bienendichten Schiedbrettern ab. Durch dieses Einlassen der Eisenstäbe in die Holzstäbe entstand beim Blättern der Brutwaben eine sogenannte „Schere". Jetzt dagegen gefährdet man nirgends mehr eine Biene durch die Seitwärtsbewegung der Brutrahmen. Diejenigen, die diesen Rost hinsichtlich der Ueber= winterung zu luftig finden, werde ich weiter unten auf wichtigere Dinge aufmerksam machen und sie überzeugen, daß ihre Bedenken grundlos sind.

In einem Kasten mit ungerader Wabenzahl kommt der mittlere Holzstab des Rostes genau unter die in der Mitte stehende Brutwabe, so daß dort die toten Bienen und das Gemüll nicht auf den Holzstab, sondern auf den Boden, resp. auf die Kartons, fallen. Die Länge der Eisenstäbe, die parallel mit der Stirnwand, also im rechten Winkel zu den Holzstäben, auf diese gelegt werden, bestimmt sich nach der Weite des Brutraums, also nach der Brutwabenzahl, resp. der Distanz von Waben= zu Wabenmitte. Die Rahmenzahl beträgt 13 (9 Brut= waben und 4 mit Holz gefüllte Rahmen als Schiedbretter). Also 13 mal 35 und auf beiden Seiten je 5 mm zugegeben, macht 465 mm. Man schneidet natürlich die Eisenstäbe 2 mm kürzer, wie auch das Deckbrett. (Diese 2 mm weniger spielen auch bei andern Dimensionen des Kastens eine wichtige Rolle!) Die Eisenstäbe werden mit je zwei Stiften auf den seitlichen Holzstäben befestigt, so daß sie jederzeit abgenommen werden können. Der mittlere Eisenstab kommt in die Mitte, der vordere (vorn bedeutet immer gegen das Flugloch, gegen die Stirnwand zu; hinten bedeutet gegen das Fenster zu) 5 cm von

der Stirnwand entfernt und der hintere 5 cm vom Fenster entfernt.
Ich rate davon ab, bloß zwei Eisenstäbe zu verwenden. Rückt man
bloß zwei Eisenstäbe nahe zusammen in die Mitte, so wird der Unterteil
der gefüllten schweren Brutwabe zu stark nach oben eingedrückt und
veranlaßt die Wabe, auszubauchen; rückt man bloß zwei Eisenstäbe
zu weit auseinander gegen Stirnwand und Fenster, dann fällt einem
etwa die Brutwabe beim Ziehen oder Stoßen auf den Boden, auch
wenn man sie mit der Zange festhält. Auch beim Umlogieren spielen
die Eisenstäbe eine wichtige Rolle. Wenn drei derselben vorhanden
sind, kann ich viel eher auch Brutrahmen von kürzerer Dimension
einstellen, nämlich zwischen Mittelwände
der Dadant = Blatt = Rahmen. Davon
später mehr.

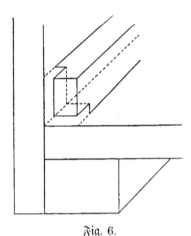

Fig. 6.
Hinteres Ende des linken Roststabes.

Nun noch etwas über die Länge der
Holzstäbe, auf denen die 8 mm dicken
Eisenstäbe ruhen. Sie sind nicht gleich
lang. Die beiden seitlichen sind so lang
wie die Seitenwände des Kastens; sie
gehen also bis zum hintern Kastenrand,
d. h. über das Fenster hinaus durch
den ganzen Vorraum vor dem Fenster.
Damit man gleichwohl den Bienen=
trichter von hinten in den Vorraum
des Brutraums einschieben kann, müssen

diese seitlichen Holzstäbe des Rostes zu hinterst unten und seitlich
etwas abgeschrägt oder auch rechtwinklig ausgesägt werden. Das
Fenster braucht so keine Füße, sondern kann auf diese seitlichen Holz=
stäbe gestellt werden, was aus verschiedenen Gründen vorteilhaft ist
(siehe darüber beim Fenster).

Der mittlere Holzstab ist viel kürzer; er geht nicht bis zum
Fenster, sondern bloß 1 cm über den hintern Eisenstab hinaus. Das
Fenster kann so auf keinen Fall, auch wenn es etwas anders, d. h.
weiter nach unten gehend, konstruiert wird, an das hintere Kopfende
dieses mittleren Rost=Holzstabes gepreßt werden, und die an dieser
Stelle befindlichen Bienen werden nicht gefährdet. Wird das Fenster

mit Füßen erstellt, dann dürfen auch die seitlichen Holzstäbe des Rostes nur so lang sein wie der mittlere.

Es sollte niemand, der meinen Kasten einführt, unterlassen, auf dem Boden des Brutraums an der Stelle, wo das Fenster hinkommt, durch gehörige Einschnitte mit dem Stechbeutel, nicht bloß durch

Fig. 7 Dadantstock. Aus „L'Abeille et la Ruche."
a Vorderseite, b Flugbrett, c Holzstück zur Regulierung des Flugloches, d Dach,
e Strohmatte, f bemalte Leinwand, gg mit Waben versehene Rähmchen.

Bleiftiftstriche die genaue Stellung der Brutwaben anzudeuten. In die Mitte kommen zwei Striche oder Einschnitte, die 22 mm von einander entfernt sind, dann links und rechts je ein Einschnitt in der Entfernung von 13 mm, dann die folgenden Einschnitte wieder je 22 mm entfernt und so weiter bis an die Seitenwände, so daß der

Imker immer weiß, wo eine Wabengasse und wo eine Brutwabe
hinkommt. Diese Kleinigkeit gibt der Sache wieder ein ganz anderes,
praktischeres Aussehen; das Fenster kann so, wenn die Waben schon
vorher an den rechten Ort gestellt sind, ohne Zeitverlust richtig passend
angedrückt werden. Beim Original=Amerikaner ist der Boden beweglich.
Im Frühling kann der Brutraum bloß abgenommen und das ge=
reinigte Bodenbrett je des vorher untersuchten Stockes hingelegt werden
(wenn keine Uebertragung der Faulbrut zu befürchten ist!) Wir
können ähnlich verfahren. Der Unterschied ist nur, daß wir der
mittleren Holzleiste des Rostes wegen zwei Bretter haben müssen. Wir
schieben also unter den Rost, der dazu hoch genug ist, zwei bewegliche
Bretter (mit Stirnleisten[1]), die vorn bis an die Stirnwand und hinten
bis an Außerkant=Fenster reichen, also bis an den Schieber. Diese
Bretter bleiben das ganze Jahr im Stock. Es gibt etwa Wachs=
klümpchen auf dem Bodenbrett; diese sind besser entfernen, wenn das
Bodenbrett, resp. die =Bretter, beweglich sind und herausgezogen werden
können. Die Oelkartons, die ohnehin nicht dauerhaft sind und von tief
sitzenden Völkern zernagt werden, braucht man dann nicht mehr. Statt
Holzbretter kann man auch Blech und vielleicht auch Celluloid ver=
wenden. Die Breite dieser zwei Unterlagen hängt natürlich von der
Dicke resp. Breite der Holzleisten des Rostes ab. Blech ist allem
andern, auch den mit Stirnleiste versehenen Brettchen vorzuziehen.
Weißblech ist nicht teurer; man muß es nur lakieren oder bemalen.

Der Brutraum.

Er mißt innen in der Weite von Seiten= zu Seitenwand 465 mm
($13 \times 35 + 2 \times 5$); in der Tiefe von Fenster zu Stirnwand 450 mm
(Länge der Brutfenster 435 mm plus 2 mal 7 mm Distanz der Wabe
gegen Stirnwand und Fenster. Zu diesen 450 mm kommen dann noch
20 mm Fensterdicke und 150 mm Vorraum: also Länge von der Innen=
seite der Stirnwand bis zum hintern Kastenrand 620 mm. 20 mm
Stirnwanddicke dazu gerechnet, ergibt die Länge des Bodens oder
640 mm. Um die Innenhöhe des Brutraums zu erhalten, summiert man:

---

[1] „Stirnleiste" und „Hirnleiste" sind gleichbedeutend.

Höhe der Holzstäbe des Rostes . . . . . 22 mm
Dicke der Eisenstäbe . . . . 8 =
Höhe der Brutrahme . . . . 300 =
und über der letztern Distanz bis zum Deckbrett 8 =

Zusammen 338 mm

Bevor ich beschreibe, wie man bei der Konstruktion des Brutraums am besten und einfachsten verfährt, namentlich als Nicht=Schreiner, bemerke ich ausdrücklich, daß derselbe hinten einen unbedeckten, un= unverschlossenen

Vorraum von 150 mm Länge erhält, der das Abschlagen, bezw. Einlogieren, von Schwärmen ohne Bienentrichter, das Abwischen ober Abschütteln der Bie= nen von den Waben mit Bienentrichter, auch das Auslecken von Brutwaben in Querstellung ober das Vereinigen von Bienen 2c. gestattet, wenn man den Vor= raum mit zurück=

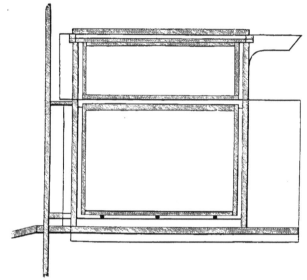

Fig. 8. Querschnitt durch Brutraum, Aufsatz mit Deckbrett, Pavillonwand und Flugbrett.

gezogenen und festgemachten Fenstern nach oben durch ein Brettchen abschließt. Zur Konstruktion des Brutraums genügen sogenannte Täfer= bretter, 15—20 mm dick, vollständig. Mit dickeren Brettern wird der Kasten nur klotzig und schwer, aber nicht besser. Ich betone das aus= drücklich denjenigen gegenüber, die wegen der Einwinterung ängstlich sind. Die Kasten kommen ja in einen im Winter geschlossenen Bienen= stand, sind also im Grunde auch doppelwandig. Man kann die ein= zelnen Teile von einer Holzfabrik zugeschnitten beziehen, so daß man sie nur zusammenzunageln braucht. Zuerst macht man den Boden,

465 mm breit und 640 mm lang. Derselbe kommt zwischen die
Seitenwände. Die Stirnwand des Kastens kommt auf den Boden.
Der Boden wird als Querbretter von links nach rechts laufend auf
zwei Dachlattenstücke genagelt, so, daß auch die Seitenwände von
außen auf diese Dachlatten genagelt werden können. Schrauben sind
noch besser. Vorher aber erstellt man die Stirnwand, welche auf
den Boden und zwischen die Seitenwände kommt, 465 mm breit und
338 mm hoch. Auch die Stirnwand wird am einfachsten als Quer=
bretter von links nach rechts laufend auf zwei senkrechte Dachlatten=
stücke genagelt, die auf die Außenseite kommen und oben nicht eben
sind mit Oberkant=Brutraum, damit man den Hohlraum zwischen
Kasten=Stirn= und Pavillonwand mit einem aufgelegten Brettchen
abschließen kann. Unten wird mit drei Schnitten das Flugloch heraus=
gesägt, 1½—2 cm hoch und 25 cm lang resp. breit. Viele finden
dieses Flugloch zu groß. Es ist auch nicht gesagt, daß es während
des ganzen Jahres immer in der ganzen Größe soll geöffnet sein.
Die Hauptsache ist, daß man im Winter die Ventilation zur Trocken=
haltung des Kastens auf sehr einfache Weise dadurch bewerkstelligen
kann, daß man das Flugloch zwar der ganzen Länge nach offen hält,
aber der Mäuse wegen in der Höhe bloß 7 mm. Namentlich bei
freistehenden, oben luftdicht geschlossenen Kasten ist diese weite Flugloch=
öffnung im Winter angezeigt, weniger bei meinem Kasten im ge=
schlossenen Pavillon, wo der Taupunkt mehr auf die Wände des
Bienenhauses als auf die Wände des einzelnen Kastens verlegt wird.
Davon später mehr. Eine Ventilation durch das Deckbrett ist nicht
nötig. Das große Flugloch ist zweckmäßig auch während der Haupt=
tracht und beim Einlogieren von Schwärmen, die man durch das
Flugloch einziehen läßt.

Bei der Stirnwand ist dafür zu sorgen, daß sie oben nicht nach
oben wächst oder nach unten schwindet, sondern eben bleibt mit den
Oberkanten der Seitenwände, damit das Deckbrett schön aufliegt. Man
kann das erreichen, wenn man als obersten Teil der Stirnwand ein
schmales Brettchen verwendet. Schwindet die Stirnwand, dann ent=
steht der Riß weiter unten und die Bienen machen ihn oft selber zu.
Das Wachsen der Stirnwand ist selbstverständlich schlimmer als das

Schwinden; denn dann muß abgeseilt werben. Ueber allfällige Risse nagelt man Rahmenholz oder Streifen von Zinkblech, indem man den Kasten zurückzieht und nachher wieder an die Pavillonwand an- stößt. (Der Hohlraum zwischen Kasten und Pavillonwand wird un- ausgefüllt gelassen, also ohne Emd ober gar Spreu.) Solche Repara- turen sind nicht sichtbar für den Besucher des Pavillons. Der Schreiner kann natürlich die einzelnen Bretter mit Nut und Feder versehen, was sehr gut ist. Gut ist es auch, nur schmale Bretter zu verwenden, eventuell breite in der Mitte der Länge nach zu zer- schneiden. — Die angegebene Methode, zuerst die Stirnwand auf den Boden zu stellen, macht es dem Nichtschreiner am ehesten möglich, die Stirnwand genau in den rechten Winkel zum Boden zu bringen. Ist der Boden auf die Stirnwand genagelt, so geht man zur Er- stellung der Seitenwände, die aus senkrechtem Holz gemacht werden müssen, des Schwindens wegen, d. h. weil die Brutwaben nicht wie im Original-Amerikaner hängen, sondern auf dem Rost stehen. Höhe der Seitenwände innen wieder 338 mm. Wie hoch man die zur Seitenwand verwendeten Brettchen zu schneiden hat, hängt ab von der Dicke resp. Breite der Leiste, die der Seitenwand aufgenagelt wird, bevor die Geleiseleiste aufgenagelt wird; man summiert zu den 338 mm Innenhöhe: die Dicke des Bodens und die Dicke der Dachlattenstücke, auf die der Boden genagelt ist und zieht die Breite der Stirnleiste ab. Diese Seitenwände geben dem Nicht-Schreiner am meisten zu thun. Er nagelt sie am besten vorläufig auf zwei Dachlatten, die nicht parallel sind, sondern gegeneinander laufen, und schneidet dann den oberen Schnitt, auf den die Stirnleiste (am besten 16 mm-Holz) kommt und der ganz gerade sein muß, nagelt das 16 mm-Holz auf, nagelt die Seitenwände an die Dachlattenstücke des Bodens und an die Stirnwand und reißt die provisorischen Dachlatten der Seiten- wände erst jetzt weg. Die beiden Seitenwände müssen natürlich Ober- kant in einer Ebene liegen. Darüber wegschauen! Die Länge der Seitenwände stimmt mit der des Bodens überein. Die Dachlatten am Boden haben für den letzteren auch den Vorteil, daß er immer trocken bleibt. Die Seitenwände von Kasten, die nebeneinander stehen, sollen alle gleich hoch sein (außen), auch wenn die Dachlatten unten

am Boden nicht gleich dick sind. Die Kasten ruhen also eventuell
nicht auf den Dachlatten, sondern auf Unterkant=Seitenwänden. Auf
alle Fälle aber muß von der Hinteransicht Unterkant=Dachlatte und
Unterkant=Seitenwand eine gerade Linie bilden. Was an dieser
Ecke von der Seitenwand nach unten über die Dachlatte vorsteht,
wird abgeschrägt. Die Seitenwände sollen parallel zu einander stehen,
nach oben nicht auseinandergehen, sondern eher zusammenlaufen. Man
kann sie später immer eher auseinander= als zusammendrücken.
Das Fenster muß freilich immer bequem eingeschoben werden können.

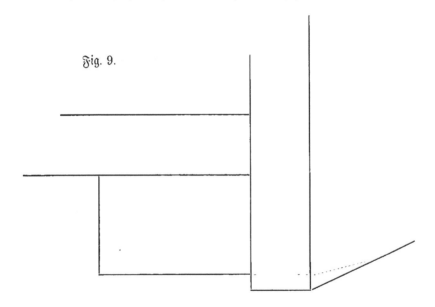

Fig. 9.

Das einfachste Mittel, die Seitenwände bei Kasten, die in Gebrauch
stehen, zusammenzuziehen, so daß sie gut ans Fenster anschließen,
besteht darin, daß man je an der Stirnseite der Seitenwand einen
Stift einschlägt (nicht ganz), von einem Stift zum andern eine doppelte
Schnur spannt, in der Mitte mit einem dazwischen gesteckten Stück
Rähmchenholz aufdreht (wie an einer Handsäge), so daß dieses Rähmchen=
holzstück unten an der obern Fensterrahme „gestellt" werden kann.

Vom Schreiner gelieferte Kasten müssen geleimt und mit Nut
und Feder versehen sein überall da, wo zwei Bretter zusammenstoßen.
Statt der der Seitenwand (vor dem Aufnageln der Geleiseleiste)

aufgenagelten Leiste von 16 mm-Rahmenholz, wie es der Nicht=
Schreiner machen muß, erstellt der Schreiner eine wirkliche Stirnleiste
als wagrechte Oberkante der Seitenwand mit Nut und Feder. Auf
diese Stirnleiste kommt dann erst diejenige Leiste, welche als Geleiseleiste
die Geleisenute oder den Geleisefalz bildet, in welcher die Schublade
geschoben und gezogen wird. Diese Leiste ist 13 mm hoch (das Geleise
12 mm breit). Sie kann, resp. muß, vom Nicht=Schreiner ebenfalls
aufgenagelt werden. Der Schreiner aber wird diesen Geleisefalz nicht
durch Aufnageln, sondern mit einem Nuthobel
oder einer Nuthobelmaschine erstellen, resp. aus=
nuten, so daß Stirnleiste und Geleiseleiste aus
einem Stück Holz bestehen. Dieser Geleisefalz darf
nicht unter 13 mm hoch sein, weil die Königin=
Absperrgitterrahme, ohne die Dicke des auf die
Rahme aufgenagelten Absperrgitterblechs, 8 mm
dick ist und in diesem Geleisefalz liegen soll, so,
daß die Möglichkeit des Schiebens der Schublade
nicht aufgehoben wird, d. h. das aus dem Geleise
Heraus= und in das Absperrgitter Hineinspringen
der Schublade beim Ziehen oder Schieben der=
selben vermieden wird. Sonst wäre das Absperr=
gitter bald kaput. Der Geleisefalz muß darum
einige Millimeter über die darüberliegende Ab=
sperrgitterrahme höher sein. Bei der Beschreibung
des Deckbrettes werden wir sehen, daß die dem
Deckbrett seitlich angenagelten Geleiseleisten ent=
sprechend höher hinauf gerückt werden müssen, um das Deckbrett troß
dieser hohen Geleiseleisten der Seitenwände des Brutraums direkt auf
den leßtern legen zu können, auch wenn das Absperrgitter entfernt ist.

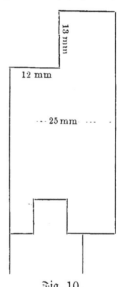

Fig. 10.
Stirnleiste der Seiten=
wände des Brutraums.
(Wirkliche Größe)

Diese Stirnleisten mit Geleisefalz müssen über die Stirnwand des
Brutraums hinaus bis an die Pavillonwand verlängert werden. Also,
da der Fluglochkanal 6 cm lang ist, 58 mm lang. (Auch aus diesem
Grunde dürfen die vom Nicht=Schreiner der Stirnwand außen auf=
genagelten Dachlattenstücke oben mit Oberkant=Brutraum nicht bündig
sein.) Wir machen diese Verlängerung der Stirnleiste 2—3 mm kürzer

als den Fluglochkanal, damit wir den am Brutraum befestigten Flug=
lochkanal unter allen Umständen bienendicht an die Pavillonwand an=
stoßen können, d. h. auch dann, wenn diese letztere nicht ganz senkrecht
oder etwas uneben wäre. Den Zweck dieser Verlängerung teilen wir
mit bei Beschreibung des Königin=Absperrgitters. Zwischen diese Ver=
längerungen der Stirnleiste wird als Abschluß des Hohlraumes zwischen
Kasten und Pavillonwand ein Brettchen gelegt, das ebenfalls nicht
ganz 6 cm breit sein darf. Es muß mit Oberkantkasten bündig sein
und wird entweder von außen durch die verlängerten Stirnleisten
hindurch festgenagelt oder auf kurze wagrechte Leistchen gelegt, die
auf der Innenseite der verlängerten Stirnleisten angenagelt werden. —
Die senkrechten Dachlattenstücke auf der Außenseite der Stirnwand
sind natürlich bei den Kästen nicht nötig, die vom Schreiner geliefert
werden. — Wer Lust dazu hat, kann diesen Hohlraum zwischen Kasten
und Pavillonwand mit Leichtigkeit in einen Vorraum verwandeln, in
dem die Bienen bei schlechtem kaltem Wetter im Vorfrühling spazieren
gehen können, resp. interniert werden. Man müßte bloß auch die
Seitenwände und den Boden des Kastens bis zur Pavillonwand ver=
längern und im Fluglochkanal eine verschließbare Oeffnung anbringen
oder denselben beweglich machen. Am Fluglochkanal würde dann das
Bodenstück wegfallen. Die Sache hat aber nach meiner unmaßgeb=
lichen Meinung keinen großen Wert. — Der Brutraum soll rechts
und links je einen Handgriff haben, den man auf verschiedene Weise
erstellen kann. Man macht die Stirnleiste um 1 cm dicker als die
Seitenwand oder kerbt unmittelbar unterhalb der Stirnleiste eine
Höhlung in die Seitenwand. Der Nichtschreiner erhält diesen Hand=
griff am einfachsten dadurch, daß die der Seitenwand aufgenagelte
Leiste, untere oder obere, breiter (22 mm) ist als die Seitenwand. —
Statt eine Doppelschnur zu nehmen, kann man auch in die hinteren
Stirnseiten der Seitenwände je ein Schräubchen einschrauben und
durch ein Stabeisen mit einander verbinden. Dieses Eisenband be=
kommt links und rechts je unmittelbar vor dem Ende auf der untern
Seite einen Einschnitt, in den die Schräubchen kommen, so daß das
Eisenband nach Belieben abgehoben werden kann. Bei Kasten, die
dichtgedrängt nebeneinander stehen, ist diese Vorrichtung doch nicht

unnötig. Der Schreiner sollte es fertig bringen, die Seitenwände
unten so zu nageln oder zu schrauben, daß sie bleibend parallel zu
einander und senkrecht stehen. — Noch etwas Wichtiges, den Brutraum
und das Fenster betreffend, habe ich zu erwähnen. Nämlich zu Zwecken
der einfacheren Königinzucht soll es möglich sein, auch im Brutraum,
und zwar in der Mitte desselben, eine Honigrahme resp. =Wabe ein=
zuhängen. Nun hat aber die Honigrahme lange Ohren, die in der
Schublade beiderseits vorn und hinten je 11 mm über den Innenraum
der Schublade hinausgehen, resp. auf dem Falz anliegen. Es muß
also in der Mitte der Stirnwand und des Fensters oben je ein kurzer
Falz erstellt werden, 35 mm lang, 16 mm hoch und 11 mm tief.
Oben wird dieser Falz durch ein aufgenageltes Blechstück abgeschlossen.
Man kann diesen kurzen Falz auch dadurch erstellen, daß man Stirn=
wand und Fensterrahme gleich durchsägt anstatt auszustemmen. In
diesem Fall muß das Blechstück an Stirnwand und Fenster je auch
über die Außenseite heruntergehen. — Die betreffende Operation besteht
darin, daß man Eier in einer Honigwabe einem Volk in den Brut=
raum hängen kann, damit daraus Königinnen gezüchtet werden. Andere
stellen zwei aufeinanderstehende Honigrahmen in den Brutraum, um
Eier in dieselben zu bekommen. Diese Honigrahmen sind etwas
niedriger als die andern und die Ohren sind beweglich: Man erstellt
die Tragleiste aus zwei Teilen und kann die oberen entfernen. Viel
einfacher ist es, wenn man im gegebenen Fall eine Brutwabe, die
Eier oder Larven enthält, in zwei Honigrahmen zerschneidet, oder ein
Volk in einer Schublade hält, oder einem Volk die Brut im Brut=
raum einengt, die Schublade ohne Absperrgitter darunter auflegt und
so die Königin zwingt, im Aufsatz Eier zu legen, welchem Befehl sie
sehr bald nachkommt, wenn im Aufsatz auch noch bebrütete Waben
vorhanden sind. — Ich bemerke hier schon, daß es ganz unnötig ist,
Honigrahmen mit Mittelwänden in den Brutraum zu hängen zum
Zwecke des Aufgebautwerdens.

Der Fluglochkanal,

6 cm lang, inwendig $1^1/_2$—2 cm hoch und 25 cm breit, wird vor
das entsprechende Flugloch der Stirnwand gebracht und festgemacht.
Wollte man diesen Fluglochkanal sich nach außen schräg abwärts senkend
erstellen, so wäre das natürlich von etwelchem Vorteil. Allfälliges
Wasser könnte dann nicht hineinbringen und würde besser auslaufen.
Allein diese umständlichere Herstellung lohnt sich nicht. Die hier vor=
handene Feuchtigkeit trocknet jeweilen bald. Ich schiebe den Kasten
mit diesem Fluglochkanal an die Pavillonwand, reiße (zeichne) mit
einem Bleistift inwendig im Kanal an der Pavillonwand die in dem=
selben herauszuschneidende Oeffnung ab, nehme den Kasten weg, steche
mit einer scharfen Eisenspitze durch das Krallentäfer der Pavillonwand
hindurch, um zu wissen, wo ich von außen mit dem Zentrumbohrer
bohren kann, und säge dann von innen die Oeffnung mit einer
amerikanischen Lochsäge heraus. Nachher wird mit einer groben Holz=
feile noch etwas nachgebessert. Ich bemerke schon hier, daß es für
ein Bienenhaus nichts Besseres gibt als wagrechte 10 cm breite Krallen=
täfer, die als Halbholz übereinandergreifen. Auf diese Weise bleibt
mit Ausnahme der Flugbretter außen alles glatt und kann nirgends
Wasser einsickern und Fäulnis veranlassen, was der Fall ist, wenn
man ohne Fluglochkanal das Flugloch des Brutraums direkt dem
Wetter aussetzt oder wenn man ohne eigentliches Bienenhaus die
einzelnen Kasten als „Bausteine" verwendet. Bei einem geräumigen
Fluglochkanal ist auch das Verstopftwerden des Flugloches durch tote
Bienen eine Sache der Unmöglichkeit.

Das Flugbrett

ist 40 cm breit und 20 cm vorstehend. Es wird mit zwei Scharnieren
an ein 40 cm langes Dachlattenstück befestigt, das mit zwei starken
Schrauben an die Pavillonwand angeschraubt wird. Die Scharniere
werden am besten von oben aufgeschraubt; sie sind so stärker. Das
Dachlattenstück schrägt man an der dem Pavillon zugekehrten Seite
etwas ab, damit es nach außen abfällt. Man könnte die Flugbretter

wie die Fluglöcher auf die ganze Breite des Kastens erstellen, die erstern an einem Stück; allein dann kämen die Bienen der einzelnen Kasten zu nahe zusammen. Das Dachlattenstück ist deswegen notwendig, weil das Flugbrett im Winter aufgeklappt und mit einem Vorreiber befestigt wird. Die einzeln stehenden Kasten der Amerikaner haben noch größere Flugbretter.

Der Fluglochschieber

ist dreiteilig aus Zinkblech. Der Hauptteil, der an zwei Ringschrauben mit Unterlagsscheibchen sich von oben nach unten bewegt, ist 5 cm hoch und 27 cm lang und hat oben einen Vorsprung zum Anfassen. Die zwei wagrecht laufenden Teile sind 3 cm hoch und 13,5 cm lang. Diese Seitenschieber haben seitlich und unten einen Vorsprung. Sie können nicht in die allfällige Spalte zwischen Pavillonwand und Dachlattenstück hinunterfallen. Je nach der Konstruktion der Außenseite des Pavillons kann das eine oder andere der beiden Seitenteile verkürzt oder verlängert werden.

Fig. 11. Fluglochschieber.

längert werden. Die Ringschrauben müssen kurz sein, da die Krallentäfer der Pavillonwand nicht sehr dick sind. Für diese Ringschrauben wird nicht vorgebohrt, sondern mit einer viereckigen kurzen Eisenspitze in das Holz gestoßen. Zum Auf= und Zudrehen der Ringschrauben bediene ich mich eines Stückes Hartholz, das einen breiten Sägeschnitt hat an der Stirnseite. Dieses Instrument brauche ich auch für den Schubladen=Abstandstreifen. (Siehe dort.) Es darf nicht geduldet werden, daß eine dieser Ringschrauben nicht mehr packt, d. h. den „ewigen" Umgang hat, sonst könnte möglicherweise der Hauptteil herunterfallen und das Flugloch schließen. Man füllt das Löchlein mit Holz, das man in Leim getaucht hat; dann packt die Schraube wieder.

Die Schiedbretter

spielen eine wichtige Rolle in der Bewirtschaftung meines Kastens, der glücklicherweise groß genug ist, um deren vier in jedem Brutraum

zu verwenden, ohne für die Brut zu wenig Raum zu gewähren. Es
befinden sich im Winter je zwei solcher Schiedbretter rechts und links
von den neun in der Mitte befindlichen Brutwaben, also je an den
Seitenwänden. Ich teile hier schon mit, daß eine Königin nie über
zwei solche Schiedbretter hinausgeht, wenn dieselben richtig konstruiert
sind. Wir können zwei dieser Schiedbretter auch Doppelschiedbrett
(Doppelschied) oder Schiedbretterpaar nennen. 4 Schiedbretter und
9 Brutrahmen ergeben also die 13 Rahmen, für welche mein „Brutraum" Platz hat; d. h. Brutraum im eigentlichen Sinn sind nur die
zwischen diesen Doppelschiedbrettern stehenden Brutwaben, deren Zahl
wechselt. Darüber später.

Die Konstruktion dieser Schiedbretter ist sehr einfach. Man
nimmt gewöhnliche Brutrahmen, wie wir sie oben beschrieben haben,
und füllt sie mit 25 mm dicken Brettern aus, d. h. wenigstens mit
zwei Bretterstücken. Würde man nur ein Brettstück in die Rahme
hineinschneiden, so würde es entweder wachsen oder schwinden derart,
daß entweder die Rahme auseinandergesprengt oder Raum geschaffen
würde, in dem die Bienen Zellen bauen könnten, die von der Königin
bestiftet würden. Sie wäre dann nicht mehr durch zwei Schiede von
den übrigen Waben getrennt. Die zwei Brettstücke dürfen also die
Brutrahme zwar nicht ganz ausfüllen, aber sie dürfen auch nicht mehr
als zirka 4 mm-Spalten offen lassen. Also lieber drei als bloß zwei
Brettstücke nehmen, und die Spalten möglichst klein machen, wenn das
Holz noch schwindet, was in der Regel der Fall ist. Diese in eine
Brutrahme hineingeschnittenen Bretterstücke werden auch viel weniger
„windsch", d. h. sie gehen weniger aus ihrer Ebene als solche, bei denen
z. B. zwei Brettstücke einfach durch zwei außen senkrecht aufgenagelte
Rahmenholzstücke mit einander vereinigt werden. Auch passen jene
besser in die Agraffen der Stirnwand und der Fensterrahme. Wenn die
für diese Schiedbretter verwendeten Bretter dünner sind als 25 mm,
wird zwischen denselben gebaut oder die außerhalb derselben gestellten,
nicht Brut enthaltenden Brutwaben werden in guten Jahren zu dick,
wenn mit Honig gefüllt zu klotzig und schwer, so daß man sie fast
nicht bewältigen kann beim Abbürsten oder Abstoßen der Bienen.
Eine Wabe ist zirka 25 mm dick. Die Schiedbretter sollten nicht

dünner sein, d. h. abgesehen von der Rahme, die nur 22 mm haben
darf. — Diese Schiede haben also genau dieselben Dimensionen wie
die Brutrahmen und ist mit ihnen ebenso leicht operieren wie mit
jenen. Die Bienen haben vorn und hinten, oben und unten freien
Durchgang. Eine Ankittung derselben mit Harz an Stirnwand, Fenster
und Deckbrett ist also nicht möglich. Bienen werden durch dieselben
nicht zerdrückt. Die Erfahrung, daß stillstehende Luft in einem
Bienenkasten die beste Einhüllung der Bienen ist, wenn sie ein
normales Volk bilden, das am rechten Ort über genügendes und
gesundes Futter verfügt, macht die frühere Verwendung der Schiedbretter, die man auf allen Seiten bienendicht anschließen ließ, zwecklos
und überflüssig, unter Umständen zu etwas, das von Nachteil sein
kann, abgesehen davon, daß sie sehr unhandlich war. Auch gab es
bei jener Methode außerhalb der Schiedbretter immer tote Bienen,
von denen manche nur deshalb starb, weil sie den Rückweg zum
Bienenknäuel nicht mehr fand.

Diese Doppelschiede auf beiden Seiten erleichtern nun aber auch
ganz bedeutend das Blättern und damit das Operieren im Blätterbrutraum überhaupt. Zwei solche Schiede lassen sich viel leichter teils
auf die Seite, teils gegen sich selber zusammendrücken und -rücken,
gleichviel ob sie an einer Seitenwand oder zwischen Brutwaben stehen,
und eben damit gewinnt man aufs bequemste den zum Blättern notwendigen Raum. Ohne diese Schiede ist es jeweilen etwas langweilig,
bis man die erste Brutwabe aus dem Blätterbrutraum entfernt hat.
Mit diesen Schieden ist das Herausnehmen je der ersten Wabe etwas
sofort Mögliches. Ich kann auch diese Wabe wieder hineinstellen an
ihren Ort, von dem ich sie genommen, und mit der nächsten ebenso
verfahren, ohne die Nachbarwaben aus dem Kasten entfernt zu haben.
Will man alle Waben genau untersuchen, dann nimmt man die erste
heraus, rückt je die folgende an die Stelle der vorhergehenden und
stellt die erste als letzte ein. Einen Wabenknecht braucht man in der
Regel nicht. Der Blätterbrutraum ist zugleich Wabenknecht! Er ist
nicht nur Bienenwohnung, sondern auch Werkzeug für den Imker.
Die Bienen bleiben im Stock. Es ist einleuchtend, daß man bei
solch rascher, für Bienen und Imker bequemen Behandlung weniger

Stiche erhält, besonders wenn wir bedenken, daß die Operation im Brutraum vollständig die gleiche bleibt, auch wenn über demselben ein mit Bienen gefüllter Aufsatz sich befindet. Der Dadant=Alberti= Brutraum ist zugleich der wahre Königinzuchtkasten auch aus noch andern Gründen, die ich später aufzähle und zugleich, beim Gebrauch der vier Schiede und des Absperrgitters, das richtige Mittel für Honigproduktion. Ich hörte von Neulingen schon sagen: Aber warum denn vier Schiedbretter? Zwei wären doch gewiß genügend! Das ist ungefähr ebenso geistreich, wie wenn man sagen würde: Für was hat man denn eigentlich zwei Ohren: eins wäre doch auch genügend. Oder man sagt: Warum denn nicht an Stelle der Schiedbretter auch im Brutraum (vertikale) Absperrgitter einführen, wenn doch die Brut eingeengt werden soll? Hierauf antworte ich vorläufig: Der Brutraum muß in der Mitte stehen, die Doppelschiede sind auf beiden Seiten nötig. Absperrgitter hier wären praktisch unmöglich; der Honig soll möglichst in den Aufsatz kommen, ohne daß der Kasten klein gemacht werden muß!

Das Fenster

soll von Tannenholz erstellt werden. Die von Weiden= oder Laubholz erstellten krümmen sich, so daß sie nach innen bauchig werden. Es ist, wenn mit Füßen erstellt, 338 mm hoch und 465 mm breit (am Fenster werden die 2 mm nicht abgehobelt) und soll in der Dicke der Fensterrahmen der Dicke der Fensterwand der Schublade ent= sprechen, also 20 mm dick sein. Es besteht aus vier Rahmen von 4 cm Breite. Die zwei Seitenrahmen laufen vom Boden bis zum Deckbrett, resp. Aufsatz, haben also genau Brutraumhöhe. Die wag= rechten Rahmen kommen zwischen sie hinein, die untere wagrechte 15 mm vom Boden entfernt. Der Zwischenraum, der so entsteht zwischen Boden und Unterkante der Unterrahme, wird mit einem an beiden Enden ausgeschnittenen Rähmchenholz von der Länge der Fenster= breite zugemacht, und es wird dieser Schieber mit zwei Winkelschräubchen am Fenster so befestigt, daß er nicht nur auf einer Seite aufgehoben, sondern ganz weggenommen werden kann. Es ist das praktischer, als wenn man diesen Schieber auf einer Seite festnagelt. Es dürfte sich bei dieser Konstruktion empfehlen, die untere wagrechte Rahme 5 cm breit zu machen, damit der untere Rechen nicht zu weit nach unten kommt. (Auch an der Stirnwand sollte der untere Rechen 2—3 cm über Oberkant der Rosteisenstäbe angebracht werden, weil man sonst die Brutrahmen häufig auf denselben stellt statt zwischen denselben.) Das Fenster bedarf keinerlei Befestigung in den Seiten= wänden des Brutraums; es steht auch bei ungebrauchten Stöcken von selbst fest. Es sind auch keine Handgriffe nötig. Wird das Fenster weggenommen beim Oeffnen des Brutraums, so packt und zieht man es nach Entfernung des Schiebers unten und drückt auf der oberen wagrechten Fensterrahme gegen das Fenster, um es so von der Verkittung zwischen Agraf= sen und Brut= rahmen zu lösen. Nene Brutrah= men, d. h. solche mit Mittelwän= den, sollen nie in den Brutraum gestellt oder ge= drahtet werden, ohne vorher in

Fig. 12. Fenster (von innen).

den rechten Winkel gedrückt worden zu sein. Oft, namentlich beim Gebrauch ungedrahteter Mittelwände, ist es gut, das Fenster möglichst stark anzudrücken durch einen Nagel, den man seitwärts in ein in die Seitenwand gebohrtes Loch steckt. Oder noch besser: man spannt einfach die Doppelschnur stark an; dann kann man das Fenster fest andrücken, ohne daß es zurückkommt. (Wenn einmal die Mittelwände an die Rahmen gebaut sind, läßt sich der Winkel der Rahme nicht mehr verändern.) Das Fensterglas muß mit der inneren Seite der Rahme möglichst eben sein. Zwischen Glas und Rahmen darf kein Zug entstehen. Die Frage, ob beim Fenster statt des Glases Drahttuch oder Emballage verwendet werden soll, existiert für mich nicht. Ich bleibe beim Glas. Nicht nur ist es schöner und sauberer, sondern

man erreicht auch, was durch das Drahttuch erreicht werben soll,
durch die Ventilation des weitgeöffneten Fluglochs. Glas ist auch
barum praktischer, weil es nicht noch einer besondern Wintereinhüllung
bedarf, wenigstens im Pavillon nicht. Ich habe das ganze Jahr nie
etwas hinter dem Fenster, auch keine Kartons mehr. Ich lasse ober
mache einfach den Pavillon dunkel, wenn die Bienen nach des Winters
Ruhe erwachen ober nach langen Regentagen wieber schönes Wetter
kommt. Da, wie schon gesagt, im Pavillon der Taupunkt mehr an
die Pavillonwände verlegt wird, trocknen namentlich die einwandigen,
oben nicht geschlossenen Kasten viel schneller als oben geschlossene,
doppelwandige und einzeln in Freien stehende. Der Zug ist bei
Drahttuch schwer zu vermeiden trotz mannigfacher Einhüllung mit
alten Kleidern 2c. Sollte das Fenster sehr ungenau gearbeitet sein,
resp. nicht gut an die Seitenwände und an das Deckbrett schließen,
so garniert man es mit Tuchenden ober stopft mit Werch zu; man
braucht aber im geschlossenen Pavillon nicht zu ängstlich zu sein.
Um ganz sicher zu sein, kann man ja Kissen ober Matratzen aus
Emballage erstellen und mit Haferspreu ober Emd u. dgl. füllen. Diese
Matratzen kann man auch während der Zeit der Brutentwicklung
vor dem Fenster stehen lassen. Vogel hat zwar erklärt: Futter, viel
Volk und junge Königin seien viel wichtiger für die Brutentwicklung
als das Warmhalten des Brutraums.

Das soeben beschriebene Fenster kann noch vereinfacht und zugleich
wenigstens in gewisser Hinsicht noch praktischer gestaltet werden, wenn
man, wie ich bei Beschreibung des Rostes mitteilte, die seitlichen Holz=
stäbe des letztern 620 mm lang, d. h. bis zum hintern Kastenrand
reichenb, macht. Das Fenster wird dann ohne Füße auf diese 22 mm
hohen Holzstäbe gestellt und der offene Raum zwischen Boden und
Fenster mit einem Keil abgeschlossen, an dem zwei Schrauben als
Handgriffe eingeschraubt sind und der auf dem Boden ruht und nach
vorwärts unter das Fenster geschoben wird zwischen den beiden seit=
lichen, nach hinten verlängerten Holzstäben des Rostes. Dieses ab=
geänderte und vereinfachte Fenster ist vorteilhaft insofern, als es ohne
Füße die Reinigung des Raumes unter dem Rost ohne Wegnahme
des Fensters besser gestattet; man bleibt an keinen Füßen hängen.

Auch braucht man keine Hakenschräubchen ins Fenster einzuschrauben
für den Schieber. Uebrigens kann auch bei den Fenstern, welche
Füße haben, ein einfacher, spitz zulaufender Keil untergeschoben werden.
Ich gestehe zwar offen, daß mir der nach oben sich öffnende Schieber
„als solcher" ebenso lieb ist wie der Keil. Der Keil gewährt aber
auch den Vorteil, daß man das Fenster fest an das Deckbrett hinauf
drücken und in dieser Lage fixieren kann, indem man einfach den Keil
weiter hineinstößt. Der beste, einfachste und beweglichste Schieber,
der zugleich ebenso gut schließt wie ein Keil, wird aus Rähmchenholz
gemacht. Nimm ein 22×8 mm=Holz von 464 mm

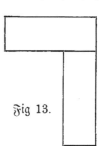

Fig 13.

Länge und lege es, Breitseite oben resp. unten von
links nach rechts laufend, zwischen die beiden Brut=
raumseitenwände auf die an den Seitenwänden
befindlichen Holzleisten des Rostes, die nach hinten
verlängert sind. Nimm ein zweites, gleiches Rähm=
chenholz von zirka 430 mm Länge. Es kommt,
Schmalseite nach unten resp. oben, auf den Boden,
ebenfalls von links nach rechts laufend, zwischen die beiden seit=
lichen Holz=Rostleisten. Beide Rähmchenholzstücke werden in der an=
gegebenen Lage aufeinander genagelt, gegen das Fenster zu bündig
(Fig. 13). Dieser Schieber muß an jedem Ende leicht aufgehoben
werden können auch in vertikaler Richtung, d. h. der untere Teil darf
nicht zu knapp zwischen die seitlichen Holzleisten des Rostes geschnitten
werden. — Diesen Schieber verwende ich auch bei den alten Fenstern

mit Füßen, wo also die seitlichen Holz=
leisten des Rostes nicht nach hinten
verlängert sind. Die Euben des obern
Teils werden ausgeschnitten und mit
Hakenschrauben am Fenster festgehalten.
Um ihn hier in schräg geöffneter

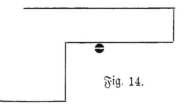

Fig. 14.

Stellung festzuhalten, wird am innern senkrechten Fensterrahmenteil
einige Centimeter über dem Boden ein Schräubchen eingeschraubt.
Beim Fenster ohne Füße lehnt man diesen Schieber einfach zwischen
Seitenwand und Boden vor der Rost=Holzleiste. Ist das Fenster ohne
Füße ganz zurückgezogen, so wird dieser Schieber irgendwie festgehalten,

indem man eine Messerspitze zwischen Seitenwand und Schieber steckt.
Es schließt gut, auch wenn Kartons darunter liegen. Es braucht keine
Ringschrauben als Handgriffe. Das obere Rähmchenholz ist der ganzen
Länge nach Handgriff. Ist das Fenster zu wenig hoch, d. h. befindet sich
zwischen Deckbrett und Fenster eine Spalte, so wird den senkrechten
Fensterrahmenteilen von unten ein Stift mit gewölbtem Kopf eingeschlagen.

Beim Einlogieren von Schwärmen wird das Fenster bis an den
hintern Rand des Kastens zurückgezogen, festgemacht und unten durch
den „Keil" oder Schieber geschlossen. Man steckt zwischen Seitenwand
und Schieber die Spitze eines Messers. Der Schwarm wird auf
einen Karton oder, wenn's ein schwerer Doppelschwarm ist, auf ein
Blech von 70 cm im Quadrat geschlagen und zwischen Waben und
Fenster in den Vorraum hinuntergeworfen, der oben sofort mit einem
Brettchen zugedeckt wird. (Man kann zwar den
Schwarm auch durchs Flugloch einziehen lassen.)
Wie aber soll das Fenster festgemacht werden? Das
geschieht sehr einfach mit vier „Wiener Vorreibern."
Es sind das eine Art Haken= oder Winkelschrauben.
Zwei davon werden je an der Stirnseite der Seiten=
wände zirka 3 cm unter Oberkant eingeschraubt, die
zwei andern im Fenster je 7 cm unter Oberkant

Fig. 15. Vorreiber.

und 1 cm von dem linken und rechten Rand des Fensters entfernt.
Die zwei ersteren werden wagrecht nach einwärts gedreht, die zwei
letzteren wagrecht nach auswärts; dann kann das Fenster nicht rück=
wärts und nicht vorwärts. Wo die beiden hintern Stirnseiten der
Seitenwände durch einen beweglichen Eisenstab oder durch die Doppel=
schnur mit einander verbunden werden, braucht man diese Vorreiber
zum Festmachen des zurückgezogenen Fensters nur am Fenster. Oder
man schraubt eine Hakenschraube über den Eisenstab in die Fensterrahme.

Der Dadant=Alberti=Kasten eignet sich vorzüglich auch zur Wander=
bienenzucht. Für den Transport wird das Fenster fest gegen den
Brutraum gedrückt und festgemacht mit Schrauben, die man von außen
durch die Seitenwand in die seitlichen Stirnseiten des Fensters schraubt.
Der Keil wird festgenagelt. Unten ans Deckbrett werden von links
nach rechts zwei Rähmchenholzleisten genagelt, damit die Brutwaben

beim Transport nicht „hüpfen." Ueber Fluglochkanal und Futterlücke
wird Drahttuch genagelt. — Ich erinnere hier nochmals an den kurzen
Falz, den das Fenster oben in der Mitte erhält und den ich bei
Beschreibung des Brutraums erwähnt habe. Er soll das Einhängen
einer Honigwabe im Brutraum ermöglichen.

Der Rechen.

Die Konstruktion des Blätterkastens ist erleichtert durch die von
Herrn G. Heidenreich, Metallwarenfabrik in Sonnenburg, Neumark,
gemachte Erfindung der Rechenstreifen aus einem Stück, die bloß
angenagelt werden müssen, die beiden obern in der Mitte der obern
wagrechten Fensterrahme und an der Stirnwand in gleicher Höhe,
die beiden untern über dem Flugloch resp. dem Rost 7 cm über dem
Boden, also 4 cm über dem Rost, und an der untern wagrechten
Fensterrahme in gleicher Höhe vom Boden aus gerechnet oder ein=
facher ebenfalls in der Mitte der Rahme. Die Beschaffenheit dieses
Blätterrechen=Streifens ist ersichtlich an den Clichés vom Brutraum
und vom Fenster. Damit ist entbehrlich der etwas umständliche
Apparat von „Klotz" und Meißel zur Erstellung der einzelnen Agraffen
und von eiserner „Lehre" und hohlem Einschlagmeißel zum Einschlagen
der einzelnen Agraffen. Dieser Streifen wird von der genannten
Firma für jede beliebige Rähmchenzahl geliefert und zwar für die
Rähmchenholzbreite von 22 und 25 mm, aber nur für Distanz (von
Wabenmitte zu Wabenmitte) von 35 mm. Die untern Abstandstiften
(siehe „Brutrahme"), die den reglementarischen Abstand von 7 mm
zwischen Brutrahme und Stirnwand regulieren, durchaus nötig sind
und nur beim Fenster (unten) gar keinen Zweck haben, schlägt man
durch Löchlein, welche sich im Rechenstreifen befinden. Der Rechen
muß so, wie man ihn erhält, oft noch etwas gezogen werden. Ueber=
haupt muß man aufpassen, daß die oberen Agraffen genau senkrecht
über die entsprechenden des untern Rechens zu stehen kommen. Die
Abstandstiften der Brutwabe (oben) dürfen den Rechen nicht treffen.
Das Beste ist, vor dem Annageln dieses Streifens die Gassen der
Waben an der Stirnwand genau auszurechnen, resp. zu bezeichnen

durch senkrechte Striche und zwar von der Mitte aus: 11 mm rechts
und 11 mm links von der Mitte der erste Strich, dann 13 mm
davon entfernt der zweite, dann 35 mm vom ersten Strich der dritte,
dann 35 mm vom zweiten Strich der vierte u. s. w.

Nun muß ich aber erklären, daß zwar der Rechenstreifen des
Herrrn Heidenreich für manchen die Konstruktion des Blätterkastens
vereinfacht, daß aber die Einzelagraffen (Bügel), die von Herrn Otto
Alberti (Sohn des Erfinders des Alberti=Kastens) in Amöneburg bei
Biebrich am Rhein geliefert werden, dem Rechenstreifen vorzuziehen
sind und auch vom Bienenschreiner, der die eiserne „Lehre" und einen
hohlen Meißel oder die hölzerne Schablone ohne den hohlen Einschlag=
meißel besitzt, zum Einschlagen derselben vorgezogen werden. Die Sache
wird schöner, genauer mit der „Lehre" und ist mit derselben ebenso
schnell gemacht oder noch schneller. Die Agraffen werden nach Ent=
fernung der eisernen „Lehre" mit dem hohlen Einschlagmeißel noch
einmal und noch tiefer eingeschlagen, damit sie recht fest sitzen.
Sie dürfen nur 2 cm aus dem Holz vorstehen. Man muß darauf
achten, daß die „Lehre" oben und unten jeweilen in derselben Lage
angelegt und festgenagelt wird; so daß die Agraffen genau senkrecht
übereinander zu stehen kommen. Zu äußerst verwendet man nie eine
halbe Agraffe, sondern drückt eine ganze Agraffe zusammen und schlägt
sie so ein, daß die beiden Agraffenschenkel untereinander liegen. Auch
diese äußerste Agraffe soll den genauen Abstand von den andern haben.

Man kann diese Agraffen auch selber erstellen aus gewöhnlichem,
nicht zu hartem Draht von entsprechender Stärke. Man schneidet
Stücke von entsprechender Länge (7 cm), indem man mit einer weichen,
ungestählten Axt auf den schräg über einer Stahlschneide liegenden
Draht schlägt. Die Drahtstücke werden so an beiden Enden schräg
geschnitten und spitzig. Nachher schlägt man diese Drahtstücke mit
einem V förmigen Meißel in einen ebenso geformten Einschnitt in einem
Holzklotz. Ich möchte aber empfehlen, diese Einzelagraffen zu kaufen.

Ich erwähne hier nochmals die schon beim „Rost" beschriebenen
Einschnitte im Boden des Brutraums an der Stelle, wo das Fenster
hinkommt. Sie sind sehr wichtig und ermöglichen, auch hinten die
Brutrahmen an den richtigen Ort zu rücken, daß beim Andrücken des

Fensters die Agraffen des letztern ohne an den Rahmen anzustehen sofort in die Wabengassen hineinschlüpfen. — Wenn eine Brutrahme windsch auf dem Roste steht, hält man sie unten fest und drückt sie oben auf die Seite, bis sie gerade steht. Wenn man vom Schreiner Blätterkasten erhält, müssen die Blätterrechen vor Gebrauch der Kasten gehörig visitiert werden. Jede Agraffe, die nicht genau steht, erhält mit dem Hammer einen Streich entweder von links oder von rechts. Auch müssen die Agraffen nicht nur ein wenig, sondern gut eingeschlagen sein für den Fall eines Transportes.

Herr H. Spühler beschreibt im Anhang vom „Führer am Bienenstand" ein Verfahren, aus Draht einen Blätterrechen aus einem Stück

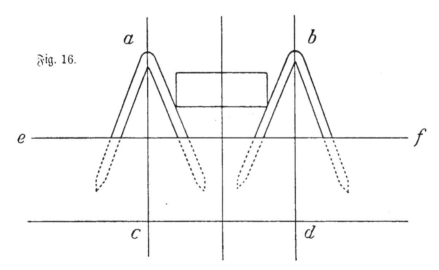

Fig. 16.

zu erstellen (siehe die Clichés dort). Es wäre das ähnlich der Art und Weise, wie Bertrand für den Dadant modifié einen Rechen erstellt, der unmittelbar über dem Boden des Brutraums sich befindet. Ich ziehe den Ankauf der hölzernen oder eisernen Schablone und der einzelnen Klammern weit vor. Damit ist die Erstellung des Blätterrechens ein Kinderspiel und die Sache wird zugleich sehr genau.

Der Schreiner oder Mechaniker, welcher eine Einschlagschablone von Holz oder Eisen oder einen hohlen Einschlagmeißel macht, entwirft eine Zeichnung wie folgt: Die Linie e f bezeichnet die Innenseite der Stirnwand und des Fensters. Die Linie a c ist von der Linie b d

35 mm und die Punkte a und b sind von der Linie e f 20 mm entfernt. Das längliche Rechteck zwischen den Klammern stellt den senkrechten Rahmenteil im Durchschnitt dar. Er ist 7 mm von der Linie e f entfernt und 22 mm breit. Die eingeschlagenen Klammern bekommen also an ihrer Basis (d. h. an der Innenseite der Stirnwand des Kastens in der Linie e f) außen gemessen eine Weite von 18 mm und der Zwischenraum zwischen den Klammern an der Basis, also in derselben Linie e f, beträgt demnach 17 mm (35 — 18 = 17). Je die parallelen schrägen Schenkel der Klammern sind 35 mm von

Fig 17. Klötzchen zur Selbstverfertigung der Blätterrechen=Agraffen.
Auf demselben liegen: 1) das Stemmeisen, 2) der Hohlmeißel, 3) der Fixc-agraffes-Paschoud (zum Drahten der Mittelwände). Vor demselben liegen: die eiserne Schablone (links) und die hölzerne (rechts).

einander entfernt. — Nach diesen Angaben sollte es dem Schreiner möglich sein, aus Hartholz eine 20 mm dicke Einschlagschablone, und dem Mechaniker, eine zirka 5 mm dicke Einschlagschablone aus Eisen zu erstellen. Man nimmt einfach eine richtig zusammengedrückte Klammer und bedient sich ihrer zum Zeichnen der schrägen Einschnitte auf der Schmalseite des eisernen Stabes. Der hohle Einschlagmeißel muß inwendig 20 mm tief sein. Oder man legt auf die eiserne Schablone einen Stab aus Hartholz, der mit derselben 20 mm ausmacht. Dann braucht man den hohlen Meißel nicht. Eiserne Schablone und Hohl=

meißel werden geliefert von Chr. Bösch, Bruggen (St. Gallen).
Mechaniker Meier hat einen kleinen, praktischen eisernen Apparat zur
Erstellung der Einzelagraffen erfunden. Die schräg abgeschnittenen
Drahtstücke werden in eine V förmige schmale Oeffnung hinunter=
gestoßen vermittelst eines spitzigen Meißels, der an der Spitze eine
kleine Kerbung hat.

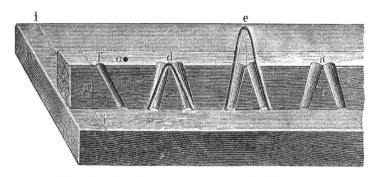

Fig. 18. Schablone aus Holz zum Einschlagen der
Blätterrechen=Agraffen (Bügel).
Aus: A. Alberti, „Die Bienenzucht im Blätterkasten."

Wer bei O. Alberti Schablonen bestellt, muß ausdrücklich be=
merken: für den Dadant=Alberti=Kasten, weil Alberti nicht 13 Waben
im Kasten hat, seine Klammern weniger zusammengedrückt sind und
der Zwischenraum zwischen den Klammern kleiner ist (infolge des
Abgeschrägtseins der senkrechten Rahmenteile). Auch schlägt Alberti
die Klammern in der Stirnwand ein, bevor er den Kasten zusammen=
nagelt. In diesem Fall darf auch für den Dadant=Alberti=Kasten die
Schablone länger sein als 465 mm.

Fig. 19. Neuer Blätterrechen=Streifen von G. Heidenreich.

Soeben hat Herr G. Heidenreich in Sonnenburg, Neumark,
einen neuen Blätterrechen=Streifen an einem Stück erfunden, der
angenagelt werden kann und namentlich betreffend Verkittung besser
ist, als der von ihm früher gelieferte und im Anfang dieses Artikels

erwähnte. Er hat unleugbar große Vorteile, aber auch einen großen Nachteil, den nämlich, daß die Bienen weniger Platz haben, um an

der Innenseite der Kasten-Stirnwand nach oben zu krabbeln, besonders wenn die dreieckigen ausgestanzten Oeffnungen der Klammer-Dreiecke zugekittet werden, was offenbar bei diesen Streifen mehr der Fall ist

Fig. 20. Blätterrechen-Streifen von G. Heidenreich.

als bei den Alberti-Klammern. Für den Nicht-Schreiner, der nicht mit Schablone 2c. versehen ist, dürfte sich dieser Rechenstreifen empfehlen, wenn derselbe nicht etwa in die senkrechten Rahmenteile einschneidet.

Das Deckbrett.

Ueber das Deckbrett ist vieles mitzuteilen. Es ist das (wie vielleicht auch das Fenster) derjenige Teil am Kasten, den man nicht selber machen kann, der vielmehr von einem Schreiner verfertigt werden muß. Ich bemerke zum voraus, daß man immer einige überzählige Deckbretter im Vorrat haben sollte, namentlich für das Aufsetzen und Vereinigen von Schwärmen. Das Deckbrett dient zugleich als Bienen-fluchtbrett, d. h. zur Verwendung eines Apparates, den die Engländer bee-escape, die Franzosen chasse-abeilles und die Italiener fugape nennen, und der gebraucht wird, um die Aufsätze von Bienen zu ent-leeren. Das Deckbrett muß so konstruiert werden, daß auch auf ihm die Schublade geschoben werden kann. Es erhält eine Oeffnung zum Füttern, zum Zusetzen von Königinnen oder Weiselzellen und zugleich für den Bienenfluchtapparat. Auf das Deckbrett kommt dann noch ein Wergteller zum Warmhalten im Winter und Frühling.

Es wird von 15—17 mm dicken Brettern zusammengeleimt. Bei Verwendung von noch dickeren Brettern wird das Deckbrett plump und schwer. Es sollte mit einer Hand regiert werden können (am Handgriff). Die Bretter, aus denen das Deckbrett verfertigt ist, laufen von links nach rechts, weil es in dieser Richtung nicht wachsen darf, und haben auf beiden Seiten je eine sauber gearbeitete Stirn- (Hirn-) leiste in Kaltbaustellung, also von vorn nach hinten laufend, die mit

dem Deckbrett unten und oben bündig, eben sind. Das Deckbrett ist
also ein genau verfertigtes Reißbrett, das sich nicht ziehen darf und
sich auch nie zieht, wenn es exakt gemacht ist und aus totem Holz
erstellt wird. Es soll für die Stirnleisten kein Laub-, sondern nur
Tannenholz verwendet werden. Die Größe des Deckbrettes entspricht
außen gemessen genau der Größe der Schublade, also 490 mm tief
(450 Tiefe des Brutraums $+ [2 \times 20]$ Dicke von Stirn- und
Fensterwand) und 487 mm breit (465 Innenbreite des Brutraums
$+ [2 \times 12]$ Dicke der Schubladenseitenwände, resp. der beiden Geleise

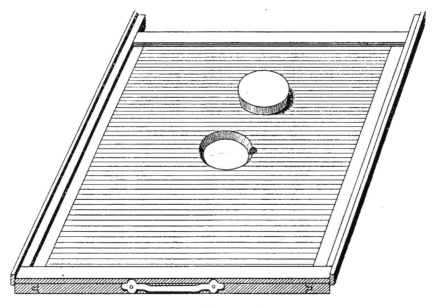

Fig 21. Das Deckbrett.

unten, und von der Summe abgezogen 2 mm ($489 -- 2 = 487$).
Mit diesen 2 mm, die abgezogen werden, verhält es sich aber folgendermaßen. Das Deckbrett wird nämlich zuerst nicht 487, sondern 489 mm
breit gemacht; dann werden die Geleiseleisten seitlich angenagelt, und
erst wenn diese Gleiseleisten seitlich angenagelt sind, werden mit einem
Falzhobel nur auf einer Seite des Deckbrettes unmittelbar unter der
Geleiseleiste 2 mm abgehobelt resp. ausgenutet. Man könnte auch das
Deckbrett von Anfang an nur 487 mm breit machen, und dann beim
eitlichen Annageln der Geleiseleisten auf einer Seite des Deckbrettes,

resp. unter einer Geleiseleiste 2 mm unterlegen. Der Zweck dieses
Verfahrens ist einleuchtend: d. h. das Geleise des Deckbrettes soll
breit genug sein zur Aufnahme der Schublade; aber das Deckbrett
soll unterhalb seiner eigenen Geleiseleisten selber auch wieder schmal
genug sein, um vom Geleise des Brutraums oder von demjenigen
einer Schublade aufgenommen zu werden. Ich bemerke hier schon,
daß wie am Deckbrett (unten), so auch an den Seitenwänden der
Schublade unten ebenfalls etwas abgehobelt wird, um auf alle Fälle
zu bewirken, daß das Schieben und Ziehen leicht vor sich geht. Doch
wir haben der Sache vorgegriffen! Bevor es zum seitlichen Annageln
der Geleiseleisten kommt, muß noch anderes in Acht genommen werden,
zuerst die Stirnleisten betreffend. Dieselben werden (gegen die Pavillonwand) 3 cm über das Deckbrett hinaus verlängert und zwar in der
ganzen Dicke des Deckbrettes, aber nur 12 mm breit, je vom Außen-
rand des Deckbrettes gemessen. Die Stirnleisten werden also zuerst
520 mm lang gemacht und dann vorn ausgesägt, so daß diese 3 cm
langen Verlängerungen genau unter die entsprechenden, ebenfalls 3 cm
langen Verlängerungen der Schubladenseitenwände (über die Stirnwand der Schublade hinaus) zu liegen kommen. Vom Zweck dieser
Verlängerungen wird bei Beschreibung der Schublade die Rede sein.
Die dem Deckbrett seitlich angenagelten Geleiseleisten werden also ebenfalls 520 mm lang. Doch bevor diese letztern angenagelt werden,
sind dem Deckbrett ringsherum auf allen vier Seiten dem Rand entlang vier Leisten von 8 mm-Rahmenholz aufzunageln. Links und
rechts sind diese Leisten 12 mm breit, vorn und hinten 20 mm
(oder auch 22) breit. Diese dem Deckbrett aufgenagelten Leisten bewirken, daß zwischen der dem Deckbrett aufgelegten Schublade, resp.
zwischen der Unterkante der in derselben hängenden Honigwagen, die
mit Unterkant-Schublade bündig sind, und dem Deckbrett ein Zwischenraum von 8 mm entsteht, welcher verhindert, daß die Bienen der
Schublade unten an den Honigrahmen gequetscht werden. Die Seitenleisten (12 mm breit) sind ebenfalls 520 mm lang, laufen also auf
den 3 cm langen und 12 mm breiten Verlängerungen der Stirnleisten
bis an deren Ende. Die vordere, aufgenagelte Querleiste (20 mm
breit) stößt also an die Seitenleisten; dagegen ist es „hinten" schöner,

wenn hier die Seitenleisten an die Querleiste stoßen, welch letztere
sich also der ganzen Breite des Deckbrettes entlang erstreckt, so daß
an der hintern Stirnseite des Deckbrettes die Köpfe der Seitenleisten
nicht sichtbar sind. Die aufgenagelten Seitenleisten würden also auf
diese Seite 20 mm kürzer, d. h. nur 500 mm lang. — Jetzt erst
werden die Geleiseleisten seitlich angenagelt und zwar so, daß ihre
Unterkante 15 mm von Unterkant-Deckbrett entfernt, resp.
hoch ist wegen der Geleisenute des Brutraums, welche 13 mm tief
ist. Für allfällige Ungenauigkeiten sind also nur 2 mm Unterschied.

An die hintere Stirnseite des Deckbrettes wird mit zwei Schrauben
ein eiserner Handgriff befestigt. Wird der amerikanische, der gleiche
wie bei der Schublade, verwendet, so müssen die Backen um die
Oeffnungen für die Schraube herum etwas abgefeilt werden, weil das
Deckbrett (mit aufgenagelter Leiste) zu dünn ist.

Damit ist das Deckbrett fertig bis an die runde Oeffnung in
der Mitte desselben. (Das Bienenvolk sitzt immer in der Mitte des
Brutraums.) Man braucht dieselbe zum Füttern mit dem Thüringer
Luftballon von Herrn Pfarrer Gerstung (bei uns schweizerisches Futtergeschirr genannt) oder mit dem Futterapparat des Herrn P. v. Siebenthal in Aigle, zur Anwendung der Bienenflucht und des von mir und
Bösch konstruierten Königin-Zusetzapparates, sowie zum Vereinigen.
Diese Oeffnung hat einen Durchmesser von 8 cm und zwar gemessen auf der untern Seite des Deckbrettes. Auf der obern
Seite des Deckbrettes beträgt der Durchmesser dieser runden Oeffnung
etwas mehr, weil sie mit schrägem Schnitt herausgesägt wird. Man
kann so das herausgesägte runde Stück zugleich als Deckelchen verwenden. Um zu verhindern, daß dasselbe bei neuen Kasten zu tief
sinkt, braucht man es, da der Schnitt nie ganz kreisrund ist, bloß
ein wenig zu drehen oder demselben auf der Seite etwas weiches
Wachs aufzudrücken. Am besten ist es, wenn man diese Deckelchen
vom Dreher drehen läßt. Wer ein Hohleisen hat, kann vielleicht einen
Griff herausstechen in der Mitte des Deckelchens. Man entfernt
dieses Deckelchen, indem man es herausstict mit dem verlängerten
Griff der Wabenzange. Um das zu können, feilt oder sticht man
mit einem Hohleisen am Rand dieser Oeffnung, also im Deckbrett

(nicht an dem herausgesägten Deckelchen) eine Kerbung heraus. Diese Kerbung muß bis fast an die Unterseite des Deckbrettes gehen und möglichst senkrecht sein, damit sie vom Rande eines eingesetzten Bienen= flucht= oder Zusetzapparates 2c. zugedeckt wird! Um ein Deckbrett untere Seite nach oben zu wenden, hält man es am Handgriff senk= recht und dreht es um sich selbst.

Ich bemerke noch, daß es gut ist, wenn in einigen Deckbrettern sich noch eine zweite verschließbare Oeffnung befindet. Darüber später.

Der Wergteller

wird zusammengenagelt aus 10 mm dicken und 10 cm breiten Brettchen. Die seitlichen (42 cm lang) kommen zwischen die Querbrettchen (46 cm lang hinein. Der Boden besteht aus Emballage, der möglichst aus= gespannt mit kleinen Tapeziernägeln auf die Längsstirnseiten der aufrechtstehenden Brettchen genagelt wird. Oben bleibt dieser Werg= teller offen. Er wird gut zur halben Höhe mit Werg gefüllt. Wer mit dem Thüringer Luftballon füttert, kann in der Mitte des Em= ballage ein Loch machen. — Ventilation und Verdunstung ist genügend vorhanden, da das Deckbrett nie ganz luftdicht aufliegt und seitlich, wo die Schiedbretter stehen, nicht zugekittet wird. Zug ist deswegen nicht vorhanden, weil der Pavillon geschlossen ist. Alles, was ich in der ersten Auflage betreffend Ventilation durch das Deckbrett geschrieben, ist überflüssig. Ich habe nie schimmlige Waben. Es stehen deren immer nur 8 oder 9 im Brutraum und der im ebenfalls nicht luft= dicht geschlossenen Bienenhaus stehende einwandige Kasten trocknet fort= während und produziert überhaupt weniger Niederschläge, weil der Taupunkt sich mehr auf das Bienenhaus verteilt. Die Wergteller werben im Sommer entfernt. Ich brauche sie höchstens bei der Königinzucht im Aufsatz, beim Zusetzen von Weiselzellen und Königinnen und beim Füttern mit dem Futterapparat Siebenthal, der mit dem Wergteller nach oben geschlossen wird, weil ich den Futterapparat Siebenthal immer auf das Deckbrett lege. Der Wergteller liegt nicht wie die Schublade auf den dem Deckbrett aufgenagelten Leisten, sondern zwischen denselben. Der Emballageboden liegt also überall direkt auf dem Deckbrett. Wenn dieser Wergteller auf dem Futterapparat von Siebenthal liegt, deckt er denselben freilich nicht ganz; es muß noch ein Stab hinzugefügt werden. Würde man den Wergteller so groß wie das Deckbrett machen, so läge es nicht dicht auf dem letztern. Der Stab wäre dann freilich überflüssig.

Die Bienenflucht

gehört in Verbindung mit dem Deckbrett besprochen. Zugleich bemerke ich hier schon, daß nur derjenige sich der Bienenflucht wahrhaft erfreuen kann, der zwischen Brutraum und Aufsatz ein Königin= Absperrgitter hat. Denn über dem Absperrgitter gibt es keine Königin, keine Brut und keine (?) Drohnen. „Man sagt," die Drohnen verstopfen etwa die Bienenflucht; sicher ist, daß die Bienen einen Brut enthaltenden Aufsatz trotz untergelegter Bienenflucht nicht ver= lassen. Die beste Bienenflucht ist der Ori= ginalapparat von Porter mit nur einem Ausgang, d. h. mit zwei beweglichen Züng= lein von dünnem Messingblech, zwischen denen eine Biene in der einen Richtung hindurch kann, aber nicht in der andern.

Fig. 22.

Bienenflucht von Porter.

Die punktierten Linien deuten die unter dem Deckblech befindlichen federnden Zünglein von dünnem Blech an. Die Bienen gehen von oben in die runde Oeffnung hinein und kommen unten rechts heraus.

Vor dem Gebrauch des Apparates muß man sich überzeugen, daß die Zünglein nicht zu eng stehen; lieber etwas zu weit. Man macht die Probe mit einer Biene, die man in den Apparat setzt. Die runde Oeffnung oben wird mit einem Finger geschlossen. Sämtliche Original= apparate, die ich bis jetzt angeschafft habe, leiden an einem Konstruktions= fehler, der bewirkt, daß der Apparat, nachdem er eingesetzt worden, seine Lage verändern, d. h. auf die Seite rücken kann, wo die Bienen herauskommen sollten. Steht aber diese Seite des Apparates an der Wand der Oeffnung im Deckbrett an, dann ist der Apparat ge= schlossen und kann nicht funktionieren. Man kann dem Fehler abhelfen, indem man an geeigneter Stelle (unten) dem Apparat einen wenigstens 7 mm vorstehenden Abstandstift horizontal auflötet.

Wie wird der Apparat ins Deckbrett versenkt? Entweder erstellt

man neben der runden Oeffnung im Deckbrett noch eine zweite extra
für die Bienenflucht, über die man auch aus andern Gründen oft
froh ist, 3 cm breit und 8 cm lang (mit senkrechtem Schnitt) oder
man verlangt die Bienenflucht mit einem runden Oberblech von
10 cm Durchmesser statt mit rechteckigem Oberblech. Zum Oeffnen

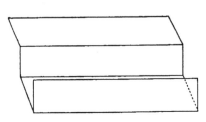

und Schließen der 3 × 8 cm
großen rechtwinkligen und recht=
eckigen Bienenfluchtöffnung bediene
ich mich eines Drahttuchstückes, das
in die Oeffnung versenkt wird, von
nebenstehender Form. Schließt man,
so wird dasselbe etwas auseinander=
gedrückt; beim Oeffnen zieht man
es am verlängerten Seitenteil
heraus.

Fig. 23. Drahttuchstück zum Schließen
der rechteckigen Bienenfluchtöffnung im
Deckbrett.

Die englische Bienenzeitung (Record) erklärte vor einigen Jahren,
es sei schon viel geschrieben und diskutiert worden über die rätselhafte
Thatsache, daß eine Bienenflucht mit mehreren Ausgängen nicht
im geringsten besser funktioniere als eine solche mit nur einem Aus=
gang, oder die gleichzeitige Anwendung mehrerer Apparate nicht mehr
Erfolg habe als diejenige eines einzigen. Die genaue Beschreibung
des Verfahrens mit der Bienenflucht gebe ich erst bei Beschreibung der
Schublade, die als beweglicher Aufsatz die Verwendung dieses jedem
praktischen Imker willkommenen Apparates überhaupt möglich macht.

Herr Bösch in Bruggen
bei St. Gallen bringt bereits
einen zweiten neuen Bienen=
fluchtapparat in den Handel,
im Prinzip mit einem Aus=
gang, aber nach Art der alten
Drohnenfallen. So weit ich
diese neue Erfindung bis jetzt

Fig 24. Bienenflucht von Bösch.

beurteilen kann, ist sie vortrefflich. Sie paßt genau in die runde
Oeffnung meines Deckbrettes. Wenn man diesen Apparat längere Zeit
im aufliegenden Deckbrett läßt, so werden die hängenden beweglichen

Metallteile angekittet und der Apparat wird unbrauchbar. In dieser Hinsicht ziehe ich den ebenfalls runden Apparat von Herrn Bösch mit vier Ausgängen, d. h. mit vier Zungenpaaren, vor. Das Beste ist, man konstruiert den Original=Apparat mit einem Zungenpaar, aber rund.

Oft gehen bei Anwendung der Bienenflucht nicht alle Bienen in den Brutraum hinunter und müssen einzelne Waben noch ab=geschlagen, d. h. der Bienen entledigt werden.

Es kommt etwa vor, daß das eine oder andere der beiden Züng=lein im Bienenfluchtapparat verkrümmt ist. Um es gerade zu drücken, schneidet man ein schmales Hölzchen und macht an der Stirnseite desselben mit dem Messer einen tiefen Einschnitt, der etwas offen bleibt, auch wenn man das Messer wieder zurückzieht. Mit diesem Hölzchen, indem man das Metallzünglein in den Schnitt hinein nimmt, läßt sich dieses in die rechte Stellung bringen.

Der Futterapparat.

Als Futterapparat für die Winterfütterung be=nütze ich mit Vorliebe den=jenigen des Herrn Peter von Siebenthal, Bienen=züchter und Schreiner in Aigle, Kanton Waadt. Dieser Apparat ist ein sehr praktisches Geschirr und eine wirklich schwei=zerische Erfindung. Sie kostet freilich etwas mehr als die Glasballons, kann dafür aber auch nicht zer=brechen, weil von Blech erstellt. Es sind zwei nie=dere Tröge, die zusammen

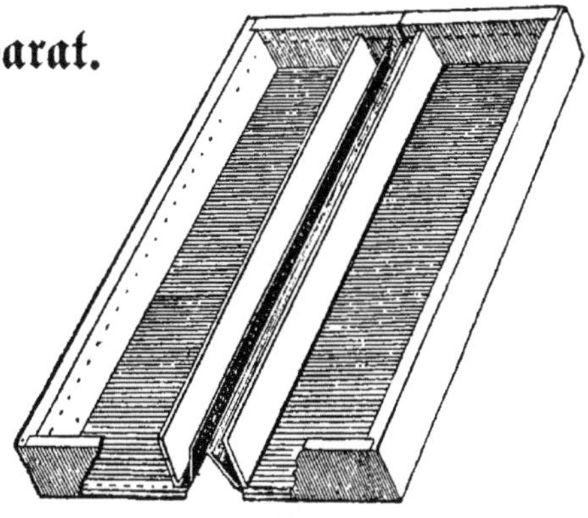

Fig. 25. Futterapparat Siebenthal.

Fig. 26.
Querschnitt durch den Futterapparat Siebenthal.

AA die beiden Tröge. L Glasstreifen. P Aufstieg für die Bienen. N Niveau der Flüssigkeit.
Aus: Conduite du rucher, par Ed Bertrand, Directeur de la Revue internationale d'apiculture, à Nyon (Suisse).

3—4 Liter fassen. Die Bienen können an zwei je 43 cm langen
schrägen Flächen trinken, ohne daß auch nur eine einzige Biene ertrinkt.
Die Tröge laufen von links nach rechts, sonst könnte man das
Fenster darunter nicht entfernen. In der Mitte, wo die beiden
Tröge zusammenstoßen und wo die Bienen hinaufsteigen, wird ein
Glasstreifen aufgelegt, damit die Bienen nicht heraus können. Dieser
Glasstreifen darf nicht zu lang, wohl aber zu kurz sein; ist er zu
kurz, so legt man ein Stück Drahttuch unter. Der Apparat kann
nach Entfernung des Deckbrettes direkt auf den Brutraum oder auf
eine Schublade an Stelle des Deckbrettes gelegt werden, also 8 mm
über Oberkant der Brut= resp. Honigwaben. Ich ziehe aber im all=
gemeinen vor, das Deckbrett liegen zu lassen und den Futterapparat
auf das Deckbrett zu legen. In diesem Fall wird er oben abgeschlossen
durch den Wergteller und einen Holzstab. (Der Apparat ist größer
an Fläche als der Wergteller.) Wird der Futterapparat sehr gefüllt
oder ist der Emballageboden des Wergtellers nicht straff angespannt,
so lege ich noch ein Quadrat von Rähmchenholz zwischen Futterapparat
und Wergteller, damit der Emballage nicht in das Futter hinunter=
sinkt. Noch besser ist es, man legt die Emballagerahme auf den
Futterapparat. Ich besitze für meine 64 Stöcke 32 Futterapparate und
32 Emballagerahmen. Der Vorteil, den man davon hat, daß man
den Futterapparat nicht direkt auf die Waben, sondern auf das Deck=
brett legt, besteht darin, daß man das Deckbrett nicht wegnehmen und
nachher wieder auflegen muß. Man hat nur das Deckelchen der
runden Oeffnung im Deckbrett wegzunehmen. Wenn der Futterapparat
auf dem Deckbrett liegt, kann man eventuell Futterapparat mit Deck=
brett aufheben und anhängen zum Operieren im Brutraum.

Es ist auch besser in die Tröge schöpfen, wenn sie von links
nach rechts laufen. Ich bediene mich dabei einer Schapfe, die gut
1½ Liter mißt, also gefüllt jedesmal einen Trog voll macht. Das
Futter bringe ich in Honigkesseln in den Bienenstand. Wenn in einem
Kessel nicht mehr viel Syrup vorhanden ist, wird der Rest einfach
einem Kessel zugeschüttet, der noch mehr enthält. Der letzte Rest
wird direkt in einen Trog geschüttet. Um beim Verteilen des Futters
in die Tröge das Tropfen der Schapfe zu vermeiden, halte ich die

letztere in ein kleines Emailwaschbecken mit wagrechtem Rand und einem Stiel und zwar gleich bis auf den Boden des letzteren. Die Kessel mit dem Futter trage ich nicht vom Wohnhaus zum Bienenstand, sondern schiebe sie auf einem Schubkarren. Bei Anwendung des Futter= apparates Siebenthal geht die Winterfütterung, auch wenn in einem gänzlich trachtlosen Sommer wie 1900 viel gefüttert werden muß, flott von statten. Die Hauptarbeit ist das Auflösen des Zuckers (6 Liter Wasser auf 10 Kilo und etwas Salz und 2—3 Löffel Essig, der letztere zur Verhinderung der Kryftallisation). Im übrigen ist's, als hätte man nichts zu thun im Vergleich mit der Mühe, die ich hatte, als ich noch mit den Glasballons fütterte. — Die Dimensionen des Futterapparates sind genau diejenigen des Deckbrettes, also der einzelne Teil des aus zwei Teilen bestehenden Apparates mißt in der Länge 487 mm und in der Breite die Hälfte von 490 mm. Der Apparat kann übrigens in jeder beliebigen Dimension erstellt werden. — Ich bemerke noch, daß ich zu jeder Tages= und Jahreszeit füttern kann. Ich kenne die Räuberei bloß vom Hörensagen. Das verdanke ich dem amerikanischen Abfluggitter, mit dem meine Pavillons rings= herum versehen sind und die ich bei Beschreibung des Pavillons be= rücksichtigen werde. Ich kann bei nicht zugedeckten Futterapparaten füttern, wenn ich nicht vergesse, die Thüren des Pavillons zu schließen. Nur die Wespen sind dann lästig, denn sie finden den Weg durch das Abfluggitter; aber auch die Wespen können nicht zum Futter gelangen, wenn man dasselbe mit einem Wergteller und einem Holzstabe oder mit der Emballagerahme deckt. Der rechte Imker kommt nie in den Fall, füttern zu müssen bei Wintertemperatur; es dürfte dann über= haupt nicht flüssig, sondern müßte Honigzuckerteig oder noch besser das, was die Engländer soft candy nennen, gefüttert werden. Das letztere ist Zucker in weichem Zustand, den man auf eine gewisse Art des Einkochens erzielt. — Um die Bienen zu veranlassen, schneller zu den Trögen zu steigen, was sie manchmal etwas weniger schnell thun, wenn die Tröge auf dem Deckbrett stehen, leert man einige Löffel voll Futter auf das Deckbrett hinunter. Nach der Fütterung werden die Tröge umgekehrt, damit die Bienen sie auslecken und reinigen. Vor dem Aufschichten derselben müssen sie aber noch einmal

gereinigt und getrocknet werden von Menschenhand. Man braucht
nicht für jeden Stock einen solchen Apparat anzuschaffen. Die Fütterung
geht so schnell von statten, daß man einen Stock nach dem andern
füttern kann. Man kann diesen Apparat immer wieder nachfüllen,
ohne warten zu müssen, bis er ganz leer ist. Man füttert sofort
nach der Sommerernte im August einen Teil als Reizfütterung und
den andern im Laufe des September noch bei möglichst warmem
Wetter. (Genaueres später.) Jeder Stock sollte 15 Kilo Winter=
proviant haben, damit viel Volk entstehen kann im Frühling, wenn
eine junge Königin im Stock ist. Neun leere Brutwaben fassen
70 Pfund Honig oder Syrup! Wenn die Fütterung vollendet ist,
wird das Deckelchen in die Futterlücke und der Wergteller auf das
Deckbrett gelegt.

Der Futterapparat Siebenthal wird mit Vorteil angewendet auch
zum Füttern der Schwärme. Da die Bienen sehr rasch große Quan=
titäten Futter in den Brutraum hinunter tragen können, werden die
großen Mittelwände auch sehr schnell und schön ausgebaut. Damit
man, nachdem der Schwarm in den Vorraum hinunter geschüttet
worden, diesen Vorraum oben mit einem Brettchen (150 mm breit
und 487 mm lang) abschließen kann, wird dem Deckbrett der Hand=
griff abgeschraubt, sonst müßte man den Futterapparat nach Wegnahme
des Deckbrettes direkt auf den Brutraum legen.

Wenn im Aufsatz über einem bevölkerten Brutraum ein Schwarm
überwintert werden soll, so kann man das im Brutraum befindliche
Volk mit einer Hälfte des Futterapparates Siebenthal füttern. Man
legt diesen Halbteil auf den Vorraum des Brutraums und schließt
ihn mit dem Glasstreifen nach oben ab. Das Fenster des Brutraums
muß 20 mm hinter die Schublade zurückgezogen werden. Es geht
sehr gut, wenn das obere und das untere Volk durch eine Draht=
geflechtrahme, die zugleich ein zweites Deckbrett ersetzt, von einander
geschieden sind. Würde sich unter dem Aufsatz ein Deckbrett befinden
(das man lieber auf dem Aufsatz braucht), so müßte demselben der
eiserne Handgriff abgenommen werden. Die Drahtgeflechtrahme, die
sich unter dem das obere Volk enthaltenden Aufsatz befindet, muß
mit Außenseite des Aufsatzes bündig sein, damit der halbe Futter=

apparat bienendicht (Schrägseite des Troges nach vorn gegen die Schublade zu) an die Schublade angestoßen werden kann. Es dürfen sich also zwischen Drahtgeflechtrahme und Pavillonwand kürzere Hölzchen befinden, als die sind, von denen bei Beschreibung der Königin= Absperrgitterrahme die Rede sein wird. Man stößt zuerst die leere Schublade provisorisch als „Lehre" fest gegen die Pavillonwand, an der der Fluglochkanal der Schublade (siehe dort) hängt, und bezeichnet auf dem Brutraumgeleise mit einem Bleistift die Stelle, bis zu welcher die Drahtgeflechtrahme nachher geschoben werden muß, um hinten mit der Schublade bündig zu sein. Damit der Futterapparat nicht nach hinten „übergämpft" und zu Boden fällt, schlägt man in der Höhe des oberen Randes der schrägen Trogfläche einen kleinen Stift in die Schublade. Es kann auf diese Weise gefüttert werden (in den Brutraum hinunter) auch dann, wenn auf dem Deckbrett z. B. ein Korb steht mit einem Volk, das sich selber in den Brutraum umlogieren soll und im Brutraum Mittelwände auszubauen hat bei trachtloser Zeit. Der Handgriff am Deckbrett muß abgeschraubt werben. Dem Futterapparat wird auf die Stirnseite der Holz= Seitenteile eine Leiste oder ein Streifen aufgenagelt, damit die Bienen nicht hinaus können.

Der Futterapparat von Siebenthal eignet sich auch vortrefflich als Form zum Gießen von Wachstafeln, die in erkaltetem Zustand, weil nur zirka 2 cm dick, sehr leicht zu zerschlagen sind. Dem Futter= apparat wird einfach der Durchgang unter der Mittelleiste mit Per= gamentpapier zugeklebt. Das Wachs wird erst in diese „Form" ge= gossen, wenn sich oben am Rand gelbe erkaltete Streifen zeigen. Es „springt" dann nachher nicht mehr.

In der ruuden Oeffnung des Deckbrettes kann man auch den Futterapparat Gerstung verwenden, jetzt schweizerisches Futtergeschirr genannt. Der vergrößerte Ballon faßt nicht ganz zwei Liter. Das Glasgefäß wird auch rechtwinklig geliefert. Ich habe die Platte am Teller beweglich gemacht. Das gestattet, den Teller bis auf die Ober= kante der Brutrahmen hinunterzulassen, resp. die Platte den Deck= brettern von verschiedener Dicke anzupassen, ohne beim Herausnehmen den mit Propolis angekitteten Teller zu zerreißen. Man entfernt

zuerst die Platte und dann das Deckbrett und sticht nachher den Teller
mit dem Reinigungsmesser ab. Der Apparat fällt auch in dieser
Gestalt nicht um, wenn die Platte um das Cylinderchen herum etwas
aufwärts gestanzt ist. Allfälliges Wachs auf Oberkant-Brutrahme
kann man entfernen und eben machen. Ich brauche diesen Apparat
besonders beim Füttern eines Kastens, der im Aufsatz Königinnen
züchtet, durch den Wergteller hindurch. Es wird damit die Abkühlung
des Stockes vermieden. Zwischen Platte und Glas lege ich ein Stück
Karton mit runder Oeffnung, in welcher der Hals des Ballons Platz
hat. Der Hals kommt so weniger tief in den Teller und in die
Flüssigkeit hinunter, und die Bienen können schneller trinken. Mit
andern Worten: der Hals des Ballons ist in der Regel zu lang.
Es kann jeder vor dem Gebrauch mit Wasser die Probe machen, wie
dick die Unterlage sein darf und soll.

Fig. 27.
Schweizerisches Futtergeschirr.

Der Futterapparat Gerstung ist sehr
praktisch auch zur Wasserfütterung, weil
die Bienen sozusagen auf Oberkant-Brutrahme ins Wasser des Tellerchens hinein
laufen müssen. Allein die Ansichten über
den Wert der Wasserfütterung sind geteilt.
Herr von Rauschenfels, Redaktor des
Apicoltore, ist der Ansicht, daß der Brutansatz wegen der Wasserfütterung nicht größer werde.

Der Futterapparat von Gerstung wird gereinigt, indem man
denselben halb mit Wasser füllt, kleine eckige Stücklein einer rohen
Kartoffel hineinthut und schüttelt.

Der Futterapparat Gerstung läßt sich (mit Blechhülse) jedem Zucht-
oder Reservekästchen, das im Freien steht, aufsetzen, nachdem man im
Deckel mit dem Centrumbohrer ein Loch gebohrt. Besser ist es, die
Oeffnung so groß zu machen, daß auch der Zusetzapparat angewendet
werden kann. Wenn die Platte des Tellerchens beweglich und die
Oeffnung zu tief ist, braucht man nur ein oder zwei Hölzchen unter
das Tellerchen zu legen. Für solche Zuchtschwärmchen, denen man
reife Königinzellen gibt, soll man nie Honig verwenden, sondern nur
Zucker, der Räuberei wegen. — Man kann den Glasballon brauchen

auch über der rechteckigen Bienenfluchtöffnung, wenn man die dazu nötige Blechhülse besitzt.

Zur Not kann man auch mit gewöhnlichen Einmachgläsern oder Honigbüchsen füttern. Man füllt sie, verbindet sie mit nasser Emballage und setzt sie umgestülpt auf die Futterlücke. Herr Spühler verwendet zum Füttern Cigarrenkistchen, die gut genagelt, mit heißem Wachs ausgegossen und mit einem Schwimmer versehen in eine auf dem Deckbrett liegende leere Schublade auf das Deckbrett gestellt werden können. Die Schublade müßte nach oben mit einem Emballagerahmen abgeschlossen werden.

Die Honigrahme.

Honigwabe und Schublade braucht der Anfänger, der einen Brutraum mit einem Schwarm bevölkert hat oder bevölkern will, nicht immer im gleichen Jahr, es sei denn, daß er den Schwarm, um bebrütete Honigwaben zu erhalten, gleich anfangs nicht im Brutraum, sondern im Aufsatz einlogiert. Nach der Schwarmperiode ist es oft mit der Tracht fürs ganze Jahr vorbei. Ich sollte also eigentlich jetzt schon noch von den Mittelwänden und dem Drahten derselben reden, nachdem so ziemlich alles beschrieben ist, was zum Brutraum gehört. Doch ich ziehe vor, zuerst den Kasten fertig zu beschreiben. Ich bemerke aber ausdrücklich, daß derjenige, der in vorgerückter Jahreszeit Braträume bevölkert, die Aufsätze ganz wohl erst das nächste Jahr kaufen kann. Der lese also zuerst den weiter hinten befindlichen Artikel über die Mittelwände und das Drahten.

Die Honigrahme ist genau diejenige des Dadant modifié oder Dadant-Blatt-Kastens von Ed. Bertrand, nur daß ich 8 × 22 mm Rähmchenholz verwende. Höhe außen 160 mm, Länge außen 435 mm, Länge des Tragschenkels 472 mm, Länge der Verstärkungsleiste 419 mm, Höhe der Seitenteile 144 mm. Die Rähmchen-Ober- und -Unterteile werden auf die

Fig. 28. Honigrahme.
(Maßstab 1 : 10.)

Seitenteile genagelt. Statt die Tragleiste aus zwei Teilen von je
8 mm Dicke zu erstellen, kann man auch 16 mm-Rahmenholz nehmen.
Allein dem Nicht-Schreiner und auch dem Schreiner, der nicht mit
einer Maschine arbeitet, möchte ich das nicht empfehlen, weil die Sache
beim zuerst beschriebenen Verfahren genauer wird. Das Aussägen
der Holzstücke da, wo die senkrechten Teile oben einmünden, ist nicht
jedermanns Sache. Die Lehre zum Zusammennageln der Honigrahme
kann sich jeder leicht selber ausdenken und konstruieren. Ich wiederhole
hier, daß je eine Honigrahme zu Zwecken der Königinzucht auch im
Brutraum eingehängt werden kann und zwar in der Mitte desselben.
Ueber das Einhängen der Honigrahmen in die Schublade siehe im
folgenden Artikel. Die Gestalt der langgestreckten schmalen Honigrahme
ist sehr rationell, namentlich bei Anwendung des Absperrgitters. Diese
Form, welche zusammenhängt mit der Form der breiten niedrigen
Brutrahme, vereinigt in sich zwei wichtige Eigenschaften: 1) ist sie
groß und 2) ist trotz dieser Größe der in ihr deponierte Honig der
ganzen Länge nach in unmittelbarer Nähe der Brut, was weniger
der Fall ist, wenn über der Hochwabe Honigwaben von halber
Brutwabenhöhe plaziert werden. Der Aufsatz mit schmalen niedrigen
Honigwaben ist auch erheblich wärmer als derjenige über der Hochwabe
und darum für die amerikanische Königinzucht sehr geeignet.

Viele Imker tadeln an meinem Kasten, daß man die Honigwaben
nicht auch im Brutraum einhängen, d. h. nicht zwei auf einander im
Brutraum einstellen kann. Das kann man freilich auch im Dadant-
Blatt-Kasten nicht und ist nicht nötig. Es sind meist Anfänger,
die mit solchen Ideen sich plagen. Wer bauen lassen will, soll Brut-
waben-Mittelwände ausbauen lassen und die ausgebauten und bebrüteten Brutwaben in die Honigrahmen verschneiden. Es wird
übrigens im Aufsatz über der Breitwabe lieber gebaut als im hohen
Aufsatz über der Hochwabe. Auch kann man den Schwarm im Aufsatz
einlogieren oder im Anfang das Absperrgitter weglassen.

Die Breitwabe ist auch für den Pavillon von großem Vorteil;
die beiden Etagen werden viel weniger hoch als beim Gebrauch der
Hochwabe. Ebenso eignet sich die breite Honigwabe zum Aufeinander-
geschichtetwerden beim Schwefeln vorzüglich.

Die Schublade

ift innen wie der Brutraum 465 mm weit und 450 mm tief. Die
Seitenwände sind 168 mm hoch und 12 mm dick. Es kommt zur
Höhe der Honigrahme (160 mm) noch die Distanz von 8 mm über
derselben. Daß ich als diese Distanz überall 8 mm und nicht 7 mm
habe, rührt davon her, daß man auch zur Konstruktion der Schublade
8 mm = Rahmenholz verwenden kann, wie weiter unten ersichtlich wird.
Diese Distanz habe ich also in der Schublade oben, nicht unten, im
Brutraum ebenfalls oben, nicht (unten) am Deckbrett, d. h. das Deckbrett ist unten glatt und hat dort keine aufgenagelten, die Distanz
bewirkenden Leisten. Auch Ed. Bertrand hat den Original-Amerikaner-

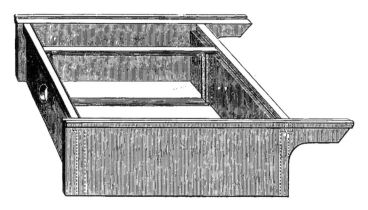

Fig. 29. Schublade mit eingehängter Honigrahme

Aufsatz in diesem Sinn abgeändert. Die weggenommene, mit Bienen
gefüllte Schublade legt man doch nie wagrecht auf den Boden auf
Stäbe, sondern man stellt sie immer auf die Stirnwand fast senkrecht
oder schräg gegen eine Wand. Die Honigrahmen, ob angekittet oder
nicht, können nie herausfallen. In der Schleudermaschine kommen
ja auch alle Waben senkrecht zu stehen; es macht ihnen nichts.

Damit ich die Schublade, auch wenn ich sie nicht irgendwo an-
lehnen kann, in etwas schräger Stellung, die genügt, um das Herausfallen der Honigwaben zu vermeiden, auf die Stirnwand stellen kann,
schlage ich vorn je an der Schmalseite der Schubladenseitenwände

5 cm unterhalb Oberkant Nägel mit hohen Köpfen ein oder einen
starken langen Stift, den ich zirka 5 mm hervorstehen lasse.

Da der Tragschenkel der Honigwabe auf der Stirn- und Fensterwand der Schublade aufliegt und hier ein Falz erstellt werden muß,
mache ich diese (Stirn- und Fenster-) Wände 16 mm niedriger als
die Seitenwände ($2 \times 8 : 8$ mm, Distanz von Oberkant-Rahme bis
Oberkant-Schublade und dazu 8 mm = Dicke der Tragleiste der
Honigwabe) und erstelle die Amerikanernute, indem ich zwei 8 mm-
Rahmenholz oder besser ein 16 mm-Rahmenholz aufnagle und zwar
um 11 mm nach auswärts. Man hängt dabei zwei Honigrahmen,
die festgenagelt werden, als „Lehre" ein. Diese „Lehren" müssen die
Tragleiste einen Millimeter länger haben als die wirklichen Honigwaben, also 473 statt 472 mm, damit man die Honigwaben ohne
Schwierigkeit einhängen und herausnehmen kann. Man erhält so
zugleich eine sehr genaue Nut, genauer als wenn sie mit dem Nutenhobel hergestellt wird. Meine Methode den Amerikanerfalz zu erstellen, ist nicht nur sehr einfach und jedem Nicht-Schreiner möglich,
sondern verschafft zugleich an Stirn- und Fensterwand einen Vorsprung, der der ganzen Länge nach als Handgriff bienen kann und
es ermöglicht, im gegebenen Fall ein Deckbrett an der Schublade
festzumachen und zwar mit zwei Zwingschrauben, an denen man nur
den langen, der Schraube gegenüber befindlichen Schenkel auf 10 mm
Länge zu verkürzen hat. Dieser Schraubenzwingen bediene ich mich
dann, wenn ich Schwärme in Schubladen einlogiere, wobei das Deckbrett an der Schublade festgemacht werden muß. Siehe darüber später.
Einen solchen Vorsprung zum Anfassen stellen auch die den Seitenwänden seitwärts angenagelten Geleiseleisten dar. Da die Seitenwände
der Schublade sowohl vorn wie hinten, d. h. über Stirn- und Fensterwand hinaus, verlängert werden (siehe unten), sind die unschönen
Ecken der die Nute bildenden aufgenagelten Stäbe verdeckt. Von
weitern Handhaben ist unten die Rede. Die Schublade läßt in der
That an Handlichkeit nichts zu wünschen übrig. In der Praxis wird
jeder erfahren, wie wichtig diese der Schublade ringsum angenagelten
Leisten zum Anfassen der Schublade sind.

Aber diese Schublade erweist sich auch in anderer Hinsicht eben als Schublade sehr praktisch. Die Seitenwände werden, wie ich bereits angedeutet habe, 3 cm über die Außenseite der Stirnwand der Schub=lade verlängert. Ich brauche infolge dieser Verlängerung, welche die Konstruktion der Schublade in keiner Weise komplizierter macht, beim Ziehen der Schublade keine Leistchen unter dieselbe zu legen, durch welche ich früher bewirkte, daß sich die Unterkante der Stirnwand, sowie die ganze Schublade um die Dicke der untergelegten, den Seiten=wänden des Brutraums aufgelegten Stäbchen hob. Ich erreiche diesen Zweck jetzt durch die betreffende Verlängerung der Schubladenseiten=wände noch viel einfacher und schneller. Wenn ich die Schublade am Handgriff (siehe unten) etwas in schräge Stellung emporhebe und ziehe, dann hebt sich die Unterkante der Stirnwand der Schublade so, daß ich die Schublade, ohne eine einzige Biene zu gefährden, über die Oberkante der Brutwaben resp. der Honigwaben einer untern Schublade mit den allfällig dort befindlichen und von Bienen besetzten Wachserhöhungen ziehen kann. Es ist so beim Zurückschieben der Schublade auch keine „Schere“ mehr vorhanden zwischen Oberkant=Stirnwand des Brutraums und Unterkant=Stirnwand der Schublade, durch welche die Bienen zerquetscht würden. Das ist die hauptsäch=lichste Abänderung, die für mein System am Amerikaner=Aufsatz vor=zunehmen ist. Anfangs fürchtete ich auch diejenige „Schere“, die durch dieses Ziehen der Schublade in schräger Stellung auf der Ober=kante der Brutraumseitenwand für die Bienen entsteht. Allein, wer’s noch nicht gesehen, glaubt es nicht, wie ruhig sich die Bienen verhalten, wie kaum eine eine aufs Geleise läuft, wenn die Schublade am Griff gehoben und gezogen wird. Und dann können wir ja Ranch geben, wenn’s nötig werden sollte. Es ist aber sozusagen nie nötig. Erstens sind ja zwischen Brutkörper und Seitenwand immer zwei Schiedbretter, also an der Seitenwand nur wenig Bienen, und zweitens zieht und schiebt man ja nie auf der ganzen Länge, sondern nur, bis man die Schublade bequem packen resp. ablegen kann. Wenn es sich dabei um eine schwere Schublade handelt, so steht man auf die Seite und packt die Schublade am eisernen Handgriff und vorn an der Stirnwand. — Ich bemerke hier schon, daß diese 3 cm langen Ver=längerungen der Schubladen=Seitenwände auch für die Operation mit

dem Absperrgitter sich als sehr zweckdienlich erwiesen haben, indem sie
erst es ermöglichen, die Schublade und dann auch das Absperrgitter
ohne Entfernung des letztern einfach in schräger Stellung aufzuhängen,
um dann im Brutraum ungehindert zu operieren.

Die Seitenwände der Schublade werden verlängert auch hinten,
gegen den Operierenden zu, über die Fensterwand hinaus und zwar
auf die Länge des Vorraums, also 150 mm. Die Seitenleiste (als
Geleise für das Deckbrett oder eine zweite oder dritte Schublade) wird
auf dieser ganzen Länge der Schubladen=Seitenwand angenagelt, also
670 mm lang (450 mm Innenraum $+ 2 \times 20$ mm je Dicke von
Stirn= und Fensterwand $+ 30$ mm Verlängerung vorn $+ 150$ mm
Verlängerung hinten). Ich kann so je die oberste Schublade sehr
weit hinausziehen, was besonders praktisch ist, wenn aus diesem oder
jenem Grund mehrere Schubladen aufliegen und die oberste unmittelbar
unter der zweiten Etage liegt. Die Verlängerung der Seitenwände
über die Fensterwand benütze ich zugleich zur Erstellung zweier Schub=
karren=Handgriffe, an denen man die Schublade auch als Schubkarren
behandeln kann. Da die Verlängerung der Seitenwände unten hier
keinen Zweck hat, lasse ich dieselben von der Holzfabrik nicht rechteckig
schneiden, sondern auf dieser e i n e n Schmalseite mit einem schrägen
Schnitt, den ich dann mit der amerikanischen Lochsäge konkav aus=
schneide, so daß die erwähnten Handgriffe entstehen. Sie sind 4 cm breit.

Es gibt Bienenzüchter, die der Meinung sind, diese Schubkarren=
Handgriffe seien nicht nötig. Ich rate aber jedem, sie nicht wegzulassen,
nicht nur aus ästhetischen Gründen, welche fordern, daß die Enden
dieser Handgriffe genau senkrecht über dem äußern Rand des Brut=
raum=Vorraums stehen. Wer längere Zeit mit dem Dadant=Alberti=
Bienenkasten praktiziert hat, wird gestehen müssen, daß sie in manchen
Fällen geradezu unentbehrlich und überhaupt in mancher Hinsicht
außerordentlich praktisch sind. Ich mache nur auf folgendes auf=
merksam. Manchmal ist es nicht möglich, die Schublade einfach zu
stoßen, weil sie an irgend einer auf dem Geleise befindlichen Kleinigkeit
anstößt; sie muß dann im „Krähenschritt" nach vorn bewegt werden.
An demjenigen Handgriff, der auf der betreffenden Seite sich befindet,
kann ich die Schublade einseitig so heben, daß die vordere untere Ecke

der Schubladen-Seitenwand über das Hindernis hinwegschreitet. Oder
wenn mit einer Schublade operiert wird, die zwischen zwei Nachbar-
Schubladen liegt, kann ich vermittelst des Schubkarrengriffes der
Nachbarschublade die Schublade, an welcher operiert wird, mit einer
Hand in schräger Stellung festhalten und mit der andern etwas
anderes verrichten. Die Kasten dürfen im Pavillou natürlich nicht
so aufgestellt werden, daß die Schubladen beim Ziehen einander in
die Quere kommen.

Außer diesen zwei Schubkarren-Handgriffen für zwei Hände hat
jeder Aufsatz noch einen eisernen Handgriff für eine Hand in der
Mitte der Fensterwand, aber möglichst weit oben, damit, wenn man
die Schublade an diesem Handgriff als Transportkiste benützt, dieselbe
nicht ganz senkrecht hängt, sondern etwas schräg, so daß die Honigrahmen, falls sie nicht angekittet sind, nicht herausfallen können.

Man sieht, der Aufsatz ist ohne komplizierte Mittel ein ent-
wicklungsfähiges Ding. Der (eiserne) Schubladen- und zugleich Trans-
port-Handgriff läßt sich auch dadurch erstellen, daß man zwischen die
beiden Schubkarren-Handgriffe einen starken runden Stab nagelt.
Aber das ist nicht nur unschön und klotzig, sondern macht auch die
Schublade schwerer. Wer an der Schublade noch ein Fensterchen anbringen will, hat unterhalb des Handgriffes noch Raum genug. Man
sieht jedoch am Fenster des Brutraums genugsam, wie weit die Bevölkerung fortgeschritten, und das Deckbrett ist zu einer gründlichen
Nachschau bald weggenommen und wieder hingelegt. Ich habe keine
Fenster an den Schubladen.

Die Wabenzahl 13, die ich im Brutraum ursprünglich beibehalten
wegen der geräumigen Größe des Bienentrichters und weil man nur
bei dieser Zahl im Vorraum des Brutraums eine Dadant-Blattwabe
auch quer hinstellen kann, und die sich den Brutraum betreffend als
eine überaus glückliche herausgestellt hat, weil sie, ohne daß der Brutkörper zu klein wird, die Einführung von vier Schiedbrettern gestattet,
ist in einer Beziehung eine sehr glückliche auch für den Honigraum,
ganz abgesehen davon, daß sie sich auch hier aus praktischen Gründen
empfiehlt und zwar einfach wegen der sehr praktischen Geräumigkeit
der Schublade. In gewöhnlichen Jahren genügt nämlich eine dieser

großen Schubladen ohne Aufsetzen einer zweiten. Ich habe überhaupt
nicht für alle Kasten zwei Schubladen, sondern immer nur je eine
aufliegend und noch etwa 20 vorrätige, aber mit ausgebauten Waben
möblierte. Wenn der Aufsatz nahezu voll ist, wird ein leerer unter=
geschoben und der teilweise gefüllte geschleudert und andern vollen
untergeschoben u. s. w. Auch für das Aufnehmen von Schwärmen
ist es gut, wenn die Schublade groß ist. Daß der Brutraum groß
sein muß, aber freilich mit der Fähigkeit der Beschränkung des
Brutkörpers, werden wir noch oft Gelegenheit haben anzuerkennen.
— Doch zurück zur Schublade, resp. zu den Honigwaben. Es ist
von einigem Vorteil, die Honigwaben nicht wie die Brutwaben auf
35 mm Distanz von Waben= zu Wabenmitte, sondern auf 42 mm
Distanz zu plazieren. Wenigstens mit ausgebauten und besonders
mit bebrüteten Honigwaben ist das Resultat davon ein sehr gutes.
Es geht aber nicht wohl an, schon die Mittelwände so weit auseinander
zu hängen. Es entsteht sonst leicht Querbau und Drohnenbau zwischen
den Mittelwänden. Die Schwärme müssen ebenfalls auf Waben mit
35 mm Distanz in Schubladen einlogiert werden. Die Schublade
muß darum so eingerichtet werden, daß man die Waben sowohl auf
35 als auch auf 42 mm hängen kann. Es ist das erreicht, wenn
man die Stiften oder Tapezieragraffen im Falz auf 42 mm erst ein=
schlägt, nachdem die Waben ausgebaut sind oder die einen Schubladen
bestimmt zur Aufnahme von Mittelwänden und die andern zur Auf=
nahme von ausgebauten Waben. Ich verfahre folgendermaßen: die
1., 7. und 13. Wabe kommen genau über die entsprechenden Waben
im Brutraum und haben von Anfang an je ihre zwei Stiften oder
Agraffen seitwärts vom Tragschenkel, gerade wie die Eisenstäbe auf
dem Rost. Im Zwischenraum zwischen diesen drei Waben habe ich
keine Stiften eingeschlagen. Auf diese kurze Distanz ist man wohl
von Auge oder mit Hulfe von Bleistiftstrichen imstande, das eine Mal
fünf Rahmen auf 35 mm Distanz, dann wenn sie Mittelwände ent=
halten oder einen Schwarm aufnehmen sollen, das andere Mal bloß
vier Rahmen, dann wenn sie ausgebaute, am besten alte bebrütete
Waben enthalten. Die Engländer haben besondere Einrichtungen, um
die Distanzen (auch im Brutraum) abzuändern. Im Blätterbrutraum

ist so etwas zum vornherein unmöglich; es ist aber auch wertlos. Solange die Honigwaben nicht durch Stifte am Seitwärtsrücken gehindert werden, ist natürlich die Schublade als Transportgeschirr nicht geradezu unbrauchbar, aber die Distanzen der Waben müssen vor dem Aufsetzen allemal neu reguliert werden. Unerwähnt, weil zu kompliziert und überhaupt überflüssig, lasse ich auch die bei dem Amerikanerfalz angebrachten Einrichtungen zur Verhinderung der Verkittung mit Propolis. Im Blätterbrutraum haben wir ja gar keine aufliegenden Ohren; die Verkittung ist dort sehr gering, und im Aufsatz hat es zwar aufliegende Ohren, allein die Schubladen sind nur eine kurze Zeit des Jahres im Gebrauch und die einzelnen Waben werden ja immer wieder herausgenommen, so daß sie und die Nuten gereinigt werden können, falls das nötig ist. Reinigungsfähig sind die Nuten namentlich, wenn sie gar keine Stiften oder Agraffen enthalten. Und damit komme ich noch auf eine Neuerung zu sprechen, die sich glänzend bewährt hat. Es ist das der Schubladen-Abstandstreifen, nicht zu verwechseln mit dem Blätterrechenstreifen des Brutraums. Beide sind zu beziehen bei G. Heidenreich, Metallwarenfabrik, Sonnenburg, Neumark (Preußen). Dieser Schubladen-Abstandstreifen gestattet, die Waben nach Belieben bald auf 35, bald auf 42 mm in die Schublade zu hängen und zwar so, daß die letztere wieder vollständig als Transportgeschirr brauchbar wird und alle Stiften oder Agraffen in den Amerikanernuten überflüssig sind. Dieser Abstandstreifen wird mit je brei kleinen Hafenschräubchen (Winkelschräubchen) an die Innenseite der Stirn- und Fensterwand der Schublade unmittelbar unterhalb des Amerikanerfalzes angeschraubt: ein Schräubchen kommt in die Mitte und die andern zwei je einige Centimeter von der Seitenwand entfernt. — Auf der einen Seite des Streifens sind rechtwinklige 22 (oder 23) mm breite und 8 mm tiefe Einschnitte für 35 mm Distanz, also für 13 Waben, auf der andern Seite gleiche Einschnitte für 42 mm Distanz, also für 11 Honigwaben. Will ich ändern, dann muß ich die Waben herausnehmen, bevor ich den Abstandstreifen losschrauben, umdrehen (um die Längsachse, so daß die obere Kerbung nach unten kommt) und wieder anschrauben kann. Oder einfacher: ich nehme einfach eine leere Schublade mit der gewünschten

Abstandstreifendistanz und hänge die Waben von einer Schublade in
die andere. Zum Drehen der Winkelschräubchen nimmt man eine
gewöhnliche Zange oder eine Flachzange oder den Hartholzstab mit
dem Sägeschnitt am Kopf, den ich zum Drehen der Fluglochschieber=
Ringschrauben brauche. Man darf diese Winkelschräubchen nicht zu
fest anziehen und namentlich beim Aufschrauben nicht vergessen, auf
welche Seite eine Schraube aufgeht, sonst brechen die Winkel ab.
Geschieht das, dann muß die zerbrochene Schraube mit einer Beiß=
zange herausgenommen werden und eine neue Winkelschraube an ihre
Stelle kommen.

Beim Anschrauben dieses Abstandstreifens muß man ihn möglichst
strecken, damit er nicht bauchig wird, was zwar nicht viel geniert.

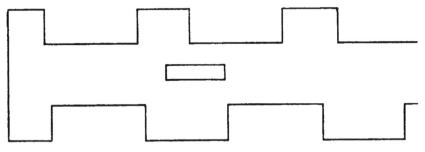

Fig 30. Schubladen=Abstandstreifen für enge und weite Distanz
(Wirkliche Größe.)

Der Streifen kann noch etwas verbessert werden, wenn man die Kerbungen mit schrägem statt
mit senkrechtem Schnitt schneidet, so daß sie am Rand des Streifens weiter sind als an der Basis.

Die Winkelteile der Schräubchen werden beim Wegnehmen des Ab=
standstreifens bloß ein wenig gedreht, so daß sie in entsprechende Schlitze
im Abstandstreifen zu liegen kommen. Man kann dann den Abstand=
streifen einfach abreißen. Anders läßt sich die Sache nicht machen.
Namentlich ist es nicht möglich, den Abstandstreifen zu ziehen, etwa
so, daß eine runde Oeffnung unter den runden Kopf eines gewöhn=
lichen Schräubchens käme; denn der Abstandstreifen ist mit Propolis
angekittet, abgesehen davon, daß zum Ziehen seitwärts kein Platz
vorhanden wäre. Ist der Abstandstreifen entfernt, so kann der
Amerikanerfalz sehr leicht gereinigt werden mit dem Reinigungsmesser,
wenn's nötig ist.

Ich hole noch nach, daß auch den Hakenschräubchen zum An=
schrauben des Schubladen=Abstandstreifens nicht vorgebohrt werden
darf; man sticht bloß mit einem spitzigen Eisen ins Holz.

Ich bemerke noch betreffend die Zusammensetzung der Schublade,
daß es vollständig genügt, wenn man die Stirn= und Fensterwand
zwischen die Seitenwände hineinnagelt oder auch schraubt. Man nagelt
namentlich auch in den 16 mm=Stab hinein, der den Amerikanerfalz
bildet. Mehr braucht es nicht. Die Schubladen werden ja nicht dem
Wetter ausgesetzt. Man muß freilich die Vorder= und Hinterwand
dicker machen als die Seitenwände, diese 12 mm, jene 20 mm. Die
Seitenwände der Schublade dürfen auch dicker sein als 12 mm, z. B.
15 mm; allein unten muß gleichwohl auf alle Fälle die Schublade
nicht breiter sein als das Deckbrett, nämlich 487 mm. Die Seiten=
wände müssen also unten entsprechend mehr abgehobelt werden, wenn
sie dicker sind als 12 mm. Sind sie 12 mm dick, dann werden 2 mm
abgehobelt, entweder 2 mm auf einer Seite oder je 1 mm auf beiden
Seiten: 489 (465 + [2 × 12]) − 2 = 487. Man darf dabei
nicht einfach schräg abhobeln, sondern muß einen Nutenhobel nehmen.
Die Nut muß wie beim Deckbrett 15 mm hoch sein wegen der 13 mm
hohen Geleiseleiste des Brutraums für den Fall, daß man eine Schub=
lade ohne Absperrgitter direkt auf den Brutraum legt. Man nagelt
zu diesem Zweck eine Rähmchenholzleiste auf, 15 mm von Unterkant=
Schublade entfernt. Diese Leiste wird nachher wieder entfernt. Auch
die Geleise der Schublade dürfen nicht breiter und nicht schmäler sein
als 12 mm, gleichviel ob die Seitenwände dicker oder dünner sind
als 12 mm. Sind sie dünner, so muß die seitlich angenagelte Geleise=
leiste unterlegt werden, so daß zwischen beide Geleise ein 489 mm
langer Stab (quer) Platz hat. Sind die Seitenwände dicker als
12 mm, dann muß auf 12 mm abgenutet und die Geleiseleiste erst
dann seitlich angenagelt werden. Oder die Geleiseleiste kann auch von
oben aufgenagelt werden. Allein es ist absolut unnötig, die Schub=
laden=Seitenwände dicker als 12 mm zu machen. Meine Schubladen
mit 12 mm dicken Seitenwänden sind, wenn gefüllt, 47—48 Pfund
schwer. Die Schublade mit den ausgeschleuderten, aber nicht aus=
geleckten Honigwaben mißt zirka 15 Pfund. Die Ernte einer gefüllten

Schublade beträgt also zirka 35 Pfund. — Es bekommt jeder von der Hobelfabrik 12 mm dicke Brettchen; sie kosten nicht mehr als andere. (Beim Bezug dieser Brettchen muß man auch darauf acht geben, daß sie nicht schmäler sind als 168 mm. Sie schwinden oft noch nach der Lieferung. Besser ist, man bestellt sie auf 170 mm und hobelt nachher ab, was nötig ist.) Der Schreiner sollte für alle diese Dimensionen Lehren aus Hartholz erstellen, mit denen er überall schnelle Revision zu machen imstande ist. Die Schublade wie das Deckbrett müssen in das Geleise des Brutraums wie in das je der untern Schublade gut hineingehen und doch wiederum dem Deckbrett oder einer oberen Schublade gut Platz gewähren.

Also Deckbrett, Schublade (unten), Futterapparat Siebenthal, Königin=Absperrgitterrahme, Emballagerahme (siehe unten) sind alle 487 mm breit; sämtliche Geleise dagegen sind 489 mm breit.

Wir müssen darauf hinarbeiten, daß der Dadant=Alberti=Kasten überall in allen Beziehungen völlig gleich erstellt wird; sonst passen die Deckbretter und Schubladen nicht zu einander und sind unbrauchbar! Man schreibt mir von Dadant=Alberti=Kasten mit nur 9, 10 oder 11 Brutwaben! Das sind Ideen von Anfängern, die von der Bienenzucht und speziell vom Blätterkasten noch nicht viel verstehen. Ich wiederhole und betone es immer: es ist ein Glück, daß der Kasten Raum für 13 Waben hat und zwar aus sehr vielen Gründen, wie weiter unten bei vielen Gelegenheiten ersichtlich wird.

Jeder Amerikaner=Aufsatz, z. B. derjenige des Dadant modifié, kann mit Leichtigkeit in eine Schublade verwandelt und auf meinem Brutraum wie auf jeder meiner Schubladen gebraucht werden und zwar darum, weil jene Aufsätze etwas schmäler sind als meine Schubladen. Man zieht die Breite des Original=Amerikaneraufsatzes von 490 mm ab. Die Hälfte des Restes gibt die Dicke der Leisten, die dem Originalaufsatz unten aufgenagelt werden mit der 3 cm langen Verlängerung über die Stirnwand des Aufsatzes hinaus. Hinten ist ein Handgriff irgend welcher Art bald angebracht.

Noch etwas, was an meiner Schublade gemacht werden muß; nämlich in der Mitte der Stirnwand (Amerikanerfalz inbegriffen, wenn man die Höhe mißt, also in der halben Höhe von 168 mm) wird mit einem Centrumbohrer ein Loch von 2—3 cm Durchmesser gebohrt. Das gibt für den in der Schublade einlogierten Schwarm das Flugloch in Verbindung mit einem Fluglochkanal, den ich bei Beschreibung des Pavillons näher beschreiben werde. Hier nur so viel, daß in der Pavillonwand ebenfalls solche Oeffnungen gebohrt werden, die einfach mit einem Korkpfropfen geschlossen werden.

Und nun will ich gleich hier einige Manipulationen beschreiben, die mit der Schublade vorgenommen werden können, zunächst diejenige in Bezug auf die Anwendung der Bienenflucht. Zuvor aber muß ich noch erwähnen, daß Redaktor Gölbi auch ohne Bienenfluchtapparat aus dem Aufsatz die Bienen in den Brutraum befördert, d. h. in denselben hinuntersteigen läßt. Man legt das Deckbrett unter die Schublade, auf den Brutraum, nachdem man die Schublade oben mit der Emballagerahme abgeschlossen hat. Es wird am Fenster der Schieber entfernt und die Schublade mit einem Hölzchen von 8 mm Dicke unterlegt. Oder man schiebt eine zweite, mit Deckbrett versehene Schublade unter die volle wieder so, daß die letztere nicht bienendicht auf dem Deckbrett liegt, und zieht das Fenster oben etwas zurück. In beiden Fällen ziehen die Bienen an der Außenseite des Fensters resp. der untern Schublade in den Brutraum, wenn keine Brut und keine Königin in der zu leerenden Schublade ist. Allein so kann man nur mit einzelnen Kasten verfahren, sonst verirren sich die Bienen in andere Stöcke. — Schon mancher, der meinen Bienenstand besuchte, hat mich gefragt: Ist es denn auch wirklich wahr mit dem Chasse-abeilles? Ich bin in der Lage, zu erklären: Ja, es ist dieser kleine Apparat wirklich eine prächtige Erfindung. Ich bin entzückt von derselben. Und ein Kasten in pavillonfähiger Form, der die Anwendung derselben erlaubt, verdient auch aus diesem Grunde, abgesehen von den Vorteilen des Blätterbrutraums, die freilich auch erst durch Aufsetzen des beweglichen Aufsatzes zur Geltung kommen, die Beachtung jedes denkenden Imkers. Weil dieser Apparat noch lange nicht genugsam gewürdigt ist, erlaube ich mir, denselben jedem Bienenfreund angelegentlich zu empfehlen und mein Verfahren hier kurz zu beschreiben. Also denken wir uns einem Brutraum eine Schublade aufliegend, auf der Schublade das Deckbrett. Zwischen Brutraum und Aufsatz ein

Königin=Absperrgitter. Ich wiederhole hier, was ich bereits früher
angedeutet: die Anwendung der Bienenflucht ist eigentlich so recht
möglich geworden erst nach Einführung des Königin=Absperrgitters;
denn dieses Absperrgitter allein gibt uns die Gewähr, daß im Aufsatz
namentlich über der breitern niedern Brutwabe keine Königin, keine
Brut und keine Drohnen vorhanden sind. Gewiß geht die Königin
in einem guten Frühling, wenn sie beim Fehlen eines Absperrgitters
bereits im Aufsatz zu legen angefangen, von selber wieder retour,
sobald die rechte Tracht einsetzt. Allein, wer weiß denn zum voraus,
wie die Saison ausfallen wird? Und gesetzt der Fall, ich muß nicht
erst nach der Tracht, sondern während derselben schleudern und gerade
beim Schleudern läuft die reise Brut aus? — Ich nehme also Wergteller
und Deckbrett weg und decke die Schublade sofort mit einer Emballage=
rahme, die mit einem eigens dazu gekrümmten Draht
festgemacht wird; ich ziehe die Schublade weg, versenke den Bienen=
fluchtapparat in die betreffende Oeffnung des Deckbrettes und gebe
acht, daß der Apparat auf **der** Seite an die Wand der
Oeffnung angestoßen wird, wo der Ausgang für die Bienen
im Apparat sich **nicht** befindet; ich lege das Deckbrett mit dem
versenkten Apparat auf den Brutraum oder auch auf eine neu auf=
geschobene, mit leeren Waben, resp. mit Mittelwänden möblierte Schub=
lade und schiebe die weggezogene Schublade auf das Deckbrett. Würde
ich die Schublade, welche den Honig und die Bienen enthält, oben
offen lassen, so könnten wohl die alten Bienen abfliegen, aber die
jungen würden im ganzen Pavillon herum und von einer Schublade
zur andern kriechen. Ich habe darum diese Schublade bereits mit
einem viereckigen Stück Emballage gedeckt, das genau die Größe des
Deckbrettes hat und mit kleinen Tapeziernägeln unten auf ein Rahmen=
quadrat von derselben Größe genagelt ist. Nach einigen Minuten
entsteht in dem Aufsatz ein gewaltiges Brausen, das, wenn man nach
einigen (6—7) Stunden wieder kommt, aufgehört hat; die Sache ist
für die Bienen bereits überstanden, sie haben sich im Gänsemarsch
zwischen den beiden Zünglein nach unten konzentriert. Um sich zu
überzeugen, ob die Zünglein des Apparates sich in richtiger Distanz
von einander befinden, praktiziert man eine Biene in den Apparat

hinein, den man in der Hand hat, und schließt mit einem Finger die runde Oeffnung, so daß die Biene gezwungen ist, den Weg zwischen den Zünglein hindurch zu suchen. Der Apparat gestattet die Honigentnahme auch bei ungünstigem Wetter. Es ist nicht nötig, für jeden Stock einen solchen Apparat anzuschaffen. Ich bemerke der Vollständigkeit wegen hier schon, daß nach Trachtschluß die Bienen erst dann durch die Bienenflucht in den Brutraum hinunter getrieben werden, nachdem vorher allfällig im Brutraum vorhandener Honig entnommen worden ist. Im Brutraum operieren, nachdem man den Bienen den Aufsatz geleert hat, das wäre ein mißliches Ding; die Bienen würden den Imker übel empfangen. Es ist einer der einleuchtenden Vorteile des Dadant-Alberti-Kastens, daß man im Brutraum im angegebenen Sinne operieren kann, ohne vorher im Aufsatz auch nur etwas berührt zu haben. Wenn ich auf der zweiten Etage operiere, dann kann ich die Schublade betreffend operieren wie unten in der ersten Etage. Ich bediene mich dann einer sogenannten Ladentreppe (die meinige heißt „Herkulesleiter"), wie sie in Verkaufsmagazinen gebraucht werden, und stelle die Schublade auf ein Brett, das ich quer durch das Bienen= haus von einer Pavillonseite zur andern auf die Vorräume zweier sich vis-à-vis befindender Kasten gelegt habe, oder auf ein Brett, das mit zwei rechtwinklig aufgenagelten Dachlattenstücken versehen ist, so daß diese letztern unter den Hohlraum der Kasten zwischen Kastenboden und Gerüstladen, auf dem die Kasten stehen, geschoben werden kann. Aber ich kann noch einfacher verfahren. Ich kann das Deckbrett mit der Bienenflucht unter die betreffende Schublade bringen, ohne die letztere wegnehmen zu müssen. Zu diesem Zwecke ziehe ich die Schublade gegen mich und hänge sie auf dem Brut= raum schräg auf. Dann lehne ich das Deckbrett mit der Bienenflucht darin unten an die aufrechtstehende Schublade an, lasse beides mit einander herunter in mehr wagrechte Stellung und schiebe nun die Schublade auf dem Deckbrett nach vorn. Ich kann das, weil auch am Deckbrett die beiden Stirnleisten vorn 3 cm lange Verlängerungen haben. Auf ähnliche Weise wird auch einer bereits aufliegenden Schub= lade eine neue untergeschoben, ohne daß man die erstere vorher entfernt. Die bereits aufliegende wird etwas gezogen, in schräge Stellung

emporgehoben und an einem Draht am Handgriff aufgehängt, so daß
sie nur noch mit den vordern untern (verlängerten) Ecken der Seiten=
wände auf dem Brutraum (genauer auf der Absperrgitterrahme) auf=
ruht oder, was ich in meinen Bienenhäusern allerdings nur auf der
oberen Etage kann: man stellt die volle Schublade einfach senkrecht
auf (auf dem Brutraum). Die wagrechten Balken des Dachstuhls
müssen, um das zu können, weit genug von Oberkant=Brutraum
entfernt sein. Dann wird die neue Schublade auf den Brutraum,
resp. die demselben aufliegende Absperrgitterrahme aufgeschoben und
wagrecht abgelegt. Die obere aufgehängte oder aufgestellte Schublade
wird über die jetzt unten liegende leere heraufgezogen, ebenfalls wagrecht
auf die untere gelegt, worauf beide mit einander nach vorn geschoben
werden. Will man mit dieser Manipulation zugleich noch das weitere
verbinden, daß die obere Schublade die Bienen in die untere durch
den Bienenfluchtapparat entleeren soll, so braucht die untere einfach
mit aufliegendem Bienenfluchtdeckbrett aufgelegt, resp. zwischenhinein
untergeschoben zu werden. In diesem Fall muß nur das Deckbrett
(mit Bienenfluchtapparat) an der neu eingeschobenen, also untern
Schublade festgemacht werden, was auf folgende Weise geschieht. Durch
den eisernen Handgriff je des Deckbrettes und der Schublade wird ein
Holzstäbchen gesteckt, das so dick ist, daß es sowohl an der innern
Seite des eisernen Handgriffes, als auch an der den Amerikanerfalz
bildenden Leiste ansteht. Zwischen diesem senkrechten Stab und der
Fensterwand der Schublade (resp. der Stirnseite des Deckbrettes)
werden zwei Keile geschoben, der eine unterhalb des eisernen Hand=
griffes der Schublade, der andere unmittelbar unterhalb der den
Amerikanerfalz bildenden Leiste. Beide Keile werden mit dem Holzstab
durch Schnüre verbunden, damit das Ganze immer beieinander ist.
Den oberen Teil kann man entbehren, wenn man zwischen Stab und
Stirnseite des Deckbrettes eine Hakenschraube in den Stab einschraubt,
mit dem Winkelteil nach unten. Der senkrechte Stab darf natürlich
nicht über Oberkant=Deckbrett hinausragen. Die Sache ist einfacher
als ihre Beschreibung. Bei der soeben beschriebenen Operation darf
ich also selbstverständlich das Deckbrett an der Schublade nicht ver=
mittelst-der beiden früher erwähnten Zwingschrauben festmachen.

Es ist einleuchtend, daß alle diese Manipulationen mit der Schublade, namentlich das Senkrecht-Aufstellen derselben, nur darum möglich
sind, weil auch die Honigwaben in Kaltbaustellung hängen. — Die
Schubladen können leicht mit Schwärmen bevölkert werden.
Wie geschieht das? Man legt die möblierte Schublade (die Waben
in enger Distanz) mit aufgelegtem und am besten vermittelst der
Zwingschrauben oder auch mit Schnüren, die man über das Deckbrett
zwischen eisernem Handgriff und den den vorderen Stirnseiten der
Schubladenseitenwände eingeschlagenen Stiften spannt, festgemachtem
Deckbrett auf den Boden, unterlegt sie etwas und schüttet den Schwarm
vor dieselbe. Sobald der Schwarm in die Waben hinaufgestiegen ist,
kann er irgend einem Brutraum oder auch einer schon aufliegenden
Schublade aufgeschoben werden. Ueber einem Brutraum, dem keine
Schublade aufliegt, kann ich auch in folgender Weise verfahren. Ich
lege auf das Deckbrett des Brutraums eine leere Schublade ohne
Waben mit geöffnetem, aber außen an der Pavillonwand geschlossenem
Fluglochkanal. Der Schwarm wird aus dem Korb direkt in diese
leere Schublade geschüttet und ihr dann eine möblierte Schublade mit
festgemachtem Deckbrett aufgesetzt. (Würde man die möblierte Schublade unten und die leere oben haben, so würde der Schwarm nicht
etwa in der untern Schublade bleiben, sondern in der leeren am Deckbrett bauen.) Am folgenden Tag wird entweder die untere leere
Schublade weggenommen oder ebenfalls mit Waben gefüllt. Ich kann
einen Schwarm auch auf folgende Weise in eine Schublade bringen.
Ich lege die möblierte Schublade auf das Deckbrett eines Kastens und
unterlege sie oder hänge sie an einem Draht auf, so daß sie unten
einige Centimeter offen ist. Den Schwarm schüttet man auf ein Blech,
einen Karton, eine Emballage- oder Drahtgeflechtrahme oder den Bienentrichter, die in horizontaler Lage hinter der Schublade irgendwie festgemacht werden. — Beim Schleudern sind die Schubladen wiederum
sehr praktisch. Die ausgeschleuderten Waben können gleich wieder in
diese Aufsätze gehängt und wieder aufgesetzt werden. Sie ersparen mir
auch den Schwefelkasten. Sie bilden ihn selber. Davon später.

Noch eine Kleinigkeit, die in der Praxis nützlich sein kann. Ich
habe ein drohnenbrütiges Volk oder ein weiselloses Volk, das ich mit

einem andern vereinigen will und zwar dadurch), daß ich alle neun (oder acht) Brutwaben dem andern Brutraum aufsetze. Ich hänge diese Brutwaben einfach in zwei aufeinander liegende Schubladen. Sie werden aneinander befestigt, indem man der obern in zwei Ecken inwendig einander schräg vis-à-vis an die Seitenwände zwei Rähmchen= holzstücke senkrecht annagelt, so daß sie in die untere Schublade hinab= reichen. Die obere Schublade erhält vorn und hinten zwei (6 mm dicke) Leisten angenagelt, und zwar ist ihre Oberkante 300 — 8 = 292 mm von Unterkant der untern oder 124 (292 — 168) mm von Unterkant der obern Schublade entfernt. Man kann für ähn= liche Zwecke einen so eingerichteten Aufsatz extra von nur 140 mm Höhe konstruieren, der mit unter demselben liegender Schublade (von 168 mm Höhe) 308 mm Höhe hat. Das Deckbrett ist dann von Oberkant=Brutwaben nur 8 mm entfernt. Die Abstandstiften der Brutwaben sollen alle genau 7 mm unterhalb Oberkant der Rahme eingeschlagen sein. Da wo die Abstandstiften aufruhen, kann man je zwei Stiften einschlagen, um die Waben am Rutschen zu hindern.

Durch die im Artikel „Brutrahme" beschriebenen beweglichen Metallohren oder Aufhängeklammern, mit denen die Brutrahme versehen werden kann, wird die soeben beschriebene Operation wesentlich ver= einfacht. Die mit diesen Ohren versehenen Brutrahmen können ohne weitere Vorkehrungen in zwei aufeinander liegende Schubladen gehängt werden. In diesem Fall kann man die untere nur 140 mm hoch machen (ohne Amerikanerfalz, aber mit den Handgriffen) und die zwei bereits erwähnten Rähmchenholzstücke in ihr annageln, so daß sie in die obere hinaufgehen. — Wenn in einer Schublade sich eine Königin befindet, muß mit den Honigwaben, die enge Distanz haben, sorgfältig operiert werden. Es werden zuerst einige auf der Seite herausgenommen, diejenigen, auf denen die Königin sein kann, in schräge, d. h. mit den übrigen nicht parallele Richtung gebracht und in dieser Stellung entnommen. — Das in der Schubladen=Stirnwand befindliche runde Flugloch muß inwendig stark abgefast werden, damit die Bienen gut hinaus und hinein können.

Eine sehr wichtige Operation mit Schubladen beschreibe ich noch am Schluß des Artikels „Der Bienentrichter."

Das Königin-Absperrgitter.

Für den rationellen Betrieb des Dadant-Alberti-Bienenkastens ist das Königin-Absperrgitter unentbehrlich. Es sind mir drei verschiedene Stanzungen bekannt: die deutsche, die englische und die amerikanische. Die englische scheint die solideste zu sein; doch habe ich auch mit der deutschen noch nie einen Unfall gehabt. Die Engländer schreiben vor: das Absperrgitter soll direkt auf Oberkant-Brutrahmen gelegt

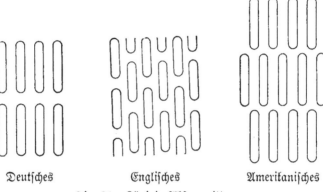

Deutsches   Englisches   Amerikanisches

Fig. 31. Königin-Absperrgitter.

werben, nachdem man dort das Wachs entfernt hat. Das können wir nicht befolgen, weil die Brutrahmen-Oberkanten 8 mm unter Oberkant-Brutraum sind; wir könnten im Brutraum auch nicht mehr operieren. Wir müssen das Absperrgitter unten an eine Rahme angenagelt haben, an der es aufgehoben werden kann. Es gibt auf diese Art selbstverständlich mehr Wachsverbauung zwischen Brutrahmen und Absperrgitter und Honigrahmen; allein das geniert nicht. Es ist auch nicht nötig, diese Verbauungen am Absperrgitter ganz zu entfernen, wenn man es neu auflegt. Im geschlossenen und von den Bienen

Fig. 32. Deutsches Absperrgitter. (Muster.)

namentlich zur Zeit der Brutentwicklung etwas erwärmten Pavillon hat es nichts zu sagen, daß dadurch die Schublade um 8 mm höher hinauf kommt. Mit bebrüteten Honigwaben können wir alles machen. Wichtiger scheint mir die andere Vorschrift der Engländer: es seien

die Schlitze quer über die Brutwaben, also im rechten Winkel zu den
Wabengassen zu legen. Es gehen so weniger Schlitze verloren durch
völliges Zugebautwerden derselben. Allein wenn das Absperrgitter
8 mm über den Brutwaben sich befindet, ist auch diese Rücksichtnahme
weniger angezeigt. Die Hauptsache ist, daß man über dem Absperrgitter möglichst viel bebrütete Waben verwendet, worüber später
noch einiges zu sagen ist. Ich habe bis jetzt die Absperrgitterschlitze
in Kaltbaustellung, d. h. parallel mit den Waben, weil das Gitter in
dieser Richtung stärker zu sein scheint; denn es wird ja immer von
hinten aufgerissen. Vielleicht aber ist es auch für die Querlage, die mir
übrigens sehr wohl einleuchtet, stark genug. Nur kommt hiebei wieder
ein Nachteil in Betracht: wenigstens das englische Absperrgitter ist in
Kaltbaurichtung besser aufnageln. Man müßte deren Blätter von entsprechender Größe extra stanzen lassen, so daß ringsum ein ungestanzter
Rand bleibt. Ist aber alles nicht nötig! — Das Absperrgitter kann
jederzeit ohne Schwierigkeiten aufgehoben, resp. abgerissen werden;
es wird ja verwendet nur in der warmen Jahreszeit, wo die Wachsverbauungen weich sind. Sollte das Gitter irgendwo verletzt werden,
so kann es an der betreffenden Stelle leicht zugelötet werden. Die
Königin geht nicht hindurch in derjenigen Zeit, in der sie überhaupt
die Brut in den Aufsatz ausdehnen würde; denn dann hat sie den
Hinterleib voll Eier und ist zu dick dazu, wenn sie es nicht sonst schon
ist, d. h. schon am Brustteil. Das Absperrgitter wird auf eine Rahme
von 8 mm-Rahmenholz genagelt. Beim Gebrauch wird diese Rahme
so aufgelegt, daß das Gitter sich unten befindet. Diese Rahme entspricht genau der Größe des Deckbrettes (unten), ist also 490 mm

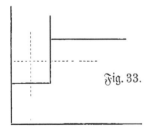

Fig. 33.

ober besser 495 mm tief und 487 mm breit.
Für den vordern und hintern Teil, also für
die von links nach rechts laufenden Querteile,
nehme ich 22 mm breites Rähmchenholz, für
die Seitenteile 12—13 mm breites Holz. Man
kann das 22 mm-Holz für diese Seitenteile
halbieren; allein dann werden sie etwas schwach.

Gegen das Fenster zu nagle ich die Rahme auf Halbholz (Fig. 33)
zusammen, so daß die Köpfe der Seitenteile von hinten nicht sichtbar sind,

was nicht schön wäre. Ich bediene mich bei diesem Schnitt der Laubsäge.
Diese Rahme sollte der Imker selber erstellen. Das Absperrgitter aus
Zink ist gegenwärtig ohnehin teuer. Aber es ist nicht zu teuer. Die
Engländer sagen: unter keinen Umständen das Absperrgitter weglassen!
Die „Amerikanische Bienenzeitung" erklärt: 50 % mehr Honig bei
Anwendung des Absperrgitters über der breiten niedrigen Brutwabe.
Auch in Italien gibt es große Imker, die sogar die Maschine zur
Herstellung des Absperrgitters als zum Inventar des Bienenzüchters
gehörig betrachten. Ermöglicht ist uns die Anwendung desselben durch
die Beweglichkeit des Aufsatzes. In Kasten ohne bewegliche Honigräume ist der Gebrauch desselben so gut wie unmöglich. Und doch
ist beim Original-Amerikaner die Anwendung dieses Gitters mit
Unannehmlichkeiten verbunden, darum auch, wie ich sehr wohl weiß,
nicht alle für dasselbe begeistert sind. Wo sollen die im Freien mit
einzelnstehenden Kasten wirtschaftenden Imker das oft mit Honigzellen
versehene Gitter hinlegen beim Oeffnen des Kastens, ohne Räuberei
zu veranlassen? Sie verzichten am liebsten darauf, im Brutraum
noch etwas zu thun zu haben, wenn einmal das Absperrgitter aufliegt.
Das ist mit ein Grund, warum die einen bei Beginn der Tracht
die nicht Brut enthaltenden Waben herausnehmen und durch Schiede
(ober Brut enthaltende Waben aus andern Stöcken) ersetzen. Das hilft
freilich, daß die Bienen die Aufsätze lieber beziehen, aller Honig hinauf-
kommt und unnütze Brut unmöglich wird. Allein im Dadant-Alberti
können wir Aehnliches und Einfacheres um des gleichen Zweckes willen
auch thun und doch auf die Operationsfähigkeit im Brutraum auch
bei aufliegendem Absperrgitter nicht verzichten. Die Sache verhält sich
folgendermaßen. Ich lege vorn an der Pavillonwand zwischen Absperrgitterrahme und Pavillonwand auf die bis an die Pavillonwand
verlängerten Brutrahmengeleise je ein 6 cm langes und 8 mm dickes
Stück Rähmchenholz. Wenn ich nun die Schublade aufhebe und in
schräger Stellung aufhänge, kann ich das Absperrgitter entweder ebenfalls aufhängen an dem eisernen Handgriff der Schublade oder ich
kann es ganz wegnehmen; denn die Schublade ruht ja nicht auf der
Absperrgitterrahme, sondern mit ihren 3 cm langen Verlängerungen
der Seitenwände, resp. mit den untern vordern Ecken derselben auf

diesen Hölzchen, die gerade da liegen (und zwar nicht angenagelt), wo
die Seitenteile der Absperrgitterrahme hinkämen, wenn dieselben vorn
ebenfalls verlängert wären. Allein sie sind nicht verlängert. Festnageln
kann ich diese 6 cm langen Hölzchen darum nicht, weil auch die Deck=
bretter jene sehr nützlichen Verlängerungen haben, und auch die Schub=
lade könnte ich dann nicht direkt auf den Brutraum (ohne Absperr=
gitter) auflegen. Die Hölzchen müssen also entfernt werden, wenn
die Deckbretter oder Schubladen direkt auf den Brutraum gelegt werden.
Wenn man diese Hölzchen 6¹/₂ cm lang macht statt bloß 6 cm, kommt
das Absperrgitter „hinten" einen halben Centimeter über das Fenster
hinaus zu stehen und kann beim Aufreißen gleich bequem gepackt werden.
Dann genügt es, die Asperrgitterrahme 490 statt 495 mm „tief" zu
machen; aber es ist dann nötig, die vordere Querrahme 7 mm schmäler
als 22 mm, also 17 mm breit zu erstellen, sonst kommen vorn die
untern vordern Ecken der Honigrahmen direkt auf die Absperrgitter=
rahme, wenn nämlich diese um einen halben Centimeter zurückgezogen
wird. Man reißt zuerst an einer Ecke, legt das Kamin der Rauchmaschine
unter, reißt an der andern Ecke und dann an beiden Ecken gleichzeitig,
bis das Absperrgitter bis ganz nach vorn aufreißt. Das kann aber nur
geschehen, wenn die Schublade 150—200 mm weit nach oben auf=
geklappt resp. aufgehängt ist. Der zu diesem Aufhängen nötige Draht
ist gekrümmt wie ein Fleischhaken, d. h. jedes Drahtende ist nach der
entgegengesetzten Seite gekrümmt. Oben wird das eine Drahtende von
„vorn" in eine Ringschraube (unten an der zweiten Etage) hineingesteckt,
unten kommt das andere Drahtende von „hinten" unter den eisernen
Handgriff der Schublade. Ueber der zweiten Etage habe ich zu diesem
Zweck, d. h. statt der Ringschrauben, einen Draht gespannt, der an den
wagrechten untersten Balken des Dachstuhls befestigt ist. Der kürzere
Draht, mit welchem das Absperrgitter aufgehängt wird, ist an beiden
Enden nach der gleichen Seite gekrümmt, oben kurz, unten länger. —
Noch eine Operation. Ich kann, nach Entfernung des Absperrgitters,
auch diese Hölzchen, auf welchen die aufgehängte Schublade vorn ruht,
entfernen, ohne die Schublade wegnehmen zu müssen: ich hebe die
Schublade auf einer Seite am einen Schubkarrenhandgriff und stoße
das Hölzchen auf die Seite; dann hebe ich die Schublade auf der andern

Seite am andern Schubkarrenhandgriff und stoße auch das andere
Hölzchen auf die Seite und kann nun die Schublade ohne Absperr=
gitter direkt auf den Brutraum legen.   Das ist nämlich, wie wir
noch sehen werden, eine sehr wichtige Operation.   Ich kann damit eine
alte Königin im Brutraum ersetzen, ohne sie selber zu töten; ich muß
nur eine Königinzelle und vorher etwas Brut in die Schublade gesetzt
haben und nachdem sie ausgeschlüpft, das Absperrgitter entfernen. —
Nach der Frühlingsernte werden die Absperrgitter entfernt und unter
der ersten Etage „überwintert.‟ Man bekäme etwas weniger Blüten=
staub in die Honigwaben bei aufliegendem Absperrgitter; allein es
operiert sich schneller, wenn es weg ist.   Und allfälligen Pollen in
den Honigwaben kann man nachher wegrasieren und mit (warmem)
Honig vermischt aufbewahren.   Verschimmelten Pollen müßte man
sowieso wegrasieren, namentlich in Waben, die über das Absperrgitter
kommen.   Geschwefelter Blütenstaub geht nicht zu grunde.   Wenn man
statt 8 mm dickes Rähmchenholz solches von 6 mm Dicke für die
Absperrgitterrahme verwendet, so ist es gut.   Allein dann müssen auch
die 6 cm langen Hölzchen zwischen Absperrgitterrahme und Pavillon=
wand 6 mm dick sein.   Auf keinen Fall sollen in dieser Hinsicht ver=
schiedene Dicken auf dem gleichen Bienenstand Verwendung finden.
Lieber alles mit 8 mm=Rähmchenholz.   Die bebrüteten Honigwaben
sind wichtiger als dünne Rahmen am Absperrgitter. — Ueber die
Dienste, welche das Absperrgitter leistet beim Umlogieren, bei der Brut=
einschränkung, bei der Königinzucht, beim Vermindern der Schwärmerei
durch das Auf=den=Kopf=stellen der Brutwaben, beim Zurückgeben von
Schwärmen ꝛc. berichten wir später.

Noch etwas betreffend das Aufnageln des Absperrgitters auf die
Rahme.   Die Rahme wird auf einen Tisch gelegt und im rechten
Winkel auf den Tisch genagelt.   Beim Aufnageln des Zinks auf
die Rahme schlägt man mit einer Eisenspitze zuerst kleine Löchlein ins
Zink und nagelt immer zuerst in der Mitte und von der Mitte aus
nach außen, damit das Gitter möglichst wenig „baucht‟, was zwar
nie ganz zu vermeiden ist, aber auch nichts schadet.

Die Drahtgeflechtrahme.

Sie wird erstellt, indem man auf die gleiche Rahme, die zum Königin=Absperrgitter verwendet wird, statt des perforierten Zinkbleches ein bienendichtes Drahtgeflecht (unten) aufnagelt. Man braucht dieses Gerät zur Königinzucht, zum Zurückgeben und Aufsetzen von Schwärmen 2c.

Die Emballage-Rahme.

Sie wird aus sechs Stücken Rähmchenholz erstellt; die zwei seitlichen sind 490 mm, das vordere und hintere 487 mm lang. Diese beiden werden an den Ecken bündig unten auf die seitlichen genagelt. Damit nun die Rahme unten dennoch eben wird, werden den seitlichen Teilen unten noch je zwei Stücke von 444 mm Länge aufgenagelt. Der Emballage wird unten aufgenagelt und möglichst angespannt. Beim Aufnageln derselben wird natürlich die Rahme umgekehrt und vorn und hinten unterlegt. Diese Rahme leistet bei Anwendung der Bienen=flucht gute Dienste.

Der Apparat zum Zusetzen von Königinnen.

Der von mir konstruierte und von Herrn Bösch verbesserte Zusetzapparat hat sich ganz ausgezeichnet bewährt. Er paßt genau in die kreisrunde Futter= und Bienenfluchtöffnung von 8 cm Durch=messer im Deckbrett meines Bienenkastens. Zu diesem Apparat ver=wende ich die mit einem gestanzten Rand versehene Blechhülse, die mit dem Original=Futtergeschirr von Gerstung geliefert wurde. Diese 6 cm lange Hülse wird bis auf 2 cm abgenommen. Der gestanzte Rand kommt nach oben. Unten bekommt die Hülse einen Boden aus verzinktem Drahtgeflecht, bei welchem (zirka) vier Maschen auf 10 mm gehen. Um diesen Drahtgeflechtboden in die Hülse hineinzubringen, verfahre ich folgendermaßen: Ich lege die Blechhülse auf den Tisch, lege ein entsprechend großes viereckiges Stück von diesem Drahtgeflecht auf die Blechhülse und drücke jenes mit einem runden Holz, das bequem in die Blechhülse paßt, in die Hülse hinunter bis auf den Boden, resp. auf den Tisch. Dieses runde Holz habe ich, wenn ich

an dem (zuerſt gelieferten) Deckel des runden Gerſtung=Futtergeſchirrs
oben den vorſtehenden Rand abſchneide, oder ich bediene mich eines
Spundzapfens von entſprechender Größe. Iſt nun der Drahtgeflecht=
boden in die Blechhülſe hinuntergeſtanzt, dann wird er an zwei Stellen
inwendig an die Blechhülſe angelötet, und man ſchneidet mit einer
Blechſchere ab, was vom Drahtgeflecht oben über den Rand der Hülſe
vorſteht. Zirka 1¹/₂ cm von der Seite der Hülſe entfernt ſchneide ich
eine runde Oeffnung im Drahtgeflechtboden heraus (die Oeffnung iſt
in Fig. 34 eingezeichnet, in Wirklichkeit aber nicht ſichtbar, weil ſie durch)

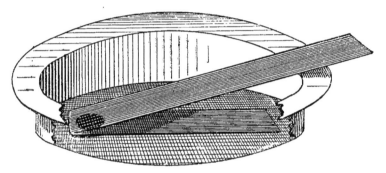

Fig. 34. Apparat zum Zuſetzen von Königinnen (geſchloſſen).

Fig. 35. Apparat zum Zuſetzen von Königinnen (geöffnet).

den Drahttuchſtreifen verdeckt iſt), ſo groß, daß eine Königin bequem
hindurchgehen kann, alſo etwa 10 mm im Durchmeſſer. Nun nehme ich
einen Streifen von feinem, unbemaltem Drahttuch, zirka 20 cm lang
und 1¹/₂ cm breit. Man barf auch bemaltes Drahttuch nehmen; ſolches
kann aber nicht angelötet werden, ſondern iſt anzunähen (mit dem Draht,
den man zum Drahten der Mittelwände verwendet). An dieſem Streifen
wird ein 6 cm langes Ende zurückgebogen und ſo gepreßt, daß es
auf den Streifen ſelber zu liegen kommt. Dieſes 6 cm lange Ende
kommt nach unten zu liegen und wird an den Drahtgeflechtboden der
Hülſe aufgelötet und zwar ſo, daß die Oeffnung in letzterem gedeckt

wird, aber geöffnet oder geschlossen werden kann dadurch, daß man
am längern, wagrecht über den Rand der Hülse hinausragenden,
zurückgebogenen Teil des Drahttuchstreifens zieht oder stößt. Man
schneidet hierauf noch ein Stück Zinkblech von zirka 4 cm Länge und
1¹/₂ cm Breite und lötet es ebenfalls auf den Boden der Hülse neben
dem Drahttuchstreifen, so daß der letztere in seiner Bewegungsfähigkeit
nicht gehindert wird. Beim Gebrauch kommt über diesen Apparat
ein viereckiges Stück Glas und über das Ganze der Wergteller. Das
Glasstück soll in gewissen Fällen geschoben werden können.

Nun das Zusetzen einer Königin. Ich kassiere einem Volk, dem
ich die neue Königin geben will, die alte Königin. Oder ich setze einen

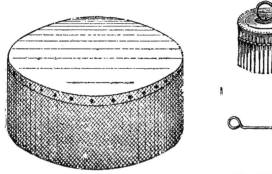

Fig. 37.
Weiselkäfig.

Fig. 36. Fang-Weiselkäfig.

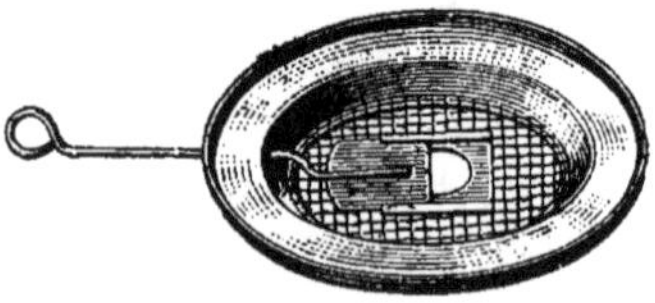

Fig. 38. Königin-Zusetzapparat
Sträuli-Bösch.

Ableger zusammen, indem ich aus drei Kasten je zwei Waben mit
Brut und Bienen, aber ohne Königin, in einen leeren Kasten stelle
und das Flugloch desselben 1—2 Tage schließe. Der Apparat wird
in die runde Lücke des Deckbrettes versenkt und geschlossen. Man stößt
am Drahttuchstreifen und befestigt ihn auf dem Deckbrett mit einem
Reißstift. Auf das Blechstück am Boden wird Honigzuckerteig gelegt,
damit die Königin sich nähren kann, falls oder so lange die Bienen
von unten sie nicht füttern. Würde der Honigzuckerteig bloß auf den
Drahtgeflechtboden, ohne das Blechstück dazwischen, gelegt, so würden
die Bienen von unten sofort allen Teig fressen und die Königin könnte
eventuell verhungern. Es ist wohl vorzuziehen, wenn sich das Futter
am Rand des Apparates befindet, weil die Königin in der Regel im

Kreise herumläuft. Man sieht aber durch das Glas, wie sie alsbald
gefüttert wird. Und das schmeckt ihr besser, denn sie läßt den Teig
unberührt. Man kann sogar wahrnehmen, wie am zweiten Tag ihr
Hinterleib wächst; die Eier beginnen sich bereits darin zu entwickeln.
Wäre aber aus irgend einem Versehen eine Königin unten, so würde die
zuzusetzende nicht gefüttert. Es läßt sich also im gegebenen Falle die Sache
durch das Glas kontrollieren. Wie bringe ich die Königin in den Zusetzapparat hinunter? Entweder ich nehme sie aus einem meiner eigenen
Stöcke. Ich packe sie an den Flügeln, setze sie direkt in den Apparat oder
auf ein Tuch auf dem Boden oder auf ein Deckbrett und stelle einen
Fangweiselkäfig darüber. Sie steigt in diesen hinauf und wird in ihm
über den Zusetzapparat gebracht. Ist dieser Fangweiselkäfig kleiner als
8 cm im Durchmesser, so wird vorher auf den Zusetzapparat ein Karton
gelegt mit runder Oeffnung in der Mitte. Die Königin steigt hinunter
und das Glas kann an Stelle des Kartons aufgelegt werden. Oder
ich bekomme die Königin von auswärts per Post mit Begleitbienen
in einem Transportkäfig. In diesem Fall öffne ich ihn im geschlossenen
Zimmer. Die Begleitbienen und in der Regel auch die Königin fliegen
ans Fenster, wo diese mit dem Fangweiselkäfig in oben beschriebener
Weise geholt wird. Im Zusetzapparat darf neben der Königin keine
einzige Biene sich befinden. (Brice, der größte englische Königinzüchter,
sagt: „Vor dem Zusetzen einer fremden Königin soll das betreffende
Volk wenigstens 48 Stunden lang weisellos und die zuzusetzende Königin
soll 24 Stunden lang auf dem Volk eingesperrt sein. Zwei oder drei
Tage lang nachher darf der Kasten nicht geöffnet werden, namentlich
bei ungünstigem Wetter und im Herbst." Herr Russy in Délémont
sucht einfach die alte Königin, ohne viel Rauch zu geben. Wenn er sie
gefunden hat, nimmt er sie weg und setzt sofort die neue an ihren Platz
auf dieselbe Wabe. Namentlich unbefruchtete Königinnen, die von auswärts kommen, sollte man immer fliegen sehen, bevor man sie verwendet.)

Der Fangweiselkäfig wird erstellt, indem man mit der Laubsäge
aus einem dünnen Brett ein kreisrundes Stück von 5—6 cm heraus-
sägt und ringsum ein 2—3 cm hohes Drahtgeflecht aufnagelt. — Die
Königin wird erst am Abend des folgenden Tages hinuntergelassen, am
besten nachts. Man bedient sich dabei eventuell eines Lichtes. Die Bienen

fressen den Honigzuckerteig und liebkosen die neue Stiefmutter. Oft geht es eine Viertelstunde lang und noch länger, bis sie hinuntersteigt. Nach einigen Tagen zeigt das emsige Höseln des Stockes oder des Ablegers, daß alles in Ordnung ist. Ich brauche diesen Apparat auch beim Vereinigen von Völkern auf Brutwaben (die bessere Königin wird in denselben gesetzt) und beim Vereinigen zwischen Brutraum und Aufsatz. Der Apparat wird im letztern Fall mit Honigzuckerteig teilweise gefüllt. Wenn der Drahttuchstreifen nicht mehr recht schließen will, legt man ein Zündhölzchen darunter und drückt ihn darüber nach unten.

Wenn einem Volk eine Königin kassiert und eine andere gegeben wird, kann man die alte in den Zusetzapparat bringen und einige Zeit in demselben lassen, bevor man die neue in denselben setzt. Der Haupt= vorteil des neuen Apparates besteht darin, daß man den Stock nicht noch einmal auseinander nehmen muß, nachdem man die alte Königin entfernt hat. Er läßt sich über der breiten niedrigen Brutwabe besser anwenden als über der Hochwabe.

Der Apparat ist in marktfähiger verbesserter Form zu haben bei Herrn Bösch, Bruggen, St. Gallen.

Auch Königinzellen lassen sich in diesem Apparate zusetzen; ich lege sie wagrecht hinein, nachdem ich die Spitze ein klein wenig in Honig getaucht habe. Die ausgeschlüpfte Königin wird erst heruntergelassen, nachdem sie als tadellos befunden worden. Ich lege bei diesem Ver= fahren einige Zeitungen und zwei Wergteller auf den Apparat.

Soweit ich zur Zeit urteilen kann, ist es möglich, soeben in diesem Apparat ausgeschlüpfte Königinnen zuzusetzen, ohne die alte im Brutraum unten selber kassiert zu haben. Davon und vom Zusetzen reifer oder unbefruchteter Königinnen weiter unten mehr!

Die Mittelwände und das Drahten.

Für die Mittelwände ist als Regel anzunehmen, daß sie sich im Stock nicht über die Größe der Gußform ausdehnen. Doch gießt man sie etwas kleiner als die Rahme. Für 268 mm Innenhöhe der Brut= rahme ist also eine Größe der Gußform von 265 mm gerade recht. Auch in der Breite resp. Länge muß sie 2 mm weniger als 419 haben.

Schneidet man diese Mittelwand genau in zwei Teile der Länge nach,
so passen die Hälften in die Honigrahme. Diese Rücksicht hat die
Höhe der Honigwabe bestimmt. Abfälle gibt es dabei nicht. Man
könnte zwei Honigrahmen, die aufeinanderstehen, doch nicht in den
Brutraum plazieren. Das Drahten ist nicht notwendig aus dem Grunde,
weil die Mittelwände, wenn aus gutem Wachs erstellt, sich senken,
obschon das oft vorkommt. Das ist aber bei der Brutwabe weniger
der Fall als bei der Hochwabe, weil die Anheftungsstelle oben eine
breitere ist und das Gewicht der Wabe sich mehr in die Breite verteilt.
Es genügt also, die angegossene Mittelwand der Breitrahme in der
rechten Richtung zu halten, d. h. am Ausbauchen zu hindern. Man
kann dazu Stecknadeln nehmen von zirka 2 cm Länge, die in halber
Höhe und vielleicht auch unten etwas über dem Rahmen-Unterteil paar=
weise in die Seitenteile gesteckt werden. Man bedient sich dabei einer
kleinen Flach= oder Plattzange. Die Stecknadeln können mit diesem
Werkzeug fest eingetrieben werden, ohne sich zu krümmen. Man packt
die Nadel so, daß von der Spitze nur so viel vorsteht, als man ins
Holz eintreiben will. Die Stecknadeln müssen ziemlich über die Mittel=
wand hineingehen, sonst wird sie um dieselben herum abgenagt, wenn
nicht flott gefüttert wird; aber sie müssen der Mittelwand zugleich etwas
Spielraum gewähren wegen der Ausdehnung der Mittelwand. Die
Brutwaben strecken sich übrigens, wenn auch nicht immer, gerade auch
durch ihr eigenes Gewicht. Bei den Honigwaben ist das weniger der Fall.
Benützt man bei ihnen Stecknadeln im Rahmen-Unterteil, so bauchen
sie gern aus. Auf alle die Anheftmittel resp. Agraffen, die man erfunden
hat, trete ich nicht ein. Am besten ist es, man klebt kleine Mittelwand=
streifen an Holz und Mittelwand, allein dann kann sich die Mittel=
wand eben auch nicht mehr strecken. Ganz ohne Befestigung unten
werden auch die Honigwaben nicht immer schön und gerade eingebaut
und hat man nachher immer Mühe mit Korrekturen. Auf schöne gerade
Waben auch in der Honigrahme sollte man namentlich deswegen halten,
weil auch im Aufsatz oft Brut gezogen wird. Es wird auch empfohlen,
die Rahmenteile inwendig mit einem schmalen Streifen Wachs zu
begießen, damit die Mittelwand an demselben eher angebaut wird.
Nach manchen unangenehmen Erfahrungen ließ ich den Fixe-agraffes

(Agraffenbefestiger) Paschoud und den Eperon Woiblet kommen
samt Agraffen und Draht. Den Eperon (Sporn) macht man warm
über einer Spiritusflamme. Nach den ersten Versuchen mit diesem
Apparat wußte ich, daß ich keine Mittelwand mehr angieße, auch in
den Honigrahmen nicht. Das Drahten erfordert, alles ineinander
gerechnet, nicht viel mehr Zeit als das Angießen, ist billiger, weil es
kein Wachs braucht und so schön und sauber, daß man sich um die
Richtung der Waben nie mehr zu kümmern braucht, was auch eine
Zeitersparnis ist. Und man ist eben auf diese Weise doch sicher vor
dem Sichziehen und Herunterfallen der Waben. Man denke nur an

Fig. 39. Drahtrolle.   Fig. 40. Agraffen zum Drahten.

Fig. 41 Eperon Woiblet zum Einbetten des Drahtes in die Mittelwand.

den Fall, daß man ganze Völker mit Waben zu transportieren hat,
z. B. bei der Wanderbienenzucht. Das Drahten hat nur einen Nach=
teil, den nämlich, daß unten den Drähten entlang nach aufwärts
von den Bienen gern von der Wabe abgenagt wird, und diese leeren
Plätze geben dann die schönste Gelegenheit zum Ansetzen von Weisel=
zellen und damit auch direkt oder indirekt Anlaß zum Schwärmen.
Allein dem können wir leicht abhelfen dadurch, daß wir die Brut=
waben im Frühling des nächsten Jahres nach erfolgter Bruteinschränkung
(siehe darüber unten) auf den Kopf stellen. Wir erhalten dadurch
Waben, die auf allen vier Seiten an die Rahmen angebaut sind.
Auch wird der Brutansatz auf umgekehrten Waben etwas geringer.

Wir werden auf diese Sache noch einmal zu sprechen kommen, wenn
wir die Mittel der Schwarmverminderung behandeln. In den Honig=
rahmen ziehe ich zwei Drähte wagrecht, je 2 cm vom Ober= und
Unterteil der Rahme entfernt und ziehe dabei in der Mitte je des
Ober= und des Unterteils den Draht unter einer Paschoudagraffe
durch oder ich drahte zuerst und drücke nachher den Draht unten und
oben an das Rahmenholz und schlage die Paschoudagraffe darüber
ein.   Wenn man die Honigwabe drahtet, kann man die Mittelwand
auch unten anstehen lassen bis auf zirka 2 mm, auch im Fall die
Mittelwand der Honigrahme zu schmal geschnitten ist, um dieselbe
ganz auszufüllen. Es bleibt dann hier kein Zwischenraum zwischen Holz
und Rahme, sondern er wird ausgefüllt. Es hat zwar nichts zu
sagen, wenn etwas Drohnenbau über dem Absperrgitter sich befindet
(Drohnenbrut kann ja nicht entstehen, des Absperrgitters wegen); im
Gegenteil, etwas Drohnenbau im Aufsatz ist gut, denn er lockt die
Bienen in den Aufsatz hinauf. Bei guter Tracht wird auch der
Drohnenbau zuletzt mit Honig gefüllt. (Die Bienen tragen oft einzelne
Drohneneier durch das Absperrgitter in den Aufsatz hinauf, wenn dort
Drohnenbau vorhanden ist. Von eierlegenden Arbeiterinnen kann wohl
in einem guten Volk das Vorhandensein von einzelnen Drohnenlarven
über dem Absperrgitter nicht herrühren. Oder? Davon, daß die mit
Eiern gefüllte Königin durch das Absperrgitter hindurch gehe, um bloß
einzelne Drohnenzellen zu bestiften, ist keine Rede.) Am Rahmen=Oberteil
wird die Mittelwand natürlich ebenfalls schnell angebaut, auch wenn
sie einige Millimeter von jenem abstehen sollte. Beim Drahten der
Brutrahmen verfahre ich nach der von Herrn Bertrand im „Führer am
Bienenstand“ gegebenen Anleitung. Es werden fünf senkrechte Drähte
gezogen (natürlich an einem Stück), zwei je 2 cm von den Seiten=
teilen entfernt, einer in der Mitte und die zwei übrigen je zwischen
diesen drei. Die beiden äußern werden ebenfalls unter einer Paschoud=
Agraffe hindurch gezogen, die inwendig in halber Höhe je des senk=
rechten Seitenteils eingeschlagen ist.

    Dickere Mittelwände sind natürlich besser drahten als dünne,
welch letztere oft trotz aller Sorgfalt etwa um den Draht herum
abgenagt werden. Oder der Draht löst sich aus der Mittelwand

und es entstehen einzelne Drohnenzellen. Der Draht muß wirklich
ins Wachs eingebettet werden, namentlich auch an den Rändern der
Mittelwand. Drahtet man Mittelwände auf Vorrat, so sind sie vor
dem Einstellen in den Bienenstock noch einmal zu revidieren, und falls
auch nur an einer Stelle der Draht sich losgelöst hätte, wird die
Mittelwand nochmals auf das Brettchen gelegt (das gleiche, das man
zum Angießen braucht) und mit dem warmen Eperon nochmals darüber
gefahren. Vor dem Drahten überzeugt man sich bei der Brutrahme
wie bei der Honigrahme, ob sie genau im rechten Winkel sich befinden.
Ich stelle sie zu diesem Zweck in ein eisernes Winkelmaß, das auf
dem Tisch steht, d. h. mit einem Schenkel nach oben schaut. Dann
schlage ich alle nötigen Paschoud=Agraffen ein und zwar zuerst provi=
sorisch mit dem Fixe-agraffes, den man aber auch entbehren kann,
und dann mit einem Hammer so tief, daß man den Draht noch unten
durchstecken kann. Die Rolle, auf welcher der Draht sich befindet,
stelle ich aufrecht auf eine Bank, schlage durch die Achsenöffnung einen
starken Stift, so daß die Rolle sich um denselben drehen kann. Dann
ziehe ich so viel Draht ab, als entweder für die Brut= oder die
Honigrahme nötig ist. Ich verfahre dabei folgendermaßen. Ich lege
das Drahtende unter ein schweres Wagegewicht und habe in gehöriger
Distanz von diesem Gewichtstein ein Zeichen, bis zu welchem der Draht
in der Hand gezogen werden muß, um lang genug zu sein; dann
schneide ich den Draht mit der beim Gewichtstein liegenden Kneipzange
ab, nachdem ich das neue Drahtende wieder unter den Gewichtstein gelegt
habe, damit der Draht nicht zurückspringen und sich auf der Rolle ver=
wickeln kann. Dann befestige ich mit einer Zwingschraube (Schrauben=
zwinge) die Rahme aufrechtstehend (d. h. wie sie im Stock zu stehen
kommt) am Tischrand, nachdem ich in der Nähe der äußersten
Agraffen links unten und rechts oben (oder umgekehrt) je einen kleinen
Tapeziernagel eingeschlagen habe. Nun ziehe ich den Draht durch die
zwei mittleren Agraffen am oberen Rahmenteil und von der Mitte aus
durch die äußern der einen Seite und wickle das Drahtende um den einen
unten befindlichen Tapeziernagel, der daraufhin fest eingeschlagen wird,
und beseitige das überflüssige Drahtende. Dann ziehe ich den Draht
bei jedem Agräffchen mit einem Flachzänglein fest an und stecke ihn

auch durch die Agraffen der andern Seite (die in halber Höhe nicht vergessen), ziehe ihn auch hier fest an und wickle auch das andere Drahtende um den andern Tapeziernagel, der ebenfalls eingeschlagen wird. Die Arbeit geht rasch von statten, wenn man das Prinzip der Arbeitsteilung befolgt, d. h. zuerst eine Anzahl Rahmen mit Agraffen und zwei Tapeziernägeln versieht und dann drahtet. Es handelt sich vor allem darum, daß der Draht gut gestreckt und eine gerade Linie bildend in die Mittelwand eingebettet werde.

Ungedrahtete Mittelwände krümmen sich bei der Breitwabe unten weit mehr als bei der Hochwabe. Die Mittelwand muß oben am oberen wagrechten Rahmenteil wenigstens bis an die noch etwas vor= stehenden Agraffen anstehen. Angießen ist unnötig. Rostige Agraffen halten besser als weiße. Man legt sie vorher ins Salzwasser oder legt vor dem Drahten die mit Agraffen versehenen Rahmen ins Wasser, an den Regen oder an einen feuchten Ort, damit das Holz schwillt und die Agraffe festhält. — Gedrahtete Waben können später jederzeit unbeschädigt wieder aus den Rahmen genommen werden. Ein gutes Messer schneidet den Draht durch oder man reißt den Draht aus der Wabe heraus mit dem gleichen Draht, den man zum Drahten ver= wendet, indem man ein Stück desselben zu äußerst am Wabenrand um den in die Wabe eingebetteten Draht herum legt und der Länge nach unter demselben durch die Wabe hindurch und ihn zugleich heraus= zieht, natürlich auf derjenigen Wabenseite, wo der Draht eingedrahtet wurde. Die Mittelwand wird so nicht beschädigt; es werden höchstens einige Zellenwände niedergerissen. Ich bemerke das deswegen, weil die Verwendung bebrüteter Brutwaben als Honigwaben im Aufsatz in Zukunft eine große Rolle spielen wird, namentlich da, wo man mit dem Absperrgitter imkert. Bebrütete Waben werden von den Bienen auch im Aufsatz trotz des Absperrgitters sofort belagert und mit Honig gefüllt (wenn's gibt), und zwar wirkt dieser Instinkt mit der Sicherheit und Notwendigkeit irgend eines Naturgesetzes. In der „Natur" gibt es fast keine andern als bebrütete Waben. Brut gibt es nicht in diesen bebrüteten alten Honigwaben (die sonst auch von der Königin bevorzugt werden zur „Bestiftung") wegen des Absperrgitters. Die Sache ist auch darum schon von Vorteil, weil man von jetzt an hauptsächlich unten bauen lassen kann und zugleich eine vorzügliche Verwendung hat für die alten ausgedienten oder auch noch guten Brutwaben. Diese alten Waben sind in der That un= bezahlbar. Der aus denselben geschleuderte Honig ist so gut wie der aus neuen Waben. Drähte aus alten Waben sollen nicht wieder verwendet werden zum Drahten. Der Anfänger kann sich bebrütete Honigwaben dadurch verschaffen, daß er den Schwarm nicht in den Brutraum, sondern in die Schublade einlogiert. Darüber später.

Noch eine Kleinigkeit in dieser Angelegenheit. Die Brutwaben (namentlich die unten nicht angebauten) sind zu schmal (zu wenig hoch), als daß die Hälfte eine Honigrahme ausfüllte, so, daß sie, ohne umwickelt zu werden, festsitzend hineingepreßt werden kann. Man darf also die Brutwabe nicht mit einem geraden Schnitt in zwei genau gleiche Hälften zerschneiden. Ich schneide zuerst mit einem an der Spiritusflamme warm gemachten runden Tischmesser die Wabe aus der Rahme heraus, lege ferner die Honigrahme als „Lehre“ so über die herausgeschnittene Brutwabe, daß der Tragschenkel der Honigrahme in die Mitte kommt, d. h. der Unterteil der Honigrahme am äußern Längsrand der Brutwabe ansteht. Und nun schneide ich nicht der ganzen Länge nach, sondern bloß an beiden Enden der Brutwabe etwa 6 cm in diese hinein. Dann lege ich die Honigrahme so herum, daß ihr wagrechter Unterteil am andern, entgegengesetzten Längsrand der Brutwabe ansteht, und schneide nun, was zwischen den zuerst genannten 6 cm langen Anfangsschnitten dem Tragschenkel der Honigrahme ent= lang noch zu schneiden ist. Bei diesen zuletzt genannten fünf Schnitten durch die Mitte der Brutwabe hindurch schneide ich nicht senkrecht, sondern schräg, d. h. das Messer kommt beim Einschneiden unter die Rahmenkante zurück. So kann ich und muß ich beide Wabenhälften in je eine Honigrahme hineinpressen, daß sie ohne Umwicklung fest= sitzen. Ueberall da, wo sie nicht in die Rahme hinuntergehen will, schneide ich mit dem warmen Tischmesser dem Rahmenholz entlang, bis alles paßt und gut sitzt. Die Brutwaben der Schweizerrahme sind etwas zu kurz für die Dadant=Blatt=Honigwaben. Ich fülle den leerbleibenden Teil mit Mittelwand aus, die ich nicht drahte, sondern angieße. Beim Neuaufsetzen der Schubladen im Frühling werden die nicht ausgebauten Teile der Honigwaben immer nach vorn gekehrt. Ueber die besten Völker und in die Mitte kommen immer die noch nicht ganz ausgebauten abwechselnd mit alten bebrüteten. Alte bebrütete Honigwaben zwischen unbebrüteten werden auf Kosten der letztern ungemein dick und schwer. Zwei derselben haben im Frühling 1901 zusammen 7 Pfund gewogen. (Einzelnen Stöcken habe ich in diesem Frühling 50, 60 und 70 Pfund Honig entnommen.) Die ganz und völlig ausgebauten unbebrüteten Honigwaben braucht man immer zuletzt, wenn man keine andern mehr hat, damit man nicht jahrelang nur halb ausgebaute Mittelwände in den Schubladen herumzuschleppen hat.

Fig. 42. Wachsschmelze zur Gußform.
Von B. Rietsche in Biberach (Baden).

Fig. 43. Wachsangieß=
apparat.

Noch einige Bemerkungen über das Gießen von Mittelwänden. Es ist nicht gut, dieselben sehr dünn zu erstellen. Die Hauptsache ist, daß die Flüssigkeit, mit der man die Gußform nach jedem Guß abbürstet, nicht zu dick sei. Ich verwende Wasser, Honig und Schnaps. Honig darf nur wenig genommen werden. Die Flüssigkeit muß so dünn sein, daß sie nach dem Bürsten beim Ablaufenlassen durch Schräghalten der Gußform sofort und schnell herunterrinnt. Man läßt solange ablaufen, bis es tropft. So werden die Zellenansätze scharf markiert. Ich bürste zuerst den obern Teil; ich lege dazu zwei Stäbchen in der Richtung von hinten nach vorn über den untern Teil und lege den oberen Teil auf diese Stäbchen; alles überflüssige

Honigwasser läuft dann in den untern Teil. Wenn man den oberen
Teil hat abtropfen lassen, kommt er wagrecht auf eine hohle Unterlage
zu liegen, am besten auf ein Gestell von zwei Stäben, damit sie, wenn
gegossen wird, leicht und bequem aufgenommen werden kann. Das
Zimmer, in dem man arbeitet, soll warm sein, sonst werden die
Mittelwände allzu dick. Das Wachs darf nicht zu heiß sein; sobald
dasselbe in dem Emailgeschirr über dem Petroleumapparat zu prickeln
beginnt, werden die Flammen etwas heruntergeschraubt. Im Emailgeschirr befindet sich eine Blechschapfe mit Drahttuchboden. Das flüssige
Wachs zum Gießen wird nur aus dieser Schapfe geschöpft. Vom

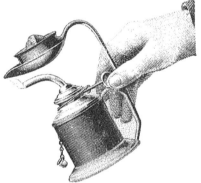

Fig. 44. Gußform.   Fig. 45. Lötlampe „Blitz“.
Von B. Rietsche in Biberach (Baden).   Von B. Rietsche in Biberach (Baden).

Steinhauer habe ich eine zirka 6 cm dicke Steinplatte machen lassen,
die oben ganz eben ist und auf welche die Gußform gelegt wird.
Beim Gießen ist es gut, namentlich auf die beiden hintern Ecken zu
drücken. Der Hohlraum auf dem Oberteil der Gußform wird mit
Brettern gefüllt, über die zwei Querstücke genagelt sind. Nachdem
man das überflüssige Wachs zurückgeleert hat und das in der Form
befindliche genügend erkaltet ist, wird mit einem runden Tischmesser
ausgeschnitten. Von Zeit zu Zeit muß die Gußform mit Holzasche
gebürstet werden. Die Asche soll einige Zeit auf der Gußform liegen.
Man soll nicht pressieren beim Gießen. Eine gute Wabe hält viele

Jahre, wenn nicht als Brutwabe, so doch als Honigwabe; denn in den
beweglichen Aufsätzen ist das Einschwefeln eine leichte Sache. —
Mittelwände und namentlich gedrahtete sollen bei trachtloser Zeit oder
wenn nicht fest gefüttert wird, nie den Bienen überlassen werden.
Viele Imker füttern extra, um Mittelwände ausbauen zu lassen.
Auch darf man einem Schwarm nicht zu viele Wände auf einmal
geben; 4—5 sind genug für einen mittleren Schwarm. Neue Mittelwände werden nachher immer zwischen schon ausgebaute gestellt. Man
kann auch ausgebaute außerhalb der Doppelschiede stellen, wenn man
fortbauen lassen will. Zum Füttern eignet sich dabei der Futterapparat
von Siebenthal ganz vorzüglich. — Ich bemerke noch, daß es zweierlei
Paschoud-Agraffen gibt, schmale und breite. Diese letztern gehen nicht
in meinen Fixe-agraffes hinein!

Die Rauchmaschine.

Ich benutze diejenige von Herrn Chr. Bösch in Bruggen bei
St. Gallen. Sie hat den Vorteil, daß sie von unten angezündet

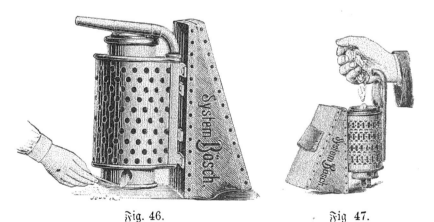

Fig. 46.   Fig 47.

Rauchmaschinen System Bösch.

werden kann und den Rauch nie rückwärts gibt. Es ist eine Kombination der amerikanischen Rauchmaschine und des Zähringer-Hand-
rauchers. Der Luftstrom geht über dem Feuer weg und saugt den Rauch
an sich. Die unten angebrachte Blechhülse ließ ich früher in der Regel

weg und habe dafür eine Stütze (vorn, außen) angelötet, deren Ende
den Boden berührt, wenn der Blasbalg auf beiden Brettchen aufruht.
Der Apparat kann so nicht wackeln, wenn man ihn abstellt. Der
Deckel oben öffnet sich (an einem Scharnier), wenn man auf das
wagrechte Kamin drückt oder schlägt. Es werden in neuester Zeit
viele gute Rauchapparate verschiedener Form in den Handel gebracht.
Als Brennmittel verwende ich Tabak. Beim Neufüllen zünde ich ein
Stück Zunder an und lege es auf den Boden des Herdes. Man sollte
die Rauchmaschine nach Gebrauch nie weglegen, ohne dieselbe geleert

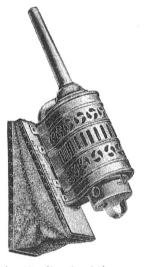

Fig. 48 Rauchmaschine von   Fig. 49. Rauchmaschine von Gerstung.
R. Meier in Künten (Aargau).   Aus „F. Gerstung, Der Bien und seine Zucht.“

zu haben. Das horizontale Kamin des Rauchapparates stecke ich unter
das Deckbrett, sobald ich das letztere mit dem verlängerten und am
Ende mit einer scharfen Kaute versehenen Griff der Zange aufgesprengt
habe. — Den durchlöcherten Boden der Rauchmaschine habe ich
beweglich, d. h. abnehmbar, machen lassen. Das heißt, ich ließ ihn nach
oben ausbauchend in die abnehmbare Hülse einsetzen, die ich bereits
weggeworfen hatte, nun aber zu diesem Zwecke wieder zu Ehren ziehe.
Ich kann so, wenn ich wieder anzünden will, die Rauchmaschine umkehren (nicht senkrecht, sondern schräg), das durchlöcherte Sieb entfernen,
die Asche ebenfalls entfernen und mit einem Zündhölzchen und

einem kleinen Stück Zunder sicher anzünden, was durch den durch=
löcherten Boden hindurch oft nicht möglich war. Steht die Rauch=
maschine aufrecht, so lege ich auf den Tabak ein rundes Drahttuchstück,
damit beim Umkehren der Tabak nicht in das Kamin fällt. (Zum
Reinigen des Kamins braucht man viele Hühnerfedern.) Dieses Draht=
tuchstück ist mit einem kleinen Handgriff versehen, den ich dadurch
erstelle, daß ich an der runden Scheibe ein oder zwei Stücke stehen lasse,
die aufwärts und einwärts gebogen werden. Beim Neufüllen der Rauch=
maschine zünde ich ein Stück Zunder an, bevor ich den Tabak hineinthue.
Wenn dagegen der Tabak schon drin ist und wieder angezündet werden
soll, so kehre ich um, nehme den Boden weg, lege das Stück Zunder
auf und erst, wenn es aufliegt, zünde ich dasselbe an. Uebrigens ist
auch das Füllen der umgekehrten Rauchmaschine von unten nach
Entfernung des Bodens sehr praktisch. Selbstverständlich wäre die Rauch=
maschine noch besser, wenn auch wir das Klappenventil daran hätten.

Die Blätterzange.

Die Zungen und Griffe der Blätterzange bewegen sich nicht
wie bei der Hinterlader=Zange senkrecht, sondern wagrecht und packen
denjenigen Rahmenteil, der beim Fenster steht.
Die Zungen, die nach innen einen kleinen Vor=
sprung haben oder bloß gerippt sind zum An=
fassen, sind 4½ cm lang und jebe hat eine
inwendig befestigte Stütze; die eine geht also auf=
wärts, die andere abwärts. Man kann so die
Wabe senkrecht aufwärts halten, ohne daß sie
überschnappt, was geschehen würde, wenn nur
eine Stütze da wäre. Die beiden Stützen können
auch an einer Zunge befestigt sein in der Ge=
stalt eines einzigen Eisenstückes. Beide Stützen
zusammen brauchen nicht länger als 6 cm zu
sein. Der eine der Griffe wird einige Centimeter

Fig 50. Blätterzange
(alte Form).

verlängert und mit scharfer Schneide versehen, um damit Schubladen
und Deckbretter aufzubrechen. Auch beim Operieren mit den Brut= und

Honigwaben braucht man diesen verlängerten Griff, sowie beim Heraus=
stechen des Deckelchens in der Futterlücke des Deckbrettes. Im Brut=
raum verfährt man nach Wegnahme des Fensters folgendermaßen.
Zuerst werden die wagrechten Wabenträger von einander, d. h. von
ihren gegenseitigen Wachsverbauungen gelöst, indem man den ver=
längerten Zangengriff ganz oben in die Wabengasse hineinbringt und
die Rahmen durch eine Seitwärtsbewegung der Hand auseinander
treibt. Dann werden die Rahmen auch vom Roste gelöst, indem man

Fig. 51. Wabenzange, mit welcher die Rahme nur
von hinten gepackt werden kann.

den langen Griff auf
den Boden stemmt
und die Rahme auf
die Seite drückt. Bei=
des kann man auch
von Hand machen,
wenigstens das untere;
denn oben braucht es

manchmal Gewalt, so auch beim Lösen der Honigwabe in der Schub=
lade, zu dem man ebenfalls diesen Griff verwendet. Beim Niederlassen
einer Schublade oder eines Deckbrettes halte ich oft ebenfalls diesen
Griff dazwischen, so daß Deckbrett oder Schublade auf dem Griff liegen
und dieser auf Oberkant des Fensters, und mache mit demselben auf
und ab, so daß auch Schublade oder Deckbrett auf und ab macht, bis
alle Bienen sich geflüchtet haben.

Fig. 52. Krücke zum Reinigen des Bodens.

Fig 53 Reinigungsmesser.   Fig. 54. Bürste zum Abwischen der Bienen.

Die Zangengriffe dürfen nicht zu weit auseinander stehen, sollen sich
vielmehr, wenn man die Wabe fest gepackt hält, an ihren Enden beinahe
berühren, damit, wenn man die Zange wieder losläßt, die Hand sich
nicht so weit öffnen muß, daß einem die Zange daraus entfällt. Die
packende Zange ist mit den Zungen immer schon 22 mm geöffnet.

Ich habe dann eine neue Zange erstellt, die die Wabe noch an vier Punkten berührt und auch noch am senkrechten Rahmenteil. Bei derselben teilt sich jebe Zunge in zwei Zungen oder An=

Fig. 55. Neue Wabenzange.

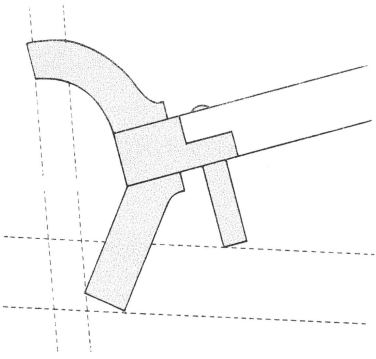

Fig. 56. Verbessertes Zangenprofil von Fig. 55.
(Wirkliche Größe.)

griffsstellen. Mit dieser Zange, ursprünglich also zum Fassen der Wabe von hinten konstruiert, kann man die Wabe auch von oben packen, besonders nachdem die Schraube nach unten verlängert ist.

Noch praktischer wird sie, wenn die **unteren** Zungenteile nicht wie die oberen rechtwinklig gebogen, sondern von der Zungenmitte direkt schräg abwärts geführt werden im Winkel von zirka 45°. Diese Zange berührt die Wabenrahme immer nur an drei Punkten, gleichviel ob sie von oben oder von hinten packt. Im letzteren Falle nämlich faßt man nicht mit allen vier Zungen, sondern nur mit den beiden oberen, und die eine der unteren Zungen stemmt als Stütze gegen die Außenseite des senkrechten Rahmenteils. Man kann aber auch, wenn man die Wabe senkrecht aufwärts drehen will, von hinten mit allen vier Zungen packen. Auch mit dieser Zange

Fig. 57 Wabenzange
zum Fassen der Wabe von oben.

Fig 58. Wabenzange,
von oben und von hinten zu gebrauchen.

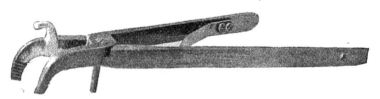

Fig 59 Neue Wabenzange,
mit welcher die Brutwabe von oben gepackt wird.

Werden die Zungen nach oben gedreht, so kann die Brutwabe mit dieser Zange auch von hinten gefaßt werden. In beiden Fällen berührt auch diese Zange die Rahme nur an drei Punkten.

kann ich die herausgenommene Wabe vertikal aufrecht halten und sie so trotz ihrer Länge mit einer Hand regieren. Wagrecht wäre die Wabe, ohne mit der Hand gestützt oder irgendwo aufgelegt zu werden, zu schwer, namentlich dann, wenn sie mit Honig oder auch Brut gefüllt ist. Ist sie sehr schwer, so kann ich sie auch in einer Hand senkrecht abwärts halten. In beiden Fällen habe ich den Vorteil, daß ich sie durch eine einfache Drehung des Handgelenks auf beiden Seiten bequem zu betrachten vermag. Man muß sich in acht nehmen, daß man mit der Zange weit genug hineingeht beim Packen. Hebe ich die Brut=wabe mit der einen Hand („von Hand") entweder am senkrechten hintern oder am obern wagrechten Rahmenteil heraus, so kann ich dieselbe mit dieser Zange in der andern Hand in der Mitte des Rahmen=Ober= oder Unterteils fassen und wiederum bequem nach beiden Seiten drehen. Im Frühling, wo die Bienen noch sanft und ruhig sind, brauche ich in der Regel keine Zange; nachdem das Deck=brett oder die Schublade emporgehoben und aufgehängt ist, entnehme ich die Waben oben am hintern Teil des „Rahmenträgers" von Hand. Die Bienen werden dabei durch Rauch vertrieben. Gut ist auch folgende Zange (Fig. 59), auf die ich durch die soeben beschriebene gekommen bin.

Die Breitwabe ist bekanntlich leichter, wenn man sie oben in der Mitte hält, als wenn man sie auf der Seite faßt oder gar mit einer Zange seitlich packt. Das war, wenn es überhaupt einer ist, der einzige Nachteil des Blätterbrutraums, der Breitwaben enthält, gegenüber der Behandlung der Breitwabe im Original=Amerikaner von oben, bei

der freilich im Ver=gleich zur Behand=lung des Blätterbrut=raums zwei Nachteile vorhanden sind: er=stens der, daß man nicht blättern kann,

Fig. 60. Auch mit dieser Zange kann man die Brutrahme hinten oder oben packen.

und zweitens der, daß man nach oben aus dem Original=Amerikaner eine Wabe immer mit beiden Händen herausheben muß. Denn das Herausheben der Brutwabe nach oben zwischen den Seitenwänden des Original=Amerikaners mit einer Zangenvorrichtung, welche den Gebrauch nur einer Hand erlaubt, wird praktisch nie von Vorteil sein, weil man dabei das Anschlagen der Wabe an die Seitenwände nicht vermeiden kann. Diese Ueberlegung veranlaßte mich, diese neuen Zangen zu konstruieren, welche gestatten, die Blätterbreitwabe mit einer Hand oben, wenn nicht ganz, so doch etwas hinter der Mitte zu packen und so auch jenen erwähnten Nachteil bei der Blätter= und Seitenbehandlung der Breitwabe vollständig zu beseitigen. Die mit dieser Zange herausgenommenen breiten Brutwaben sind ganz bedeutend leichter, resp. das Operieren mit dieser Zange ist weniger ermüdend als das Anfassen der breiten Blätterbrutwabe von der Seite

am senkrechten Rahmenteil. Ein weiterer Vorteil dieses Verfahrens
liegt auch darin, daß der Rahmenoberteil stärker ist (weil 16 mm
dick) als der senkrechte Rahmenseitenteil, der nur 8 mm Dicke hat.
Auch wird, wenn die Rahme mit der Zange von oben gepackt wird,
dieselbe, falls sie noch neuen weichen Bau enthält, durch ihr Eigengewicht nicht aus dem rechten Winkel gehen, wie es oft der Fall ist,
wenn die Rahme am senkrechten Rahmenteil gefaßt wird. Auf diese
Weise oben gepackt, hängt die Brutwabe beim Wiedereinstellen derselben immer genau senkrecht an der Zange. Sie kann übrigens nach
allen Richtungen gedreht und in jeder Lage beobachtet werden. Wenn
man sie mit der vorderen unteren Ecke auf den Boden stellt, braucht
man die Hand nicht zu wechseln. Auch kann ich sie so unmittelbar
von oben in ein Transportgeschirr hängen, was nicht der Fall ist,
wenn die Brutrahme von der Seite gepackt wird; sie muß in diesem
Fall immer zuerst von der andern Hand am wagrechten Rahmenoberteil gefaßt werden. Ich kann mit dieser Zange auch bei angefügtem
Bienentrichter im Brutraum operieren und dabei entweder den Blätter-
wabenknecht oder ein Wabentransportgeschirr benutzen, in welch letzterem
ich zugleich auch Honigwaben einhängen kann. Voraussetzung ist, daß
bei dieser neuen Behandlung die Schublade oder das Deckbrett aufgehoben und aufgehängt sei, was aber auch beim Gebrauch der
alten Blätterzangenmodelle praktiziert wurde. So sehr das Fassen der
breiten Wabe meines Stockes von oben „von Hand" und zwar ein-
händig unter gewöhnlichen Verhältnissen bequem und empfehlenswert
ist, können doch gewisse Stimmungen der Bienen den Gebrauch dieser
Zange wünschenswert erscheinen lassen; denn das fortwährende Weg-
treiben der Bienen durch Rauch thut denselben nicht gut. An der
neuen Zange ist unten die Schraube 2½ cm verlängert, damit man
mit dem Handrücken nach abwärts gekehrt zwischen Brutraum und
aufgehängter Schublade genügend weit hinein kann, ohne daß die
Hand mit den oben auf der Brutwabe sitzenden Bienen in Berührung
kommt. Aus diesem Grunde und zu diesem Zwecke faßt man die
Rahme eben hinter der Mitte, damit die hintere Hälfte der Wabe
nicht nach unten fällt, sondern an die nach unten verlängerte Zangen-
schraube hinaufdrückt. Die vordere Hälfte der Wabe soll also schwerer

sein und nach unten gravitieren. Der Imker muß je nach Umständen wissen, wo ungefähr der Schwerpunkt der Brutwabe ist. Gewöhnlich packt man die Wabe einfach hinten (oben). Für alle Zangenmodelle gilt der Grundsatz: Je kürzer die Zungen (in horizontalem Sinn von der Schraube an gemessen), desto größer die Hebelkraft der Zange, also desto kleiner die Anstrengung des Imkers.

Die neue Zange kann auch besser weggelegt werden als die früheren Modelle, die nach allen möglichen Richtungen umpurzelten. Endlich ist es möglich, mit der neuen Zange auch andere Gegenstände, Stiften 2c., zu packen, sowie die Honigwaben. Es lassen sich mit ihr die äußersten Waben links oder rechts gleich gut packen, ohne daß man mit der fassenden Hand wechseln muß, wenn nämlich der Kasten

Fig. 62.
Handschuhe.

Fig. 61. Bienenschleier.   Fig. 63. Bienenschleier von Bösch.

nicht an einer Wand steht. Andernfalls freilich sind die äußersten Waben am besten mit der der Wand entgegengesetzten Hand zu behandeln. — Solange man eine Wabe mit der Zange in der Hand hält, darf man nicht etwa in einem gedankenlosen Moment vergessen, die Zange zusammenzudrücken, sonst liegt die Wabe sofort am Boden. Die Zange kann also auch gebraucht werden, um die Brutrahmen von hinten zu packen und zu behandeln, was zwar keinen großen Wert hat. Denn ohne Deckbrett oder Schublade oder Absperrgitter= oder Draht= geflechtrahme aufzuheben, ist es in einem lange gebrauchten, mit Wachs stark verbauten Stock absolut unmöglich, im Brutraum zu operieren. Es ist auch der Königin wegen nicht zu empfehlen. Wenn man die Rahme von hinten packt, kehrt man die Zange (Fig. 59) so, daß die

gekrümmten Zungen nach aufwärts schauen (man hält sie beim
Kehren an den Leib); der kleine Eisenwinkel, der an einer Zunge be=
festigt ist und sich jetzt unten befindet, drückt dann gegen die
Rahme. Zange Fig. 60 ist aus Fig. 51 abgeändert und wie Fig. 56
zu gebrauchen, aber immer nur an drei Punkten berührend.

Der Schleier.

Betreffend den Schleier bemerke ich, daß er sich bedeutend an=
genehmer und kühler trägt, wenn man ihn nicht unter den Rock oder
die Weste steckt, sondern ihn auch am untern Rand mit einem losen
Gummiband versieht, das um den Hals kommt, so daß der Schleier
vorn und hinten darüber hinunter baucht. Ich nehme das untere
Elastique lang und binde es um den Hals, d. h. ich mache eine
Schleife, die bald wieder aufgelöst ist.

Der eckige Bienentrichter.

Er dient zum Abwischen oder Abstoßen der Bienen von den Waben.
Die Rahmenzahl 13 macht den Brutraum und damit auch den Bienen=
trichter sehr geräumig. Eine Dadant=Blatt=Wabe kann bequem auch
quer in dem Vorraum aufgestellt werden. Abgewischt wird sie in der
Regel in senkrechter Stellung, von der Hand gehalten. Die obere
Kante des Bienentrichters muß nicht notwendig mit Oberkante=Seiten=
wand des Brutraums eben sein. Man kann freilich, wenn es der
Fall ist, mit einem nassen Tuch nach oben abschließen. Der Trichter
wird dann innen 338 mm hoch und die Eisenhäklein müssen dann
etwas nach abwärts gekrümmt sein, um sich seitwärts einhaken zu
können. Zum Einlogieren eines Schwarmes kann man sich aber auch
ohne Bienentrichter behelfen. Ja, man verfährt besser, wenn man das
Fenster ganz zu hinterst stellt und mit Vorreibern festmacht, wie
früher beschrieben. (Das Allerbeste ist, den Schwarm durchs Flugloch
einzulogieren.) Beim Abwischen von Bienen in den Bienentrichter
wird das Fenster angeschoben und nur der Keil oder Schieber unten
geöffnet. Wenn man die Doppelschnur anwendet, so muß sie weit genug

nach oben sich befinden, um eventuell den etwas niedrigeren Bienentrichter anschieben zu können, ohne die Schnur wegzunehmen.

Dieser Bienentrichter leistet vorzügliche Dienste auch fürs Einlogieren eines Schwarmes in aufliegende Schubladen. Ich will gleich
die ganze Operation beschreiben; es ist eine der schönsten, die
der Dadant-Alberti-Kasten ermöglicht. Ich habe aus einem
Stock mit aufliegender Schublade und Königin-Absperrgitter zwischen
Brutraum und Schublade einen Vorschwarm erhalten. Ich möchte

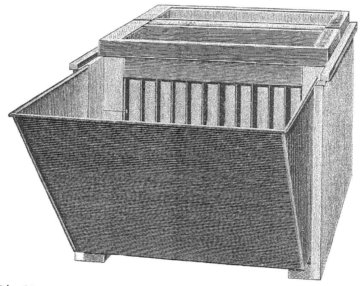

Fig. 64. Brutraum mit eingeklemmtem Bienentrichter und aufgelegtem
Futterapparat Siebenthal.

Das Fenster ist ebenfalls angeschoben; das Deckbrett ist weggelassen.

ihn dem gleichen Stock wieder zurückgeben und zwar so, daß er am
folgenden Tag nicht noch einmal als Schwarm auszieht, aber ohne
daß ich ihm die Königin kassiere. Er wird nämlich nicht in den Brutraum zurückgegeben, sondern über das Absperrgitter in eine Schublade,
die 13 Honigwaben in enger Distanz enthält. Diese neue, für den
Schwarm bestimmte Schublade kommt unter die schon aufliegende,
vielleicht teilweise mit Honig gefüllte Schublade, deren 11 Honigwaben
weite Distanz haben. Das Deckbrett liegt also auf der oberen

Schublade. Um den Schwarm in diese zwei aufliegenden Schubladen zu bringen, brauche ich sie nicht wegzunehmen. Ich unterlege sie bloß und zwar die untere, also zwischen Unterkant der untern Schublade und Absperrgitterrahme, in der Mitte, mit einem Rähmchenholzstück, das in Kaltbaurichtung einige Centimeter über die Absperrgitterrahme nach hinten hinausragt. Quer über den Vorraum des Brutraums in die Schiebegeleise desselben lege ich das Brettchen, dessen ich mich sonst bediene, wenn ich bei zurückgezogenem und festgemachtem Fenster einen Schwarm in den Vorraum des Brutraums hinunterwerfe. Ich kann nun den Bienentrichter, der also sonst in den Vorraum des Brutraums eingeklemmt wird, wagrecht auf dieses Brettchen legen und an die auf dem Brutraum liegende Absperrgitterrahme anschieben unter das Rähmchenholzstück, das in der Mitte der untern Schublade unterlegt ist. Ich habe dabei den Bienentrichter nicht nur in vertikalem, sondern auch in horizontalem Sinne gedreht: der obere hintere Rand des Bienentrichters (bei gewöhnlicher Stellung desselben, d. h. wenn er im Vorraum des Brutraums eingeklemmt ist) kommt nach vorn und stößt unmittelbar an die Absperrgitterrahme an. Auch in dieser neuen Lage ist der Bienentrichter unbeweglich. Der Schwarm wird einfach darauf geschlagen und zieht fröhlich ein. Ist er drin, so wird das unterlegte Rähmchenholzstück entfernt; die beiden Schubladen werden heruntergelassen und liegen direkt auf der Absperrgitterrahme, sind also geschlossen. Für die untere Schublade ist vorher der Flugloch= kanal (siehe später) eingehängt und die korrespondierenden Flugloch= öffnungen an der Schublade und in der Pavillonwand sind geöffnet worden. Nach einigen Tagen, bevor im Brutraum eine junge Königin ausgeschlüpft ist und tütet, wird auf das Absperrgitter ein Stück Drahtgeflecht (nicht Drahttuch) gelegt: hinten und vorn an die Querleisten der Absperrgitterrahme reichend, aber bloß ungefähr so breit, daß es den Brutkörper mit je einem Schiedbrett auf beiden Seiten deckt. Dieses Drahtgeflechtstück kann man auch schon vor dem Zurück= geben des Schwarmes auf das Absperrgitter legen. Sobald es im Brutraum tütet, werden die überflüssigen Königinzellen verwendet oder kassiert und nach der Befruchtung der jungen unteren Königin, also nach Beginn der Eierlage im Brutraum, wird auch die obere alte

Königin kassiert. Vielleicht genügt dazu die bloße Entfernung des Absperrgitters. Würde das Absperrgitter entfernt vor Beginn der Eierlage von seiten der jungen untern Königin (aber nicht vor ihrem Ausschlüpfen), so würde die obere Königin, falls diese eine eierlegende ist, sicher ohne Zuthun des Imkers, d. h. von der jungen Königin oder ihrem Anhang getötet. Das Risiko wäre dann nur, daß die junge untere Königin auf ihrem Ausflug verunglücken könnte; auch wäre so die Eierlage länger unterbrochen.

Die Begründung dieser Operation gebe ich im zweiten Teil meines Buches im Anschluß an die Beschreibung der amerikanischen Königinzucht. Es leuchtet ein, daß ich auf diese Weise auch mit sehr fruchtbaren und schwarmlustigen Rassen, z. B. mit Krainern und ohne Vorschwarmverhinderung erfolgreiche Bienenzucht treiben kann. In den Honigwaben wird die Brut nicht sehr ausgedehnt werden und überhaupt nur kurze Zeit sich entwickeln. Die Hauptsache ist, daß die alte Königin über dem Absperrgitter mit der Eierlage sofort fortfährt und der Sammeltrieb des ganzen Stockes keinen Unterbruch erleidet. Eine Kraftzersplitterung findet nicht statt, wohl aber eine Umweiselung. Möglich wird diese Operation durch die vier Schiedbretter im Brutraum; sie gestatten, den Brutkörper nach oben abzuschließen, ohne daß dadurch der Brutraum nach oben abgeschlossen wird. Das Drahtgeflechtstück verhindert, daß die beiden Königinnen durch die Schlitze des Absperrgitters mit den Köpfen aneinander geraten, was den Tod der jungen Königin zur Folge hätte. Die Schubladen bleiben Honigraum für den ganzen Stock.

Ich muß noch einiges nachtragen. Besser ist es, das Drahtgeflechtstück, statt es einfach auf das Absperrgitter zu legen, mit Reißnägeln hinten und vorn auf die Absperrgitterrahme zu befestigen. Man kann es so etwas anspannen, so daß zwischen Drahtgeflecht und Absperrgitter ein Zwischenraum vom 8 mm entsteht, was sehr gut ist. Bis die untere Königin ausgeschlüpft ist, hat die obere schon Brut und zwar genau über dem untern Brutkörper, d. h. über dem Wärmezentrum. Die obere Königin käme also nicht zwischen Drahtgeflecht und Absperrgitter. Man müßte dann freilich etwas vorsichtig sein, wenn man die Schubladen mit den Bienen auf das Drahtgeflecht herunterläßt, weil dieses die Unterkante der Honigrahmen berührt.

Will man nachher die Honigwaben in der untern Schublade unter=
suchen, kann man diese letztere hinten etwas unterlegen, damit die
Königin nicht gefährdet wird. Im übrigen hat man ja in dieser
Schublade nichts zu thun, bis im Brutraum Eier vorhanden sind.
Dann kann das Drahtgeflechtstück entfernt werden, auch wenn man
die obere eierlegende Königin nicht kassiert. Das Drahtgeflechtstück
unten an der Schublade selber zu befestigen, hätte wohl mehr Nachteile
als Vorteile. Wer diese Schwierigkeiten vermeiden will, dem bleibt
nichts übrig, als für diesen Zweck eine besondere Rahme zu erstellen
mit Drahtgeflecht in der Mitte und auf beiden Seiten schmale Ab=
sperrgitterstreifen, aber immerhin so breit, daß man das Drahtgeflecht=
stück nach links oder rechts der Stellung des Brutkörpers anpassen,
eventuell mit demselben auf einer Seite den Brutraum ganz abschließen
kann. Das Drahtgeflechtstück muß möglichst schmal sein, aber so breit,
daß die Königinnen nicht darüber hinaus gehen. Wer weiß, was der
Vogelsche Kanal ist, wird zugeben müssen, daß diese meine Einrichtung
zwischen Brutraum und Aufsatz trotz des Drahtgeflechtstückes einen
ungleich dessern Verkehr für die Arbeitsbienen erlaubt. Ich habe
aus Gründen, die ich im britten Teil meines Buches mitteile, nur
acht wirkliche Brutwaben im Brutraum, welche Zahl aber in der
Regel von Anfang Mai an auch noch reduziert wird. Das Draht=
geflechtstück muß also höchstens 8 Waben plus 2 Schiedbretter breit
werden oder 10×35 mm $= 35$ cm. Es bleiben also für die
Kommunikation zwischen Brutraum und Aufsatz im ungünstigsten Fall
immer noch 11,5 cm Absperrgitter=Breite.

Das Beste ist wohl, das Drahtgeflechtstück unter das Absperr=
gitter zu legen. Man nimmt das aufliegende Absperrgitter weg und
ersetzt es durch ein anderes, an dem man unten alle Wachsanbauungen
vorher entfernt hat, wenn es schnell gehen soll und man im Augenblick
nicht Zeit oder Lust hat, es an dem aufliegenden zu thun. Nötig ist
das, weil die einen Wachsverbauungen unten am Absperrgitter und die
andern oben auf den Brutrahmen fest bleiben, nachdem man das
Absperrgitter abgerissen hat. — Wird das Drahtgeflechtstück unten am
Absperrgitter befestigt, mit Reißnägeln unten oder oben, indem man
im letztern Fall das Drahtgeflechtstück etwas länger macht, und hinten

und vorn um die Querstücke der Rahme herumwickelt, dann ist man etwas weniger geniert beim Untersuch des Brutraumes.

Wenn ich einen Schwarm bekommen habe, von dem ich nicht weiß, wo er herausgekommen ist, kann ich ihn mit dem Bienentrichter in oben beschriebener Weise jedem beliebigen Volk aufsetzen (und nach= her vereinigen), zuerst über der ganzen Drahtgeflechtrahme, auf einer schon aufliegenden Schublade oder auf dem Brutraum, nachdem ich die Bienen der aufliegenden Schublade in den Brutraum praktiziert habe.

Unter einem aufgesetzten Nachschwarm muß man wohl die ganze Drahtgeflechtrahme liegen lassen, bis seine Königin Eier legt.

Ob ein Nachschwarm, der einem weiselrichtigen Volk zuerst, z. B. über eine Nacht und den folgenden Tag, über der ganzen Drahtgeflecht= rahme aufgesetzt wird, nachher ebenfalls in der oben beschriebenen und einstweilen nur für (dem Muttervolk zurückgegebene) Vorschwärme giltigen Weise behandelt werden kann, weil der Geruch beider Völker derselbe geworben, das müssen Versuche erst feststellen. An und für sich wäre ja die Sache ganz dieselbe, nur mit dem Unter= schied, daß jetzt die junge Königin sich oben befindet, während sie, wo der Vorschwarm dem Muttervolk über das Absperrgitter zurückgegeben wird, unten ist.

Der runde Bienentrichter.

Er dient hauptsächlich zum Abwischen oder Abschlagen von Bienen in das Arrestkistlein. Ich beschreibe ihn bei einer späteren Gelegenheit.

Der Wabenknecht

wird erstellt aus einer Kiste mit entsprechenden Dimensionen. Man nimmt die eine (vordere) Längsseite weg, setzt sie eventuell der andern (hintern) Längsseite auf und bringt zwei Blätterrechen an derselben an. Auf den Boden kommen, von links nach rechts gehend, zwei oder drei aufrecht stehende wagrechte Rähmchenholzleisten, die oben spitz zulaufen. Oder ich erstelle einen kleineren Wabenknecht bloß für einige Waben, indem ich zwei Brettstücke an der Schmalseite im rechten Winkel

zusammennagle und durch zwei angenagelte schräge Rähmchenholzstücke
in dieser Stellung festmache. Auf das wagrechte Brettstück von der
Länge der Brutrahme werden quer zwei Leistchen genagelt, an dem senk=
rechten Brettstück von der Höhe der Brutrahme werden zwei Blätter=
rechenstreifen angebracht. Statt dieses Blätterwabenknechtes kann ich beim
Operieren mit der neuen Zange auch ein Transportgeschirr brauchen.

Die Transportgeschirre.

Aus Kisten mache ich auch Transportgeschirre für die Brutwaben.
Sie dienen auch zum Einhängen einzelner Honigwaben. Ich trage
sie an zwei starken Schnüren, die ich durch einen Holzstab, d. h. durch
zwei Löcher je am Ende desselben stecke. Dieser Holzstab kann nach
Belieben auf die Seite geschoben werden, wenn das Transportgeschirr
auf dem Boden steht. Das Gestell, an welchem die Rahmen hängen,
wird konstruiert, indem man an den Längsseiten außen je links und
rechts, 435 mm (Wabenlänge) von einander entfernt und einander
vis-à-vis, zwei Rähmchenhölzchen von über 300 mm Höhe (falls die
Kiste nicht selber so hoch ist) nagelt und darüber je ein wagrechtes
Rähmchenholz. Auch die Schublade ist Transportgeschirr.

Der Pavillon.

Seit dem Erscheinen der ersten Auflage meiner Broschüre habe
ich meine sämtlichen alten Bienenkasten, die nicht Dadant=Alberti=
Kasten waren, kassiert und einen zweiten Pavillon erstellt, der dem in
der ersten Auflage beschriebenen in allen Teilen ganz genau gleich ist.
Derselbe hat sich also in jeder Beziehung vorzüglich bewährt, namentlich
auch infolge einiger Verbesserungen oder Ergänzungen, die im Laufe der
Praxis sich als notwendig erwiesen haben, aber auch ohne Schwierig=
keiten angebracht werden konnten.

Die Erstellung von Pavillons in Form eines Rechteckes ist die
billigste und für den Dadant=Alberti=Kasten die am meisten praktische.
Das Dach kann mit gewöhnlichen, nirgends abgeschroteten Ziegeln
bedeckt werden. Die Kasten befinden sich in meinem Pavillon auf

den Längsseiten, je zwei Etagen zu acht Kasten, pro Pavillon also 32 Kasten. Es muß darauf Rücksicht genommen werden, daß die Schubladen mit ihren Handgriffen bequem gezogen werden können und sich nicht in die Quere kommen, und das ist eben bei der Rechteck= form des Pavillons am ehesten vermieden, es sei denn, daß man das Bienenhaus noch geräumiger erstellt. Aber je größer es inwendig ist im Verhältnis zur Kastenzahl, desto kälter wird es. Um den Königinnen die Heimkehr auf der Flugfront zu erleichtern, d. h. das Sich=Verirren derselben in fremde Kasten zu verhüten, dazu gibt es einfache Mittel genug. Ueber dem Flugloch eines abgeschwärmten Volkes oder eines Stockes, von dem ich sonst weiß, daß er eine unbefruchtete Königin besitzt, befestige ich mit einem Reißnagel ein Stück Papier. Man kann auch die Flugbretter verschieden bemalen oder mit weiß und schwarz abwechseln. Einige Kasten weiter darf man wieder dieselben Farben verwenden. Auch sonst ist die nächste Umgebung jedes Flug= loches an meinem Pavillon ungleich. Ueber jedem Flugloch befindet sich, mit großen Schablonen bemalt, die Nummer des Stockes. Können die Bienen, kann die Königin lesen? Ohne allen Zweifel. Das heißt, sie werden kaum eine Zahl mit der andern verwechseln, so wenig ein photographischer Apparat die eine Zahl mit der andern verwechselt. Das eine Flugloch hat ferner einen dicken Pfosten auf der rechten, das andere auf der linken Seite; andere haben einen dünnen Pfosten auf der rechten, andere denselben dünnen Pfosten auf der linken Seite u. s. w. Albrecht Bethe redet betreffend den Orientierungssinn der Biene von einer „ganz unbekannten Kraft." Warum nicht gar! Die Biene orientiert sich bei der Heimkehr durch die Erinnerung an die Resultante ihres Gesichtsfeldes. Um dieses Gesichtsfeld zu zer= stören, genügt es nicht, die benachbarten Bäume mit Tüchern zu be= decken 2c. Sie müßten umgehauen und die nächsten Häuser und Hügel müßten demoliert, resp. abgetragen werden 2c. Und daß sich eine Königin in der Orientierung irren kann, namentlich wenn man ihr nicht zu Hülfe kommt in oben beschriebener Weise, ist nicht aus= geschlossen. — Meine Pavillons sind vollständig bienendicht. Wo eine Ritze vorhanden ist, wird mit Werg zugestopft; die Thüren werden eventuell mit aufgenageltem Emballage unterlegt. Ich kann mit Honig

Fig. 65. Mein alter Bienenstand (links).
(The British Bee Journal, London 1898; The Beekeepers Record, London 1901.)

Die untere Etage des **Ottogons** bestand aus Burki-Jeker-Kasten (Zweibeuten), in denen ich 19 Völker hatte. Diejenigen der oberen **Etage** sind Wartenweiler-Blätterkasten (Zweibeuten), in denen ich 6 Völker hatte. Neben dem neuen Bienenhaus sieht man eine Zweibeute. In dieser und in einer andern auf dem Bilde nicht sichtbaren machte ich über dem Blätterbrutraum mit Schweizernaben meine ersten Versuche mit Schubladen. Links von dieser Zweibeute steht ein Wartenweiler-Blätterkasten (Einbeute). Alle diese Kasten, sowie ein Schweizer-**Doppelkasten** sind verkauft; an ihrer Stelle steht mein zweites Dadant-Alberti-Bienenhaus, das auf dem Haupttitel-Cliché links zum Teil sichtbar ist.

Fig. 66. Der Pavillon von innen.

Die obere Etage ist weggelassen; vor den Fenstern sind Kartons schräg aufgestellt,
die ich jetzt weglasse.

gefüllte Waben im Pavillon stehen lassen. Unter dem Dach befindet sich auf oder unter die Dachsparren genagelt ein Krallengetäfer. Der durchgehende Gang zwischen den Kastenreihen muß mindestens 1 m breit sein. An jedem Ende dieses Ganges befindet sich eine Thür. Wenn diese Thüren sich nach außen öffnen, so ist es praktischer. Aus Schönheitsrücksichten habe ich sie sich nach innen öffnend. Sie genieren mich nicht stark. Man muß nur das Schloß in der Höhe der oberen Etage anbringen, damit es nicht hinderlich ist beim Ziehen der Schub= laden an der Schmalseite auf der untern Etage. Zwischen den ein= zelnen Kasten braucht kein Abstand zu sein; man darf sie unmittelbar nebeneinander stellen, aber so, daß man den einzelnen Kasten heraus= nehmen resp. zurückziehen kann. Wenn die Stirnleiste der Brutraum= Seitenwände 25 mm dick ist, braucht jeder Kasten 515 (465 + [2 × 25]) mm oder einige Millimeter mehr Platz. Um die Innen= länge des Pavillons zu erhalten, multipliziert man diese Zahl mit der Zahl der aufzustellenden Kasten. Meine Bienenhäuser messen innen in der Breite 241 cm und in der Höhe bis zu den wagrechten Balken des Dachstuhls 242 cm. Unterkant=Lade der oberen Etage ist 137 cm vom Boden des Bienenhauses entfernt. Für Stützen, die die obere Etage zu tragen hätten, braucht man keinen Raum zu be= rechnen, denn diese obere Etage wird am Dachstuhl aufgehängt. Die Ladenbretter der zweiten Etage kommen auf Dachlattenstücke, die an den Schmalseiten des Bienenhauses befestigt sind, und auf ⊥ Eisen zu liegen, die vorn nach unten abgebogen und an die Pavillonwand angeschraubt sind je zwischen zwei Kasten, d. h. überall da, wo außen am Pavillon senkrechte Pfosten sich befinden. Im ganzen sind also drei ⊥ Eisen je auf einer Längsseite. Diese Gerüstbretter erst je nach dem dritten Kasten zu stützen, d. h. aufzuhängen, wäre sowieso zu schwach. Hinten wird das ⊥ Eisen mit Eisenbändern am Querbalken des Dach= stuhls aufgehängt. Diese Eisenbänder, in „Kaltbaustellung", genieren bei Behandlung der oberen Etage wenig. Bei der untern Etage ist der Raum über den Kasten durchgehends frei, weil keine Stützen vorhanden sind. Es ist gut, wenn die Gerüstladen, auf denen die Kasten stehen, mit einander vernutet sind. Die Kasten haben dann auch von unten wärmer, resp. der betreffende Hohlraum kann ausgefüllt werden wie der Raum

zwischen den Kasten und zwischen Kasten und Pavillonwand, was
„im Norden“ und in hochgelegenen Gegenden nicht außer acht gelassen
werden darf. — Einen Pavillon mit drei Etagen zu erstellen, möchte
ich bei Gebrauch des Dadant-Alberti-Kastens nicht raten. — Die zweite
Etage ist von der ersten so weit entfernt und die Querballen des
Dachstuhls von der oberen Etage, daß man bequem drei Schubladen
auf die Bruträume legen kann, ganz abgesehen von der Qualität der
Gegend betreffend Honigertrag, einfach aus praktischen Rücksichten. —
Der Raum zwischen Pavillonwand und Kasten ist in meinem Pavillon
nicht ausgefüllt; es genügt mir, ihn mit einem Brettchen nach oben
abzuschließen. — Die erste Etage liegt auf einem 30 cm hohen Gestell.
Der Hohlraum darunter ist ein willkommener Platz für allerlei Uten-
silien, wie Absperrgitter, Emballagerahmen, Futtergeschirre, Oelkartons
2c. 2c. Die erste Etage auf den Boden zu stellen wäre unpraktisch
auch darum, weil Operationen an so tief liegenden Kasten unbequem
sind. Die beim Operieren auf den Boden fallenden jungen Bienen
kriechen nicht unter die erste Etage, sondern suchen das Licht. Ins
Dunkel eilt nur die Biene, die ihr Volk gefunden hat. — Meine
Pavillons liegen auf sechs Sandstein= (oder Cement=) pfosten mit hohl
liegendem Holzboden. Das Balkengeripppe befindet sich außerhalb der
Pavillonwand, was freilich den Spinnen willkommen ist. Die wag=
rechten, 10 cm breiten, auf Halbholz geschnittenen Krallentäferriemen
sind also inwendig angenagelt, damit der Fluglochkanäle wegen innen
alles eben ist. Infolge dieser Einrichtung ist es nötig, die untersten
abgeschrägten Grundbalken, die wagrecht auf den Steinpfosten liegen,
von Zeit zu Zeit in sich und mit der Wand zu verkitten und zu be=
malen, namentlich auch in und an den Ecken, wo sie zusammengefügt
sind. Die Thüren müssen unten und außen sogen. Wetterschenkel
haben und die Thürschwellen nach außen abgeschrägt sein. Ueber den
Winter übernagle ich die Thüre auf der Wetterseite mit Emballage
und zwar über die Thürpfosten. Dadurch daß das Balkengeripppe
außen ist, gewinnt das Bienenhäuschen in ästhetischer Hinsicht.

Ich empfehle jedem Imker, seine Bienenhäuser transportabel
erstellen zu lassen. Sie sollen auseinander genommen und zerlegt
werden können. Der Dadant-Alberti-Bienenkasten selber auch soll nie

als Mehrbeute erstellt werden, was überhaupt schwierig wäre. Die
Mehrbeuten haben sich gründlich überlebt. Die „Amerikaner" imkern
bekanntlich vielfach mit Verstellen der einzelnen Kasten. Das können
auch wir zum Teil. Wir brauchen aber nicht immer die einzelnen
Kasten selber wegzunehmen. Die 8—9 Brutwaben sind bald heraus=
genommen und mit der Schublade anderswo plaziert. Was wir den
Amerikanern nicht nachmachen können im Bienenhaus, ist nicht von
großem Belang. Aber uns können sie ihrerseits manches nicht gleichthun.

Der Dadant=Alberti=Kasten kann und soll nicht unmittelbar einer
auf den andern gestellt werden. Das ist aber eben kein Nachteil,
sondern der große Vorteil. Die Korbimker haben nie von etwas anderem
gewußt, als daß man die Bienenwohnungen nicht aufeinander, sondern
übereinander stellt. Kasten, die als „Bausteine" verwendet werden,
faulen rasch an gewissen Stellen; auch muß das auch bei ihnen nötige
Bienenhaus von Anfang an für eine gewisse Anzahl von Kasten berechnet
werden, sonst gibt es eine beständige und sehr teure Anbauerei und
Flickerei. Aber auch abgesehen davon: aus dem Umstand, daß der
Dadant=Alberti=Kasten, wie es übrigens bei der Korbbienenzucht auch
der Fall gewesen, je auf ein besonderes Gerüst gestellt werden muß,
ergibt sich betreffend die Beleuchtung des Bienenhauses eine große
Annehmlichkeit. Nämlich unmittelbar unterhalb der oberen Etage können
Oeffnungen herausgeschnitten werden. Den drei senkrechten Pfosten entlang
in jedem der vier Felder der Pavillonwand werden mit der amerikanischen
Lochsäge je zwei Krallentäferstücke herausgesägt. Es wird von außen
gesägt, von oben nach unten, und zwar schräg (schräg nicht in vertikalem,
sondern horizontalem Sinne, damit die Brettchen von innen weg=
genommen werden können. Das Halbholz der Krallentäfer macht das
letztere möglich und verhindert zugleich das Hineinlaufen des Regen=
wassers, wenn die Brettchen von innen wieder eingesetzt werden. Aber
auch wenn sie entfernt sind, kommt nicht mancher Tropfen hinein
(wegen der Abfluggitter, die von außen über diese wagrecht länglichen
Oeffnungen genagelt sind). Inwendig werden diese Brettchen je paar=
weise miteinander verbunden und mit einem Handgriff versehen. Zwei
Rähmchenholzstücke werden über beide Brettchen gehend, aber schräg nach
oben gegen einander laufend, und oben 15 bis 20 cm von einander

entfernt, aufgenagelt, und oben auf diese zwei Rähmchenholzstücke ein
wagrechtes Stück als Handgriff. In dem über der herausgesägten
Oeffnung befindlichen Krallentäferriemen in der Längsmitte wird ein
Vorreiber eingeschraubt, der abwärts gedreht wird über das Handgriff=
stück der beiden zusammengenagelten Brettchen, um sie am nach innen
Herausfallen zu hindern, wenn sie eingesetzt sind, d. h. wenn der
Pavillon geschlossen bleibt und zugleich dunkel gehalten wird. Auf
gleiche Weise habe ich auch die Felber über der Thüre herausgesägt
und mit entsprechender Einrichtung versehen. Diese letztern und die
Oeffnungen zwischen beiden Etagen werden nun von außen mit nicht
zu feinem, aber noch bienendichtem Drahtgeflecht überzogen und so rings
um den Pavillon herum das außerordentlich praktische amerikanische
Abfluggitter erstellt, das ich nicht genug rühmen und empfehlen kann.
Es ist sehr einfach, billig und dauerhaft. Es rostet lange nicht, auch
wenn man es nicht bemalt. Etwas Schöneres gibt es für den Imker
in der That nicht als einen mit diesem amerikanischen Abfluggitter ver=
sehenen bienendichten Pavillon. Dieses amerikanische Abfluggitter ist
der Grund, warum das Imkern in einem solchen Bienenhaus etwas
ganz anderes, d. h. unvergleichlich Praktischeres und Schöneres ist als
die Bienenzucht auf freiem Feld mit einzelstehenden Kasten. Das
letztere ist, gelinde gesagt, oft eine Schinderei! Man lese nur ein
bezügliches Bienenlehrbuch, wie man da abhängig ist vom Wetter;
fast auf jedem Blatt kommt die Räuberei aufs Tapet, vor der der
Imker in sehr vielen Fällen einfach kapitulieren, d. h. die Operation
einstellen und verschieben muß. Und das Regenwetter und die glühende
Mittagssonne! In einwandigen Bienenkasten, den Strahlen der
glühenden Sonne ausgesetzt, sind die Bienen sehr böse und stechlustig,
weil es für sie in solchen heißen Kasten kaum zum Aushalten ist.
In meinem Pavillon bin ich geschützt vor allem! Auch in der heißesten
Jahreszeit habe ich durch die ringsum geöffneten und doch bienendichten
Abfluggitteröffnungen beständig Zug, der zugleich allen Rauch fort=
während wegführt. Wie gemächlich läßt sich hinter diesen amerikanischen
Abfluggittern Königinzucht treiben. Denn das Bienenhaus kann durch
diese Gitteröffnungen zugleich hell gemacht werden. Ich habe dieses
Gitter auch an demjenigen Zimmer meines Wohnhauses, in welchem

geschleudert wird. (Ueber das Wie siehe unten.) Es genügt, wenn
im Pavillon diese Abfluggitter über der untern Etage vorhanden sind;
über der oberen sie ebenfalls anzubringen, wäre natürlich sehr schön,
ist aber nicht nötig; ich habe sie dort nicht. Dieses Abfluggitter
(nicht mit dem Königin-Absperrgitter zu verwechseln) muß nie zu-
ober aufgemacht werden. Man hat sich um die abfliegenden Bienen
absolut nicht zu bekümmern. Zugleich werfen die Gitteröffnungen das
Licht je der gegenüberliegenden Etage von hinten in den Brutraum;
unten natürlich mehr, als auf der zweiten Etage, wenn dort keine
solchen Gitter sind.

Bei Erstellung meiner Gitter bin ich folgendermaßen verfahren:
Die Länge der Drahtgeflechtstücke bemißt sich genau nach der Entfernung von einem Pfosten zum andern. (Die Außenseite meines
Pavillons ist durch einen dicken senkrechten Pfosten in zwei Hälften
geteilt, und diese Hälften sind wieder halbiert durch dünnere senkrechte
Pfosten.) Die Höhe des Drahtgeflechtes (4 Maschen auf 10 mm)
beträgt die Höhe von brei Krallentäferriemen-Breiten und dann noch
etwa 10 cm zum Umbiegen oben, also im ganzen 40 cm. Dieses
Drahtgeflechtstück wird mit kleinen Tapeziernägeln (am besten mit
spitzigen, schwarzen, geschmiedeten) an das unmittelbar unterhalb der
Gitteröffnung befindliche Krallentäferstück genagelt (der ganzen Länge
nach). Ueber der Oeffnung werden vorher 10 cm lange, 11 mm
breite und 8 mm dicke Hölzchen aufgenagelt, je eins 10 cm vom
Pfosten entfernt, dann eins in die Mitte und noch zwei je in die
Mitte der Hälfte. Das Drahtgeflecht wird also hier auf diese Hölzchen
aufgenagelt, damit die Bienen herauskönnen. Der Teil des Drahtgeflechtes, der über diese 30 cm höher ist, also die nach oben gemessen
übrigen 10 cm werden nach außen und etwas schräg abwärts umgebogen. Ohne dieses „Vordach" krabbeln die Bienen leicht auch
außen am Drahtgeflecht empor und innen an demselben herunter,
finden also den Weg in den Bienenstand zurück. Das Vordächlein
setzt aber dem absolut ein Ende. Nun ist über diesem Vordach nach
oben bis Unter-Kant-Flugbrett der oberen Etage immer noch ein
Zwischenraum, der zur Erstellung eines zweiten Vordaches von Drahtgeflecht benützt wird, damit von den oberen Fluglöchern keine toten

Bienen in das oben offene Abfluggitter herunterfallen können. Dieses obere Vordach wird an die Pavillonwand direkt angenagelt. Im Winter und im Frühling bis die Hitze kommt, bleiben die Gitteröffnungen in der Regel geschlossen. Nachher wird nur eines dauernd offen gehalten.

Scheibenfenster sind an einem Bienenhaus grundsätzlich zu vermeiden. Geschlossen sind sie für die Bienen eine fortwährende Qual und Gesahr, weil sie an denselben sich abmüden und sterben; geöffnet machen sie den Pavillon der Bienendichtigkeit verlustig. Auch ist der Imker genötigt, sein Augenmerk stets auf diese Fenster gerichtet zu halten: sie je nach Bedürfnis zu öffnen und zu schließen. Die amerikanischen Abfluggitter können auch über der zweiten Etage angebracht werden, was ich aber nicht für nötig halte. Man kann indessen auch in der Konstruktion des Daches darauf Rücksicht nehmen, daß das Licht auch durch diese oberen Abfluggitter voll herein kommt. Für den zu behandelnden Kasten ist stets dasjenige Licht am vorteilhaftesten, das von hinten in denselben hineinfällt, also von der Seite, welcher der Operierende den Rücken kehrt. Beim Vorhandensein von Fenstern kann man mein Verfahren mit dem Schwärmeaufsetzen nicht praktizieren und den Pavillon nicht so leicht dunkel machen. Wer den Pavillon dunkel halten kann, braucht keine Thüren am Einzelkasten. Ich habe sogar die Kartons weggeworfen. Es gibt keinen schönern Anblick, als wenn man ins Bienenhaus tritt, die Bienen sämtlicher Kasten mit einem Blick zu überschauen. Ich weiß eventuell sofort, weches Volk geschwärmt hat. Thüren am Einzelkasten würden dem Imker bald lästig werden. Eine Matratze würde ich, wenn ich nicht im Thale „am Berge", sondern „auf dem Berge" wohnte, weit vorziehen.

An dieser Stelle mache ich noch einmal auf einen schon wiederholt berührten Vorteil des Pavillonsystems im allgemeinen aufmerksam. Jedermann weiß, was der Taupunkt ist. Warme Luft kann mehr Wasserdampf in sich aufnehmen als kalte. Wo kalte und warme Luft mehr oder weniger direkt aufeinander stößt, da entsteht Regen: oben in der Luft oder an den Spitzen des Grases, oder an der Fensterscheibe des Wohnzimmers. Es ist bekannt, wie im Winter, wenn geheizt wird, die Fensterscheiben schwitzen, wenn nur ein Fenster da ist. Es ist das nicht der Fall, wenn Doppelfenster (Vorfenster) vorhanden sind.

Nun ist ein Bienenhaus in dieser Hinsicht mit solchen Doppelfenstern zu vergleichen. Bei einem einzeln im Freien stehenden Kasten kommt es eher, schneller und häufiger zum Taupunkt, als in einem geschlossenen Bienenhaus, d. h. sie tropfen inwendig mehr als Kasten, die in einem Pavillon stehen. Hier schimmeln darum auch die Waben viel weniger. Alles was ich in der ersten Auflage dieser Broschüre schrieb über die komplizierten Vorrichtungen im Deckbrett zur Herbeiführung der Ventilation und Verdunstung ist unnötig. Die fast stillstehende große Luftmasse des Bienenhauses, die den einwandigen und oben nicht ganz luftdichten Bienenkasten umgibt, ist, weil selber in einem zwar bienendichten, aber nicht luftdichten Bienenhaus festgehalten, die allerbeste „Strohmatte", besser als alles, was mit dem allein im Freien stehenden, ob auch doppelwandigen Kasten gemacht wird. Bei diesem ist das Beste, das Flugloch den ganzen Winter über der Mäuse wegen zwar nur 7 mm hoch, der Länge nach aber möglichst weit geöffnet zu halten. Aber auch das ist in meinem Kasten weniger nötig. Ganz wird das Tropfen natürlich auch im Pavillon nicht vermieden, namentlich im Frühling, wo bereits stark gebrütet wird und oft Wintertemperatur einkehrt, die den Pavillon auch innen stark abkühlt. In dem Maße als Zug im Pavillon nicht möglich ist, vermindert oder verlangsamt sich die Abkühlung und das Tropfen, in dem Maße aber, als das Bienenhaus nicht ganz luftdicht ist, also etwas Zug zuläßt, verdunsten allfällige Niederschläge schneller bei wieder steigender Temperatur, und im Pavillon steigt die Temperatur überhaupt schneller. Wenn wir den Pavillon im Winter schließen, geschieht es namentlich, um Zug zu verhüten. Im Frühling, wenn gebrütet wird, erwärmt sich der geschlossene Pavillon etwas. Im Mai z. B., wo die Schubladen aufgesetzt sind, auf denen außerdem Wergteller sich befinden, beziehen die Bienen den Aufsatz über dem Absperrgitter lieber als in freistehenden Kasten. Ich habe auch um diese Zeit mit der Königinzucht in den Aufsätzen der zweiten Etage im Pavillon weniger zu riskieren. Der Verrwendung von alten bebrüteten Waben über dem Absperrgitter im Aufsatz haben wir schon Erwähnung gethan. Mit denselben helfen wir den Bienen sicher in den Aufsatz hinauf, auch wenn ein Absperrgitter auf dem Brutraum liegt.

Die Erwähnung der Aufsätze, beziehungsweise der Schubladen, führt uns noch auf einen sehr wichtigen Punkt in der Konstruktion des Pavillons. Die Schublade des Dadant=Alberti eignet sich vorzüglich zur Aufnahme von Schwärmen, die mit leichter Mühe andern Völkern aufgesetzt und vereinigt werden. Die Schublade besitzt an der Stirnwand zu diesem Zweck eine verschließbare Oeffnung als Flugloch. Diese Oeffnung muß mit einer entsprechenden in der Pavillonwand korrespondieren, die ebenfalls mit einem Zentrumbohrer von zirka 3 cm Durchmesser erstellt wird. Es liegt nun sehr im Interesse der Imker=schaft, die mit dem Dadant=Alberti=Kasten wirtschaftet, daß diese Schub=laden=Fluglöcher von allen Schreinern am gleichen Orte angebracht werden. Eine Schublade, die die genannte Oeffnung zu hoch oder zu tief hätte, wäre für den einen oder andern unbrauchbar, oder müßte neue Löcher erhalten. Dieses Zentrumbohrloch wird am besten in der Mitte der Stirnwand, also (im Mittelpunkt der Oeffnung) 84 mm über Unterkant=Schublade, angebracht. Wo, d. h. in welcher Höhe, wird das korrespondierende Bohrloch in der Pavillonwand angebracht? Das ist nicht ganz einfach, weil die Schublade bald direkt auf dem Brutraum, bald auf dem aufliegenden Deckbrett und Königin=Absperr=gitter liegt. Wenn das letztere der Fall ist, dann wird das Loch in der Pavillonwand in genau gleicher Höhe mit demjenigen in der Schubladen=Stirnwand gemacht. Aber aus dem gleichen Grund, d. h. weil die Schublade bald höher, bald tiefer liegt, muß auch der Flug=lochkanal, der zwischen beiden Löchern die Verbindung herstellt, breiter sein als diese Löcher selber. Man nimmt dazu am besten und ein=fachsten die 6 cm lange (Länge des Fluglochkanals auch unten) und 8 cm breite Blechhülse des Gerstung=Futterapparates. Am gestanzten Rand desselben wird ein Löchlein durchgeschlagen, an dem man die Hülse an einem Stift auf= oder anhängen kann. Oder man hängt die Hülse auch ohne dieses Löchlein an den Stift. Dieser Stift (mit verstauchtem Kopf) befindet sich über dem Loch der Pavillonwand ein=geschlagen und zwar etwa 6 mm über dem oberen Rand desselben. Man kann dann auch ein allfällig dickeres Deckbrett unter der Schub=lade gebrauchen. Auf diese Weise ist die Kommunikation immer her=gestellt, gleichviel ob Deckbrett und Königin=Absperrgitter unter der

Schublade sich befinden oder nicht. Durch diesen Fluglochkanal hat bei mir schon manche Königin ihren Ausflug unternommen. Man muß natürlich nie vergessen den Korkpfropfen zu entfernen innen auf der vordern Außenseite der Schublade und außen auf der Pavillonwand. Ebensowenig darf man vergessen, die Schubladenöffnung zu schließen, wenn der Aufsatz nur Honigraum ist. Ich habe über jedem Brutraum zwei solcher Fluglöcher in der Pavillonwand, nämlich über einander nicht nur für die erste, sondern auch noch für die zweite Schublade. Korkzapfen können in jeder Drognerie in jeder gewünschten Dimension gekauft werden. Der Pfropfen braucht nicht bis an die innere Seite der Schublade zu reichen, wenn er nur festsitzt. Es ist gut, den Lochrand der Schublade inwendig „abzufasen", damit die Bienen zwischen Seitenteil der Honigrahme und Wand gut in das Loch hinein können. Beiläufig: eine schwere Schublade trage ich nie von der zweiten Etage die Leiter herunter; ich stelle die Schublade vielmehr oben auf ein Brett, gehe die Leiter herunter und nehme die Schublade, indem ich auf dem Boden stehe, vom Brett herunter. Auf diese Weise läßt sich auf der zweiten Etage ganz gemütlich imkern.

Für die Schubladenfluglöcher erstelle ich außerhalb der Pavillon= wand ein improvisiertes abnehmbares Flugbrett. Es sind neben jedem Loch etwas über dem untern Rand zwei Schräubchen eingeschraubt, an die ich ein Brettchen oberkant eben mit dem untern Lochrand einfach anhänge. Das Brettchen hat auf einer Stirnseite zwei Eisen= oder Blechstücke aufgenagelt, die oben ein Löchlein haben, um damit an die Schräubchen der Pavillonwand gehängt zu werden.

Noch etwas. Um die Schubladen in schräger Stellung aufhängen zu können, ist über jedem Brutraum der untern Etage eine Ring= schraube unten in den hintern Gerüstladen der oberen Etage einge= schraubt. Ueber der zweiten Etage, über welcher sich der schräge Dachstuhl befindet, ziehe ich einen Draht von links nach rechts, der an den wagrechten Ballen festgenagelt wird. An der Innenseite der Thüre hängen die gekrümmten Drähte von verschiedener Länge; ich wähle darunter einen, je nachdem ich damit ein Deckbrett oder eine Schublade aufhängen will. Diese Drähte sind nur an den Enden ein wenig umgebogen (entgegengesetzt): ⌐‾‾‾‾‾⌐ Derjenige, an dem

das Absperrgitter an die Schublade gehängt wird, ist so: ⌐‾‾‾‾‾‾‾⌐
Wenn dem Brutraum ein Absperrgitter aufliegt, so kann, da dasselbe
mitaufgehoben werden muß, die Schublade nicht mit Keilen unterlegt
werden. Das Aufhängen der Schubladen an Drähten ist auch abgesehen
hievon eine ganz pyramidale Annehmlichkeit. Unter einer so aufgehängten Schublade mit der neuen Wabenzange im Brutraum zu operieren, ist ein Vergnügen, das nur der Dadant-
Albertikasten-Imker zu schätzen weiß und kosten darf. Man
sagt freilich, solche Einrichtungen kosten viel, namentlich so ein Pavillon
ist teuer; die Bienenzucht mit den einzelstehenden Kasten ist billiger.
Das ist nicht richtig. Die Einzelaufstellung der Kasten erfordert viel
Land, dessen Wert auch in Berechnung zu ziehen ist. Sodann ist der
Einzelkasten im Freien viel solider zu bauen und bedeutend teurer als
derjenige im Pavillon. Es schlägt so ziemlich das Bienenhaus heraus.
Die vom Bienenhaus beschützten Kasten halten länger aus. Die Arbeit
muß auch gerechnet werden, und die ist im Pavillon bedeutend kleiner.
Nur noch zwei Beispiele. Ich sehe durch das Fenster immer, wie
stark ein Volk ist, und zwar bei Kaltbau besser als bei Warmbau.
Am Tüten, das im Pavillon besser hörbar ist als bei Kasten, die
vereinzelt im Freien stehen, erkenne ich leicht einen abgeschwärmten
Stock. — Kasten mit der Breitwabe sind auch hinsichtlich der Höhe
des Pavillons praktischer als solche mit Hochwaben.

In jedem meiner Pavillons steht ein selbstverfertigter 30 cm
hoher und 70 cm langer Schemel, der in der Mitte einen Handgriff
(herausgesägt) hat. Auf diesem Schemel stehend, kann ich sehr viele
Arbeiten an der oberen Etage verrichten, innen und außen an den
Fluglöchern.

Die Treppe, deren ich mich sonst für die zweite Etage bediene,
ist zusammenlegbar. Die Tritte derselben sollen so breit sein, daß
man bequem auf denselben stehen kann und nicht riskiert, das Gleichgewicht zu verlieren, während man mit Bienen besetzte Waben in
der Hand hat.

Außen am Pavillon stehen immer einige lange Ruten, mit denen
ich die Spinngewebe entferne. Am besten tötet man die Spinnen,
wenn man nachts mit einem Licht zum Bienenhaus geht.

Sträuli, Bienenkasten.

Der einzelstehende Dadant-Alberti-Kasten.

Wer mit dem Dadant-Alberti-Kasten einen Versuch machen will,
braucht nicht gleich einen Pavillon zu bauen. Zwar hat es passende
alte Häuschen genug, die oft zwecklos herumstehen und billig zu erwerben
sind. Aber auch in irgend einem Schuppen, unter einem Vordach,
auf dem Dachraum bei einem Fenster, kann man Bienen halten. In
London gibt es Bienen mitten in der Stadt unter den Dächern der

Fig. 67. Einzelstehender Dadant-Alberti-Kasten (von vorn).
Rechts die Thüre.

Wohnhäuser. Man kann den Kasten auch auf Pfähle stellen und eine
Einschalung von Brettern erstellen. Je auf beiden Seiten und vorn
werden je zwei Dachlattenstücke senkrecht an den Kasten genagelt, vorn mit
Raum für den Fluglochkanal. Das Dach muß schräg nach vorn abfallen
und wird mit Zink bedeckt. Hinten wird eine leichte Thüre angebracht.

Wenn der Brutraum auf ein Brett (als Unterlage) gestellt wird, kann zwischen dem Boden des ersteren und dem letzteren, wie zwischen den Vorder= und Seitenwänden des Brutraums und der Einschalung

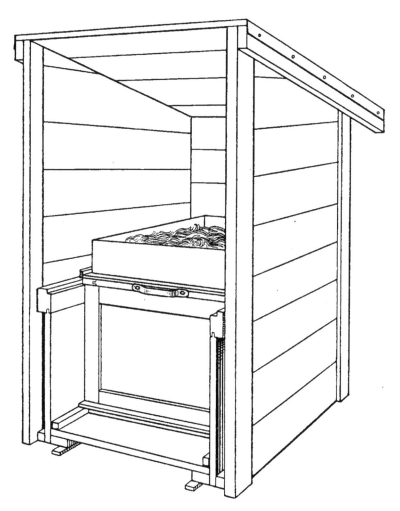

Fig. 68. Einzelstehender Dadant=Alberti=Kasten (von hinten).
Auf dem Deckbrett liegt der Wergteller. Unten am Fenster ist der neue Schieber sichtbar.

mit warmhaltigen Stossen ausgefüllt werden. Hinter das Fenster kommt eine Matratze. Die Bienen in einzelstehenden Kasten fliegen im Frühling später als die im Pavillon.

Das Wagvolk

habe ich auf eine Wage gestellt, die den Platz bloß eines Kastens braucht.
Sie ist sehr praktisch und mit Schiebegewicht bis auf 5 Kilo versehen.
Zu haben bei Herrn Chr. Bösch in Bruggen bei St. Gallen.

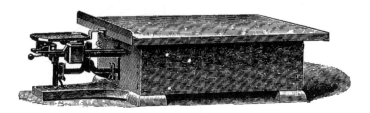

Fig. 69. Bienenwage von Bösch.

Die Schwefelkiste.

Diejenigen Schubladen, welche die unbebrüteten Honigwaben
enthalten, kann man ohne besondere Vorkehrung übereinander schichten,
oder an Kleiderschrauben unter die Dachsparren hängen. Das erstere
ist vielleicht der Mäuse wegen vorzuziehen. Man kann die letztern
aber auch beim Winteranfang sangen, oder etwas Naphthalin zu den
Waben legen. Das hält die Mäuse ab. Vorrätige Brutwaben außer=
halb des Stockes überwintere ich nie; ich zerschneide sie in Honigrahmen.
Brauche ich irgendwann Brutwaben, so entnehme ich sie Stöcken,
welche solche entbehren können, und lasse wieder Mittelwände aus=
bauen. Brutwaben habe ich also grundsätzlich nie vor den Wachsmotten
zu schützen, brauche also nicht einen besondern kostspieligen Kasten an=
zuschaffen. Mit den bebrüteten Honigwaben dagegen, die ein geradezu
unbezahlbares Material darstellen, ist es etwas anderes. Diese müssen
im Herbst 2—3 Mal eingeschwefelt werden. Dazu braucht man nun
keine Kasten, sondern bildet den Schwefelschrank aus den Schubladen
selber, indem man sie einfach aufeinanderstellt, je ihrer 10—12. Wo sie
nicht gut aufeinander sitzen und Spalten offen lassen, da kann man mit
Werg zustopfen. Auf die oberste Schublade breitet man einige Zeitungen
zwischen die Geleiseleisten, legt auf diese ein Deckbrett oder ein deckbrett=
großes Brett und darauf einen Ziegelstein. Eine solche Schubladensäule

steht aber nicht auf dem Boden, sondern auf einer Kiste, in der die
Schwefelschnitten in einem eisernen Pfännchen verbrannt werden. Ich
lege zwei Drähte über das Pfännchen und die in der Mitte zerbrochenen
Schnitten darauf (etwa drei halbe Schnitten für 10 Schubladen für
einmal schwefeln). Man macht die Kiste so groß, daß zwei Schubladen=
säulen auf dieselbe geschichtet werden können. Die Kiste wird innen
450 mm breit, zirka 450 mm hoch und $2 \times 465 = 930$ mm plus
Dicke eines Dachlattenstückes lang. Dieses Stück wird zwischen die
beiden Schichten in der Mitte quer über die Kiste gelegt. Es wird
auf beiden Längsseiten nach oben zulaufend etwas abgeschrägt und mit
angenagelten „Tuchenden" versehen. Diese Tuchenden werden auch
oben auf die Schmal=Stirnseiten der Kistenwände genagelt, damit der
Schwefeldampf, wenn die Schubladen aufgelegt sind, nicht entweichen
kann. Auf der einen Längsseite der Kiste in der Mitte schneide ich
mit einer Lochsäge mit schrägem Schnitt ein rundes Stück heraus, so
groß, daß ich mit dem Eisenpfännchen durch die herausgesägte Oeffnung
hindurch komme. Das runde ausgesägte Thürstück erhält ebenfalls
ringsherum auf die Stirnseite Tuchenden aufgenagelt. Ueber den untern
Rand der Oeffnung wird eine Leiste genagelt und über dem oberen
Rand ein Vorreiber eingeschraubt. Ich kann so diese Thüre fest ein=
pressen, indem ich unter dem Vorreiber noch einen Keil durchstecke
oder auf der runden Thür festnagle. Ueber dem Pfännchen in halber
oder Dreiviertels=Höhe muß sich ein Blech befinden, das von Längs=
seite zu Längsseite der Kiste reicht, aber nicht bis an die Schmalseiten;
hier sollen die Schwefeldämpfe aufwärts steigen können. Ohne das
Blech könnten, wenn der Schwefel brennt, die unmittelbar über dem
Feuer befindlichen Waben schmelzen. Man kann die Sache noch etwas
einfacher machen. Ich nehme eine gewöhnliche, vielleicht niedrigere Kiste
(Spälte werden ausgestopft) von der angeführten Breite der Schub=
ladentiefe, aber länger als Schubladenbreite. Der über die an einem
Ende der Kiste aufgelegte Schublade vorstehende Teil der Kiste kann
zum Feuern benutzt werden. Es wird oben mit einem Deckel abge=
schlossen, der an der einen Stirnseite ebenfalls wie die oberen Stirn=
seiten der Kistenwände mit Tuchenden übernagelt ist. — So über=
winterte Waben weisen im Frühling keine Spur von Wachsmotten

auf. Je luftdichter die Schubladen aufeinander liegen, desto schneller gehen die Larven kaput, nämlich nicht nur direkt am Schwefeldampf, sondern auch aus Mangel an Sauerstoff. Die Flamme sollte im eigenen Dampf ersticken. (?) Aber das Haus nicht anzünden! Es wird empfohlen, die Waben nicht auslecken zu lassen, sondern honigfeucht zu überwintern. Der Schwefel macht übrigens dem Honig nichts, auch der Pollen wird vom Schwefel nicht zerstört. Von Rauschenfels

behauptet, die nicht geschwefelten honigfeuchten Waben werben ihm von den Wachsmottenlarven mit Vorliebe gefressen. Um im Frühling die Bienen in den Aufsatz zu locken, ist das Ein= hängen von bebrüteten Waben unendlich viel erfolgsicherer als z. B. dasjenige von honig= feuchten, aber neuen unbebrüteten Waben.

Herr Bösch hat einen Apparat konstruiert, welcher gestattet, in einer leeren Schublade zu schwefeln. Dieser „Wabenschwefler“ kann in der obersten Schublade plaziert werden. Er braucht den Platz von zirka drei Honigwaben.

Die schweflige Säure ist schwerer als die Luft und sinkt, verdunstet aber auch nach oben.

Man kann auch einen größern Blumentopf=

Fig. 70.
Schwefler von Bösch.

Untersatz von gebranntem Ton nehmen und einige Centimeter darüber ein Stück Blech legen.

Da die Säule der aufeinander geschichteten Schubladen oft sehr hoch ist, hat es auch seine Vorteile, wenn man den Schwefel unten verbrennen kann. Oben müßten die Zeitungen immer neu hin= gelegt werden.

Die Abfluggitterrahme.

Das Bienen=Abfluggitter ist nicht zu verwechseln mit dem Königin= Absperrgitter. Dieses besteht aus perforiertem Zinkblech und kommt über den Brutraum; jenes besteht aus Drahtgeflecht und kommt außen an den Pavillon und außen an ein Fenster des Zimmers, in dem man schleudert.

Das Zimmer, in dem ich Honig schleudere, hat drei Fenster. Zwei dieser Fenster werden geschlossen und dunkel gemacht, d. h. ich schließe auch die Jalousieladen. Bei der dritten Fensteröffnung wird alles aufgemacht, Fenster und Laden. Außen in den Falz, in den die Laden kämen, wenn sie geschlossen wären, kommt eine Rahme aus Dachlattenstücken, senkrecht halbiert durch eine Dachlatte, da die Fenster= öffnung groß ist. Oben kommen zwei zirka 15 cm breite resp. hohe Bretter wagrecht zwischen die senkrechten Dachlattenstücke, anstehend an die obere wagrechte Dachlatte. Diese Bretter sind mit der Außen= fläche der Dachlatten nicht eben, sondern 8 mm zurückstehend. Auf diese Bretter werden 10 mm breite und 8 mm dicke Rähmchenholz= stücke in VVV Form aufgenagelt. Ueber das Ganze wird ein bienen= dichtes Drahtgeflecht genagelt, das oben so weit hinauf reicht (über die aufgenagelten Hölzchen), daß es nach außen umgebogen werden kann, unmittelbar, d. h. zirka 10 mm unterhalb der oberen wagrechten Dachlatte. — Die Honigwaben mögen noch so sehr mit Flugbienen belagert sein, einmal in dieses Zimmer mit dem Abfluggitter gebracht, sind sie in einigen Minuten leer. Junge, noch nicht fliegende Bienen müssen vorher dem Stock zurückgegeben worden sein, was ja geschehen ist durch die Bienenflucht oder durch das Abbürsten resp. Abstoßen. Einzelne junge Bienen werfe ich in den Doolittle=Trichter (siehe dort).

Der Klärapparat.

Ich bediene mich beim Entdeckeln alter Brutwaben mit Vorliebe der Entdecklungsgabel. Aber bei glatten Honigwaben, deren Zellen über die Cocons der Zellen hinaus verlängert sind, geht es mit dem Abdecklungsmesser schneller. Ich stelle den Sonnenwachsschmelzer auf eine Bank an eine Wand und schlage den Deckel auf und zurück, daß er an die Wand lehnt. Quer über den Sonnenwachsschmelzer be= festige ich dann ein langes Rähmchenholz, an dem ich die Abdeckleten abstreiche. In meinen Sonnenwachsschmelzer kommen nie alte Waben= reste; er wird immer sauber gehalten.

Den Honig kläre ich auf folgende Weise. Jeder Imker hat einen Kessel, den er zum Auflösen des Zuckers braucht. Diesen Kessel stelle

ich mit Wasser auf den Herd und lege auf den Boden desselben
zwei Eisenstangen, auf welche der Honigkessel gestellt wird. Ich
habe einmal diese zwei Eisenstangen weggelassen. Was geschah? Das
Wasser im Kessel stieg immer mehr, daß ich zuletzt glauben mußte,
das sei nicht bloß wegen des Siedens des Wassers, da müsse etwas
nicht in Ordnung sein. Und richtig: die Lötung des Bodens am
Honigkessel, der also im Wasserkessel stand, war geschmolzen und vom
Honig so viel in das Wasser hinausgelaufen, daß die Bienen es sehr
gerne nahmen, als ich es ihnen gab. Ohne die Unterlage durch die
Eisenstäbe kann also zwischen dem Honigkessel und dem Boden des
das Wasser enthaltenden Kessels infolge der dort stattfindenden starken
Dampfentwicklung ein wasserleerer Raum entstehen, über dem die Löte
des Honigkessels schmilzt. Es werden jetzt Kessel geliefert, die unten
im Eisenreif Oeffnungen haben. — Im Honig befindet sich ein schwim=
mendes Thermometer; wenn es 40° Celsius zeigt, wird der Honig
durch drei Siebe geleert in einen Kessel mit Ablaufhahnen, durch den er
nachher abgefüllt werden kann. Oder ich siebe den Honig direkt in einen
gewöhnlichen Transportkessel, in dem er in ein warmes Zimmer getragen
und stehen gelassen wird, bis man ihn abschaumen kann. Der Sommer=
honig läuft unerwärmt durch das feinste Haarsieb; allein er scheint dann
auch mehr zu schäumen beim Wiederaufwärmen zum eventuellen Abfüllen.

Damit ich den Honig direkt in irgend einen beliebigen Transport=
kessel sieben kann, habe ich am Drahtsiebaufsatz unten einen horizon=
talen Blechring anbringen lassen. Diese Einrichtung ermöglicht es,
den Aufsatz auch einem Kessel aufzusetzen, der breiter ist als der Aufsatz.
Der Aufsatz hat drei verschiedene Siebe, von denen das unterste am
feinsten und das oberste am gröbsten ist.

Ich besitze zwei Aufsätze mit je drei Sieben; wenn der eine
verstopft ist, stelle ich ihn und die zwei herausgenommenen beweglichen
Siebe auf den Kopf in den Garten, wo er von den Bienen gereinigt
wird, und brauche den sauberen und so weiter.

Auch derjenige, der nicht einen vollständigen Klärapparat besitzt,
sollte wenigstens ein Haarsieb haben, das jedem beliebigen Honigkessel auf=
gesetzt werden kann und hiezu unten ringsherum einen senkrecht abstehenden
(d. h. in Wirklichkeit horizontal liegenden) Blechring angelötet hat.

Der Honigkessel wird auf den Boden gestellt. Beim Gebrauch meines Klärapparates muß ich auf einen Tisch steigen, um den warmen Honig oben hineinschütten zu können. Denn der Klärkessel mit Hahnen und Aufsatz muß selber auf einem Sessel stehen, damit ihm ein Kessel untergestellt werden kann, der auf der Wage steht.

Es ist sehr ärgerlich, wenn beim Operieren mit flüssigem Honig der Henkel vom Kessel losreißt und der Honig auf den Boden der Küche geleert wird!

Jeder Deckel muß die gleiche Nummer wie der Kessel eingeritzt haben. Ferner wird in jeden Kessel sein Eigengewicht, das er ohne Deckel hat, außen eingeritzt.

Das Auflösen von kandiertem Honig in größerem Quantum, z. B. in einem 25 Kilo-Kessel, ist eine etwas umständliche Geschichte, für die man eingerichtet sein sollte. Wenn das Wasser im Wasserkessel siedet, erwärmt sich der flüssig gewordene Teil des Honigs bedeutend über 40° Celsius, während in der Mitte noch alles fest ist. Um dies zu verhindern, wird empfohlen, das Wasser nicht zum Sieden kommen zu lassen und einige Stunden bei geschlossenem Honigkessel zu fenern oder während des Feuerns den festen Teil des Honigs abzustechen und umzurühren oder einen Teil des festen Honigs abzustechen und in einem andern, leeren Kessel aufzulösen. Der Honig kann ohne Wasserbad vorerwärmt werden. Für viele Konsumenten genügt es, den Honig nur bis zum breiweichen Zustand aufzulösen. Andere wollen ihn flüssig. Dem ist natürlich schwer zu entsprechen, wenn der Honig längere Zeit im Verkaufsladen stehen bleibt. Man kann auch bei der Ernte schon abfüllen, nachdem der Honig durch ein Haarsieb gelaufen. Bei späterem Aufwärmen braucht bloß der Schaum beseitigt zu werden. Wenn man ihn sammelt und erwärmt, entsteht wieder Honig daraus. Zum Abfüllen von flüssigem Honig bedient man sich eines Kessels, der unten einen Hahnen besitzt. Der Schaum bleibt dann immer oben und kann abgeschöpft werden. Der Schaum ist übrigens nichts Unappetitliches, wenn der Honig durch ein Haarsieb gelaufen ist.

Die Amerikaner erwärmen den Honig bis auf 70° Celsius, damit er sehr lange nicht mehr kandiert.

Wachspresse und Wachskessel.

Ich besitze einen sehr praktischen Wachskessel: innen 26 cm hoch, oben 29 cm und unten 27 cm im Durchmesser. Er verjüngt sich also etwas nach unten. Er besitzt einen beweglichen Bogenhenkel. In diesem Kessel schmelze ich alte Waben mit Wasser über dem Herd. Wenn alles siedet, kommt es in den Preßsack der Wachspresse von Holz. Preis 35—40 Fr. Ich kann diese Presse hier nicht beschreiben.

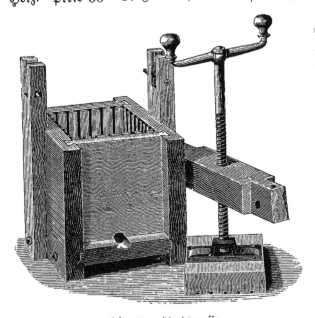

Fig. 71. Wachspresse.

Sie wird jetzt nicht mehr mit Ablaufrohr erstellt. Das flüssige Wachs geht durch den Boden, der aus Latten besteht.

Das Wachs, das aus dieser Presse gewonnen wird, sowie dasjenige aus dem Sonnenwachs= schmelzer reinige ich folgendermaßen. Ich nehme wieder den gleichen Wachskessel mit Wasser und schmelze das gewon= nene Wachs noch ein= mal über dem Herd, bis alles siedet. Die= ses siedend warme Wachs stelle ich in den großen Zucker= kessel, auf dessen Bo= den einige Centi=

meter hoch schöne Sägspäne vorhanden sind. Der hohle Raum zwischen beiden Kesseln wird ebenfalls mit Sägspänen gefüllt und ebenso der Raum zwischen den beiden Deckeln. Der Deckel des Wachs= kessels ist ganz flach. Die Sache wird so zwei Tage lang stehen ge= lassen. Dann ziehe ich den Wachskessel heraus, lehre ihn um, lasse das Wasser herauslaufen, gebe dem Kessel einen „Stupf" und der Wachsklotz fällt auf den Boden ins Gras oder auf einen Zuckersack. Alle Unreinigkeit befindet sich unten und kann weggeschnitten werden.

Das Wachs ist fertig zum Gebrauch. Beim zweiten Schmelzen soll nichts in den Kessel kommen, was nicht aus der Presse oder aus dem Sonnenwachsschmelzer gewonnen wurde; einzelne Wabencocons steigen oft sehr weit im Wachs hinauf und verderben den ganzen Kuchen. Wenn einmal Wachs über dem Feuer steht, soll immer jemand dabei sein.

Dieses Verfahren kann praktiziert werden nur im Sommer oder in einem warmen Zimmer, wenn die Sägspäne gehörig erwärmt sind. Ein kleinerer Wachsklotz ist am folgenden Morgen käseweich und kann zerschnitten werden. Ein größeres Quantum ist am folgenden Tag oft noch flüssig; da muß man länger warten. Das Wachs kann auch im Futterapparat von Siebenthal in Formen gegossen werden. — Um einen harten Wachsklotz zu zerkleinern, bediene ich mich nicht der Axt, sondern eines Stechbeutels und eines Hammers.

Fig. 72. Dampfwachspresse von J. Andermatt.

Die Dampfwachspresse von J. Andermatt in Baar, Kt. Zug, besteht aus Wasserschiff mit Wasserstandsanzeiger, Siebgefäß und Preßvorrichtung. Der Deckel, vierfach befestigt, schließt luftdicht. In das Wasserschiff kommen 5—10 Liter siedendes Wasser, in das Siebgefäß ein Preßsack aus Emballage, welcher mit Wabenbrocken gefüllt wird. Dann wird der Deckel mit der Preßschraube aufgesetzt. So bereit gemacht, kommt der Apparat auf das Herdfeuer. Durch geschickt angebrachte Dampfkanäle und Oeffnungen ist der Dampf gezwungen, die Wabenstücke zu durchströmen und durch das Wachsausflußrohr zu entfliehen. Hoher Dampfdruck, Explosionsgefahr und Ueberhitzen des Wachses sind unmöglich gemacht. Ein tief in die Feuerung reichender Kupfersack ermöglicht gehörige Ausnutzung der Feuerung. Der Preßsack leidet nie, da die Sieböffnungen klein sind; er richtet das Wachs aufs beste und reinigt beim Entleeren das Siebgefäß. Hat der Dampf zirka drei Minuten gewirkt, so kommt die Preßschraube in Anwendung und zwar in der Weise, daß durch wiederholtes Anziehen und Los= lassen der Schraube, öftere Lockerung und öfteres Durchdämpfen des Wabenmaterials, sowie durch öftere Pressung ein und derselben Füllung die Trester vollkommen wachsfrei werden. Hierin liegt der springende Vorteil des neuen Apparates gegenüber der Holzpresse. Zu allem dem ist diese Dampfwachspresse sehr solid gearbeitet und ihre Kon= struktion zeugt von fachmännischem Geschicke des Erstellers.

(J. Haudenschild, Schweiz. Bienenzeitung 1901.)

Wabenhonig.

Nach allem, was ich gelesen, müßte sich der Dadant=Alberti=Kasten für die Produktion von Wabenhonig in Sections vorzüglich eignen. Er steht ja im von den Bienen selbst erwärmten Pavillon. Die Auf= sätze können durch übergelegte Zuckersäcke sehr warm gehalten werden, mehr als bei einzelstehenden Stöcken. Meine Behandlung des Brut= raums würde auch dazu passen. Neuestens wird für die Gewinnung von Wabenhonig in Amerika eine breite Brutwabe von bloß 17 cm Höhe im Lichten verwendet. Der Wabenhonig wäre eine beachtens= werte Konkurrenz gegen den überseeischen Honig, sofern mit dem letzteren Schwindel getrieben wird. Freilich gibt seine Produktion sehr viel zu thun und Abnehmer sollte man für denselben auch haben. Für das Honig konsumierende Publikum ist er zumeist zu teuer.

Wanderbienenzucht.

Der Dadant=Alberti=Kasten eignet sich auch für diesen Zweig. Für den Transport ist es ein Vorteil, daß der Boden am Kasten fest ist. Die Kasten können im Freien auf eine Unterlage von Holz gelegt und mit Segeltuch überspannt werden, das an Pflöcken festgemacht wird.

Herr Karl Marti in Oberhofen bei Kreuzlingen hat im Herbst 1901 das Dadant-Alberti-Bienenhaus des erkrankten Herrn Karl Hungerbühler in Romanshorn gekauft. Beim Transport der 25 mit Bienen bevölkerten Dadant-Alberti-Kasten ist auch nicht eine einzige Brutwabe irgendwie von ihrem Platze gewichen.

Verschiedenes.

Man hat in neuester Zeit einen Apparat konstruiert, um die auf dem Brutraum liegenden Schubladen „aufzuwinden". Ich beschreibe ihn deswegen nicht, weil er nicht nur kompliziert und teuer, sondern auch vollständig überflüssig ist. Das Uebereinander-Hinaufziehen der Schubladen, wie ich es praktiziere, ist möglich, weil die Verlängerung der Schubladenseitenwände „vorn" nicht nur unten, sondern auch oben sich nützlich erweist: Unterkante der Honigrahmen der aufgestellten oder aufgehängten Schublade und Oberkante der unteren, neuen Schublade können sich nicht berühren.

Zur Schwefelkiste kann man auch eine Kiste gebrauchen, die schmäler oder breiter ist als die Schublade. Im erstern Fall nagelt man der Schublade unten ein Brettchen an, im zweiten Fall nagelt man mit Oberkant bündig ein Brettchen in die Schublade hinein. Unmittelbar unter den Schubladen kann man noch einige Brutwaben plazieren und einschwefeln.

Wenn am Pavillon Fenster angebracht werden, so müssen sie sich unten öffnen. Die Bienen, die heraus wollen, fliegen dann an das Fenster und fallen sofort nach unten ins Freie.

Es ist gut, das Drahtgeflechtstück, von dem auf Seite 96 die Rede war, aus zwei Teilen zu erstellen, was leicht möglich ist, wenn man es unten an das Absperrgitter festmacht (auf der Rahme). Man kann es so durch Uebereinanderschieben nach Bedürfnis schmäler oder breiter machen.

Betreffend die Königin-Absperrgitterrahme ist noch zu erwähnen, daß man dieselbe unten an eine leere unmöblierte Schublade nageln kann. Der Vorschwarm wird in diese Schublade geworfen und das Deckbrett auf derselben festgemacht. Wenn man den Vorschwarm so dem Mutterstock aufsetzt, werden die Bienen nach unten gehen und die Königin kann kassiert werden.   Das thut man, wenn man einen starken Nachschwarm wünscht.

Wer es für nötig hält, während der Ueberwinterung eine Art Ven= tilation durch das Deckbrett zu erstellen, kann dazu das auf Seite 42 abgebildete Drahtgeflechtstück verwenden, über das der Wergteller kommt. Die 8 × 3 cm große Oeffnung, in welche dieses Drahttuchstück versenkt wird, kommt an den hintern Rand des Deckbrettes in die Mitte.

Eine Flugsperre zum Einschließen der Bienen bei unsicherem Wetter im Vorfrühling kann man an meinem Kasten sehr leicht auch in folgender Weise anbringen.   Man stößt einfach zwischen Fluglochkanal und Stirnwand des Kastens ein Blech herunter, das größer ist als das·in der Kastenstirnwand herausgesägte Flugloch.   Um das zu können, wird der Fluglochkanal nicht direkt auf die Kastenwand genagelt, sondern etwas unterlegt und so, daß der Fluglochkanal einige Millimeter höher liegt als der Boden des Kastens.   An diesem Blech läßt sich ein Handgriff anbringen, damit es von oben regiert werden kann.   Außen wird auch noch das Flugloch geschlossen.   Das Licht dringt nirgends durch eine Ritze.   Die Luft gibt man von hinten beim Schieber.   Außer= halb der Schiedbretter haben die Bienen Platz genug zum Spazieren.

Oder noch einfacher!   Man bringt das Blech zwischen Pavillonwand und Fluglochkanal.   Man zieht den Kasten etwas zurück, hängt das Blech an den Fluglochkanal und stößt den Kasten wieder an die Pavillonwand.

Den „eckigen“ Bienentrichter kann man auch brauchen, wenn man einen Schwarm von außen durchs Flugloch eines möblierten Kastens einziehen läßt.   Man hält den Bienentrichter in wagrechter Lage mit beiden Händen so, daß der sonst obere hintere Rand sich gegen das Flugloch neigt.   Genau da, wo man ihn hält, an den (jetzt) nach oben gerichteten Seitenteilen, werden (auf beiden Seiten) mit einem starken Stift zwei Löchlein an dem (sonst senkrechten) Rand geschlagen.   Durch diese Löchlein zieht man eine Schnur, die, ohne durch den Hohlraum des Bienentrichters zu gehen, an den Schräubchen aufgehängt wird, an die ich sonst das Flugbrettchen für die obere Schublade hänge.   Das Flugloch wird ganz geöffnet.

Die amerikanische Königinzucht.

Bevor ich die Behandlung des Dadant-Alberti-Kastens im Zusammenhang darstelle, möchte ich meine Leser mit der amerikanischen
Königinzucht bekannt machen. Ich schreibe ja nicht vorzugsweise für
Anfänger. Uebrigens sollte jeder Anfänger imstande sein, Königinnen
zu züchten, bevor er mit der Bienenzucht recht beginnt; denn ohne die
Königinzucht ist es mit der Imkerei nicht viel. Die englische Bienenzeitung bringt wiederholt Berichte wie den: Ich treibe Königinzucht,
die benachbarten Bienenfreunde nicht; ich habe Honig, meine Nach-
barn nicht.

Aus der Naturgeschichte der Königin merkt man sich die Zahl 17.
Die Hälfte von 17 ist $8^1/_2$; die letztere Zahl läßt sich zerlegen in
$3 + 5^1/_2$. Das gelegte Ei bleibt 3 Tage lang Ei; die auskriechende
Larve bleibt zirka $5^1/_2$ Tage lang Larve; die Puppe bleibt zirka
$8^1/_2$ Tage lang Puppe. $3 + 5^1/_2 + 8^1/_2 = 17$.

Es gibt bei den Bienen Männchen und Weibchen; die Arbeiterinnen sind unentwickelte Königinnen, können aber unter abnormen
Verhältnissen auch Eier legen, die unbefruchtet sind und nur Drohnen
produzieren. Die Zellen, in welchen die Drohnen entstehen, sind größer
als diejenigen, in welchen sich die Arbeiterinnen entwickeln. Arbeiter-
und Drohnenbau bilden die Wabe. Die Königinzelle hängt einzeln
abwärts. Die Königin steht darin auf dem Kopf. Die Drohne lebt
ungefähr von April bis Mitte Sommer, die Königin lebt mehrere
Jahre, die Arbeiterin mehrere Wochen oder über Winter mehrere
Monate. In Drohnenwaben hat es keinen Pollen, d. h. Blütenstaub.

Der erste Schwarm, der einen Stock verläßt, heißt Vorschwarm und hat in der Regel die alte eierlegende Königin. Die Nachschwärme haben eine junge unbefruchtete Königin. Sie werden auch Singer= schwärme genannt, weil ihre Königin vorher „getütet“ hat. Ist die alte Königin eines Volkes irgendwie ums Leben gekommen oder sonst beseitigt worden, dann hat der erste Schwarm natürlich eine junge Königin, die getütet hat. Die Begattung der Königin findet in der Luft statt. Die zuerst ausschlüpfende Königin, die nicht schwärmt, beißt alle andern Königinzellen auf und tötet ihre Schwestern.

Ich gebe zunächst einen erschöpfenden Auszug aus dem Büchlein des amerikanischen Königinzüchters Henry Alley, Wenham Massachusetts 1898. „Erfolgreiche Methoden der Königinzucht 30 Jahre lang prakti= ziert.“ Bei George E. Frost, Printer, Beverly, Massachusetts. Er schreibt: Bei reichlicher Fütterung eines starken Volkes können die Bienen in genau denselben Zustand gebracht werden wie ein Volk, das schwärmen will. Königinnen werden nur erzogen in den warmen Monaten. Aber durch Füttern auch vor und nach der Tracht können gute Königinnen gezüchtet werden. Also viele Bienen, warmes Wetter, Ueberfluß an Honig und eine schneidige kräftige Königin sind die bezüglichen Er= fordernisse. Züchte von solchen Königinnen, die früh in der Saison einen Stock voll Bienen produzieren, d. h. zehn Standard= Waben mit Brut füllen, bevor andere Königinnen halb so viel haben. Wenn eine solche Königin schöne Bienen erzeugt, z. B. reine Italiener, so ist's auch recht, vorausgesetzt, daß sie Honig= sammler sind. Das Zuchtvolk muß stark durch den Winter gekommen sein. Die Eier sollten in Waben sein, in denen nur ein= oder zweimal gebrütet wurde. Das wäre gut: allein in der Praxis zeigt es sich, daß ältere Waben ebenso gut sind. Sehr alte Waben, die vom langen Gebrauch zäh sind, können die Bienen nicht brauchen. Die Arbeiter= zelle wird von der Biene, die eine Königinzelle daraus macht, bis nahe an die Basis abgebrochen (?) und von da aus erweitert. Mit einem scharfen Messer besorgt der Imker das selber. Es wird nicht recht= winklig, sondern im Winkel von 45 Grad geschnitten, so daß die Wabe aussieht, wie die Zähne einer Säge. Die eine Zellenwand wird $1/8$ Zoll (3 mm) hoch, die entgegengesetzte Seite $1/4$ Zoll (6 mm)

höher. So wird eine ganze Reihe von Zellen beschnitten. Wenn die
Zellen, besonders von alten Waben, rechtwinklig beschnitten werden,
erstellen die Bienen sehr wenig Zellenbecher. — Plaziere eine saubere
bebrütete Wabe in die Mitte eines guten Volkes und füttere, wenn
nötig. Am dritten Tage, bevor vier Tage herum sind, sind die Eier ·
in der rechten Lage, um in einen weisellosen Stock gebracht zu werden.
Eine gute Kolonie wird entweiselt 18 Stunden bevor die Eier
ausschlüpfen. Am nächsten Tag werden alle Brut und die leeren
Waben entfernt und solche mit Pollen und Honig eingestellt. Die
Eier kommen in die Mitte des Stockes und zwar in „Wabenstreifen“.
Eine Wabe mit Eiern wird so in Streifen geschnitten, daß der Schnitt
je durch die andere Zellenreihe geht. Dann werden je in der andern
Zelle die Eier mit einem Zündhölzchen, das man dreht, zerstört. In

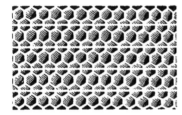

Fig. 73. Aus Henry Alley: Successfull Methods for Rearing Queen Bees.

einer Rahme hängt man zwei solcher Streifen ein und in einem großen
Volk drei solcher Rahmen, aber nur zum Anfangen der Weiselnäpfchen.
Ein starkes Voll soll nur in einer Rahme die Königinzellen voll=
enden. Man schneidet aus einer alten sonst nicht mehr brauchbaren
Brutwabe ungefähr die Hälfte mit nach unten konkavem Schnitt heraus
und klebt diese Eierstreifen unten an, so, daß die beschnittenen Zellen
abwärts schauen. Man schmilzt dazu Wachs in einem Petroleum=
apparat, aber läßt es nicht heiß werden. Man hält die halbe Brut=
wabe in der linken Hand, unterer Teil oben, die rechte Hand taucht
die Eierstreifen in das Wachs ꝛc. Nach 48 Stunden kommen die
angefangenen Königinzellen über ein Absperrgitter, d. h. in einen Aufsatz
über einen Brutraum, in dem eine eierlegende Königin sich befindet.
Es scheint vernünftig, anzunehmen, daß weisellose Bienen

oder eine Kolonie, die daran ist, eine alte Königin zu er=
setzen, mehr Interesse hat für die Umweiselung, resp. Neu=
beweiselung, als eine Kolonie mit junger befruchteter
Königin. (Dieser Satz kann nicht wohl gegen Doolittle gespitzt sein;
er trifft ihn, wie wir noch sehen werden, nicht. S.) Ich lasse immer
in Stöcken mit alten Königinnen züchten, gleichviel, welche Methode
angewendet wird. Ein Stock mit alter Königin muß wenigstens die
Königinzellen vollenden. Das ist der Schlüssel für erfolg=
reiche Königinzucht, für die Zucht von feinen, großen, gutentwickelten,
fruchtbaren und kräftigen Königinnen. Alt heißt mehr als zwei Jahre.
Es ist das nicht Theorie, sondern Erfahrung. Weisellose
Bienen sollen immer nur einen Satz Königinnen züchten.
Für bloßes Ansetzen von Königinzellen kann ein weiselloses Volk zweimal
gebraucht werden. Zwischen dem

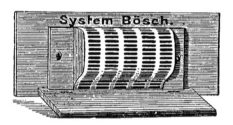

Fig. 74. Drohnenfalle.

vierten und fünften Tag, nachdem
die Eier gegeben wurden, werden
beinahe alle Königinzellen ver=
deckelt sein. In acht Tagen be=
ginnen die Königinnen auszu=
schlüpfen. In dieser Zeit sollen
sie verwendet werden. Nahezu
zwanzig Jahre lang ließ ich alle Königinnen in (nurseries) Futterkäfigen
(siehe später) ausschlüpfen. Da kann man die Königinnen kontrollieren.
Ich gebe ihnen einen kleinen Schwamm mit Honig und Wasser. Diese
Käfige sind so gut wie Zuchtvölklein. Die Zellen werden in einem warmen
Zimmer mit einem warmen Messer abgeschnitten. Ein allfälliges Loch in
den Königinzellen kann repariert werden, indem man ein Stück Mittel=
wand darüberklebt und mit einem warmen alten Tischmesser glättet.
Auch die Käfige müssen warm sein. Zuerst kommt der Käfig in ein
starkes Volk, dann nach drei Tagen in ein königinloses Volk. Königinlose
Völker füttern diese jungen Königinnen sehr lange. Zuchtvölklein mache
ich in kleinen Kisten, die für vier Waben Platz haben, aber nur drei ent=
halten. Man soll ihnen unter keinen Umständen Honig geben, der Räuberei
wegen. Nur Zucker! Ein starkes Volk wird einige Tage vor Bildung
der Zuchtvölklein entwickelt, verteilt und mit den jungen Königinnen

versehen. Jedes dieser Völflein verschließe ich mit einer Drahttuchthür,
die aus einem Kästlein besteht.   Am folgenden Tag wird alles auf einen
Wagen geladen und eine Meile weit fortgeführt. In einer Drohnen=
salle werden Drohnen mitgenommen und vor den Völflein losgelassen.
Ich züchte auch Königinnen mit dem Absperrgitter in einem großen
Volk mit alter Königin. Ein solches Volk baut mir in einem Sommer
100 Königinzellen.   Ich plaziere die Eier zwischen den beiden letzten
Brutwaben.   Die Eier werden auf beiden Seiten mit Absperrgitter
eingeschlossen.

Nach einer Entweiselung, die vor drei oder mehr Tagen erfolgt
ist, kann man einem Volk jede Königin zusetzen, auch wenn die
(unbefruchtete) Königin mehr als drei Tage alt ist. Aber dann geht
es nicht immer gut. Ich schließe nachts das Flugloch mit einem
Wegerichblatt, gebe oben (durch die Futterlücke S.) Rauch und lasse
die Königin hineinfallen.   So weit Alley!

Alleys Methode wurde weiter gebildet von L. v. Stachelhausen
in Converse (Texas), der in der Bienenzeitung des Herrn Pfarrer
Gerstung in Oßmannstedt (Thüringen): Die deutsche Bienenzucht in
Theorie und Praxis, Aprilnummer 1901, unter dem Titel „Weisel=
zucht" einen Artikel veröffentlicht (mit der Redaktionsnote: Wir empfehlen
unsern verehrlichen Lesern, die wohlerprobten Ratschläge des ameri=
kanischen Meisters in dieser Saison zu befolgen. Die Amerikaner sind
uns in der Technik der Königinnenzucht offenbar voraus). Der Artikel
lautet folgendermaßen:

Im Jahrgang 1900 der „Deutschen Bienenzucht" ist in mehreren
Artikeln die Königinnenzucht besprochen. Von Herrn Pfarrer Klein
wurde theoretisch die Forderung begründet, welche man an ein Volk
stellen soll, das zur Pflege der Weiselzellen bestimmt ist, und die An=
sicht ausgesprochen, daß die Larven von der frühesten Zeit an als
königliche Larven gepflegt und gefüttert werden sollen. Wir sind durch
praktische Erfahrung ganz zu denselben Resultaten gekommen.

Im Naturzustande des Biens kommen Königinnen aus soge=
nannten Nachschaffungszellen, von weisellosen Bienen angesetzt und
gepflegt, nur ganz ausnahmsweise vor. Die meisten Königinnen werden
erbrütet, während im Bien der Schwarmtrieb herrscht, oder, im Falle

die Königin zu anderer Zeit (hauptsächlich im Frühjahre) in der Eierlage nicht genügt, dadurch, daß, während die alte Königin im Stocke ist, eine junge gezogen wird; in diesem Falle ist es dann nicht selten, daß man zwei Königinnen im Volke vorfindet. Von amerikanischen Bienenzüchtern wurde schon vor vielen Jahren behauptet, daß solche sowohl als Schwarmköniginnen weit besser seien als die von weisellosen Bienen gezogenen. Man hat deshalb vorerst solche Stöcke, welche im Begriffe waren, umzuweiseln, zur Königinnenzucht benutzt; sie nehmen eine eben begonnene Weiselzelle an und pflegen sie weiter. — Vor allem ist es klar, daß in beiden Fällen ein Ueberschuß junger Brutbienen über die offene Brut vorhanden ist, und daß hierdurch der entsprechende Zustand des Volkes geschaffen wird. Vor zehn Jahren etwa hat man aber gelernt, in jedem starken Volke denselben Zustand herzustellen, indem man die Königin von einer Anzahl Bruttafeln absperrt, gleichviel ob dies im eigentlichen Brutraume oder in dem aufgesetzten Honigraume geschieht, und nun in der Mitte dieser Bruttafeln Weiselzellen pflegen läßt. Die Entdeckung dieser Wirkung des Absperrgitters ist vielleicht der wichtigste Fortschritt, der in letzter Zeit in der praktischen Bienenzucht gemacht wurde, und gerade diese hat in Deutschland so gut wie keine Beachtung gefunden. Die nach dieser Methode erhaltenen Königinnen sind um so viel besser, als die nach alter Methode gezüchteten, und andere Vorteile so groß, daß in Amerika keiner der vielen Königinnenzüchter die alte Methode mehr benutzt.

Pfarrer Gerstung rät Seite 89 das beste Standvolk zu entweiseln und von demselben Weiselzellen ansetzen zu lassen, welche dann, wenn reif, zur Vermehrung verwendet werden. Das beste Standvolk wird offenbar erstens wegen der Zuchtwahl und zweitens deshalb gewählt, weil es stark genug und in guter physiologischer Verfassung zur Pflege der Weiselzellen ist. Sicher ist dies ein Fortschritt gegenüber der Brut=ableger=Methode. Das Verfahren hat aber den Nachteil, daß man gerade das beste Volk für die Honiggewinnung mindestens schädigt, und daß man von diesem ausgewählten Zuchtstamm nur eine beschränkte Anzahl von Weiselzellen erhalten kann.

Ich will daher mitteilen, wie ich seit mehreren Jahren mit sehr gutem Erfolge verfahre.

Die Auswahl des Zuchtstammes ist selbstverständlich sehr wichtig, doch will ich sie hier gänzlich übergehen und nur das praktische Verfahren der Weiselzucht berücksichtigen. Im Prinzip ist es folgendes: Weisellose Bienen erhalten keine andere Brut als eine Anzahl ganz junger Larven von der gewählten Zuchtmutter abstammend. Sie setzen über jede der Larven eine Weiselzelle an oder entfernen die Larve sofort, so daß es nicht möglich ist, daß später noch über älter gewordenen Larven Weiselzellen angesetzt werden. Dies ist ein sehr wichtiger Punkt. — Dieses weisellose Volk behält jedoch die Weiselzellen nur 12, höchstens 18 Stunden und dann werden dieselben zwischen zwei Bruttafeln in den Honigraum eines möglichst starken Volkes, der vom Brutraume und der Königin durch ein Absperrgitter getrennt ist, gebracht, und hier weiter gepflegt und bedeckelt. Wenn reif, werden die Zellen nicht zu schwachen Ablegern eingefügt, in welchen die Königinnen auslaufen und befruchtet werden und dann beliebig verwendet werden können. Die Ausführung in der Praxis ist aber noch einfacher, als hiernach erscheinen möchte.

Herrichten der Zellenstöcke. Nachdem man eine oder mehrere Zuchtmütter ausgewählt hat, beginnt die eigentliche Weiselzucht damit, daß man auf die Brutraume mehrerer möglichst starker Völker ein Absperrgitter auflegt und die Honigräume darauf setzt. In diesen Honigraum bringt man aus anderen Völkern 4 bis 5 Bruttafeln und außerdem leere Waben. 8 bis 9 Tage später wird in diesen Honigräumen fast alle Brut bedeckelt sein und eine große Anzahl junger Bienen ist unterdessen ausgelaufen. Dies ist die geeignete Zeit, um Weiselzellen ansetzen zu lassen. Vorher müssen wir aber für passende Brut sorgen; zu diesem Zwecke hänge ich 4 bis 5 Tage, nachdem die Honigräume abgesperrt wurden, dem Zuchtmutterstocke eine eben ausgebaute Kunstwabe oder sonst junge Arbeiterwabe an passender Stelle ins Brutnest. Nach 4 bis 5 Tagen finden wir in der Mitte dieser Tafel ganz junge Larven, welche eben erst die Eier gesprengt haben, nach der Peripherie zu immer jüngere Eier. Es ist nicht schwierig, auf dieser Tafel das geeignete Material für die Weiselzellen zu finden. Vorher müssen wir aber den weisellosen Stock herstellen, der die Weiselzellen ansetzen soll.

Nachmittags gehe ich zu einem der mit Absperrgitter versehenen Völker, öffne den Honigraum, entferne eine leere Tafel und ordne die Bruttafeln so, daß ein Rahmen zwischen zwei Bruttafeln einge= hängt werden kann, diese Stelle also vorderhand leer bleibt. Dann wird der Honigraum abgehoben und auf ein Bodenbrett an beliebiger Stelle des Standes gesetzt. Wir haben hierdurch offenbar einen Ab= leger hergestellt mit ausschließlich jungen Bienen. Da aber alle Brut zu alt ist, um Weiselzellen ansetzen zu können, die meiste sogar bedeckelt ist, so ist das Volk hoffnungslos weisellos und wird am Abend alle Zeichen dieser Weisellosigkeit geben. Jetzt ist es Zeit, ihm die Brut zu geben, über welcher die Weiselzellen angesetzt werden sollen.

Herrichten der Brutstreifen. Aus der oben erwähnten Brut= tafel im Zuchtmutterstocke wird ein Stück mit entsprechend alten Larven und Eiern, etwa 9 cm im Quadrat, ausgeschnitten. Dieses Stück Brut bringen wir in das, wenn nötig, erwärmte Zimmer. Hier haben wir vorher einige Vorbereitungen getroffen. Eine kleine Petroleum= lampe ist entzündet; über derselben auf einem einfachen Gestell ist irgend ein Blechgefäß mit etwas Wachs angebracht, das so zum Schmelzen kommt. Ein Messer mit möglichst dünner Klinge liegt bereit und ebenso einige Stäbchen, welche genau in ein Rähmchen eingeklemmt werden können. An diese Stäbchen sind aber Wabenstücke befestigt, welche so geschnitten sind, daß sie in der Mitte breiter, nach den Seiten zu schmäler sind; d. h. wenn sie im Stocke hängen, reichen sie in der Mitte weiter nach abwärts, als an den Seiten. Der Zweck dieser Einrichtung wird erst später ersichtlich.

Wir zerschneiden nun diese Brutstücke in Streifen, welche nur eine Reihe von Zellen enthalten. Dies geht sehr leicht und rasch, wenn wir das Messer über der Lampe etwas erwärmen. Dann wird die Zellenreihe etwas verkürzt, weil dann die Bienen den Bau der Zellen rascher in Angriff nehmen. Nun haben wir noch in jeder zweiten Zelle die Larve zu zerstören, damit die Weiselzellen nicht aneinander gebaut werden können. Dies geschieht sehr rasch mit einem Zündhölzchen, welches in die Zelle eingeführt und zwischen Daumen und Zeigefinger in drehende Bewegung gesetzt wird. Es geht dies viel rascher und sicherer, als die Larven mit dem zugespitzten Ende zu entfernen oder zu zerstören, auch viel leichter, als die nicht gewünschten Zellen ein= zudrücken, wie Herr Pfarrer Klein angibt. Nun tauchen wir den einzelnen Brutstreifen mit den nicht verkürzten Zellen in das flüssige Wachs und kleben ihn rasch auf einen der Wachsbögen, die beiden Enden etwas fester andrückend als die Mitte. Herr Pfarrer Klein verkürzt diese anzuklebende Seite des Brutstreifens; dies ist nicht zu empfehlen, weil es zwecklos ist und die Gefahr vergrößert, daß wir beim Eintauchen in das Wachs die Larven beschädigen und die Weisel= zellen später nicht so leicht abzutrennen sind. Das ganze Verfahren ist viel umständlicher zu beschreiben, als auszuführen; bei einiger Uebung ist man in wenigen Minuten damit fertig und hat die Stäbchen in ein leeres Rähmchen eingepaßt.

Dieses Rähmchen wird nun an der leer gelassenen Stelle zwischen zwei Bruttafeln dem weisellosen Ableger eingehängt. Man geht dabei vorsichtig zu Werke, weil sich gerade hier eine große Anzahl Bienen angesammelt hat. Dies ist jedoch von Vorteil, weil sie sofort sich an die Pflege dieser jungen Larven machen.

Gewinnung der Weiselzellen. Am andern Morgen werden wir über sämtlichen Larven Weiselzellen errichtet finden; wo dies nicht der Fall ist, haben die Bienen die Larven herausgeworfen. Um nun diese Weiselzellen in den starken Stock zu bringen, haben wir nur nötig, unseren Kasten, den wir gestern nachmittag abgehoben, im Verlaufe des Vormittags wieder als Honigraum über dem Absperr= gitter auf seinen alten Platz zu bringen. Die Weiselzellen werden weiter gepflegt, und im eigentlichen Brutraum legt die alte Königin in normaler Weise Eier und das Volk leistet im Honigertrage ebenso viel, als es ohne die Weiselzellen geleistet hätte.

Nach 2 oder 3 Tagen können wir in denselben Honigraum ein anderes Rähmchen mit von weisellosen Bienen eben begonnenen Zellen zwischen zwei andere Bruttafeln hängen, einige Tage später abermals, so daß ein Rahmen mit Weiselzellen stets mit einer Bruttafel ab= wechselt. Von Zeit zu Zeit müssen wir die Bruttafeln erneuern und es ist jetzt nicht mehr nötig, daß alle Brut bedeckelt ist; es wird ein Ueberschuß von jungen Bienen stets vorhanden sein. Sind die ersten

Zellen 11 bis 12 Tage nach Herstellung der Brutwaben reif, so werden sie verwendet und dafür ein anderes Rähmchen mit eben begonnenen Weiselzellen eingefügt. So können wir demselben Stocke eine sehr große Anzahl von Weiselzellen entnehmen und so lange damit fortfahren, als wir überhaupt Königinnen ziehen wollen. Ein Schwarm ist von solchen Stöcken nicht zu erwarten; bei mir wenigstens hat noch kein solcher Stock geschwärmt.

Die jungen Weiselzellen, welche wir später einhängen, werden auf dieselbe Weise durch Abheben eines Honigraumes, der nur bedeckelte Brut enthält, gewonnen; aber wir entfernen den Rahmen mit den Weiselzellen, ohne die Bienen abzukehren, und hängen ihn dem ersten Stock, wie beschrieben, ein, bringen aber den Kasten auf seinen alten Platz.

Bevor ich diese Methode, weisellose Ableger auf wenige Stunden herzustellen, ersann, war die Sache etwas umständlicher. Es mußten Bienen von den Bruttafeln in eine lustige Kiste gekehrt werden, wobei man darauf zu achten hat, daß keine Königin mit abgekehrt wird. Diese Kiste wird in den dunkeln Keller gestellt; bei eintretender Weisel= unruhe wird ein Kasten mit Honig, Pollen und Wasser in Waben und den hergerichteten Brutstreifen aufgesetzt, in welchen die Bienen sofort ziehen. Nach 12 Stunden wird das Rähmchen mit den Weisel= zellen entfernt und in den beschriebenen Honigraum gehängt. Die Bienen kann man dem alten Stocke zusetzen; besser ist es jedoch, sie zu einem Befruchtungsableger zu benutzen, da nur wenige Bienen auf den alten Stock fliegen werden.

Unter Umständen wende ich dieses Verfahren auch jetzt noch an. Solche eingesperrte Bienen nehmen eine befruchtete oder unbefruchtete Königin ganz sicher an, und können an einer beliebigen Stelle des Standes aufgestellt werden. Bei Benutzung solcher weiselloser Völker ist noch zu beachten, daß dieselben die Larven aus den Zellen werfen werden, wenn man dieselben vor eingetretener Weiselunruhe gibt. Ent= weiselt man ein Volk und nimmt ihm später alle Bruttafeln, so laufen sehr viele Bienen bei entstehender Weiselunruhe auf die benachbarten Stöcke, deshalb das Einstellen in den Keller auf kurze Zeit.

Befruchtungsableger. 11 Tage nachdem die Brutstreifen hergerichtet wurden, sind die Weiselzellen nahe dem Auslaufen und

werden nun in Brutableger gebracht. Wir schneiden deshalb die
einzelnen Weiselzellen aus; sie stehen jedoch ziemlich eng aneinander
und wir müssen daher vorsichtig mit dem erwärmten Messer verfahren.
Um dieses Abtrennen zu erleichtern, haben wir die Brutstreifen im
Bogen angeklebt und außerdem die Enden fester angedrückt, als die
Mitte. Sollte wirklich beim Abtrennen eine Zelle seitlich etwas verletzt
werden, so kann man den Schaden ausbessern, indem man ein Stückchen
Kunstwabe auflegt und mit dem erwärmten Messer festlötet. — Das
Material zu diesen Ablegern, sowohl Bienen als Bruttafeln, liefern
wieder abgesperrte Honigräume. Wir haben hierbei den Vorteil, sicher
zu sein, daß wir keine Königin mit aus Versehen in den Ableger bringen,
ohne daß wir nach ihr zu sehen nötig haben. Die Brut ist größtenteils
bedeckelt und die Bienen sind vorzugsweise junge. Will man offene
Brut im Ableger haben, so kann man sie leicht später zusetzen. Die
Weiselzelle klebe ich einfach zwischen zwei Waben fest. Will man diese
Befruchtungsableger verstärken, so liefern ebenfalls diese Honigräume
die bedeckelten Bruttafeln, welche das geeignetste Material hierzu sind.
Seit vielen Jahren vermehre ich meinen Stand hauptsächlich dadurch,
daß ich diese Befruchtungsableger nach und nach verstärke.

So lange jedoch die Ableger Königinnen liefern sollen, welche ich
verwende, wenn sie befruchtet sind, um schlechtere entfernen zu können,
wünsche ich diese Ableger nicht allzu stark, um Zeit zu sparen beim
Suchen und Ausfangen der Königin. Wenn dieselben 3 bis 4 meiner
Halbrahmen belagern, sind sie vollkommen stark genug. Wird eine
befruchtete Königin verwendet, so wird sogleich eine reife Weiselzelle
dafür zugesetzt, entweder frei oder im Protektor, und anderen Tages
ist dieselbe oft schon ausgelaufen.

Andere Methoden. Doolittle fertigt künstliche Weiselnäpfchen,
welche er an Stäbchen festklebt, bringt in jedes derselben etwas Futter=
saft und darauf eine Arbeiterlarve. Diese Weiselzellen können direkt
in den Honigraum über das Absperrgitter gebracht werden und dies ist
der einzige Vorteil des Verfahrens; hingegen hat es den Nachteil, daß
etwas ältere Larven zum Umlarven benutzt werden müssen, daß das
Umlarven mehr Zeit erfordert als das Herrichten der Brutstreifen (?).
Um den nötigen Futtersaft zu gewinnen, muß immer ein Teil der

angesetzten Weiselzellen wieder geopfert werden. Es scheint wohl mehr
Modesache, daß dieses Verfahren dem eben beschriebenen meist vor=
gezogen wird; bessere Königinnen erhält man dabei nicht.

Als einen Beweis, welch günstiger Zustand für die Weiselzucht
in diesen Honigräumen herrscht, will ich anführen, daß man die Brut=
tafeln, welche die jungen Larven zum Umlarven liefern sollen, für
kurze Zeit in einen solchen Honigraum zu hängen pflegt. Dieselben
sind dann so reichlich mit Futtersaft versehen, daß die Larven auf dem=
selben schwimmen und das Ausheben derselben wesentlich erleichtert wird.

Außerdem wurden noch andere Methoden erfunden, deren Zweck
jedoch schwer einzusehen ist. Man benutzt z. B. Streifen von Drohnen=
wachs und setzt in jede zweite Zelle eine Arbeiterlarve. Hierbei sind
allerdings die Weiselzellen leichter abzutrennen als bei meinem Ver=
fahren; aber das Umlarven ist zeitraubend und die Streifen müssen
ebenfalls auf 12 Stunden weisellosen Bienen eingehängt werden.

W. Atchley fertigt die künstlichen Weiselzellen nach der Form der
Nachschaffungszellen und überträgt in dieselben junge Arbeiterlarven
mitsamt den inneren Cocons der Zellen. Auch diese Zellen müssen
von weisellosen Bienen angefangen werden. Pridgen hat diese Methode
verbessert und eine Maschine erfunden, welche die künstlichen Weisel=
zellen in großen Massen herstellt. In letzterer Zeit wird nun behauptet,
daß man sowohl bei Benutzung der Cocons als des Drohnenwachses
nicht nur das Zufügen von Futtersaft, sondern auch das Einhängen
in ein weiselloses Volk ersparen könne. Da nun aber letzteres sehr
wenig Umstände macht und das von mir beschriebene Alleysche Ver=
fahren den Vorteil bietet, sehr junge Larven benutzen zu können und
das Umlarven erspart, bin ich bei diesem Verfahren geblieben.

So verschieden nun diese Methoden sind, in der Benutzung der
abgesperrten Honigräume ist man einig und dies ist das Wesentliche
der modernen Weiselzucht.

So weit L. v. Stachelhausen. Zu diesem Artikel bemerke ich
folgendes:

1) Als Doolittle sein neues Verfahren entdeckte, war ihm die
Methode_Alley bekannt.

2) In Waben, die schon bebrütet waren, bekommt man schneller Eier als in ganz neuen, die nicht im gleichen Stock ausgebaut wurden.

3) Es ist nicht so leicht, Eierstreifen zu schneiden, auf denen die Eier gleich alt sind. Auf alle Fälle werden bei diesem Verfahren viele Waben zerstört.

4) Beim Doolittle'schen Verfahren muß man überhaupt keine Waben zerschneiden.

5) Bei meinem Kastensystem brauche ich, wenn ich nach der Methode von Stachelhausen verfahren will, bloß eine Drahtgeflecht= rahme unter den Aufsatz zu schieben, um ihn zu einem weisellosen Ab= leger zu machen. Will man bloß königlichen Futtersaft produzieren, um ihn für künstliche Doolittle=Zellen zu verwenden (im gleichen Stock!), so genügt es, offene Brut in dem durch das untergeschobene Drahtgeflecht getrennten Aufsatz zu haben. Ich verwendete früher dazu das Deckbrett und einen mit einem Fensterchen versehenen Aufsatz, nahm das Glas weg und ersetzte es durch ein Drahttuch; aber auch so wurde es in dem Aufsatz zu heiß und viele Bienen gingen zu Grunde, besonders wenn ich noch fütterte.

6) Die beiden Brutwaben, zwischen welche die Königinzellen ge= hängt werden, sollen auch offene Brut enthalten; diese halten die Nährbienen in der Nähe der Weiselzellen.

7) Das Verfahren des Herrn v. Stachelhausen kann erst spät angewendet werden, d. h. erst wenn auch die Aufsätze mit Bienen ge= füllt sind. Im Brutraum, der durch ein Absperrgitter geteilt ist, kann man mit künstlichen Doolittle=Zellen viel früher züchten. Im Sommer ist die Zucht im Aufsatz vorzuziehen; man muß nur einen Schwarm in einem Aufsatz einlogieren, dem man offene Brut entnehmen kann. In geschlossenem Pavillon sind die Aufsätze der oberen Etage sehr warm. Die Königinzucht im Brutraum hat freilich auch wieder ihre großen Vorteile, wie wir sehen werden.

8) Einem kleinen Ableger kann man eher eine Weiselzelle sofort nach Entnahme der Königin zusetzen als einem großen normalen Volk.

9) Es ist beim Doolittle'schen Verfahren nicht nötig, die Brut= tafeln, welche die jungen Larven zum Umlarven liefern sollen, für kurze Zeit in einen Honigraum zu hängen oder etwas ältere Larven zu

nehmen. Jüngere Larven sind besser umzularven als ältere. Das Umlarven erfordert weniger Zeit als die Herrichtung der Brutstreifen, alles in allem gerechnet.

Es ist etwas sehr Subtiles, die Wabe, während sie noch warm ist, in so schmale Streifen zu schneiden. Man muß flüssiges Wachs bereit halten, das nicht zu heiß und nicht zu wenig warm sein darf. Bloßes An= streichen von flüssigem Wachs mit einem Pinsel genügt nicht, sonst muß man immer Angst haben, daß sich der Eierstreifen loslöst und herunter= fällt. Ich kann die Larven jeder beliebigen Wabe entnehmen. Um den nötigen Futtersaft zu gewinnen, müssen allerdings immer eine bis zwei der ausgesetzten Weiselzellen geopfert werden; allein dafür kann ich Weiselzellen ansetzen soviel ich will. Es scheine wohl mehr Modesache, daß Doolittles Verfahren dem eben beschriebenen meist vor= gezogen werde?! Nein gewiß nicht! Es ist eben nicht nur überaus praktisch, sondern zugleich reizend und allerliebst! Wer der Sache Doolittles nicht recht traut, der kann ja zuerst das Deckbrett oder noch besser die Drahtgeflechtrahme unterschieben, bevor er die künstlichen mit königlichem Futtersaft und Larven versehenen Weiselzellen über das Absperrgitter hängt. Allein das ist, wenn man einmal könig= lichen Futterbrei hat, selten nötig. Füttern muß man bei trachtloser Zeit bei jedem Zuchtverfahren.

In Texas ist es wärmer als in Oßmannstedt und Scherzingen. Damit will ich nur sagen, daß man mit der Königinzucht im Auf= satz die Sommertemperatur abwarten soll. Zur Stachelhausen'schen Methode müssen wir eben auch Brut in Honigwaben haben. Wir können freilich auch die Königin über das Absperrgitter setzen; aber oft werden oder sind die Honigwaben mit Honig gefüllt und die Königin findet zur Eierlage keinen Platz. Da muß man schleudern oder sonst leere (bebrütete) Waben einhängen und zwar in enger Distanz: man legt eine leere Schublade auf, deren Abstandstreifen die bezügliche enge Kerbung oben haben, hängt die Honigwaben aus der vorher weg= genommenen in die neue und fügt zwei leere Honigwaben hinzu. Die Königin wird, sobald man sie hat, unter einen Fangkäfig gethan und erst in die Schublade gesetzt (durch die Futterlücke), wenn der Stock wieder geschlossen ist.

Durch das Beisetzen der Königin in den Aufsatz leidet aber jeder Stock in der Brutentwicklung beträchtlich und schwärmt oft, weil unten leicht Weiselzellen angesetzt werden. Besser ist, man engt die Brut im Brutraum ein, nimmt das Absperrgitter weg, so daß die Königin von selbst zur Eierlage in die Honigwaben hinaufsteigt. Beim Wieder= einlegen des Absperrgitters muß sie natürlich wieder in den Brut= raum versetzt werden. So verfährt man natürlich nur, wenn man kein Volk (und keinen Schwarm) hat, das extra zu diesem Zweck in einer Schublade logiert. Ich habe auch schon Brutwaben mit offener Brut in Honigrahmen zerschnitten und in den Aufsatz gehängt. Beim Cowan=Kasten, der für Brutraum und Aufsatz dieselbe Wabengröße hat, macht sich die Sache in dieser Hinsicht leichter.

Im folgenden gebe ich einen Auszug aus dem herrlichen Buche: Scientific Queen-Rearing (wissenschaftliche Königinzucht) in praktischer Anwendung, eine Methode, bei welcher die besten Königinnen erzogen werden in vollkommener Uebereinstimmung mit den Wegen der Natur, von G. M. Doolittle in Borodino, Onondaga Co., N. Y., United Stats, in erster Auflage erschienen 1888, in zweiter völlig unveränderter Auflage 1899 bei George W. York and Company, publishers of the American Bee Journal, Chicago Ill., 118 Michigan street.

„Doolittles Buch ist so bezaubernd wie eine Liebesgeschichte und so praktisch und exakt wie ein Rechenexempel." In einem trockenen Auszuge kommt das natürlich nicht zur Geltung. In der Vorrede beantwortet Doolittle die Yankee=Frage: „Macht sich die Königinzucht bezahlt?" mit den Worten: „Soll denn alles beurteilt werden nach dem Dollar= und Centstandpunkt der Welt? Kann das Vergnügen, das einer erlebt beim Anblick einer prächtigen Königin und ihrer Bienen, welche von ihrem Besitzer zu einem hohen Stand der Vollkommenheit gebracht worden sind, gekauft werden? In nichts mehr als in der Königinzucht können wir Sein Werk sehen, das Werk Dessen, der uns bestimmt hat zu trachten nach der ‚himmlischen Stadt' und nicht mit der ‚Mistbenne' in der Hand herumzukriechen und die Rappen einzutreiben auf Unkosten dessen, was höher und edler ist. (Mancher thäte freilich besser, bei der Mistbenne zu bleiben, als die Zeit mit einer total verfehlten Bienenzucht totzuschlagen. S.) Es liegt in der

Arbeit für bessere Königinnen etwas Erhebendes, das uns über uns
selbst hinausführt schon im bloßen Sichversenken in die mancherlei
Wege des Fortschrittes, die diese Arbeit uns eingibt.

„Ich glaube nicht, daß das ganze Leben verbracht werden soll
im Schauen nach dem ‚allmächtigen Dollar.‘ Auch denke ich nicht,
daß unsere Voreltern jeden Morgen geräuschvoll ans Tagewerk gingen,
mit einem Ausdruck, den man auf dem Gesicht so manchen Bienen=
züchters sieht und der zu sagen scheint: Zeit ist Geld. Es scheint mir,
die Frage in Bezug auf das, was wir in unserem Leben erstreben,
sollte keineswegs die sein: ‚Wie viel Geld gibt es da?‘ sondern:
‚Werden wir uns eines kleinen Stückes Paradies erfreuen diesseits
des Jordans?‘“

Immerhin möchte ich konstatieren, daß ich die Königinzucht
rentabel gemacht habe in Dollars und Cents, indem ich in den letzten
fünf Jahren damit jährlich im Durchschnitt 500 Dollars verdiente.

1. Kap. Schon als siebenjähriger Knabe hatte ich mit Bienen zu
thun rc.

2. Kap. Wichtigkeit guter Königinnen, die nicht erst legen,
wenn die Ernte beginnt, oder gar nicht legen und bald sterben. Eine
ärmlich erbrütete Königin kann höchstens einen Stock zusammen=
halten, bis wir eine bessere haben. Ein Bienenstand mit schlechten
Königinnen ist schlimmer als gar keine Bienen. Eine gute Königin
muß täglich 3—4000 Eier legen vor der Tracht. Gute Königinnen
leisten nur in starken Völkern viel. Alle Völker des Bienenstandes
sollen und können stark sein.

3. Kap. Die Wege der Natur. Alles ist von Natur gut.
Wohl haben während des vergangenen Jahrhunderts die Menschen mit
großer Beharrlichkeit versucht, den Schwarmtrieb der Bienen wegzuzüchten
oder einen Stock zu erfinden, der das Schwärmen verhindern sollte; doch
steht diese bezügliche Eigenschaft der Bienen so sehr im Widerspruch
mit allen diesen unnatürlichen Plänen! Und gerade wenn jemand
bereit ist, zu rufen: „Heureka!“ (Ich hab's gefunden), heraus kommt
der Schwarm und alle unsere Pläne liegen der Länge nach im Staub.
Der Schwarmtrieb ist schon auf mannigfache Weise erklärt worden.
Meiner Meinung nach aber hat noch nie eines dieser bezüglichen Dinge

einen Schwarm verursacht, in und durch sich selbst. Denn alle Dinge
in der Natur sind gehorsam dem Befehl von Ihm, der das Universum
beherrscht. Und ich freue mich, daß es so ist; denn ich bin der festen
Ueberzeugung, daß so bessere Resultate erhalten werden können, als
wenn wir den Schwarmtrieb wegzüchten könnten. — Ein neuer
Schwarm geht zu Werk mit aller Energie, die die Bienen nie besitzen
zu irgend einer andern Zeit, es sei denn im Mutterstock, unmittelbar
nachdem die junge Königin zu legen begonnen. Dieser Schwarmtrieb
produziert denn auch Königinnen vom höchsten Typus der Vollendung,
unerreicht von irgendwelchen, ausgenommen diejenigen, die gezüchtet
sind unter einer andern Naturbedingung, von der im folgenden Kapitel
die Rede sein wird. Mancherlei sind die Behauptungen, daß nach
verschiedenen Methoden gezüchtete Königinnen gerade so gut seien
wie die unter dem Schwarmimpuls gezüchteten. Aber ich habe noch
zu hören, daß so gezüchtete Königinnen irgendwie besser sind als jene.
Bienen können schwärmen auch ohne vorhergehende Vorbereitung durch
Ansetzen von Weiselzellen infolge des „Schwarmfiebers", das nur
auf Bienenständen, nicht aber „in der Natur" vorkommt. Das
Entweiseln eines Volkes ist zu vergleichen dem Messer, mit dem ich
mich in den Finger geschnitten; die Natur heilt den Schnitt, aber der
Finger behält eine Narbe: oder mit dem Whisky, von dem ein Mann
getrunken. Das ist eine Störung, gegen die die Natur sich auflehnt.
Die Entweiselung ist etwas Unnatürliches; die Bienen verhalten sich,
wenn sie derselben bewußt geworden, entsprechend. Nachdem sie sich
mit ihrem Geschick versöhnt, bessern sie den Schaden aus; aber die
Wunde wird nicht wie vorher. Fehlerhafte Königinnen sind oft das
Resultat. Auf diese Weise sind nicht entstanden die Königinnen, die
die Probe von Jahrtausenden bestanden haben. — Die Stellung des
Eies in der Königinzelle bezeugt, daß die Königin selbst das Ei in
dieselbe legt. Königinzellen werden oft viele Tage vor ihrer Bestiftung
gebaut. Die Eier werden nicht ‚gefüttert'. Nach den ersten 36 Stunden
schwimmen die königlichen Larven im Futter. Bis zu diesem Zeit=
punkt ist die Behandlung der königlichen Larven von seiten der Bienen
die gleiche wie die der Arbeiterlarven. Alle Operationen werden vor
dem Schwärmen von den Bienen gemächlich vollbracht; denn sie haften

nicht nach einer Königin, da ihre Mutter noch bei ihnen ist. Da ist
kein Aufruhr, einen Verlust zu ersetzen, dabei zu alte Larven benutzend
oder sparsam fütternd (oder zu früh verdeckelnd. Davon später. S.)
Wenn schlechtes Wetter kommt, zögern sie nicht, die angefangenen Zellen
wieder niederzureißen und auf eine günstigere Zeit zu warten. Seit
10 Jahren habe ich Königinnen gezüchtet in Uebereinstimmung mit
diesen Naturgesetzen. (Nach dem American Bee Journal, 13. Juni
1901, werden die königlichen Larven und diejenigen der Drohnen und
Arbeiterinnen die drei ersten Tage nur mit dem gleichen reinen
Chylus ernährt. Nachher genügt den beiden letzteren der chimo
alimentare [Apicoltore]. Nach dem fünften Tage besteht die Nahrung
sowohl für die Arbeiter= als auch für die Drohnen=Larven aus Honig
und Pollen. S.)

4. Kap. Ein anderer Weg der Natur. Das ist die stille
Umweiselung bei normalem Zustand des Volkes. Die meisten Zucht=
pläne bewegen sich in der Richtung abnormer Ausnahmefälle. Ich
hatte ein Volk im frühen Frühling, das, soweit ich sehen konnte, eine
gute Königin hatte; doch auf den Waben waren zwei sehr niedliche
Königinzellen unterwegs mit Larven, welche in einem Ueberfluß von
königlichem Futter schwammen. Die Königinzellen, die in meinen
Königinzuchtstöcken gebildet wurden, als ich noch nach dem Gewalt=
prozeß verfuhr, waren nie in dieser Weise mit königlichem Futter ver=
sehen worden. Ich beschloß, diese Zellen im Auge zu behalten und
zu sehen, ob ich nicht etwas lernen könnte. Sie wurden so vollkommen
wie Schwarmzellen; wie diejenigen, denen ich die Königin getötet, nie
wurden. Die Königinnen erwiesen sich später in jeder Beziehung so
gut wie irgendwelche, die während der Tracht und bei natürlichem
Schwärmen erzogen wurden, und obschon ich, wenn ich den Bienen
gehörig flattierte, überhaupt Königinnen bekam bei den Gewaltmethoden,
die ich 15 Jahre lang befolgte, so hielt doch keine dieser gewaltsam
gezüchteten Königinnen den Vergleich aus mit den beiden: in Schön=
heit, Kraft und Lebenslänge. Die eine der Zellen hatte ich aus dem
Stock entfernt. Bald nachdem die junge Königin der andern Zelle,
die ich im Stocke gelassen hatte, legte, begann die alte Königin ab=
zunehmen und in ein oder zwei Wochen war sie gestorben. (Demnach

wird also bei der stillen Umweiselung die alte Königin nicht immer von der noch unbefruchteten jungen getötet. Es scheint, daß der Kampf zwischen beiden Königinnen um so früher eintritt, je leistungsfähiger die alte noch ist. S.) Hätte ich zu dieser Zeit diesen Stock einen Monat lang nicht geöffnet, ich hätte dem Aussehen der Brut nach nie erkannt, daß ein Königinwechsel eingetreten war. Abgesehen von der Dazwischenkunft des Menschen sind 999 von 1000 Königinnen auf eine von diesen beiden Arten (Schwarm oder stille Umweiselung) entstanden. — In einem andern Falle fand ich verdeckelte Königin=zellen, die ich in Zuchtkästchen verteilte. Nach einigen Tagen fand ich im Mutterstock wieder Königinzellen angesetzt, die ich wieder ent=nahm und so zwei Monate lang, während welcher ich so 60 feine Königinnen gewann. Das war der Anfang meiner jetzt be=triebenen Königinzuchtmethode. Später habe ich auf diesem Wege noch Hunderte von splendiden Königinnen gezüchtet. Wenn dabei ein Unterschied ist zwischen Schwarmzellen=Königinnen und diesen letzteren, so ist der Unterschied zu Gunsten der Königinnen, die gezüchtet werden zur Ersetzung der alten Mutter. Ich zögere nicht, zu erklären, daß auf diese Weise gezüchtete Königinnen vom höchsten Grade der Qualität sind, welche der menschlichen In=telligenz zu züchten möglich ist, verbunden mit dem natürlichen Instinkt der Bienen. Das nächste Ding, das zu thun war, bestand darin, einen Plan zu bekommen, auf den die Bienen eingehen würden und nach welchem Königinnen gezüchtet werden könnten, gerade wann und wo der Imker es wünschte.

5. Kap. Alte Methoden der Königinzucht. Einst machte ich Zuchtvölklein mit Königinnen von einem Nachschwarm, von denen ich nach stattgefundener Befruchtung und nachheriger Entweiselung um=sonst Königinzellen erwartete. Ich zeigte diese Völklein einem Königin=züchter. Er schnitt ein Loch in eine der Waben, wo die kleinsten Larven sich befanden, und sagte: ‚Jetzt werden sie einige Zellen an=setzen‘, was auch geschah. Er sagte auch: Die meisten Imker züchten Königinnen gerade in solch kleinen Völklein, aber er glaube, es wäre besser, sie in vollständigen Völkern zu züchten. So erzogene Königinnen würden besser gefüttert. Auch sei die Wärme einer großen Kolonie

erforderlich zu einer bessern Entwicklung der königlichen Bewohner der
Zellen; wir würden darum fruchtbarere und länger lebende Königinnen
erhalten.   Dann machte ich Zuchtvölflein von zwei großen Brut=
waben, und endlich habe ich einfach große Völker entwickelt und zwar
während der Tracht. Ich benutzte zum Züchten italienische Bienen,
da man damals behauptete, daß schwarze Ammen die jungen italienischen
Königinnen verschlechtern (!). Einmal bekam ich 157 Königinzellen
auf einer Wabe; gewöhnlich aber 3—20. Im nächsten Frühling
war die Hälfte dieser Königinnen tot. Zwei Drittel davon waren
solche selbstgezüchtete; dagegen von denen aus natürlichen Schwarm=
zellen war nicht eine gestorben. Die Bienen machten keine Anstrengungen,
die Gestorbenen zu ersetzen, trotzdem sie viel Brut hatten. Um diese
Zeit kam eine allgemeine Unzufriedenheit mit der künstlichen Königin=
zucht über mich. Man sagte, solche Königinnen seien nicht vom Ei
an als solche gezüchtet. Dann wurde folgendes empfohlen: Man solle
einem Volk eine leere Wabe geben, bis die ersten Larven ausschlüpfen,
dann die Bienen abschlagen und diese Wabe in einen leeren Stock
hängen, der zur Mittagszeit an die Stelle eines starken Volkes zu
stellen wäre. Das war gar nichts! Denn die jungen Bienen sind
Ammen. Im frühen Frühling können wohl auch alte Bienen Ammen=
dienste verrichten, weil sie stufenweise dazu gedrängt werden. Etwas
anderes ist es im Sommer mit alten Bienen, die von der Tracht heim=
kommen, ohne eine Ahnung davon zu haben, je wieder einmal zum
Ammendienst berufen zu sein. Mit einer guten Mutter im Stock
haben sie denselben verlassen, und nun sehen sie plötzlich sterbende Larven
im Stock, von denen sie eine Königin erziehen sollen! Da doch könig=
licher Futtersaft das am weitesten entfernte Ding ist, das ihr Magen
enthält, können nur mindere Stöcke entstehen durch längere Fortsetzung
dieser Praktik.

    6. Kap. Spätere Methoden der Königinzucht. Ich lehrte
zum Naturschwarm zurück durch Reizfütterung bei den besten Völkern.
Ich logierte sie um auf Waben mit Brut, daß sie wieder schwärmten.
Dann nahm ich ein Stück Wabe mit Larven meiner besten Königin,
und nachdem ich die Zellen mit einem scharfen Messer wegrasiert bis
zu ⅛ Zoll der Zellwand (ein englischer Zoll ist 25,4 mm. S.), so

daß ich die Larven deutlich sehen konnte, ging ich zu einem Stock mit
wertloser Königin, die schwärmen wollte, und nach Entfernung der
Larven von den Königinzellen, welche sie unterwegs hatten, nahm ich
mit einem Gänsekiel=Zahnstocher die Larven der mitgebrachten Wabe
und legte sie in das königliche Futter, dessen die Larven der schlechteren
Königin sich kurz zuvor erfreut hatten. Einige nehmen eine Wabe (Brut
und Bienen und alles) von ihrem besten Stock und heben die Larven
vom Grund der Zellen von ganzer Tiefe; aber es plagt mich,
wenn ich das thun sehe. (Ich schneide nie ein Stück Wabe heraus,
sondern bürste die Bienen von der Wabe und verkürze die Zellen da,
wo die kleinsten Larven sind. Die Kälte macht den Larven nichts
und die Sache geht so schnell, daß die andern Larven auch nicht ver=
hungern müssen. Siehe darüber weiter unten einen Artikel übersetzt
aus dem Apicoltore des Herrn v. Rauschenfels. S.) Die so behandelten
Königinzellen werden markiert. Man stößt in der Nähe derselben
1½ Zoll lange Stiften durch die Wabe, für den Fall, daß die Bienen
noch andere Zellen ansetzen. Bei diesem Verfahren fand ich oft teil=
weise ausgebaute Zellen ohne Inhalt oder vielleicht mit Eiern. Diese
nahm ich heraus und brachte die Larven (noch ohne königlichen Futter=
saft) an ihre Stelle. Ich hatte in der Regel damit Erfolg, so gut
wie mit denen, die ich in das königliche Futter setzte; aber dann und
wann geschah es, daß nur die in den königlichen Futtersaft gebrachten
angenommen wurden.

Wenn man aus Waben Stücke herausschneiden will, kann man
eine schlechte Wabe, die einen nicht reut, in den guten Stock stellen.
Oder wir können diese beste Königin in einem sehr kleinen Volk halten,
so daß die Bienen die Löcher, die durch das Ausschneiden von Brut
entstanden, ausfüllen durch Arbeiterbau. Gut füttern! — Ein anderes
Verfahren früh im Frühling und spät im Herbst, wenn im Stock
wenig Bienen sind oder wenn sie zu wenig aktiv sind, um auf das
neue Verfahren einzugehen, von dem im nächsten Kapitel die Rede
sein wird, besteht darin, Larven in ausgebauten Königinzellen
in ein entweiseltes Volk zu hängen.

Vorher hatte ich oft Larven ausgewechselt in Königinzellen eines
königinlosen entweiselten Stockes von minderem Wert, indem ich

diejenigen herausnahm, welche die Bienen fütterten, und an deren Stelle solche meiner besten Königin setzte. Dieses Verfahren wird jetzt befolgt von vielen unserer besten Königinzüchtern. Es werden so gute Königinnen erzogen; aber die Zahl der Königinnen ist sehr unbestimmt; auch sind sie zerstreut in verschiedene Teile des Stockes. Und sodann muß man die Waben verstümmeln beim Ausschneiden der Königinzellen und sonst viel Zeit aufwenden, indem man acht geben muß auf das Ausschlüpfen der ersten Königin, weil sonst viele derselben zerstört würden. Aber wie sollte ich die Königinnäpfchen sonst bekommen? Ich er= innerte mich, daß vor einiger Zeit in einigen Bienenzeitungen jemand den Vorschlag machte, Königinzellen auf einen Stab zu reihen, das Stück zu einem Penny. Ich machte also ein Hölzchen, passend in die Innenseite eines Zellennäpfchens, von dem eine Königin ausgeschlüpft war, und formte ein in meiner Hand erwärmtes Stück Wachs um dieses Stäbchen. Dann sammelte ich auch alle die Näpfchen, die ich in den Stöcken antraf. Ich befestigte sie an einer alten schlechten Wabe, indem ich sie in flüssiges Wachs tauchte. Ich schnitt ein handgroßes Stück aus in der Mitte der Wabe, kehrte die Wabe (untere Seite aufwärts) und goß die Zellen an. Dann habe ich einem Volk Brut und Königin weggenommen. Am folgenden Tage waren alle Zellen zerstört, mit Ausnahme einer einzigen, die ich einem Volk entnommen hatte. Mit allen meinen Anstrengungen zu jener Zeit, die Bienen zur An= nahme von aus Wachs gemachten Zellen zu bringen, hatte ich voll= ständigen Mißerfolg. Warum? Das Resultat meines Nachdenkens überzeugte mich, daß kein Volk an das Erziehen von Königinnen gehe unmittelbar nachdem die alte Königin demselben weg= genommen wurde. **Nach Verlauf von drei Tagen** von dem Zeit= punkt an, da die alte Königin weggenommen wurde, haben die Bienen gewöhnlich zahlreiche Zellen angefangen, aber selten vorher.

Ich nahm nun einem andern starken Volk die Königin und eine Wabe, an deren Stelle ich einen Schiedbrett=Futterapparat plazierte. Nachts fütterte ich ein wenig warmen Syrup acht Tage lang. Drei Tage nach Entfernung der Königin nahm ich dem Stock alle Brut, beließ aber die andern Waben mit Honig nahe beim Futterapparat zwischen den Zentralwaben, Platz lassend für die Königinzellen. Die

Bienen von den Brutwaben wurden zurückgegeben. Auf diesen Waben waren viele Königinzellen. Da ich wünschte, den königlichen Futtersaft zu häufen (im Magen der Bienen), nahm ich zu jener Zeit, vor dem Zusetzen der Larven in den Königinzellen, die Brut weg. Auf diese Weise wird eine Kolonie gerüstet, die bestmöglichen Königinnen zu erziehen, wenn keine Königin im Stocke ist, während die Zellen gebaut werden, und ist vorzuziehen jedem andern Weg, den ich je versuchte, bei dem die Königin wegzunehmen ist. (Aehnlich ist auch das Verfahren Cowans, das ich später beschreibe. S.) Am folgenden Tag waren alle Zellen angenommen, außer denjenigen, die ich von Wachs gemacht hatte. Die Königinnen erwiesen sich später als gut. So verfuhr ich viele Jahre lang. Wenn keine Tracht war, fütterte ich. — Ein in eine Königinzelle von der Königin gelegtes Ei wird anfangs von den Bienen nicht anders behandelt, als das zur Arbeits= biene bestimmte Ei in einer Arbeitszelle. Wenn ein Volk entweiselt wird, dann werden die Larven mit königlichem Futter herausgeschwemmt bis nahe an das Ende der Zelle, wo dann eine königliche Zelle gebaut wird, abwärts über die Wabe, eher, als daß die Bienen die Zellen= wände niederreißen. Das ist besonders der Fall bei alten Waben. (Wenn man solche Königinzellen oder deren Reste unmittelbar nachher entfernt, so sind die Waben an der betreffenden Stelle wieder wie vorher, ohne daß auch nur eine Arbeiterzelle unbrauchbar geworden. S.) Die Differenz besteht nur darin, daß die Königinlarve mit diesem Futter während ihres ganzen Larvalzustandes in großen Quantitäten gefüttert wird, die andern aber später spärlich gefüttert werden, oder sonst eine andere Art Futter erhalten. Einige Experimente zielen nach dieser Richtung; aber bis jetzt habe ich dieselben noch nicht genugsam ver= vollständigt, um für das Obige zu garantieren. Drei Stunden alte Larven geben keine besseren Königinnen, als 36 Stunden alte. Die Bienen wählen nur die älteren, wo sie wählen dürfen.

Jeder muß das Alter der Larven schätzen können. Sie wachsen zuerst nur langsam, und zuletzt sehr schnell. Stelle eine leere Wabe in einen Stock, warte bis sie Eier hat, schau nach drei Tagen und dann jeden Tag später. $11\frac{1}{2}$ bis 12 Tage später schlüpft die Königin einer 1= bis $1\frac{1}{2}$=tägigen Made aus. Ein Kundiger kann so genau urteilen, daß er die Zeit des Ausschlüpfens auf 3 bis 4 Stunden berechnen kann. Ich nehme die Zellen gewöhnlich am Nachmittag des zehnten Tages. Am elften könnte schlechtes Wetter sein.

Dem Stock, dem die Brut gegeben ward, werden drei Brutwaben zurückgenommen (die Königin im Zentrum) und dem Stock zurück= gegeben, der die Königin erzogen hat; der neue Stock muß jetzt König= innen züchten. Nach 3 Tagen erhält der Stock, der jetzt die Königin hat, alle Brut. Der andere bleibt 13 Tage brutlos. Wir können aber auch einen besondern Stock königinlos halten und ihm von Zeit zu Zeit Brut beisügen. In diesen Stock kommen die Königinzellen schon nach 8 Tagen, d. h. sobald sie verdeckelt sind. Es sollten nur einmal Königinnen erzogen werden durch einen weisellosen Stock. Die Bienen müssen den Chylus, zu dem sie seit sechs Tagen keine Veranlassung mehr hatten, vorerst wieder produzieren.

7. Kap. Der neue Weg. Zunächst brachte ich es fertig, Königinnen zu erhalten bei natürlichem Schwärmen auf einer Wabe. Früher mußte ich dieselben suchen, wo die Bienen sie gebaut. Oft sand ich nur drei oder vier und mußte die Waben verstümmeln. Ich plazierte jetzt die Wabe mit den Zellen und Larven in einem Stock, der schwärmen wollte. Nach zwei Tagen öffnete ich: alle Larven waren zerstört, während ich sehr zu meiner Ueberraschung sand, daß alle Zellen außer zwei ein von der Königin darein gelegtes Ei enthielten. (Aehnlich wurden mir künstliche Doolittlezellen von einer Königin, die ich im Aufsatz über dem Absperrgitter hielt, bestiftet. S.) Diese Zellen wurden ausgebaut und das Volk schwärmte, nachdem die ersten ver= deckelt waren. Also Königinzellen bei natürlichem Schwärmen auf einer Wabe und zweimal so viel wie früher! Ich brachte die besten Stöcke zum Schwärmen. Schließlich hatte ich nicht genug Königin= näpschen! Ich sagte mir endlich: Warum nicht die Zellen her= stellen durch Eintauchen in flüssiges Wachs, wie meine Mutter ihre Kerzen zu „ziehen“ pflegte? Dieser Gedanke weckte mich so sehr auf, daß ich mich wunderte, warum ich nicht früher schon daran gedacht. Nun suchte ich das alte Stäbchen wieder, das nicht mehr war, als der Zahn von einem gewöhnlichen Heurechen, einer Königinzelle angepaßt mit einem scharfen Messer und Glaspapier. (Man muß nicht ängstlich

sein betreffend die Dimension dieser Stäbchen, nur dürfen sie nicht zu groß sein. Reagensgläschen sind nicht nötig. S.) Ich markierte an diesem Stäbchen die Tiefe der Königinzelle. Neben dem geschmolzenen Wachs hatte ich eine Schüssel mit kaltem Wasser, in welches das Stäbchen zuerst getaucht wird bis etwas über die markierte Stelle. Das überflüssige Wasser wird vom Stäbchen mit einem schnellen Ruck weggeschleudert. Nach dem Eintauchen in das Wasser wird das Stäbchen etwas gequirlt, damit das Wachs sich gleichmäßig verteilt. So erhielt ich einen Film, ein zartes Häutchen, gleich dem äußersten Rand einer Königinzelle auf neuem Wachs. Dann tauchte ich wieder ein: etwas weniger tief (so wenig als möglich weniger tief. S.), nachher quirlend und das Ende des Stabes mit dem Wachs tiefer haltend. Jedes folgende Mal wird weniger tief eingetaucht, im ganzen etwa sechs- bis achtmal. So erhielt ich Zellen, die außen dünner sind als Königinzellen, aber hinten dicker, also daß sie eine rauhere Behandlung ertragen als Naturzellen. Zuletzt wird der Stab ins Wasser gehalten und darin gequirlt. Die Zelle kann jetzt vom Stäbchen gelöst werden, indem man sie etwas dreht. Dann wird sie, noch am Stäbchen, wieder in Wachs getaucht und an einer Wabe oder an einem Stab angegossen. Um nicht lange warten zu müssen von einem Eintauchen zum andern, verwendet man drei Stäbchen, die man schräg auf ein= geferbte Klötzchen legt. (Wollte man nach jedem Eintauchen ins Wachs auch ins Wasser tauchen, so gäb's jedesmal ein Tröpfchen Wasser an die Zelle, das an einem Tuch getrocknet werden müßte. S.) Später tauchte ich das Stäbchen tiefer ein: die Bienen nehmen diese künstlichen Zellen lieber an, wenn sie länger sind, nämlich $9/16$ Zoll = 14,4 mm lang. Das Wachs darf nicht zu heiß sein: gerade über dem Schmelz= punkt; man muß die Flamme von Zeit zu Zeit entfernen. Hinten sollen die Zellen so dick und fest sein, daß man sie zwischen zwei Finger nehmen kann, ohne sie zu zerdrücken. — Diese ersten Zellen wurden von den Bienen nicht angenommen: Warum? Es hatte kein königliches Futter darin. Als ich darüber nachdachte, kam es mir eines Nachts, als ich wach lag: warum nicht etwas königlichen Futterbrei in diese Zellen thun? Ich konnte es kaum erwarten, bis es Tag ward, bis es Mittag ward, um das zu machen. So hatten doch die Larven genug, auch wenn sie einen halben Tag lang nicht gefüttert wurden. Das war nun wieder ein Fortschritt gegenüber dem wenigen Futter, das jeweilen mit der Larve genommen wurde. Die fast verdeckelten Königinzellen eines Volkes, das schwärmen will, oder geschwärmt hat, besitzen am meisten solches Futter. Das am Boden der Zelle ist etwas dicker: man rührt es durcheinander. Ich gebrauche dabei das Ohrlöffelchen eines Haarzängleins (?), das ich über das ausgehöhlte Ende eines Hölzchens ziehe, welches ⅛ Zoll (3 mm) breit ist. (Ich nehme zwei Zahnstocher, die am einen Ende spitzig, am andern Ende schaufelförmig geschnitten sind. Wenn mit dem spitzigen Ende eine kleine Arbeiterlarve aus einer gekürzten Arbeiterzelle gewonnen wird, schwimmt die Larve auch auf dem Hölzchen im Futtersaft, kommt also mit demselben nicht in Berührung. Andere nehmen zum letztern Zweck einen kleinen Haarpinsel. S.) Jede Zelle braucht ein Quantum Futtersaft von der Größe eines B. B.=Schrotes (?). Um im frühen Frühling das erste königliche Futter zu bekommen, muß ein (wert= loses) Volk entweiselt werden. (Ist nicht nötig; siehe darüber weiter unten. Larven im königlichen Futtersaft des eigenen Stockes werden immer lieber angenommen. S.) Ein bis zwei fast verdeckelte Weisel= zellen haben genug Futter für zehn bis zwölf künstliche Zellen. Eine so bereitete Wabe wurde einem Volk, das schwärmen wollte, gegeben. Nach zwei Tagen, als ich den Stock öffnete, wer beschreibt mein Ver= gnügen, als ich zwölf feine, fortgeschrittene Königinzellen sah, so fein, als ich sie je gesehen. In drei Tagen waren sie verdeckelt und zwölf splendide Königinnen schlüpften nach ihrer Verteilung aus denselben. Nun wollte ich die Zellen an dem Stück Rähmchenholz, von dem ich gelesen, befestigen. In die Mitte des Stabes (der Länge nach gemessen), an den Rand, kommt die erste, die nächste kommt 1½ Zoll (38 mm) entfernt an den andern Rand u. f. w. Beim Markieren dieser Stellen kann man sich des Zirkels bedienen. (Auf diese Weise kommen die Zellen etwas weit auseinander! S.) — Die ausgebauten Königinzellen können mit dem Daumen abgedrückt (oder mit einem Messer abge= schnitten. S.) werden. — Die Stäbchen, mit denen man Zellen gießt, werden nach einiger Zeit mit Wachs bedeckt, so, daß das Wasser in Tröpfchen auf ihnen steht und die Näpfchen hängen bleiben. Die

Stäbchen werden in einem Tuch gequirlt oder zwischen dem zweiten und dritten Finger der linken Hand. In einer Stunde kann man 150 bis 200 Zellen gießen. — Beim Einführen des königlichen Futters wird das Rähmchenholzstück mit den Zellen verkehrt auf den Tisch gelegt, daß die Zellen aufwärts schauen. Dieser Stab kommt in die Mitte einer Wabe zwischen die Seitenteile gepreßt, nachdem man ein entsprechendes Stück herausgeschnitten. Einige alte Waben versehen diesen Dienst für immer. (Der Raum für die Zellen zwischen Stäbchen und Wabe beträgt 3½ cm! S.) Bei kaltem Wetter wickelt man die Waben mit den Larven in ein Flanelltuch und bringt sie in ein warmes Zimmer. — Man schreibt das Datum auf. Zellen so präpariert z. B. am 20. Juli werden genommen am 30. Juli. Nicht zu spät kommen, sonst sind alle zerstört. — Einem Stock, der Königinzellen angesetzt hatte, kassierte ich sie und hing ihm präparierte Zellen an diesem Stäbchen ein; elf von zwölf wurden angenommen. Ich war glücklich! Denn jetzt konnte ich Königinzellen in Menge erzielen, so lange diese alte Königin in diesem übrigens starken Volk war. Ich nahm einem andern Volk die Königin, um die Königinzellen jenes ersten Volkes hier hinein zu hängen, sobald sie verdeckelt waren und bis sie reif waren zum Verteilen. Jenes Volk erzeugte elf Sätze von Königin= zellen. Alle diese Königinnen waren von bester Qualität. Die Quantität des königlichen Futters in jeder Zelle war einfach enorm.

Im Januar 1883 traf ich an der North=Eastern=Bienenzüchter= Versammlung in Syrakus, N.=Y., Mr. X. A. Jouas von Kanaba, der mich mit einem neuen Verfahren bekannt machte, im Brutraum durch Verwendung zweier Königin=Absperrgitter Wabenhonig zu gewinnen ꝛc. (Ein Verfahren, das Doolittle wieder aufgab. S.) In jedem Fall, wo unbedeckelte Brut außerhalb eines Absperrgitters plaziert wurde, wurden 1 bis 3 Königinzellen errichtet, und wenn ich sie nicht ausschnitt, wollten die jungen Königinnen die alte verdrängen, oder ein Schwarm war das Ergebnis, wenn diese Waben mit den Königinzellen zur Königin zurückgebracht wurden. Nun brauchte ich sonst das Absperrgitter zwischen Brutrahmen und Aufsatz derjenigen Stöcke, die ich für Schleuderhonig bewirtschaftete. Offene Brut über diesem Absperrgitter veranlaßte eben= falls die Errichtung von Königinzellen, wenn auch nur weniger. Als

ich in einer Nacht wach lag, über die Sache nachdenkend, kam es mir,
daß diese Zellen gebildet werden unter genau denselben
Bedingungen, wie diejenigen sind, wenn die Bienen an die
Ersetzung ihrer Königin gehen, von welchem Vorgang ich
befähigt war, die besten Königinnen zu bekommen. Gewiß,
die Königin unten war eine gute, aber da sie nicht hinauf konnte und
die Brut, welche die Bienen dort oben hatten, nicht wuchs, so „schlossen"
sie, daß sie in diesem Teil des Stockes eine bessere Königin haben
müßten. Darum gingen sie daran, eine zu produzieren. (Auch durch
Einschränkung der Brut und Zugabe von Bienen, namentlich jungen,
wird dem ganzen Stock das Bedürfnis, Königinnen zu züchten, noch
näher gerückt, und so derselbe Effekt erreicht werden, wie durch das
Vorhandensein einer alten Königin. Darüber später. Daß die Bienen
nicht bewußte Schlüsse ziehen, sondern dem Instinkt folgen, ist selbst=
verständlich. S.) Ein Ding, das ich mir gemerkt hatte, war, daß die
Bienen, wo sie ihren eigenen Weg haben in der Ansetzung der Zellen
zum Zwecke der Ersetzung ihrer alten Königin, während sie noch
im Stock war, nie mehr als drei oder vier Zellen bauen, während
bloß eine bis zwei Zellen öfter gebaut werden, als mehr. Daß die
Bienen nur ungefähr dieselbe Zahl Königinzellen ansetzen in diesen
Fällen von offener Brut über dem Absperrgitter, und ebenso, daß ich
nie einen Schwarm hatte bloß wegen des Vorhandenseins
von Königinzellen in einem solchen Aufsatz, wenn keine Königin=
zellen unten waren, zeigt, daß die Bienen die Umstände „betrachten"
in der gleichen Art wie im Fall einer stillen Umweiselung. Sollte
der Plan, der sich so erfolgreich bewährt, in dem Volk, das daran
war, seine Königin zu ersetzen, nicht auch gelingen über dem Absperr=
gitter? Und wenn ja, dann wäre ich einen Schritt weiter vorwärts,
als ich vorher je gethan. Denn darin sah ich etwas von großem Wert
für die Imkerbrüderschaft der Zukunft. — Ich zog zwei Waben
Brut **meist in Larvalform** (das ist sehr wichtig! S.) über dem
Absperrgitter, um eine möglichst große Kraft von Nährbienen
bei den Königinzellen zu bekommen, damit diese recht ge=
füttert würden. Die Weiselzellen wurden zwischen diesen
Waben mit offener Brut plaziert. In zwei Tagen sah ich, daß

jede Zelle angenommen war. Die Larven derselben schwammen in einer Menge von königlichem Futterbrei, der die Zellen mehr als zur Hälfte füllte. Die Königinnen erwiesen sich als in jeder Beziehung die besten.

Jetzt war ich Herr der Situation. Bei dieser Königinzucht ging mir nichts von der Honigtracht verloren. (Sehr wichtig ist, daß in trachtloser Zeit vor dem Zusetzen der künstlichen präparierten königlichen Zellen [über oder neben dem Absperrgitter] mindestens drei Tage lang je einige Hundert Gramm etwas verdünnter Honig oder guter Zuckersyrup gefüttert wird. Wenn das Wetter eher kalt ist, muß die Fütterung länger dauern! S.)

Das nächste Jahr gab ich einen neuen Satz von Zellen, sobald der erste verdeckelt war. Es wurden weniger angenommen, aber selten weniger als 9 von 12, oft alle 12, oft 5 oder 6, durchschnittlich 8. Dann hatte ich Königinnen in Futterkäfigen in verschiedenen Teilen des Aufsatzes, auch befruchtete, nämlich in solchen Teilen des Aufsatzes, die unter sich wieder durch Absperrgitter getrennt waren. Die König= innen waren besser, wenn nicht zu schnell nacheinander erbrütet. Immer mußte unbedeckelte Brut hinzugefügt werden. Auf einmal sollen nicht über 12 Zellen gegeben werden. Es wurden auch schon 24 angenommen auf einmal. Man muß aufpassen, daß keine ausschlüpft, wenn noch andere da sind. —

Kommt eine solche junge Königin in den Brutraum, so wird sie die untere eierlegende Königin töten, und wenn diese untere Königin noch so fruchtbar und wertvoll ist. Diese wunder= liche Prozedur bringe ich zur Wirkung über alle Königinnen, die ich zu ersetzen wünsche. (Darüber später! S.) — Im Herbst, wo gefüttert werden muß, reifen die Zellen, die sonst in 11½ Tagen ausschlüpfen, erst in 16 bis 20 Tagen! Die Königinnen von derselben (Italiener=) Brut, welche sonst im Juni, Juli oder in der ersten Hälfte August sehr gelbe Königinnen hervorbringt, sind dann fast schwarz (!!!). (Jeder Taubenzüchter weiß, daß Gelb oder Braun eine Nuance von Schwarz, resp. Schwarz ein intensiveres Gelb oder Braun ist. S.) Dann, sowie auch im Vorfrühling muß das Verfahren des voran= gehenden Kapitels angewandt werden. Oder wir können ein Volk verstärken durch verdeckelte Brut.

(Wie sehr Alley und Doolittle im Recht sind mit der Behauptung: ein weiselloses Volk solle nur einen Satz Königinnen erziehen, und Doolittle und Mehring mit der Theorie: die Königinnen werden um so besser, je weniger das Volk, das sie erzieht, aufgeregt ist, und daß die Behauptung unrichtig ist, das Volk, das Königinnen erzieht, müsse den Schmerz um die weggenommene Königin im höchsten Grade fühlen, das beweist folgendes Erlebnis. Ein entweiseltes Volk, das viele eigene Weiselzellen angesetzt hatte, dem ich alle diese Zellen aus= schnitt, eine Rassen-Brutwabe mit offener Brut einstellte und die neuerdings entstandenen Zellen noch einmal kassierte, um ihm Doolittle= Zellen zu geben, hatte die letztern schon am 3., also am zweitfolgenden Tag alle verdeckelt und war sehr aufgeregt. Fast der ganze Stock sterzelte wie ein Volk, das keine Königin und keine Weiselzelle hat. Die Zellen blieben ganz glatt, während neben oder über dem Absperrgitter eines weiselrichtigen Volkes die Zellen ganz wie Naturzellen sehr holprig werden. S.)

8. Kap. Wie man die Bienen von den Zellen wegbringt. Königinnen mit verkrüppelten Flügeln oder einer Vertiefung in der Seite des Hinterleibes entstehen oft vom Schütteln der Waben, auf denen Königinzellen sich befinden. Man kann sie über das Flugloch hängen und Rauch geben (oder in den Bienentrichter wischen. S.). Man läßt den Bienen Zeit, sich mit Honig zu füllen. Die Zellen können auch abgebrochen werden, während die Bienen noch an den Waben sitzen. In einem warmen Zimmer können die Zellen mit Muße behandelt werden. 30° Celsius! (Ist nicht nötig. Siehe später. S.)

9. Kap. Was mit den Königinzellen gethan wird.

1) Man gibt eine einem weisellosen Volk oder einem Zuchtvölflein.

2) Man gibt sie in ein Lamp=Nursery, d. h. in einen künstlich warm gehaltenen gemeinsamen Käfig, aus dem man die Zellen nimmt, unmittelbar bevor sie ausschlüpfen.

3) Jede Zelle kommt in einen besondern Käfig mit Futter. Von diesen letztern haben 12 bis 24 Platz in einer Rahme, die man ins Centrum eines beweiselten Volkes stellt.

Zu 1. Die alte Königin muß 24 bis 48 Stunden vorher ent= fernt worden sein. Ein Volk von 200 Bienen wird eine

Königin oder Königinzelle schneller annehmen als ein Volk von 20 000 Bienen! Bei 25° Celsius (nach Vogel bei über 15° Celsius. S.) Wärme hat man für die Zelle nichts zu befürchten. Dieselbe wird einfach unmittelbar über der Brut in die Wabe hinein= gedrückt, ohne die letztere zu beschneiden. (Ich nehme einfach das Deckelchen im Deckbrett weg, lege die Zelle zwischen zwei Waben, lege das Deckelchen beiseite, statt dessen einige Lagen Zeitungspapier über die Futterlücke und den Wergteller über alles. Ich muß so nach der vor 2 oder 3 Tagen erfolgten Entweiselung den Stock nicht noch einmal aufbrechen, was den weisellosen Bien auf keinen Fall in gute Stimmung versetzt. S.) Wer Raubbienen zu fürchten hat, legt die Königinzellen in einem warmen Zimmer in ein Körbchen. Man

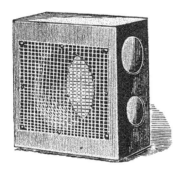

Fig 75. Futterkäfig von Alley.   Fig. 76 Honigrahme mit Futterkäfigen.

macht bei kaltem Wetter ein Gewichteisen so warm, daß man es mit der Hand noch halten kann, thut es in ein Holzkästlein mit Filz darüber (mehrere Lagen), auf diese die Zellen und über diese wieder Filz mit einer kleinen Handhabe. Wenn zu viele Zellen da sind, läßt man einen Teil derselben im warmen Zimmer. In einer Schüssel darf man sie nicht an der Sonne liegen lassen. — Der Handel mit jungfräulichen Königinnen scheint große Proportionen annehmen zu wollen. (Der „Record", Nov. 1901, schreibt: Unbefruchtete König= innen, die von Italien geschickt werden, um hier [in England] begattet zu werden, sind von gar keinem Nutzen oder Wert, da die Chancen ihrer Befruchtung so viel wie Null sind. S.) Dafür braucht man die kleinen Käfige, in denen man sie kontrollieren und sortieren kann.

Man kann sie in den Aufsatz über das Absperrgitter setzen oder überall dahin, wo die Bienen Königinnen erziehen. Diese kleinen Käfige sind von Alley. Es sind Holzblöcke von $66 \times 66 \times 22$ mm. Mit einem Zentrumbohrer von 38 mm durchbohrt man sie. Auf beiden Seiten wird Drahttuch darüber genagelt. Vorher bohrt man noch ein Loch von 19 mm (von oben in der Ecke), das in die große Oeffnung führt und unten etwas enger ist, damit die Königinzelle, die da hineinkommt, nicht hinuntergleiten kann. An der andern Ecke (wieder oben) wird noch ein Loch von 10 mm gebohrt, das ebenfalls in die große Oeffnung mündet; auch dieses Loch muß unten etwas enger sein, damit der Good-Candy (Honigzuckerteig), der da hineinkommt, nicht herunter= fällt. Die Königin muß aber von der großen Oeffnung aus, in der sie sich aufhält, in dieses Loch hineinkönnen (von unten). Der Zucker wird heruntergestöpselt. Diese Blöcke können für verschiedene Rahmen etwas abweichen in der Größe, damit eine gewisse Anzahl die Rahme ausfüllt. Man kann aber auch mit Leisten noch nachfüllen. Zerstoßener körniger Zucker ist pulverisiertem Zucker vorzuziehen. An die König= zelle wird unten ein wenig Honig gestrichen, bevor sie in diesen Käfig versenkt wird. Nicht so viel, daß die Königin be= schmiert wird. Die Bienen füttern nämlich die Königin ebenfalls, bevor sie die Zelle verläßt. In der vorgerückten Jahreszeit kann man in solchen Blöcken keine Königinnen mehr ausschlüpfen lassen. (Man kann die Blöcke auch wagrecht legen, d. h. so, daß die Weiselzelle wag= recht zu liegen kommt, was sich empfiehlt in den Fällen, wo die König= zelle zu schmal resp. die Oeffnung für sie zu groß ist und bei senk= rechter Stellung die Königinzelle herunterfallen würde. S.)

10. Kap. Der Königinzellen=Protektor. Früher verlor ich manche Königinzelle, wenn ich sie zusetzte unmittelbar nachdem die alte Königin entfernt worden war. Ich pressierte und wollte Zeit gewinnen; allein es ging nicht. Ich war verdrießlich; denn Zeit ist Geld. — Wenn Bienen eine Königinzelle zerstören, so beißen sie in die Seite, nie aber in die Spitze; denn dort ist der Coeon so dick, daß sie keine großen Fortschritte machen beim Versuch, dort eine Oeffnung zu be= kommen. — Man rollt ein Stück Drahttuch um ein V geformtes Stücklein Holz. Die untere Oeffnung ist etwa so groß wie ein dickeres

Bleistift. Oben wird mit einem Kork geschlossen. Andere Art: Es wird Draht gewickelt um ein Stücklein Holz von entsprechender Gestalt. (Man läßt es vom Dreher drehen oder schnefelt es selber und nagelt ein Brett auf die Spitze.) Oben kann man durch diesen Käfig ein= fach ein Stück Blech schieben. — Jetzt hatte ich Erfolg! Die Bienen können die Königin füttern, solange sie wollen. In einigen Fällen hatte ich keinen Erfolg. Man kann diesen Käfig einfach in die Wabe hinein= drücken. Es ist klar, daß künstliche Zellen, welche sehr stark und glatt sind, besser in diese Käfige passen. Naturzellen sind oft so ungestalt, daß die Bienen doch in den Käfig hinein= kommen und die Zelle aufbeißen können.

Fig. 77. Doolittles
Königinzellen=Käfig

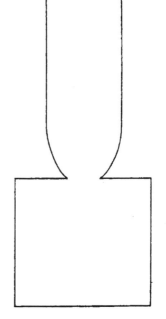

Fig 78. Klötzchen zum Erstellen
des Königinzellen=Käfigs.

11. Kap. Bildung von Zuchtvölflein, Ablegern, Kunst=schwärmen. Man nimmt zwischen 10—2 Uhr an einem schönen Tage Brut mit anhängenden Bienen, welche 48 Stunden eingesperrt werden. Es wird am Ende des zweiten Tages nachts geöffnet. Am folgenden Tage wird eine Königinzelle gegeben. — Oder man ent= weiselt ein Volk, läßt es Königinnen ziehen und gibt einige Bruttafeln bei. Jeder Brutwabe wird eine Königinzelle eingedrückt. Je eine

Wabe, die eine solche Zelle enthält, mit einer Honigwabe zusammen=
gehängt, gibt ein Zuchtvölklein, dem man von einem andern Stock
noch Brut (ohne Bienen) beifügen kann. Dem jetzt brut= und waben=
losen Stock gibt man Brut (ohne Bienen) aus andern Stöcken.

Wie werden ein bis fünf Tage alte Königinnen zugesetzt?
Man macht eine Drahttuchrahme, die in den Stock paßt und so
breit ist, daß sie eine Brutwabe in sich aufnimmt. Oben befindet sich
ein Deckel. Eine solche Wabe mit reifer Brut (ohne Bienen), aber
mit junger Königin, hängt man einem starken Volk in die Mitte oder
über ein Absperrgitter in den Aufsatz mit Brut in einer Honigwabe.
Der Abstand zwischen Drahttuch und Rahme müßte 6—10 mm be=
tragen. Nach vier bis fünf Tagen wird eine solche Rahme ohne
Drahttuch einem weisellosen Volk gegeben. Die Königin wird am
gleichen oder am folgenden Tage befruchtet.

Oder man macht ein Kästchen, inwendig 10½ Zoll (267 mm)
lang, 6 Zoll (152 mm) weit und 6 Zoll tief, ohne Boden und Deckel,
d. h. Boden und Decke besteht aus Drahttuch. Das untere ist fest=
genagelt, das obere ist beweglich, d. h. wird auf eine Rähmchenholz=
rahme genagelt, die auf dem Kästchen festgemacht werden kann. In
der Mitte hat diese Drahttuchrahme ein schnell verschließbares Loch für
einen Trichter, der breit genug ist, um Bienen in denselben abschlagen
zu können, wie man ihn braucht beim Zurichten von Bienen nach
dem Gewicht. (Die Anschaffung eines solchen Trichters ist jedem Imker
sehr zu empfehlen. Er ist oben 55—60 cm breit; die Wände neigen
sich im Winkel von 45°; die Oeffnung unten beträgt 8 cm. Das
Ganze ist in eine Blechhülse des Gerstung=Futterapparates hinein=
gelötet. S.) Die Bienen werden aus Aufsätzen über dem Absperr=
gitter genommen. Klopfe etwas auf die Waben, damit die Bienen
sich mit Honig füllen. Dann stellen wir die Bienen in den Keller
oder sonst an einen kühlen Ort. Das Kästchen wird auf die Seite
geneigt, damit die Bienen nicht am Deckel die Traube bilden. Man
macht das um 9—11 Uhr vormittags. In weniger als einer Stunde
werden die Bienen nach einer Mutter schreien. Aber wenn die
Königin zu früh gegeben wird, ballen sie sie ein. Ich warte drei bis vier
Stunden, bis sie höflich um eine Mutter bitten. Alles, was ich zu

thun habe beim Zusetzen der jungen unbefruchteten Königin ist folgendes: Das Kästchen wird mit einem scharfen Rnck auf den Boden gestellt, daß die Bienen alle auf den Boden fallen und verwirrt werden. Bis abends sind die Bienen ruhig. Nachdem abends dieser „Schwarm" einlogiert worden, barf man ihm nicht unbedeckelte Brut geben; denn sonst töten die Bienen die jungfräuliche Königin oft. Es ist nicht natürlich für eine Kolonie, eine ältere unbegattete Königin und zu gleicher Zeit offene Brut zu haben. In der Natur ist alle Brut verdeckelt, bevor die jungen Königinnen brei Tage alt sind. (Wenn man die Bienen aus einem Aufsatz nimmt, unter dem kein Absperrgitter liegt, erwischt man eventuell die Königin. Das sieht man daran, wenn die Bienen im Arrest ruhig bleiben. Man muß sich also erst von ihrer Weisellosigkeit überzeugen, bevor man ihnen allfällig aus einem zweiten Stock Bienen zufügt. S.)

12. Kap. **Wie die Zuchtvölklein vermehrt werden.** Königinnen werden früher angenommen und werden eher legen in schwachen Völkern als in großen. — Die Bienen bleiben festhängen an einer Wabe, auf der eine fast reife Königinzelle ist, wenn in eine neue Wohnung gebracht, mehr als an bloßer Brut. Aber nichts hält die Bienen so sehr an einer neuen Wohnung fest wie eine Königin, die eben begonnen hat zu legen. Den größeren Völklein gibt man zu der Brut- und Honigwabe noch eine britte Wabe. Sobald in beiden Brut ist, nehme ich die Wabe, welche am meisten verdeckelte Brut hat, mit Bienen und Königin in eine neue Wohnung. In dem nun königinlosen wird eine Zelle im Käfig zugesetzt. Jene andere Königin kann man versenden und auch dort eine Königinzelle zusetzen. Auf den Herbst werden diese Völklein vereinigt und die Königinnen verkauft. Bei der Vereinigung kann man das Kästchen mit Drahttuchboden und -Deckel mit Trichter anwenden.

13. Kap. **Königin befruchtet in einem Stock mit eierlegender Königin.** Eine unbefruchtete Königin, die in einen Stock gelangt, wo eine gute Königin vorhanden ist oder Königinzellen sind, kann dort Schaden anrichten. — In Bienenzeitungen las ich, daß eine Königin über einem Absperrgitter befruchtet worden sei. Ich that einige Brut hinauf und am folgenden Tag eine Königinzelle. Die

Königin schlüpfte aus. Dann bohrte ich ein Loch in die Hinterseite
des Aufsatzes. Die Königin wurde befruchtet. Dann erstellte ich Ab=
teilungen im Aufsatz durch zwei senkrechte Absperrgitter je 90 mm von
jeder Seite entfernt. In diese Abteilungen links und rechts kam Brut
und je eine Königinzelle, die je in die Brutwabe gedrückt wurde. Die
Königin unten war sehr gut. Auch diese Seitenabteilungen erhielten
hinten Bohröffnungen. Nach zwei Tagen waren die Königinnen aus=
geschlüpft; nach weiteren vier Tagen wurden die Oeffnungen auf=
gemacht. Sobald die Königinnen legten, wurden die Löcher geschlossen.
Nach zwei Tagen war jede Zelle mit Eiern gefüllt. Ich verkaufte die
Königinnen; andere Zellen wurden hineingethan, wieder mit Erfolg.
Immer gab ich ein wenig Brut. Wenn die Löcher vorn sind, kann
die Königin nach ihrem Ausflug unten hineingehen und die alte Königin
töten, da sie ja von derselben Familie ist. In einer Saison wurden
mir so, trotzdem oben die Oeffnungen hinten waren, drei Königinnen
getötet, von denen zwei nur ein oder zwei Monate gelegt hatten. Ich
weiß, daß so ziemlich jede jungfräuliche Königin, der es
gelungen ist, von dem Aufsatz in den Brutraum zu gelangen,
die dortige Königin getötet hat, gleichviel, ob diese Königin jung
oder alt war. Warum „sie" mehr halten sollen von einer jungfräu=
lichen Königin als von einer legenden, unter diesen Umständen, ist
das Rätselhafte; denn in allen andern Fällen ist es fast unmöglich,
ein Volk mit einer legenden Königin zu veranlassen, eine junge jung=
fräuliche Königin sofort anzunehmen. (Ueber von mir angestellte Ver=
suche in dieser Richtung siehe unten. S.)

Zuerst hatte ich den Gallup=Bienenkasten mit 12 Rahmen. Das
waren für den Brutraum zu viele; ich machte darum Schiedbretter,
um damit eine oder zwei Waben zu ersetzen gemäß der Zeit der Saison
und dem Wunsche, den Stock zusammenzuziehen oder zu erweitern.
Es war meine Gewohnheit, den Stock während des ersten Teils der
Saison zu erweitern und ihn später zusammenzuziehen,
d. h. bei Beginn der Tracht. Der Brutraum war auf acht Waben
verengert, damit während der Tracht nicht viele Bienen erzogen würden
als bloße Konsumenten des Honigs, da wir hier keine Sommertracht
haben. Dieses Verengern war der Grund meiner Erfolge mit jenen im

Aufſatz über dem Abſperrgitter befruchteten Königinnen. Die unbefruch=
teten Königinnen oben kamen nämlich über die Schiedbretter zu ſtehen.
Wenn das nicht der Fall war, d. h. der ganze Brutraum voll Brut=
waben war, und die obere Königin auf dem Abſperrgitter herum=
rannte, ſo konnten ſie und die alte Königin des Brutraumes die Köpfe
zuſammenſtecken und einander zu töten verſuchen. Das Reſultat war
dann, daß die Bienen die junge Königin plagten, **wenn ſie alt genug
war, um als Königin erkannt zu werden;** genau, wie die Bienen
eine jungfräuliche Königin immer zu plagen verſuchen, wenn
ſie in einem Käfig eingeſperrt iſt, **nachdem ſie zwei oder mehr
Tage alt iſt,** wenn ein ſolcher Käfig in einem Stock mit einer legenden
Königin iſt. Wenn die Königin jünger als zwei bis drei Tage
iſt, nehmen die Bienen keine Notiz von ihr; auch ſucht ſie in
dieſem Alter nicht in den Brutraum zu rennen. (Das ſtimmt mit der
Thatſache, daß man eine zum Ausſchlüpfen eben reif gewordene Königin
oft einem Volk kann zulaufen laſſen, ohne daß ſie abgeſtochen wird, weil
ſie als Königin noch nicht erkannt wird. [Eine eben ausſchlüpfende
Königin iſt aber oft älter als zwei bis drei Tage!] Fraglich iſt nur,
ob dieſe ſo angenommene ganz junge Königin auch Meiſter werde, wenn
das Volk nicht entweiſelt iſt. — Ein abgeſchwärmtes Volk, deſſen
älteſte Königinzelle ſofort nach dem Reifwerden ausſchlüpft, wäre alſo
noch zwei bis drei Tage für die Bienen weiſellos! Was die Bienen
trotzdem beruhigt, iſt der Umſtand, daß noch andere Weiſelzellen
da ſind. Auch darum wird eine Königinzelle erſt zugeſetzt, nachdem
das entweiſelte Volk eigene Zellen angefangen hat. S.) — Meine
Abſperrgitter haben oben eine Rähmchenholzrahme. Auf dieſe Rahme
nagelte ich ein Drahttuchſtück; die warme Luft konnte alſo ungehindert den
Aufſatz erwärmen. Dieſes Drahttuch iſt nötig, wenn der Brutraum
ganz mit Brutrahmen gefüllt iſt. Größe und Art dieſes Drahttuches
richten ſich nach Zahl und Art der durch ſenkrechte Abſperrgitter im Aufſatz
erſtellten Abteilungen. Im Jahre 1898 erhielt ich von Ende Mai bis
10. September auf dieſe Weiſe alle drei Tage 18 befruchtete Königinnen.

14. Kap. **Futterapparate und Fütterung.** Immer wenn die
Tracht verjagt, muß man bei der Königinzucht füttern. Das iſt weſent=
lich. Wenn man um 11 Uhr füttert, fliegen die jungen Königinnen aus.

15. Kap. Gute Drohnen. An der Königin erkennt man besser als an den Arbeitsbienen, von welchem Stock Drohnen zur Zucht verwendet werden sollen. — Es findet in der vierten Nachkommenschaft eine Verunreinigung der Rasse statt trotz Reinheit der Drohnen.

16. Kap. Das Zusetzen von Königinnen. Bei einer Königin, die per Post kommt, braucht es größere Vorsicht. Eine Königin, die vom gleichen Stand genommen wird, ist schwer von Eiern und wird nicht herumrennen, die Bienen herausfordernd ihr nachzujagen, wie eine Königin thun wird, die eine lange Reise gemacht hat.

1) Eigene Königin. a. Einem Stock wird die alte Königin kassiert. Aus dem Stock, dessen Königin man zusetzen will, werden zwei Waben mit Bienen und Königin herausgenommen. Die Königin wird zwischen diesen beiden Waben gegeben. Diese zwei Waben werden eine Zeit lang außerhalb des Stockes gelassen; die meisten Bienen sammeln sich zwischen denselben und werden ruhig.

b. Ich thue die Königin in einen Drahttuchkäfig und stecke sie in die Tasche. Dem andern Stock nehme ich die Königin und schließe ihn wieder zu, gebe Rauch durchs Flugloch und schlage mit der Faust auf den Stock. Jetzt fangen sich die Bienen voll Honig. Dann läßt man die Königin durchs Flugloch laufen, immer Rauch gebend und auf den Stock schlagend. Aber nur Holzrauch. Ist Gefahr wegen Räuberei, so wird die Sache abends gemacht. Wenn ein Stock drei bis fünf Tage entweiselt war, läßt man die Königin in Honig fallen, rollt sie in demselben, bis sie von Honig ganz umgeben ist. Dann läßt man sie einfach von oben (durch die Futterlücke S.) auf die Bienen fallen. Auch Königinnen, die man mit der Post erhält, können so behandelt werden. — Eine wertvolle Königin vom Auslande setze ich auf folgende Weise zu. Ich öffne den Käfig in geschlossenem Zimmer, daß sie ans Fenster fliegen kann. Dann kommt sie in einen Drahttuchkäfig ohne eine einzige Biene. Ich betrachte solche Bienen, die bei der Königin gelassen werden, als eine der ersten Ursachen der vielfachen Verluste von Königinnen. Dann wird ein Drahttuchstück von $4^1/_2 \times 8^1/_2$ Zoll zusammengefaltet und zusammengebunden. Man schneidet an jeder Ecke ein Quadrat von $^3/_4$ Zoll aus. Es entsteht so ein Schächtelchen. Nun suche auslaufende Brut und Honig oberhalb.

Die Bienen werden abgebürstet. Setze den offenen Käfig mit der Königin auf entdeckelten Honig; sie wird von ihm essen. Die Schachtel wird über den Honig und die Brut gedrückt. — (Auch in Königin= futterkäfigen in königinlosen Stöcken werden die Königinnen oft nicht von den Bienen gefüttert. Man sollte immer den Käfig jeder Art ver= proviantieren! Viele behaupten, daß eine fruchtbare Königin im Käfig von einem Volk mit fruchtbarer Königin gefüttert werde, wenn zwischen Waben gehängt. Mir ist einmal ein ganzer Königinfutterkäfig voll Königinnen zu Grunde gegangen, weil ohne Proviant.) Nach ein bis zwei Tagen wird der Käfig aufgehoben und geschaut, ob die Bienen die Königin gut behandeln. Wenn nicht, wird sie wieder eingesperrt, bis sie Eier legt. Auch dann ist keine Gefahr, wenn der Bienenzüchter bei der Hand ist, die Königin von den Bienen zu befreien, welche sie einknäueln, wie sie bei einer Königin immer thun, bevor sie dieselbe töten. Man gibt den Bienen einfach Rauch. Dabei fliegt die Königin leicht weg; darum Flügel stutzen oder den Knäuel in ein geschlossenes Zimmer bringen. Nachdem sie befreit ist, kann sie von einer Biene des Knäuels gestochen werden; darum sofort weg mit der Königin und in einen andern Stock mit ihr. — Wenn eine Königin nicht legt, hat sie selber Honig zu suchen wie jede andere Biene. Beim soeben beschriebenen Verfahren soll die nächste Wabe etwas entfernt oder ganz herausgenommen werden.

Aber eine Königin, die 10 Dollar wert ist? Da machen wir es wie mit den im Drahttuchkästchen eingesperrten Bienen. Ich nehme Bienen über dem Absperrgitter von vier bis fünf verschiedenen Stöcken, von 10—15 Waben 2c. Beim Einlogieren dieses Schwarmes nicht zu viel Brut geben, sonst schwärmt er. Wenn Sie Brut zu geben wünschen, thun Sie es zum erstenmal vier bis fünf Tage nach dem Einlogieren und dann geben Sie alle paar Tage ein bis zwei Waben auf einmal. — Andere Art: Töte die Königin. Die Bienen sollen sich voll Honig saugen; dann werden sie durch den Trichter in das Kästchen mit Drahtboden und =Deckel geworfen, in den Keller gestellt und nach= her wird ihnen die Königin gegeben. Alle Brut wird andern Stöcken gegeben. Ein bis zwei Honigwaben werden für die aus dem Felde heimkehrenden Bienen belassen in der Mitte des Stockes. Beim

Einlogieren des Schwarmes kommen auch diese Waben mit
den Bienen weg. Nur eine mit etwas Brut aus einem andern
Stock wird eingehängt. Die Bienen von den zwei Waben werden
dazu geworfen. In fünf Tagen beginne die Brut zurückzugeben.
Dieses Verfahren ist umständlich, aber unfehlbar.

17. Kap. Das Zusetzen von jungfräulichen Königinnen.
Soeben ausgeschlüpfte Königinnen können jedem Volk ge=
geben werden, das eine bedeckelte Weiselzelle annimmt. Wir
sollen aber auch eine fünf bis acht Tage alte einem Zuchtvölklein oder
Schwarm zusetzen können, nachdem die alte entfernt worden. Ebenso
jedem andern Stock. Auch fremde jungfräuliche Königinnen, die per
Post kommen. Kein Volk nimmt eine unbefruchtete Königin, unmittelbar
nachdem die alte entfernt worden. Auf kein Ding in der Bienen=
zucht habe ich so viel Nachdenken verwendet, wie auf dieses Kapitel.
Ich bin nun so weit gekommen, daß zwei befruchtete Königinnen
gewonnen werden können in derselben Zeit wie früher eine, nämlich
nicht erst nach zehn bis zwölf, sondern nach fünf bis sechs Tagen. —
Die Blutauffrischung auf einem Bienenstand ist durch unbefruchtete
Königinnen eine wenig umständliche Sache geworden. Bevor eine
Königin 24 Stunden alt ist, kann sie nicht fortgeschickt werden.

1) Ich hatte einen Stock mit verdeckelten Königinzellen. In der
Nähe desselben entwischte mir eine jungfräuliche Königin. Als es für
die verdeckelten Königinzellen Zeit war zum Ausschlüpfen und zum
„Tüten", fand ich dieselben aufgerissen und die Königin, die ich ver=
loren, im Stock eben mit Eierlegen beginnend. Ein Volk mit ver=
deckelten Königinzellen wird eine unbegattete Königin so ziemlich
immer annehmen. Die Königin wird bloß in Honig gerollt oder der
Honig wird mit einem Löffel über sie gegossen. In drei bis vier
Tagen legt sie.

2) Für Königinnen im Alter von ein bis drei Tagen mache
einen Drahttuchkäfig ($1 \times 3^{1}/_{2}$ Zoll). Das eine Ende wird geschlossen,
für das andere Ende säge von einem alten Besenstiel von weichem Holz
ein fünf Zoll langes Stück. Man schnefelt es ab, so daß es $^{1}/_{2}$ Zoll
in das andere Ende geht. Durch die ganze Länge wird ein Loch gebohrt,
das mit Goodcandy gefüllt wird. Das wird aufgelegt, unmittebar

nachdem die alte Königin entfernt worden. Die Bienen brauchen zum Durchfressen des Candy vier Tage. In acht Tagen legt die Königin.

3) Ein absolut sicheres Verfahren. Ein kleiner Holzblock ist 2 Zoll lang und 1 Zoll im Quadrat. Der Länge nach wird ein Loch von 5/8 Zoll gebohrt. Das ist. die Basis des Käfigs. Durch den Mittelpunkt kreuzweise von oben nach unten bohrt man ein zweites Loch von 1/2 Zoll Durchmesser. Zwei Stück Rähmchenholz sind 4 Zoll lang, 1 Zoll breit und 1/4 Zoll dick und haben ein 5/8=Zoll=Loch je am Ende, korrespondierend mit dem Loch, das längs durch den kleinen Block gebohrt ist. In dieser Stellung werden die drei Stücke zusammen=genagelt, die Rähmchenholzstücke stehen senkrecht aufwärts. Ein Draht=tuch von 8 Zoll Länge und 2 1/2 Zoll Breite wird über das Ganze genagelt. In die oberen Ecken der Rähmchenhölzchen, Stirnseite, werden Drahtstifte genagelt, die 1/4 Zoll vorstehen. Die Köpfe werden ihnen abgezwackt und dann feilt man die Stiften ab, damit sie spitzig werden und der ganze Käfig an die Wand des Stockes angedrückt werden kann. Die Königin wird durch das größere Loch hineingethan und dieses mit einem Stöpsel zugemacht. Das längere wagrechte Loch wird mit Honigzuckerteig gefüllt. Diesmal nimmt man nicht körnigen, sondern gepulverten Zucker, wie in den Versandkäfigen. Der Stöpsel wird herausgezogen und ebenfalls mit Goodcandy gefüllt. Nun nimm eine Brutrahme mit einem Stück Mittelwand und die Königin im Käfig, töte die alte Königin, nimm alle Waben heraus und drücke den Käfig an die Wand oder an das Schiedbrett und stelle die Brutrahme ein. Die Bienen werden in den Stock gewischt, die Brut wird andern Völkern gegeben. In fünf Tagen legt die Königin, wenn sie vier bis fünf Tage alt war. Bei trachtloser Zeit wird gefüttert. Die Bienen brauchen acht bis zwölf Stunden, den Candy zu essen. Wenn die Königin nicht gegeben würde nach Wegnahme der Waben, würden die Bienen zu andern Stöcken gehen. Die Brut wird erst zurückgegeben, wenn die Königin legt, sonst würden sie die Königin töten. Denn in nichts sind die Bienen so entschieden, wie im Nichtannehmen einer unbefruchteten Königin, wenn sie fünf bis acht Tage alt ist, unmittel=bar nach Entfernung der alten Königin. Nach 15 Tagen kann man dieselbe Operation wiederholen und so je eine eierlegende Königin

verlaufen. Aber dann muß man Brut oder junge Bienen geben. Ist die Königin von außen gekommen, wird die Brut dauernd zurück= gegeben, da man die Königin im Stock belassen will.

Ist die Kolonie größer als nur im Zuchtvolk, so geben wir zwei bis drei Rahmen mit Mittelwandstreifen. Ich habe so nie eine Königin verloren, auch wenn sie zwölf Tage alt war.

Noch eine Bemerkung! Wenn irgend ein Plan angewendet wird im Zusetzen von Königinnen, bei dem die Bienen Zellen von ihrer eigenen Brut ansetzen, bevor die Königin zugesetzt oder befreit wird, so deute ich, es sei vorherrschende Idee, daß der Imker die Waben durchgehen und alle diese Zellen zerstören müsse. Das ist falsch! Alle meine Erfahrung in dieser Beziehung beweist, daß eine Königin schnell angenommen wird, auch wenn man solche Zellen stehen läßt, und wenn so angenommen, werden die Bienen die Zellen selber zerstören. Wo verdeckelte Zellen vorhanden sind, rolle ich die Königin bloß in Honig, es den Bienen überlassend, sich mit diesen Zellen abzufinden.

18. Kap. Registerführung. Nagle untenstehende Karte auf einen in die Augen fallenden Teil des Kastens, drücke dann mit einer Zange eine Stecknadel je in den Mittelpunkt der drei Kreise. Nachher wird die

		März		Eier	
		Oktober	April	fehlend	Brut
		Sept. ☉	Mai	legend ☉	Zelle
		August	Juni	approbiert	ausgeschlüpft
		Juli		nicht approbiert	

Fig. 79. Königin=Register.

Stecknadel umgebogen, daß der Kopf fest auf ein Wort oder eine Zahl gedrückt wird. Branche verzinkte oder galvanisierte Nägel, die nicht rosten. Es gibt natürlich verschiedene Mittel und Weisen, das Register zu führen.

19. Kap. Das Flügelstutzen. Die einen sind dafür, die andern dagegen. Bei einem Schwarm wird die Königin in einem Käfig vor das Flugloch gelegt. Man schneidet die Flügel ab mit einem scharfen Messer, während dieselben zwischen Daumen und Mittelfinger gehalten werden. —Ich praktiziere das Flügelstutzen.

20. Kap. Versandkäfige. Sie sollen nicht zugleich als Zusetz=
Apparat dienen und nicht größer sein, als ein Zoll im Durchschnitt,
mit Raum für 8 bis 10 Bienen. Diese wirken wie Federn, welche
die Stöße aufhalten, wenn die Bienen eng bei einander sind. Sie
werden aus einem Holzblock erstellt von 2¼ Zoll Länge und 1⅛ Zoll
im Quadrat. Quer mit der Holzfaser an einem Ende wird ein Loch
gebohrt von ⅞ Zoll Breite und 1 Zoll Tiefe. In das Zentrum des
entgegengesetzten Endes längs der Faser wird ein ½ Zoll langes Loch
gebohrt, das in die große Bohröffnung mündet und bestimmt ist, den
Proviant aufzunehmen. Dann nimm ein Stück Drahttuch von 1 Zoll
im Quadrat und ein Brettchen 2¼ × 1⅛ × ⅛ Zoll, d. h. so lang
und so breit wie der Holzblock. (Sehr praktisch sind auch diejenigen
kleinen Transportkäfige, bei denen die kleinere Oeffnung für den Proviant
wie der verdoppelte Aufenthaltsraum ebenfalls von oben gebohrt wird
neben jenem. Zwischen beiden wird dann einfach ein Verbindungskanal
hergestellt, so weit, daß die Königin hindurch kann. Diese Anordnung
gestattet, beide Oeffnungen mit einem Drahttuch von oben abzu=
schließen. Ueber die Proviantöffnung unter das Drahttuch kommt ein
Stück Mittelwand von Wachs oder Pergamentpapier, das den Proviant
von oben gut abschließt. S.) Der Proviant wird gemacht wie folgt:
Nimm gepulverten Zucker in einen Teller und mach ihn warm;
erwärme ebenso den Honig, schönen, dicken (solchen, der nicht kandiert,
für Frühling und Herbstgebrauch), daß du noch die Hand hineinhalten
kannst. Nun mache ein Loch in den Zucker und gieße etwas Honig
hinein, beides mit einander mischend; wenn der Teig nicht mehr klebt
an der mit Zucker eingeriebenen Hand, knete das Ganze so lange, bis
es keinen Zucker mehr aufnimmt, oder der Teig seine Gestalt nicht
mehr ändert. Er kann nicht zu dick sein, darf nicht Wasserdampf
anziehen oder die Bienen beschmieren. Erwärmt worden sind Zucker
und Honig, damit sie im heißen Postwagen nicht heißer haben und
nicht flüssig werden. Das Ganze wird Good=Candy genannt, obschon
Good Krystallzucker statt gepulverten nahm und beides nicht erwärmte.
Nun netze den Zeigefinger an der Zunge, halte ihn an die innere
Mündung der schmalen Oeffnung, stöpsle sie voll Zuckerteig und schließe
außen. Schneide eine Ventilationsöffnung ½ Zoll breit aus dem
Brettchen, das über das Drahttuch kommt.

Wie werben nun die Bienen in dieſen Käfig praktiziert? Lege das Drahttuchſtück an ſeinen Platz und ſchlage an einer Ecke einen Nagel ein, aber nicht ganz, ſo, daß das Drahttuch an ihm gedreht werben kann und eine Oeffnung bildet. Lege den linken Zeigefinger über dieſe Oeffnung und mit der rechten Hand nimm die Königin und ſetze ſie hinein. Sie ſoll ſich mit den Füßen nicht am Drahttuch halten können. Wenn die Begleitbienen hineingeſetzt werben, hebe den Finger nicht auf, ſondern rücke mit ihm auf die Seite. Der Kopf je der neu zugeſetzten Biene verhindert die andern, herauszukommen. Mit ein wenig Uebung geht die Sache ſo ſchnell, wie wenn man Erbſen hinein thäte. Die Begleitbienen ſollten ſechs bis zehn Tage alt ſein, ſich alſo ſchon einmal entleert haben! Zu alte Bienen würden auf der Reiſe ſterben! Man ſchüttelt die Wabe mit den Bienen ein wenig, und während ſie ſich voll Honig ſangen, können ſie am beſten gepackt werben, weil ſie die Köpfe in den Zellen haben und einem die Flügel entgegen ſtrecken. Vor zwölf Stunden dürfen die Bienen nicht auf die Poſt. Man läßt ſie mit nach unten gerichteter Oeffnung etwas unterlegt ſtehen. Die Königin entledigt ſich ihrer Eier. Die Füße und der Hinterleib der Königin ſollen nicht beſchädigt werben. Man darf das alles nicht machen, wenn man nervös iſt, oder jemand einem zuſchaut.

21. Kap. Schädigung der Königinnen durch den Trans= port. Oft tadelt man den Königinlieferanten, wo nur der Trans= port die Urſache iſt, daß die gelieferten Königinnen nicht ſehr frucht= bar ſind. Noch mehr als der Transport ſchadet den Königinnen die plötzliche Unterbrechung im Eierlegen. Die deſte Königin legt infolge deſſen in zwei Jahren nicht, was ſie in zwei Monaten gelegt hätte. Alle großen Königinzüchter wiſſen, daß der Transport den Königinnen ſchadet. Alles Einſperren der Königin einige Tage vor der Reiſe ändert daran nichts. Eine Königin, die ſchwärmt, hört mit dem Eierlegen ſehr allmählig auf. Königinnen, die mitten aus dem Eierlegen heraus verſandt werben, ſind geradezu wertlos. Aber ſie erzeugen Töchter, die ſehr gut ſind, ſo gut als ſie ſelber vorher waren. Von ſolchen ge= tauften Königinnen ſoll man alſo ſobald als möglich Königinnen züchten.

22. Kap. Qualität der Bienen und Farbe der Königinnen. Ueber die beſte Raſſe gehen die Anſichten auseinander. Die ſchwarzen

Bienen gehen gern in die Sections und bauen gern; ihre Deckel über den Honigzellen sind weiß und glatt. Sie rauben gern und lassen sich berauben. Sie rennen von den Waben und aus dem Stock, wenn nicht sorgfältig behandelt. Sie widerstehen der Wachsmotte nicht und sind „arme“ Hüngler, mit Ausnahme von guter Tracht. Sie stechen bei geringster Störung und arbeiten nicht in einem geschäftsmäßigen Weg. Sie leben von der Hand in den Mund, gleichsam nur einen Tag oder so in die Zukunft rechnend. In den Sections bauen sie nur so lange gute Tracht ist. Die geringste Pause läßt das Bauen aufhören. Sie verlängern höchstens noch die angefangenen Zellen. So können sie in einem Sections fünfmal bauen, während andere Rassen auf einmal fertig werden. Einige sagen, die große braune oder die graue sei bedeutend besser als die kleine schwarze. Ich finde keinen Unterschied. Die deutsche Königin ist am meisten konstant in der Farbe: sehr dunkelbraun oben und gelblich-braun unten.

Ich ziehe die Italiener-Bienen allen andern vor für Waben- und Schleuderhonig. Wenn der Brutraum voll Brut ist, arbeiten sie in den Sections beim ersten Erscheinen der Tracht. Besonders ist diese Rasse gut, wenn wir geringe Tracht haben; denn in solchen Zeiten arbeiten sie unermüdlich fort, wenn Bastarde und andere Rassen kaum den Unterhalt gewinnen. Sie besuchen auch den Rotklee und sammeln schönen weißen Honig, wenn die schwarzen Bienen nur dunkeln bringen.

Die Königinnen der Italiener sind in der Farbe sehr wenig konstant, besonders diejenigen einer importierten Mutter, variierend von der einer deutschen Königin bis zu einer glänzend-goldenen Orange-Farbe. Durch Kreuzung mit gleichen Exemplaren entfernter Bienenstände habe ich diese Rasse bedeutend verbessert in Bezug auf ihre Arbeitsqualitäten. Reine Italiener gekreuzt mit reinen Königinnen weit entfernter Stände sind gerade so gut im Honigertrag als Kreuzungen verschiedener Rasse. Die Leute wollen eben schöne Königinnen, wenn sie zugleich gut sind.

23. Kap. Züchtung einiger weniger Königinnen. Der Imker sollte sein Geld nicht für Königinnen ausgeben, sondern sie selber ziehen, und zwar so, daß die „Rasse“ besser wird. — Wenn man junge offene Brut in den Aufsatz über das Absperrgitter thut, gibt es

dort nach vier bis fünf Tagen eine oder einige natürliche Königinzellen mit königlichem Futtersaft ꝛc. (Besonders wenn man noch die
Drahtgeflechtrahme unterschiebt. Siehe später. S.) Von Ende Mai
bis 10. September 1898 habe ich von einem Volk alle drei Tage
18 Königinzellen erhalten.

Wenn eine alte Königin im Brutraum ersetzt werden soll, lege
einen Aufsatz auf mit einem Absperrgitter darunter, plaziere eine Wabe
und am folgenden Tag eine Königinzelle darein; wenn sie ausgeschlüpft
ist, ziehe das Absperrgitter weg. (Dieses Verfahren läßt sich vielleicht
noch vereinfachen. Siehe darüber unten. S.)

Anhang: Produktion von Wabenhonig. (Ich zitiere nur fol=
genden Satz. S.) Wie oft finden wir Leute Bienen halten nach dem
Konsumierungsplan, bei dem sie keinen Honig erhalten. Die Bienen
müssen zur rechten Zeit da sein, sonst werden sie nur Konsumenten
statt Produzenten. Ein Volk braucht im Frühling etwa sechs Wochen,
um sich gehörig zu entwickeln. Nachher wird die Brut eingeschränkt.

Die August=Nummer der Revue 1900 brachte die Uebersetzung
eines Aufsatzes von Dr. Miller aus den Gleanings in Beeculture.
in welchem nachgewiesen ist, daß, wenn einem entweiselten Stock Eier
zur Königinzucht eingehängt werden, damit noch lange nicht gesagt ist,
daß die Bienen Königinzellen errichten, sobald die Larven alt genug
sind, sondern daß es unter diesen Umständen geschehen kann, daß die
Königinzellen erst errichtet werden, nachdem die Larven zu alt geworden.
Das ist bei der Methode Doolittle nicht der Fall und nicht möglich.
Die königliche Ernährung und Behandlung der Larve von seiten der
Bienen ist von Anfang an eine „vollendete Thatsache"; darum wachsen
auch die Larven schneller und die Königinnen sind besser. Bei der
Zucht aus Eiern sind die Königinnen nicht gleichmäßig reif. Man
kennt also das Alter der Nymphen in künstlichen Doolittle=Zellen besser.

Die Doolittle=Königinzucht im Brutraum des Dadant=
Alberti=Kastens nach der Methode Giraud Pabou. In der
November=Nummer 1899 der Revue internationale d'apiculture,
Nyon, hatte Herr Giraud Pabou, au Landreau, Loire inférieure,
France, über seine Königinzucht nach Doolittle im Brutraum des

Dadant=Blattkastens berichtet. Nachdem ich durch Herrn Ed. Bertrand
seine genaue Adresse erfahren, setzte ich mich mit ihm in Verbindung
und erhielt von ihm die erste Auflage von Doolittles Buch zugleich
mit dem Büchlein von Alley. Letzten Herbst sandte mir Herr Giraud
Pabou umstehende prächtige Photographien. Der junge Mann ist der
dritte Sohn des Herrn Giraud Pabou. Er schreibt mir dazu folgendes:
Es thut mir leid, daß Sie nicht an den Bienenzuchtkongreß nach
Paris gekommen sind; Sie hätten die Bekanntschaft großer Bienen=
züchter machen können, namentlich des Sohnes des Herrn Charles
Dadant in Nordamerika, welcher am Kongreß dem Publikum meine
„Zuchtlatten" gezeigt hat mit den Worten: „Sie sehen da, meine
Herren, was wohl noch niemand unter Ihnen weder in Frankreich
noch in Europa gesehen hat." Und niemand hat Einsprache erhoben.
Nur der Directeur der Bienenzeitung Le Rucher Belge hat Herrn
Camille Dadant um seine Meinung gefragt betreffend die Methode,
die ich soeben beschrieben hatte. Herr Dadant antwortete ihm: „Das
ist das Beste, was bei uns praktiziert wird und was in ganz Amerika
als das Beste anerkannt wird." Sie können also sagen, daß wir es
sind, welche diese Methode der Königinzucht in Europa eingeführt haben,
die die Rassen verbessern wird durch die Auswahl, die sie ermöglicht,
und durch die große Zahl der Königinnen, welche ein einziger Zucht=
kasten liefern kann. Ein einziges Volk hat uns in den beiden Monaten
Mai und Juni 314 Königinnen erzogen; und wir hätten es noch
mehr züchten lassen können, wenn wir gewollt hätten. Ich gratuliere
Ihnen von Herzen zu Ihrem Erfolg in den Zuchtversuchen nach dieser
Methode; denn wir selber sind erst im dritten Jahre so weit gekommen. —
Ich besitze 1500 m von hier einen zweiten isolierten Bienenstand mit
nur reinen Italiener=Bienen in zwei großen Stöcken, welche die Drohnen
für die jungen Mütter liefern müssen. Diese Bienen sind sehr zahm."

Und nun der Dadant=Alberti=Kasten! Die Doolittle=Königin=
zucht gestaltet sich im Frühling am besten und zugleich am meisten
praktisch im Brutraum, der beim Dadant=Alberti=Kasten trotz des
Königinabsperrgitters sehr leicht zu behandeln ist. Der Betrieb dieser
Methode im Aufsatz hat gewiß seine Vorteile, aber auch seine Nachteile,
welche im Brutraum nicht vorhanden sind. Im Brutraum kann

Doolittle'sche Königinzucht betrieben werden, indem man entweder die
Königin über das Absperrgitter in den Aufsatz setzt oder die Königin
im Brutraum beläßt, aber dann (Alley) die künstlichen mit königlichem
Futtersaft und Rassenlarven versehenen Königinzellen auf beiden Seiten
der Brutrahme mit Absperrgitterstreifen einschließt. Das Einfachste aber

Fig. 80. S. Giraud Pabou, Le Landreau, Loire inférieure, France.

ist, den Brutraum selber durch ein Absperrgitter in zwei Hälften zu
teilen. (Man muß dann weder die Königin in den Aufsatz setzen noch
die künstlichen Zellen durch Absperrgitter einschließen.) Das ist die
Methode des Herrn Giraud Pabou. Ich beschränke mich zunächst darauf,
zu zeigen, in welcher Weise der Blätterbrutraum des Dadant-Alberti-
Kastens durch ein Absperrgitter in zwei Teile geschieden wird, und weise

sodann noch kurz auf die großen Vorteile hin, welche namentlich im
Frühling die Zucht im Brutraum hat im Vergleich zu derjenigen im
Aufsatz. — Das Absperrgitter wird eingeschoben in der Wabengasse,
welche sich rechts von der mittelsten Brutwabe befindet. Allein eine
solche Wabengasse ist zu eng, um das Einschieben eines Absperrgitters

Fig. 81. S. Giraud Pabou, Le Landreau, Loire inférieure, France.

Aehnliche Zuchtlatten mit ausgebauten Doolittle-Königinzellen wurden am Kurs in Scherzingen
vorgezeigt und an der Wanderversammlung resp. Ausstellung in Basel ausgestellt

ohne weiteres zu gestatten. Eine Wabe ist ungefähr 25 mm dick, die
Wabengasse also 10 mm breit (35—25). Würde die letztere durch
ein Absperrgitter halbiert, das ohne Rahme eingestellt werden und
darum aus dickem Zink bestehen muß, so blieben auf beiden Seiten des
Absperrgitters kaum 4—5 mm Gasse übrig. Die Brut auf beiden

Seiten des Absperrgitters müßte also geradezu sterben. Wer mit der Konstruktion des Brutraumes vertraut ist, nicht nur des Dadant=Alberti= Kastens, sondern auch des Original=Amerikaners, der weiß, daß man auf beiden Seiten links und rechts von den Waben, also an den Seiten= wänden, zu der Zahl von Millimetern, die entsteht, wenn man die Zahl der Brutwaben mit 35 (Distanz von Waben= zu Wabenmitte) multipliziert, je 5 mm zugibt. Es entsteht so auch an den Seiten= wänden je eine Wabengasse von zirka 10 mm. Diese 5 mm müssen auch auf jeder Seite des Absperrgitters zugegeben werden. Die be= treffende durch das Absperrgitter halbierte Wabengasse wird 20 mm breit gemacht statt bloß 10 mm. Es bleiben auf jeder Seite des Ab= sperrgitters noch 10 mm Gasse zwischen Gitter und Wabe. — Wer nun in Kasten imkert, welche keine Blätterrechen haben und welche ge= statten, die Waben beliebig nach links und rechts oder wie beim Schweizer=Kasten nach vorn und hinten zu rücken, der kann einfach, um für das Absperrgitter den nötigen Raum zu gewinnen, die außer dem= selben oder hinter demselben hängenden Waden auf die Seite oder nach hinten ziehen. Das geht nun beim Blätterbrutraum nicht so ohne weiteres. Aber auch wo im Falz des Original=Amerikaners Agraffen sich befinden ist es nicht möglich, und in Kasten mit Abstand= stiften oder =Bügeln an den Rahmen müßte auch das Absperrgitter solche erhalten. Im Blätterbrutraum erstellt man eine einfache Vor= richtung, welche gestattet, den Blätterrechen selber von der ge= nannten Wabengasse an um 10 mm nach rechts zu schieben. Man verfährt dabei folgendermaßen. Man sägt den Rechen mit etwas Holz heraus und schneidet 10 oder 11 mm ab, wenn man nicht vorzieht, in der Seitenwand eine Oeffnung herauszustemmen. Zuerst werden die Rechen wie sonst vollständig, mit der Lehre, eingeschlagen. Der untere Rechen kommt 6 cm über den Boden, der obere 3 cm unter Ober= kant=Brutraum. Man bestimmt an der Stirnwand die genaue Mitte, also die Mitte der mittelsten Wabe, und macht rechts von dieser Mitte, 17,5 mm von ihr entfernt (die Hälfte von 35), also in der Mitte der Wabengasse, einen senkrechten Strich 20 mm lang, je 10 mm über und unter den Rechen reichend. So auch beim unteren Rechen. Diesen Strich schneide ich mit der Laubsäge. Nun werden beim oberen und

unteren Rechen je 10 mm über und unter dem Rechen Striche ge=
zeichnet parallel zum Rechen bis an die rechte Seitenwand. Und zwar
zeichnet man diese vier Striche außen, an der Außenseite der Stirn=
wand, und sägt sie von außen ebenfalls durch mit der Lochsäge. Ich
kann jetzt oben und unten je ein 2 cm breites herausgesägtes Holzstück
aus der Stirnwand nehmen, in deren Mitte (in der Längsrichtung) der
Rechen für je sechs Brutrahmen sich befindet. An diesen zwei Holzstücken
werden je am rechten Ende 11 mm abgesägt oder man stemmt die Seiten=
wand durch, so daß ich diesen Teil des Rechens oben und unten um
11 mm nach rechts schieben kann. Dadurch entsteht für das Absperr=
gitter die Wabengasse von 20 mm Breite oder auf beiden Seiten des
Absperrgitters ein Raum von 10 mm. Damit diese herausgesägten,
beweglichen, verschiebbaren Rechenholzstücke nicht nach innen herausfallen,
schraube ich denselben außen je zwei kleine 30 mm lange und 10 mm
breite Querhölzchen von Rähmchenholz auf. Sie sind drehbar und
erlauben die Wegnahme dieses Rechenteiles nach innen, wenn die Quer=
hölzchen parallel zum Rechen gedreht werden. Innen nagle ich an die
Rechenholzstücke unterhalb und oberhalb des Rechens je zwei Streifen
von Zinkblech auf, bis an den Rechen reichend und je 10 mm über
das Holz resp. über den wagrechten Schnitt vorstehend. Sie sind genau
so lang wie die Rechenholzstücke. Diese Zinkblechstreifen hindern die
Rechenholzstücke am Nachauswärtsfallen und verhindern zugleich, daß
das Holzstück so angekittet wird, daß es nicht mehr hin= und her=
geschoben werden kann. Man fährt, um diese Blechstreifen von der
Stirnwand zu lösen, einfach mit dem Reinigungsmesser unter die=
selben. Damit, wenn der bewegliche Rechenteil nach rechts geschoben
ist, je die äußerste halbe Agraffe Platz hat, wird in der Seitenwand
an der betreffenden Stelle je eine kleine Kerbung ausgestemmt. Um
dem nach rechts geschobenen Rechenteil festen Halt zu geben auch nach
dieser Richtung, wird in die Oeffnung von 20×10 mm in der be=
züglichen Wabengasse je ein kleiner Keil von entsprechender Größe ein=
geschoben; diese Keile verhindern zugleich die Ausfüllung dieser Oeff=
nungen mit Propolis. Sie sind so geschnefelt (geschnitten), daß man sie
auch an der Seitenwand von oben hinter die äußerste halbe Agraffe stecken
kann, wenn der bewegliche Rechenteil wieder zurückgeschoben ist. Auf

diese Weise sind auch hier die bezüglichen Oeffnungen geschlossen und
können sie ebenfalls nicht mit Kittharz ausgefüllt werden. — Die
Agraffe der Wabengasse, in welcher das Absperrgitter eingeschoben wird,
kann natürlich nicht beibehalten, sondern muß durch zwei halbe ersetzt
werden. Für diese „halben" Agraffen nehme ich immer eine ganze,
die ich so zusammendrücke, daß die Schenkel parallel zu einander zu
liegen kommen. Sie werden so eingeschlagen, daß diese Schenkel unter
einander resp. auf einander sich befinden. Die zwei Keile, von denen
die Rede war, haben je auf der Stirn in der Mitte einen senkrechten
Sägeschnitt, in welchen das Absperrgitter hineingestoßen wird. —
Die mittlere Holzleiste des Rostes, welche bis an das Fenster reichen
muß, kommt genau unter diese Sägeschnitte in den Keilen zu liegen.
Auf diese Holzleiste legt man ein gleich langes 22 mm breites resp. hohes
Rähmchenholzstück, in welchem mit der Laubsäge unten 8 mm tiefe
Einkerbungen ausgesägt werden an den drei Stellen, wo die Eisen=
stäbe des Rostes liegen. Auf diese obere Leiste kommt das Absperr=
gitter zu stehen. Damit es nicht nach links oder rechts hinunterfallen kann,
wird vom „mechanischen" Schreiner der Länge nach ein Sägeschnitt ge=
sägt oder es werden in der oberen Schmalseite dieser zweiten oberen
Leiste an drei Orten Paare von Stiften ohne Köpfe eingeschlagen, aber
nicht ganz, sondern etwa 5 mm vorstehend. Diese auf dem Rost liegende
Leiste wird an der unter dem Rost liegenden befestigt ebenfalls durch
Stifte, die durch jene hindurchgeschlagen werden, aber auch nicht ganz,
oder durch Zinkblech, das man der oberen Leiste aufnagelt, so daß es
wie ein Futteral über die untere Leiste geht. Man kann es auch nach
oben über Oberkant der oberen Leiste vorstehen lassen, etwas nach ein=
wärts und abwärts falten und so die Rinne erstellen, in welche das
Absperrgitter kommt. Man nagelt einfach durch das Zinkblech hin=
durch, um es an der (oberen) Leiste festzumachen. In Fortsetzung dieser
zwei auf einander liegenden Holzleisten des Rostes wird auch der
Fluglochkanal halbiert, wieder mit Rähmchenholz. In der Keilöffnung
des Fensters wird da, wo diese zwei auf einander liegenden Holz=
leisten des Rostes das Fenster treffen, unten an die untere wagrechte
Fensterrahme ein Klötzchen angenagelt, so dick wie die Fensterrahme
und so hoch wie die Keilöffnung, damit die Königin auch hier nicht

durch kann. Oder die mittlere Holzleiste des Rostes wird einfach bis
an die Fensteraußenseite verlängert, wenn das Fenster keine Füße hat,
sondern auf den verlängerten Seitenlisten des Rostes steht. Beim oberen
Rechen am Fenster, in der Wabengasse des Absperrgitters, werden noch
zwei Stifte ohne Köpfe neben einander und zwar etwas schräg aus=
einander gehend eingeschlagen, um das Absperrgitter aufzunehmen und
in der richtigen Lage zu halten. Das Fenster muß natürlich bei diesem
Zuchtkasten von außen festgemacht werden, am besten durch die einfache
Einrichtung, die Herr Spühler an den Fenstern seiner Blätterkasten
hat. Es sind zwei Riegel aus Draht, die rechts oben und links unten
am Fenster unter drei Agraffen beweglich befestigt sind und in ein
entsprechendes Löchlein je in der Seitenwand geschoben werden können.
Für diesen Kasten ziehe ich zum Verschließen der Keilöffnung den neuen
beweglichen Schieber vor. Wird ein Keil verwendet, so muß er da,
wo er auf die doppelte mittlere Holzleiste des Rostes stößt, aus=
geschnitten werden. Das der untern wagrechten Fensterrahme unten
angenagelte Klötzchen fällt dann natürlich weg.

Wie soll es am Fenster mit dem Rechen gehalten werden? Am
einfachsten ist, man hat zwei Fenster, das eine mit dem gewöhnlichen
Rechen, wenn das Absperrgitter im Stock nicht eingeschoben ist, und
ein Fenster, in dem die Agraffen von der Absperrgittergasse an um
10 mm nach rechts eingeschlagen sind. Man kann es aber auch mit
einem Fenster machen; reiße alle Blätterbügel auf der rechten Hälfte
aus und nimm ein entsprechendes Stück des Blätterrechenstreifens von
Heidenreich, das unten und oben jeweilen bald angenagelt, wieder
abgerissen und je 10 mm nach links oder rechts geschoben und neu
angenagelt ist. Der neue Blätterrechenstreifen von Heidenreich kann
auch an der Stirnwand verwendet und mit Schräubchen in ent=
sprechenden Schlitzen so befestigt werden, daß man ihn in der Länge
für sechs Waben 10 mm auf die Seite bewegen kann.

Brauche ich den so präparierten Kasten für die Doolittle'sche
Königinzucht, so habe ich bloß Rahmen und Schiedbretter auf der
rechten Seite herauszunehmen, die beweglichen Rechenteile nach rechts
zu schieben (die Keile einzustoßen), die obere Holzleiste aufzulegen,
das Absperrgitter einzuschieben und die Waben und Schiede wieder

einzuſtellen. Ich bemerke noch: die Schiebbretter befinden ſich in dieſem
Kaſten meiſtens an den Seitenwänden und zwar nur je eines. Und
zwar verwende ich des bequemeren Blätterns wegen je als äußeres
Schiebbrett ein ſolches, das nicht aus einer mit Holz gefüllten Brut=
rahme beſteht, ſondern erſtellt wird, indem man zwei über einander
ſtehenden wagrecht liegenden Brettern vorn ein 22 mm breites und
300 mm langes Rähmchenholz an die ſenkrechte Stirnſeite aufnagelt,
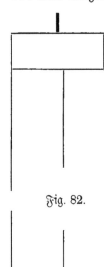
mit der Innenſeite des Brettes bündig, und hinten
in gleicher Weiſe ein gleich langes, aber nur 12 mm
breites Rähmchenholz. Das Brett iſt alſo nur zirka
12 mm dick. Aber dieſe Schiebbretter werden freilich
gern „windſch“, d. h. ſie gehen aus ihrer Ebene, was
zwar nicht viel zu ſagen hat. Um das zu vermeiden,
kann man ſie ebenfalls aus einer Brutrahme erſtellen.
Der hintere ſenkrechte Rähmchenteil wird dann auf
12 mm Breite abgehobelt, und die wagrechten Rahmen=
teile werden ebenfalls abgehobelt, ſo daß ſie nach
hinten auf dieſe 12 mm ſchräg zulaufen. Oder man
erſtellt dieſe Schiebbretter mit genuteten Stirnleiſten
vorn und hinten; dann werden ſie nicht windſch. In
den andern Kaſten habe ich alle vier Schiebbretter
gleich, nämlich 22 oder noch beſſer 25 mm dick,
damit bei guter Tracht die außer dem Doppelſchied
befindlichen Waben nicht zu ſchwer und zu klotzig
werden. Im Zuchtkaſten aber werden die Waben
nicht außerhalb der Schiebbretterpaare geſtellt und
rechts käme das äußere Schiebbrett ſowieſo direkt an
die Seitenwand, wenn es auch hinten 22 mm dick wäre. — Man
braucht für den ganzen Bienenſtand nur einen Kaſten ſo einzurichten.
Ich kann jeden Kaſten in meinem Pavillon wegnehmen und dieſen
Zuchtkaſten an deſſen Stelle ſchieben, das betreffende Volk in denſelben
mühelos umlogierend. Es iſt darum nicht abſolut notwendig, den
einen Teil des Blätterrechens beweglich zu machen; ich kann ihn auch
dauernd und unbeweglich 10 mm ſeitwärts einſchlagen. Ich nehme
dann bloß dieſen Brutraum weg und erſetze ihn durch einen andern,

Fig. 82.

wenn ich nicht mehr züchte und das Absperrgitter im Brutraum nicht
mehr brauche. Es ist von Vorteil, das Absperrgitter möglichst in der
Mitte des Brutraums anzubringen. Aber dann geht es unter der
Futterlücke durch. Beim Füttern könnte also die Königin in die andere
Abteilung hinübergehen. Um das zu verhindern, nagelt man unten
bis zum Absperrgitter ein Stück Zinkblech an das Deckbrett auf der
Seite, wo das Absperrgitter näher dem Rand der Lücke ist, und damit
das Tellerchen eben bleibt, noch einen Zinkblechstreifen auf der
andern Seite. Ich kann aber auch diesen Kasten immer an derselben
Stelle, an einer günstig gelegenen, z. B. in der unteren Etage, haben.
Denn das ist nun der große Vorteil der ganzen Einrichtung,
daß man ja aus jedem beliebigen Kasten des Bienenstandes Brut=
waben entnehmen und das Zuchtvolk damit verstärken kann. Die
Königin des Zuchtvolkes braucht nicht selber die Rassenkönigin zu
sein, obschon man auch das ohne Mühe haben kann. Man setzt sie
ihm einfach zu. Ich brauche dann nicht noch andere Kasten auf=
zumachen, um jeweilen Rassenlarven zu bekommen. — Die Honigernte
wird auch bei diesem Zuchtvolk nicht im geringsten beeinträchtigt; denn
über dieser unten sich vollziehenden Zucht befindet sich in der Schub=
lade keine Brut. Im Gegenteil, der Honigertrag des Zuchtvolkes
wird ein großer sein, weil man es verstärkt. Im Frühling wird
man übrigens je nach Umständen gut thun, den Aufsatz nicht auf=
zusetzen, sondern den Brutraum des Zuchtkastens warm zu halten und
wenn nötig den Honig aus den nicht Brut enthaltenden Brutwaben
zu schleudern. Lediglich um diesen Honig verkaufen zu können, füttere
ich Honig, wenn's nötig ist. Nach der Tracht nehme ich Frankenthaler=
Zucker, den ich eventuell schleudern und als Winterfutter verwenden
kann. Das den Larven gereichte Futter ist absolut geschmacklos. Die
Larve, die im Futtersaft schwimmt, assimiliert den größten Teil davon
nicht durch den Mund, sondern durch die Leibesoberfläche. Ist die
Tracht längere Zeit schlecht, und will ich vor Trachtschluß dennoch
gute Königinnen züchten und zwar durch Honigfütterung, dann kann
man die nicht Brut enthaltenden Brutwaben auch in diesem Zucht=
kasten außerhalb der doppelten Schiedbretter stellen; von dem gefütterten
Honig geht dann nicht viel verloren für unnütze Brut; er wird einfach

wieder aufgespeichert, wenigstens zum großen Teil. — Da die in den
künstlichen, mit königlichem Futterbrei und mit Rassenlarven versehenen
Königinzellen erbrüteten Königinnen genau wie bei der natürlichen
stillen Umweiselung am besten gedeihen zwischen offener Brut, so kann
ich solche immer wieder aus der einen Hälfte des Brutraums in die
andere hinüberstellen und dafür die leeren Waben oder Brut aus andern
Kasten da einstellen, wo ich jene genommen. Das Einhängen von
offener Brut in den Aufsätzen wäre mit mehr Umständen verbunden;
man müßte ein Volk in einem Aufsatz haben oder eine zweite Königin
hinauf thun. Aber das würde die Eierlage und die Ernte beein=
trächtigen. Aus diesem Grund ist die Doolittle'sche Königinzucht in
dem durch ein Absperrgitter in zwei Hälften getrennten Brutraum
so einfach und praktisch. Im Aufsatz habe ich die Königinzellen immer
unten in der Honigrahme; im Brutraum dagegen plaziere ich die
Königinzellen im oberen Teil der Brutrahme. Im Brutraum ist es
im Frühling wärmer als im Aufsatz, besonders wenn man durchs
warm gehaltene Deckbrett hindurch mit dem Thüringer Luftballon
füttert. — Mit dieser Einrichtung will ich in zwei Monaten einige
Hundert der feinsten Königinnen züchten. Sobald die Königinnen
ganz oder bald verdeckelt sind, können sie, damit neue Königinnen
gezüchtet werden können, auf die Seite gerückt oder mit etwas Brut
in den Aufsatz (auch anderer Völker) über das Absperrgitter gehängt
werden. Wenn ich neben der Bienenzucht nicht noch anderes zu thun
hätte, wollte ich in einigen Jahren die ganze Schweiz mit unbefruchteten
Königinnen schwarzer Rasse überschwemmen.

Noch eine Bemerkung über die Königinzucht in den Schubladen,
resp. Aufsätzen. Man bekommt etwa Vorschwärme, denen man die
alte Königin entweiselt, um sie dem Mutterstock zurückzugeben. Statt
dessen kann man solche Vorschwärme in Schubladen einlogieren, wenn
sie viel Brut haben, dem Volk im Brutraum mit Absperrgitter ver=
einigen, die Königin erst jetzt kassieren und dann im Aufsatz amerikanische
Weiselzucht treiben. Statt die Königin zu töten, kann man sie mit
etwas Brut einem andern Aufsatz zusetzen 2c. 2c.

Daß die auf diese amerikanische Art gezüchteten Königinnen gut
sind, bezeugt auch Root in seinem Buche „Das A B C der Bienen=

zucht" mit der Erklärung, daß die so gezüchteten Königinnen überall verlangt und bevorzugt werden.

Ueber die Frage: „welchen Grad von Kälte kann Bienenbrut nicht ertragen ohne zu sterben oder in der Entwicklung gehindert zu sein?" veröffentlicht Herr Redaktor von Rauschenfels in der März= und April= Nummer 1900 des Apicoltore folgendes:

1) Bienenbrut: Nymphen, Larven und Embryonen von bebrüteten Eiern gehen außerhalb des Stockes und von Bienen nicht belagert wahrscheinlich schon bei 0 ⁰ vielleicht schon nach einer Stunde zu Grunde.

2) Von Bienen nicht belagerte Brut, der Stockwärme entzogen und während einiger Stunden einer langsam aber beständig sinkenden Temperatur ausgesetzt, hört bei zirka 5 ⁰ Wärme auf zu essen und erstarrt nach und nach, wenn der Wärmeentzug fortdauert. Die Ge= fräßigkeit der Larve ist ungeheuer. Nach Vogel wiegt das Ei 0,165 Milligramm, die soeben ausgeschlüpfte Larve 0,135 Milligramm und die vollständig entwickelte Larve 150 Milligramm; in wenig mehr als fünf Tagen hat sie also zirka 1100 Mal das eigene Gewicht zugenommen.

3) Wenn die erstarrte Brut nicht zu lange, nicht über zwei bis drei Stunden ungefähr, in dem Zustand der Lethargie bleibt und wieder in den Stock zurückgebracht wird, gibt sie Lebenszeichen von sich; aber nur ein kleiner Teil der wieder lebendig gewordenen Brut bleibt am Leben oder entwickelt sich normal.

4) Derselbe Temperaturgrad, welcher Nymphen und Larven tötet oder die spätere Entwicklung hemmt, tötet auch die Embryos im Ei oder hemmt ihre Entwicklung.

Die Brut hat also ein sehr zähes Leben.

„Mehr als für die Arbeiterbrut," schreibt Dr. Dzierzon, „fürchte ich für die Königinzellen. Eine Erkältung derselben hat zur Folge, daß die junge Königin, auch wenn sie munter aus der Zelle schlüpft, ungenügend entwickelte Flügel hat, derart, daß sie ganz ohne Wert ist."

Eine zeitweilige Abkühlung der Brut, wie jene z. B., die nötig ist, um in kalter Jahreszeit eine Operation im Bienenstand vorzu= nehmen, schadet der kleinsten Larve gar nichts, wenn sie wieder in den

Stock zurückgebracht wird. Mehr schadet es den Larven, wenn sie
außerhalb des Stockes hungern müssen, was freilich weniger bei 1 bis
3 Tage alten, als bei noch älteren leicht der Fall ist. Dadant schreibt:
Wir haben beim Schleudern nie den Verlust von Brut konstatiert,
wenn nicht die Larven herausgeschleudert wurden. Vogel sagt: Die
königlichen und Drohnennymphen brauchen während ihrer
Umwandlung mehr Wärme als Arbeiternymphen. Bei 12° R.
sterben die Königinnen in den Zellen immer, die Nymphen der Drohnen
meistens.

So weit von Rauschenfels.

Wer also Doolittle'sche Königinzucht treibt, braucht nicht ängstlich
zu sein in Bezug auf die Temperatur. Ein Zimmer oder die Küche
ist, wenn nötig, bald erwärmt. Das Hin= und Hertragen der mit
Flanell etwas eingehüllten Larven macht ihnen nichts. Auch kann
man ja warten, bis die Temperatur mehr sommerlich geworden.

Schließlich noch einige Bemerkungen aus eigener Erfahrung
über die Doolittle=Königinzucht. Ich habe darüber in Gerstungs Zeitung:
Die deutsche Bienenzucht in Theorie und Praxis, Juni 1901, folgendes
berichtet: In diesem Kasten befindet sich ein großes Volk „brauner"
Landrasse mit guter letztjähriger Königin. Durch Reizfütterung hatte
ich das Volk getrieben und durch Brut und Bienen aus einem andern
Volke verstärkt. Die Königin befindet sich links vom Absperrgitter.
Nun stellte ich zuerst zwei Brut enthaltende Waben ohne Königin auf
die rechte Seite vom Absperrgitter in der Erwartung, es würden
Königinzellen angesetzt, was aber trotz der Fütterung nicht geschah.
Es war kalt und regnerisch. Dann nahm ich zwei fast leere Brut=
waben mit Königin und stellte sie rechts vom Absperrgitter. Das
war am 6. Mai. Ich wußte, daß es sich bei der Doolittle=Methode
nicht nur darum handelt, in trachtloser Zeit mindestens drei Tage
lang, bevor man die Weiselzellen gibt, zu füttern, einige 100 Gramm
täglich, sondern daß es auch ratsam ist, die künstlichen mit königlichem
Futterbrei und Larven versehenen Weiselzellen zwischen zwei Waben
mit offener Brut zu hängen, aus einleuchtenden Gründen, die sich
aus der Futtersaftlehre ergeben.

Letzten Samstag, den 11. Mai, that ich die Königin wieder

retour und hing nun zwiſchen dieſe zwei jetzt offene Brut enthaltenden
Waben 11 präparierte Weiſelzellen. Den königlichen Futterbrei ent=
nahm ich einem Volke, das ich entweiſelt hatte. Während der Operation
regnete es, aber ich bekam keinen Stich, weil ich ja vorher gefüttert
hatte. Was mich bei dieſer Operation höchlich überraſchte, das war
einmal der ſtaunenswerte Ueberfluß an Futterſaft, in welchem auf
dieſen beiden Waben (auf denen die Königin allein Eier legen konnte)
die Arbeiterlarven ſchwammen und ſodann zwei allerliebſte natürliche
Königinzellen, die eine mit einem Ei, die andere mit einer Larve, die
ich auf dieſen zwei Waben fand. Es wäre alſo gar nicht nötig geweſen,
ein anderes Volk zu entweiſeln. Ueberraſchend iſt nun aber die Sache
bei näherer Betrachtung nicht; doch will ich das nicht ausführen. Ich
nahm die Larve aus der einen natürlichen Königinzelle heraus und
legte ſie beiſeite. Das Herausnehmen der Larven, auch der kleinſten,
mit einem geſpitzten Hölzchen war wegen der Ueberfülle des Futters
in den Arbeiterzellen leicht. Ich mache das im warmen Studier=
zimmer und ſtelle dazu einen kleinen Tiſch ans Fenſter, mit der rechten
Hand dem Fenſter zugekehrt, die linke hält die Wabe, ſo daß das
Licht direkt in die Zellen fällt; einige dieſer letzteren, welche die paſſenden
Larven enthalten, werden abraſiert. Vorher ſchon hat man den könig=
lichen Futterbrei in die auf einem Stäbchen befindlichen und nach
aufwärts gelehrten künſtlichen Zellen verteilt. Man bedient ſich dabei
zweier etwas breiter geſpitzter Hölzchen, indem man mit dem einen
den Brei vom andern abſtößt in den Zellengrund hinein, wo er haften
bleibt. Das ſpitzigere Hölzchen, auf welchem die Larve liegt, wird
einfach durch den in der künſtlichen Weiſelzelle befindlichen Brei hindurch
geſtoßen, dann bleibt die Larve von ſelbſt auf der Oberfläche des
Breies hängen. — In eine dieſer künſtlichen Zellen that ich die Larve
(aus der natürlichen Zelle), die ich beiſeite gelegt hatte.

Am folgenden Tag, 12. Mai, machte ich ſiegesgewiß den Kaſten
auf. Aber o weh! Alle dieſe künſtlichen Zellen waren leer, mit Aus=
nahme derjenigen, welche die der natürlichen Zelle entnommene Larve
enthielt. Warum? Ich hätte entweder die Königin rechts laſſen und
die künſtlichen Weiſelzellen links einſtellen, oder dann die Königin
retournieren und erſt einige Tage nachher die Weiſelzellen rechts

zwischen die offene Brut geben sollen. Auch hatte ich den königlichen
Futterbrei aus verdeckelten statt aus offenen Königinzellen genommen.
Doch ich habe noch eine bei dieser Gelegenheit gemachte Entdeckung zu
berichten. In der natürlichen Weiselzelle, aus der ich die Larve ge=
nommen hatte, war wieder eine Larve. Die Bienen haben also
ein Ei oder eine Larve in den dort befindlichen königlichen Futterbrei
transportiert. (Diese Thatsache ist hochinteressant! D. R.) Ich
entfernte sie wieder und benutzte nun ihren noch ganz flüssigen Brei,
um eine Reihe neuer künstlicher Weiselzellen zu präparieren und ein=
zustellen und zwar mit dem Absperrblech an Stelle des Absperrgitters.
Heute morgen nun habe ich gesehen, daß von elf Zellen neun
angenommen sind und prächtig gedeihen. Das Blech habe ich
wieder entfernt und durch das Absperrgitter ersetzt, damit die beiden
Hälften mehr ein Ganzes bilden. Nachdem sich inzwischen die
Tracht eingestellt hat, habe ich auch diesem Zuchtkasten den Aufsatz
gegeben, selbstverständlich mit Absperrgitter darunter. Es befinden sich
also in diesem Kasten zwei Absperrgitter: ein vertikales im Brutraume
und ein horizontales über dem Brutraume.

Das Schwerste ist, wie bei allem, der Anfang, bis man königlichen
Futterbrei hat. Allein mit der Anwendung des Absperrbleches ist auch
diese Schwierigkeit beseitigt. Dasselbe ist, wie wir gesehen haben, nicht
einmal nötig, aber sicherer. Man muß übrigens, wenn man diese
Einrichtung nicht hat, nur Geduld haben, bis man einen Schwarm
bekommt. Oder aber man hat ein Volk, das man doch vereinigt hätte,
zum Entweiseln und Produzieren von königlichem Futterbrei.

Die Weiselzucht im Brutraume hat zwei große Vorteile: Man
kann anderen Stöcken Brut entnehmen und man kann Königinnen
züchten zu einer Zeit, wo im Aufsatze noch nicht viel Leben ist.
Allein damit ist noch nicht gesagt, daß die Königinzucht im Aufsatze
nicht besser sei, namentlich im Amerikanerkasten bei warmer Sommer=
temperatur über dem breiten niedrigen Brutraume und in dem ebenfalls
breiten niedrigen, gutgedeckten Aufsatze im Mittelpunkte der höchsten
Stockwärme. Dazu muß man freilich in irgend einer Schublade einen
Schwarm einlogiert haben, um ihm Honigwaben mit offener Brut
entnehmen zu können, oder man setzt eine zweite Königin hinauf.

Das Allerfeinste ist, man vereinigt einen Schwarm in einem Aufsatze mit eierlegender Königin über dem Absperrgitter eines starken Volkes und kassiert die obere Königin (des zugesetzten Schwarmes) erst, nachdem sie einige Honigwaben mit Brut gefüllt hat.

Die Qualität einer Königin ist nichts anderes als das Gleich= gewicht, in das sie sich während ihres Entstehens setzt mit den denkbar günstigsten Bedingungen der Gebärmutter, die wir als Bien gleichsam „komponieren" können. Den Unter= schied zwischen ererbten und erworbenen Eigenschaften kann niemand anerkennen, der weiß, daß es sich einfach darum handelt, daß aktuell werde, was potenzialiter (als Anlage) immer vorhanden ist. Zucht= wahl u. s. w. ist veraltete darwinistische Erklärung dessen, was auch wir als Entwicklung anerkennen, aber anders erklären und begründen. Und daß das Ziel der Kulturrassenzucht kein anderes ist, als möglichste Fruchtbarkeit innerhalb einer nicht schwarmlustigen Art, das ist selbst= verständlich.

Das Züchten mit künstlichen Zellen gibt nicht mehr, eher weniger zu thun als das Präparieren von Eierstreifen, und hat auch seine Vorteile, die ich hier nicht aufzähle. Dazu ist es so reizend und aller= liebst, daß kaum ein Bienenfreund der Versuchung widerstehen wird, die Sache zu probieren, nachdem er sich überzeugt, daß sie sehr ein= fach und absolut sicher ist, wenn richtig gemacht. Das Schiedblech kann natürlich besser angewendet werden in einem Kasten, wo die Waben Kaltbaustellung haben, d. h. wo auch das Flugloch halbiert werden kann.

Die Amerikaner wissen es längst, daß der Schwarmtrieb sich durch tägliches Füttern von einigen 100 Gramm produzieren und erhalten läßt. Und wie leicht macht sich das mit dem Thüringer Luftballon! Allein man täuscht sich, wenn man bei der amerikanischen Weiselzucht vornehmlich ans Schwärmen denkt. Es handelt sich um eine künst= liche stille Umweiselung!

Das Absperrgitter bietet absolute Garantie. Die Ausnahmen sind eine abstrakte nackte Möglichkeit und gleich Null. Wilde Weisel= zellen wären bald beseitigt. Im Brutraume brauche ich bloß die Waben auf den Kopf zu stellen, dann ist keine übersehen! Man braucht nur einen Zuchtkasten, ein beliebiges Volk ist bald mit dem in ihm befindlichen umgetauscht. Man wechselt einfach die Brutwaben mit allem, was darauf sitzt. Der Amerikaner Alley hat die be= brüteten Waben längst empfohlen. Nach Alley und Doolittle darf man einem Volke, dem man die befruchtete Königin genommen, eine Weiselzelle allerdings nicht sofort, sondern mit absolut sicherem Erfolge erst nach zwei bis drei Tagen geben und dann ist es nicht nötig, zu füttern.

Die Behauptung der Amerikaner, es sei gleichgültig, wenn die Königin statt aus einem Ei aus einer jungen Larve erzogen wird, ist bestätigt durch die Untersuchungen Leuckarts und von Plantas. Wodurch hat sich denn sonst der letztere unsterblich gemacht?

Seit dem Erscheinen dieses Artikels haben sich diejenigen meiner Völker, die in künstlichen Doolittle=Zellen gezüchtete Königinnen ent= halten, prächtig entwickelt (Futtervorrat vorausgesetzt). Die amerikanische Bienenzeitung berichtet von einer Königin, die nach Doolittles Methode gezüchtet wurde: sie habe den Brutkörper auf 16 Langstroht=Waben ausgedehnt! Die nach dieser Methode gezüchteten Königinnen sind, wie sie sein sollen, lang und schlank. Das Messer, mit dem man die Wabe, aus der Rassenlarven entnommen werden, abrasiert, muß scharf und warm sein, aber nicht wärmer, als daß man dasselbe ohne Schmerzempfindung auf die eigene Hand legen kann, sonst werden die Larven getötet. Die Larve wird von der Rückenseite her gefaßt. Das spitzige Hölzchen muß möglichst wagrecht darunter fahren, der Zellen= rand also so viel als möglich abrasiert sein. Statt eines Hölzchens halten viele für besser, ein Haarpinselchen zu nehmen, das ebenfalls so in die Zelle eingeführt wird, daß die Haare des Pinsels von der Seite unter die Larve kommen. Man drückt also den Pinsel von der Seite auf den Boden der Zelle, wobei die Spitze des Pinsels sich zu einem Schäufelchen ausbreitet. Ich müßte mich sehr irren, wenn ich damit nicht das Verfahren des Herrn Pfarrer Weygandt gefunden und beschrieben hätte.

Wenn man, um im Königinzuchtkasten königlichen Futtersaft zu gewinnen, das Absperrblech verwendet und im Deckbrett nicht zwei Futterlücken hat, muß natürlich auf derjenigen Seite gefüttert werden,

wo die Königin sich nicht befindet. Diesen Zweck erreicht man, indem
man auf der Unterseite des Deckbrettes diejenige Hälfte der Futter=
lücke mit Blech zudeckt, die auf der Seite liegt, wo die Königin sich
befindet. Nachdem das Absperrblech durch das Absperrgitter ersetzt ist,
kann man die ganze Futterlücke von unten mit einem Stück Absperr=
gitter bedecken oder das kleine Blechstück belassen, gleichgültig auf welcher
Seite, aber immer bis an das senkrechte Absperrgitter stoßend. — Noch
eine Bemerkung über eine Eigenschaft des königlichen Futtersaftes.
Er trocknet nämlich sehr schnell ein. Ich hatte einst eine Reihe von
künstlichen Zellen reichlich mit solchem Saft versehen, mußte dann aber
das Belarven derselben auf den folgenden Tag verschieben und wollte
diese Zellen abwärts hängend über Nacht im Studierzimmer auf=
bewahren. Am folgenden Morgen war der königliche Futterbrei in allen
Zellen zu einem ganz kleinen Klümpchen eingetrocknet. Ganz das Gegen=
teil vom Honig, der hygroskopisch ist. Es ist, wie wenn in diesem
Stoff ein Trockenmittel vorhanden wäre; ein Siccativ, wie es z. B. die
Maler in die Farbe zu mischen pflegen. Natürlich, sobald die (poröse)
Zelle verdeckelt ist, soll der zwecklos gewordene überflüssige Saft schnell
eintrocknen, damit die Larve beim Spinnen des Cocons nicht geniert
ist. Andererseits ist ersichtlich, wie wichtig es ist, daß die Zelle mög=
lichst lange nicht verdeckelt werde, was eben über dem Absperrgitter
immer der Fall ist. Man wird auch immer finden, daß der Teil
des Futtersaftes, der die königliche Larve unmittelbar umgibt, der
flüssigste ist infolge der fortwährenden Pflege der Nährbienen. Diese
Beobachtung scheint auch die Behauptung der Gelehrten zu erhärten,
daß die Larve die Nahrung mit der ganzen Leibesoberfläche aufnimmt.

Es wäre das die Endosmose, d. h. derjenige Vorgang, bei dem
eine Flüssigkeit durch eine Membran hindurch gehen kann, aber nicht
zurück. Auf diese Art nimmt die Pflanze mit den Wurzelbläschen
die flüssige Nahrung aus dem Boden auf. Und was im Magen
des Tieres geschieht, ist ganz dasselbe; nur redet man hier von Saug=
drüsen. Daß eine reife Kirsche sich bei Regenwetter mit Wasser voll=
sangen kann, bis sie zerplatzt, weiß jedermann. Was vom pflanzlichen
oder tierischen Organismus aufgenommen, d. h. assimiliert wird, ist
immer flüssig.

Bei der Larve wäre also auch die Außenseite des Leibes Magen= wand. Dadurch wird die ungeheure Gefräßigkeit der Larve und ihr schnelles Wachstum möglich. Diese angeführten Thatsachen zeigen uns zugleich, daß wir berechtigt sind, nicht nur im bildlichen, sondern geradezu im buchstäblichen Sinne von der Königinzelle und dem Brut= körper, dessen Teil sie ist, als von der Gebärmutter zu reden. Denn in der Gebärmutter der Säugetiere, d. h. in den Blutzotten der Plazenta (des Mutterkuchens) findet derselbe Vorgang statt.

Eine sehr interessante Erfahrung mit leeren Doolittle=Zellen habe ich in folgender Weise und zufällig gemacht. Ich hatte einem schönen Volk die Königin über das Absperrgitter in den Aufsatz gesetzt. In diesen Aufsatz hatte ich einen verunglückten Satz leerer künstlicher Königinzellen gethan, weil eine davon etwas königlichen Futtersaft ent= hielt. Die Larve war herausgeflogen, als ich die Zuchtlatte durch Abschlagen der Bienen entledigen wollte. Die Bienen sollten sie aus= lecken. Als ich diese Zellen dem Aufsatz wieder entnahm, waren die meisten derselben von der Königin bestiftet. Wenn wir diese Thatsache kombinieren ·mit der andern, daß ein großes Volk, dessen Königin in der Eierlage auf zwei Brutwaben eingeschlossen wird, auf diesen beiden Brutwaben natürliche Weiselzellen ansetzt und bestiftet, offenbar infolge der Futtersaftstauung, so ergibt sich die Möglichkeit eines Verfahrens, das freilich nur vielleicht praktischen Wert gewinnt. Ich meine nicht die Thatsache, daß man wohl auf diese Weise ein Volk, von dem man einen Schwarm wünscht, zum Schwärmen bringen kann; denn das hat angesichts der heutigen Königinzuchttechnik keinen großen Wert mehr, sondern man müßte oder könnte dem Volk, dem die Eierlage nur auf zwei Waben gestattet ist, bloß künstliche Doolittle= Zellen zwischen diese Waben (oder an Stelle der einen derselben) hängen; dann wäre es überflüssig, den königlichen Futtersaft selber in die Zellen zu verteilen. Der einzige Uebelstand wäre der, daß die Eier nicht zu gleicher Zeit gelegt worden sind; aber dem könnte abgeholfen werden, indem man diese Zellen umlarvt mit Larven aus dem gleichen oder aus irgend einem andern Qualitätsstock. (Eine Hauptregel zum Ge= lingen der Doolittle=Zucht lautet: Verwende womöglich den königlichen Futtersaft des gleichen Stockes oder also produziere den königlichen

Futtersaft im gleichen Stock. Wenn ein Volk recht im Zuge ist, nimmt es freilich auch den aus einem andern.) Noch einen andern Nach=teil hätte das soeben beschriebene Verfahren. Das Volk würde infolge der fortdauernden Bruteinschränkung ohne fortwährende Zugabe von Bruttafeln und Bienen aus andern Völkern zurückgehen. Für den Anfang ist es zu empfehlen; für den Fortgang empfiehlt sich aber, die Zellen selber zu präparieren. Es braucht dann nichts, als daß man die Königin alle acht Tage von der einen Seite auf die andere Seite (vom Absperrgitter) setzt. Die Königinzellen sind natürlich immer auf die entgegengesetzte Seite zu bringen. Während der prächtigen Frühlingstracht 1901 habe ich ohne Füttern alle zwei bis drei Tage 8 bis 10 neue Qualitätsköniginnen erzogen, haupt=sächlich um allerlei Versuche damit zu machen. Freilich sind mir auch solche Königinnen in den Zellen gestorben, weil es manchmal zu kalt war beim Operieren, nämlich unter 15° C. Die Rahme mit den Königin=zellen stelle ich immer direkt an das Absperrgitter, also in die Mitte des Brutraumes. Am zweiten oder dritten Tage werden die Zellen in die Zuchtlattenrahme eingefügt, welche keinen oder wenig Waben=bau enthält und von der beim Absperrgitter stehenden Wabe, in der die präparierten Zellen angesetzt werden, durch eine offene, möglichst viel Brut enthaltende Wabe geschieden ist. Die Zuchtlattenrahme hat an den Seitenteilen kleine Stücke von Rähmchenholz angenagelt, auf welche die beweglichen Stäbchen mit den daran hängenden Zellen ge=legt werden können. Diese Stäbchen sind im Lichten 3½ bis 4 cm von einander entfernt. Die Wabe, in der die Zellen (präpariert) an=gesetzt werden, konstruiere ich folgendermaßen. Einige Centimeter unter=halb des wagrechten Rahmenoberteiles wird ein wagrechter Streifen der Wabe von 6 cm Breite ausgeschnitten. Die so entstandene Lücke wird mit zwei Rähmchenholzstücken eingerahmt (die seitlich festgenagelt werden), also unten am oberen Wabenteil und oben am unteren Waben=teil, der sofort an dieses untere Rähmchen angebaut und damit be=festigt wird. Das bewegliche Rähmchenholzstück mit den Zellen kommt nun unmittelbar unter das obere eingenagelte Rähmchenstück. Es kann so ohne Verbauung immer leicht herausgenommen werden. Es ist natürlich begründete Berechnung und Ueberlegung dabei, daß die neuen

präparierten Zellen je nach zwei oder besser nach drei Tagen immer
an dieselbe Stelle kommen, wo die früheren (um zwei Waben auf die
Seite gerückten) waren. Ueber das Datum jedes beweglichen Rähmchen=
holzstückes resp. der daran hängenden Zellen muß Protokoll geführt
werden. Man addiert einfach die Zahl 10 zum Datum des Ansetzens und
hat dann das Datum, an dem die Zellen Verwendung finden. Addiert
man die Zahl 7 zum Datum des Ansetzens, so hat man das Datum,
an welchem man den Völkern (drei Tage vor dem Zusetzen) die alte
Königin kassiert. Die Zuchtlatten für die Zucht im Aufsatz werden
ähnlich konstruiert. Bei der Ansetzrahme dort nehme ich die Zellen
in den unteren Teil der (Honig=) Wabe.

Sogenannte „wilde" Weiselzellen habe ich neben den Doolittle=
zellen (je 12) noch nie gehabt.

Noch eine praktische Bemerkung über den Grundsatz, daß ein
Volk mit „alter" Königin lieber Weiselzellen annimmt oder ersetzt,
als ein Volk mit junger Königin. Da ist vor allem festzustellen, daß
den Bienen, welche offene durch ein Absperrgitter von der Königin
getrennte Brut pflegen, die Königin immer eine „alte" ist, auch
wenn sie thatsächlich jung und äußerst fruchtbar ist. Die Sache bleibt sich
gleich, ob man nun annehme, daß die Nährbienen im ganzen Stock die
Runde machen, oder immer nur den einen bestimmten Teil des Brut=
körpers, wo sie ausgeschlüpft sind, pflegen. Der Zustand der außer
dem Absperrgitter befindlichen offenen Brut, d. h. das Fehlen neuer
Eier ist für die Bienen bestimmend, resp. ihre instinktiven Funktionen
auslösend, aber nicht bewußte Ueberlegung. Selbstverständliche Voraus=
setzung ist natürlich das Vorhandensein einer gesteigerten Futtersaft=
entwicklung. Der Bien als solcher steht den pflanzlichen Organismen
noch viel näher als mancher glaubt. Und das Unternehmen von
seiten des Imkers gelingt um so besser, je mehr das Gleichgewicht
zwischen Aufgabe und Kraft im ganzen Volk überhaupt gestört
ist. Und das kann für eine gewisse Zeitdauer leicht noch auf anderem
Wege bewirkt werden. Man gibt Brut! Noch schneller wirken Bienen,
die man jederzeit, d. h. auch in schwarmloser Saison, zugeben kann,
indem man abends von einer Brutwabe des eigenen Stockes die Bienen
in den Bienentrichter oder auf einen Sack vors Flugloch schüttet und

dann einen Kunstschwarm (Fegling) ohne Königin, der einige Stunden im Arrestkistlein geheult hat, dazu wirst. Die königinlosen Bienen, die aus dem Arrest kommen, sind freilich nicht wohlriechend; darum ist Vorsicht angezeigt. Ich ziehe vor, sie über der Drahtgeflechtrahme zuzusetzen und zu vereinigen.

Noch ein Wort über die amerikanische Weiselzucht im Aufsatz zur Sommerszeit. Wenn ich auch das Eierstreifenausschneiden Alleys, das Herr von Stachelhausen empfiehlt, viel unpraktischer finde, als die künstlichen Zellen Doolittles, so verdanke ich Herrn von Stachel= hausen doch eine Anregung, die vielleicht bestimmt ist, noch eine große Rolle in der Bienenzucht zu spielen. Das ist die **Drahtgeflechtrahme** (und die Rahme, welche in der Mitte ebenfalls Drahtgeflecht oder noch besser Blech, aber nicht bis nach links und rechts an den Rand, sondern hier schmale Streifen von Königinabsperrgitter enthält).

Ich nehme die gleiche Rahme, auf die ich sonst das Königin= absperrgitter nagle, nagle aber statt dieser letztern ein bienendichtes Drahtgeflecht auf. Das Drahtgeflecht kommt in Wirklichkeit ebenfalls auf die untere Seite der Rahme zu liegen.

Dieses Drahtgeflecht lege ich abends einem Volk auf den Brut= raum. Auf das Drahtgeflecht kommt eine möblierte Schublade mit aufliegendem Deckbrett, deren mittelste Rahme offene Brut enthält. Ich habe zu diesem Zweck eine Brutwabe zerschnitten, wenn ich kein Volk in einer Schublade habe, dem ich Honigwaben mit offener Brut ent= nehmen kann, oder nicht in einem Volk durch Weglassen des Absperr= gitters, Bruteinengung und Füttern die Eierlage im Aufsatz erzwungen oder nicht eine Honigwabe in einen Brutraum gehängt habe. Ich öffne die runde Futterlücke im Deckbrett und stelle auf das Deckbrett das Arrestkistlein, in das ich vor einigen Stunden vermittelst des Doolittle=Trichters ziemlich viel Bienen (ohne eine Königin) geworfen habe. Im Boden des Arrestkistleins befindet sich eine Oeffnung und ein Schieber aus drei Zinkblechstücken. Ich ziehe am mittleren Stück, so daß die so entstandene Oeffnung im Boden des Arrestkistleins und die Oeffnung im Deckbrett sich über einander befinden und die Bienen in die Schublade hinunter steigen können. Der Schubladenfluglochkanal (siehe dort) wird erst am folgenden Morgen geöffnet, nachdem die

Bienen die offene Brut angenommen und Weiselzellen an= gesetzt haben. Würde das Flugloch noch am gleichen Abend geöffnet (von der Pavillon=Außenseite), so würden sämtliche Bienen heraus= kommen und sich bei irgend einem Volk sterzelnd einbetteln. Die so erhaltenen Weiselzellen sind wertlos; sie werden umgelarvt, wenn sie fast oder teilweise verdeckelt sind und man wird schöne Königinnen erhalten, die alle gleich alt sind. Zugleich wird gefüttert, das Draht= geflecht ist schon vorher weggenommen und ein Königin=Absperrgitter an dessen Stelle gelegt worden. Und nun kann man à la Doolittle oder Alley mit Züchten fortfahren. Wer das nicht will, kann das= selbe Verfahren am gleichen oder an einem andern Volk wiederholen. Man hüte sich nur, in einem entweiselten Volk — und das sind auch die Bienen über dem Drahtgeflecht — einen zweiten Satz Königinnen erziehen zu lassen; sonst werden die Königinzellen in wilder Hast ver= deckelt, zu einer Zeit, wo über dem Absperrgitter die Weiselzellen noch lange offen bleiben und gepflegt werden. Der Unterschied, der in dieser Hinsicht besteht, ist wirklich interessant und überraschend. Das Drahtgeflecht wird mit dem Absperrgitter vertauscht, sobald viele Weiselzellen angesetzt sind.

Man kann die Sache noch einfacher machen. Ich hebe eine Schublade, in die eine Honigwabe mit offener Brut hineingethan wurde, über einem Absperrgitter auf, vertausche das Absperrgitter mit einer Drahtgeflechtrahme und füttere rc. Die angesetzten Weiselzellen werden wieder umgelarvt und man wird seine Königinnen erhalten. Die Zellen, auch schon verdeckelte, werden dabei einfach auf die Hälfte abgebrochen und der Futtersaft etwas ausgeglichen. Bei Doppelzellen wird nur eine belarvt. Dieses sehr einfache Verfahren ist jedem Bienen= züchter möglich. Ich habe so schon schöne Königinnen bekommen aus Zellen, die von Anfängern, die auf Besuch bei mir waren, umgelarvt wurden. Man muß nur einmal anfangen und probieren. Es kann ja nichts kaput gemacht werden; es muß kein Volk entweiselt werden. — Wenn man, nachdem über dem Drahtgeflecht ein Kunstschwarm (Fegling) ohne Königin aufgesetzt worden, das Drahtgeflecht mit dem Königin= Absperrgitter vertauscht und also die Bienen von oben und unten sich vermischen können, wird kein Bienlein abgestochen. Auf diese Weise

vereinige ich einem Volk einen Vorschwarm mit legender Königin, so
daß nachher unter und über dem Absperrgitter eine fruchtbare Königin
sich befindet. (Nächstes Jahr mache ich folgenden Versuch. Ich logiere
über der Drahtgeflechtrahme einen Nachschwarm. Nachdem ich mich
nach einem Tage überzeugt, daß die Königin dieses Nachschwarms
noch nicht befruchtet ist, d. h. noch keine Eier gelegt hat, nehme
ich das Drahtgeflecht weg und erwarte, daß die unbefruchtete junge
obere Königin die untere alte absticht.) Die Drahtgeflechtrahme leistet
darum so vortreffliche Dienste, weil sie alle Wärme nach oben steigen
läßt, sofort den gleichen Geruch und genügend Luft gibt. Als ich
(früher) das Deckbrett unter eine mit Bienen gefüllte Schublade schob
zum Zwecke der Königinzucht, erstickten sehr viele Bienen Die
Drahtgeflechtrahme ist besser und praktischer, als wenn man die Schub=
laden mit Fensteröffnung und Drahttuch versehen muß, um das Er=
sticken der Bienen zu verhindern. Die Drahtgeflechtrahme ersetzt zugleich
immer ein Deckbrett, das viel teurer ist. Sie kann auch an Stelle
der Emballagerahme verwendet werden, d. h. der vollen Schublade
aufgelegt und dort festgemacht werden, wenn das Deckbrett unter der
Schublade als Bienenfluchtbrett verwendet wird. Ein im Arrestkistlein
befindliches Volk füttere ich mit dem Futterapparat Gerstung oder
indem ich Honigzuckerteig auf den aus Drahtgeflecht bestehenden Deckel
lege. Diesen Deckel konstruiere ich in folgender Weise: Ich mache eine
Rahme aus Rähmchenholz und zwar Schmalseite des Rähmchenholzes
oben resp. unten. Diese Rahme ist so groß im Lichten, als das Arrest=
kistlein außen mißt. Sie kann über das Kistlein herunter geschoben
werden. Quer über die Rahme wird ein Brettchen genagelt, zirka
10 cm breit, mit der runden 8 cm breiten Futterlückenöffnung samt
Deckelchen, an dem ich aus Draht einen kleinen Handgriff erstellt
habe. Was von der Rahme durch das Querbrettchen nicht zugedeckt
ist, wird mit bienendichtem Drahtgeflecht überzogen. Am Kistchen
selber muß der Boden oder ein großer Teil der Wände aus Draht=
geflecht bestehen; die „heulenden" Bienen entwickeln viel Wärme. Das
Kistchen darf auch nicht zu klein sein, resp. das Quantum der Bienen
darin nicht zu groß. — Es wäre verkehrt, zu meinen, man könne ein
Volk abernten, es einige Wochen sich selbst überlassen, vielleicht bei

Regenwetter, und dann plötzlich ohne weitere Vorbereitung während des Sommers im Aufsatz Doolittle=Königinzucht treiben. Nein! Man muß das Zuchtvolk im Auge behalten und pflegen mit Reizfütterung ꝛc., besonders dann, wenn die Tracht gänzlich versagt.

In der Revue internationale d'apiculture 1901, Juli=Nummer, erzählt Monsieur P. Pelonx in Salavas folgendes: Ich habe die Doolittle=Methode versucht, aber wie schwer fiel es mir, daß die in den künstlichen Königinzellen plazierten Larven angenommen wurden! Ich glaubte nicht, daß es mir je gelingen würde, als es mir einfiel, die Wabe mit den Zuchtlarven in den Zuchtkasten zu hängen (!?). Nach zwei oder drei Tagen nahm ich alle Larven aus den zu Königinzellen umgebauten Arbeiterzellen und versetzte sie in meine künstlichen Königin= zellen. Alle wurden angenommen. Dieses Verfahren erlaubt, so viel Königinzellen zu seiner Verfügung zu haben, als man will, und schöne, ausgewählte Königinnen zu erziehen in großen Zellen (?).

Ich gebe im Folgenden noch eine vollständige Uebersetzung des Artikels „Königinzucht" von Henry W. Brice in der August=Nummer des Record 1898:

Es gibt drei Wege, Königinnen zu züchten:

1) indem man künstliche Königinzellen herstellt und junge Larven auf den Grund derselben verbringt. Neun bis zwölf solcher Zellen werden zu diesem Zweck auf einen Querstab gebracht, der in eine Honig= oder Brutrahme paßt;

2) indem man alte Königinnen von Völkern entfernt und den Bienen erlaubt, neue Königinnen zu erziehen, was sie zur Trachtzeit schnell thun werden, sobald die Larven vier Tage alt sind, d. h. sieben Tage von der Zeit an, da das Ei gelegt worden ist. Der Operierende muß mit Sorgfalt jede Wabe übergehen und darin die am meisten fortgeschrittenen Weiselzellen entfernen (namentlich alle bedeckelten), bloß diejenigen Weiselzellen belassend, welche die jungen Larven enthalten; und

3) indem man den Bienen die ganze Behandlung des Prozesses überläßt. Im zuletzt genannten Falle werden Königinnen gezüchtet, welche mit Recht als halbe Arbeiterinnen und als halbe Königinnen klassifiziert werden dürfen.

Nach Methode 1 können famose Königinnen gezüchtet werden bei Beobachtung von ein wenig Sorgfalt im Entfernen der Maden von den Arbeiterinnenzellen in die künstlich gemachten. Aber nachdem ich diese Methode während der vergangenen sieben Jahre praktiziert habe, bin ich überzeugt, daß die Aufgabe nicht immer als eine leichte befunden werden wird, namentlich wo man nicht mit den Spezialmitteln für den Zweck versehen ist. Zur Königinzucht auf diesem Wege ist ein sehr wichtiges Erfordernis eine kleine Hütte oder ein Raum irgendwelcher Art, in welchem gearbeitet und der künstlich auf ungefähr 80° Fahrenheit (26—27° Celsius) erwärmt werden kann. Ferner braucht man ein kleines gepolstertes oder gefüttertes Kistchen (eines, das erwärmt werden kann, ist wünschenswert), und einen Flanellsack von genügender Größe, um die Rahme mit den Zellen aufzunehmen, wenn man sie vom erwärmten Arbeitsraum in den Bienenstock bringt. Zahlreiche Details über die Art, wie auf diesem Wege Königinnen gezüchtet werden können, habe ich im Jahre 1894 gegeben. Wenn richtig ausgeführt, kenne ich keine Königinnen, die diese in Qualität übertreffen würden. Aber die eigentliche Schwierigkeit bei der Mehrzahl derjenigen, welche dieses Verfahren probieren, ist die Gefahr, die sehr jungen Larven, die absolut nötig sind, um die besten Resultate zu erreichen, beim Prozeß des Umlarvens zu beschädigen. (Diese Gefahr ist nicht groß. Ein warmes Zimmer ist also nur bei kühlem Wetter nötig. Für uns ist die Sache schon darum weniger schwierig, weil wir unsere Bienenstände in der Regel in der Nähe der Wohnungen haben. Wenn es sich darum handelt, viele Königinnen zu produzieren, dann ist dieses Doolittle'sche Verfahren am wenigsten zeitraubend. S.) Wenn wir uns also die Thatsache vergegenwärtigen, daß ausgezeichnete Königinnen mit Methode 2 gezüchtet werden können mit einem Viertel der Mühe, so ist es nur natürlich, daß der letztere Plan allgemeiner angenommen werden sollte von dem gewöhnlichen Bienenzüchter, welcher sich in der Königinzucht versucht, und daß dieser allen Anlaß hat, diese Methode der verwickelten (?) und äußerst sorgfältigen Arbeit vorzuziehen, die zum Erfolg mit der zuerst genannten Methode nötig ist. Also eingedenk dessen, daß ich eher für die Vielen als für die Wenigen schreibe, verweise ich diejenigen, welche nach den höhern Künsten unseres

Gewerbes streben, auf die betreffenden Seiten des Record des be=
treffenden Jahres und beschränke meine Bemerkungen auf die Methode,
welche mehr für allgemeine Annahme geeignet ist. Also um weiter zu
gehen: Wenn die Königin, die entfernt werden muß, eine alte ist, töte
ich sie. Bedenke aber wohl: nie Königinnen zu züchten, es sei denn von
einem Volk, von dem du weißt, daß es gute Eigenschaften besitzt in
Bezug auf Fleiß und gutes Temperament. Wenn also ein geeigneter
Stock gewählt ist, laß dieses Volk genügend Zellen ansetzen zc., um alle
Stöcke, die es nötig haben, neu zu beweiseln. Wenn dieselben verdeckelt
sind, kassiere alle andern ausgedienten Königinnen und 48 Stunden
nachher gib jedem entweiselten Volk eine Zelle von dem Volk, das die
ausgewählten Zellen enthält. Ein gutes Verfahren, wo nur wenige
Stöcke behandelt werden, besteht darin, das stärkste Volk, das verfügbar
ist, zu wählen, zu teilen und den vom Platz entfernten Teil Königinnen
züchten zu lassen. (Der Stock, der die Flugbienen bekommt, also auf
dem gleichen Platz bleibt, erhält nur eine Wabe Brut mit der Königin
aus dem entfernten Teil, natürlich mit andern, leeren Waben. S.) Der
Grund hievon ist, daß der entfernte Stock fast ganz aus jungen Bienen
besteht, da diese absolut erforderlich sind für die Königinzucht. Die
jungen Bienen sind Nährbienen, während die Bienen, die am alten
Standort belassen werden, fast lauter Feldarbeiterinnen sind, gänzlich
ungeeignet, gute Königinnen zu ziehen. Man wird so einsehen, daß
insoweit die Bienen das Werk thun, während der Bienenmann bloß
das Verstellen des einen Stockes besorgt; er läßt die Bienen die
Königinnen erziehen. Aber wenn erstklassige Königinnen gewünscht
werden, muß der Imker das Weitere beaufsichtigen. Bienen, die
finden, daß die Königin fehlt, sind sehr verwirrt; aber wenn von ihrem
Verlust völlig überzeugt, beginnen sie sofort für eine Nachfolgerin
zu sorgen. Zellen werden angefangen über Larven (nicht Eiern)
jeden Alters und jeder Größe, meist über Larven, die zu alt sind,
um gute Königinnen zu werden. Zwei Sätze Weiselzellen werden
errichtet in beinahe jedem solchen Fall, der erste Satz über Larven, die
im Stock sind zur Zeit, da die Königin entfernt wird, und der zweite
Satz etwa 48 Stunden später und beinahe immer über
Larven, welche erst Eier waren zur Zeit, da die Königin

verschwand. Der erste Satz der errichteten Zellen kann irgend eine
Anzahl von 3 bis 15 oder auch von mehr sein. Umgekehrt besteht
der zweite Schub aus vielleicht zwei oder drei und gelegentlich auch
nur aus einer Zelle. Aber ob eine oder zwei oder drei: die letztere
Serie produziert immer die besten Königinnen. Und wenn man diese
späteren Zellen sieht, sollten die älteren alle entfernt und die jüngeren
mit Sorgfalt behandelt werden. So wird begreiflich, wie wichtig es
für den Imker ist, diese Operation der Königinzucht zu übernehmen.
Sodann bedenkend, wie viel von der Qualität der Königin abhängt,
sollte man keine Zeit und Mühe sparen, um das Bestmögliche zu
sichern. Eine gute Königin bedeutet oft nächstes Jahr eine gute Ernte,
während eine schlechte Mißerfolg bedeutet oder mit andern Worten
den Verlust eines Saisonertrages und ein verpfuschtes Jahr.

Das andere Verfahren, nicht so häufig praktiziert, als es ver=
diente, das mir ausgezeichnete Resultate liefert, besteht in folgendem.
Wenn Königinzellen angefangen sind, entferne (mit einem dünnen,
schmalen, etwas gekrümmten Holzschäufelchen) die junge Made in der
Zelle, wähle dann von einer in der Nähe liegenden Arbeiterinzelle
fast die kleinste, die gefunden werden kann, und bringe diese in die
Königinzelle, aus welcher die ungenügende, weil zu alte Larve entfernt
worden ist. Das verursacht sehr wenig Mühe und Zeitverlust und
gibt feine Königinnen. Um gute, zuverlässige Königinnen zu bekommen,
müssen Larven von nicht mehr als 36 Stunden im Alter ausgewählt
werden, weil die Bienen in ihrem großen Verlangen, sich eine
Königin so schnell als möglich zu sichern, sich nicht erlauben können,
Königinzellen über den jüngsten, wünschenswertesten Larven zu errichten,
nachdem sie ihren Verlust herausgefunden haben, obgleich sie, wie
bereits konstatiert, wenn sie einmal mehrere Zellen in Arbeit haben,
noch andere anfangen, ohne Zweifel in der Absicht (des schöpferischen
Naturgrundes, aber nicht der Bienen! S.) den Gewinn einer Königin
(nach Abgang eines Singerschwarms. S.) zuletzt sicher zu stellen, auch
wenn dem zuerst begonnenen Satz irgend ein Unfall zustoßen sollte.
In der Aufzucht des zweiten Satzes dagegen wählen sie immer die
jüngsten zur Verfügung stehenden Larven. Ich finde diese Zellen oft
angefangen über Larven, die soeben frei geworden sind von dem

Eihäutchen, d. h. also nicht mehr als 8—12 Stunden alt sind. Bienen
allein, sich selbst überlassen (wie es der Fall wäre, wo die dritte
Methode angewandt wird), können nur durch Zufall mit guten, frucht=
baren Müttern versehen werden, da die zuerst ausgeschlüpfte jungfräu=
liche Königin, sobald sie sich getrocknet und sich an den Vorräten im
Stock gefüttert hat, ihre Lage entdeckt und sich daran macht, alle
übrig bleibenden Zellen im Stock zu zerstören, gleichviel ob gut oder
schlecht oder mittelmäßig. So werden die feineren Zellen, welche die
bessern Königinnen geliefert hätten und zuletzt ausgeschlüpft wären,
zu Grunde gerichtet. Darum ist die dritte Methode die schlechteste,
welche angenommen werden kann, wo man darauf ausgeht, die besten
Resultate zu erzielen.

So weit H. W. Brice. Und nun noch eine Bemerkung. Indem
ich heute (am 21. November 1901) diesen Artikel aus dem Jahre 1898
wieder lese und übersetze, muß ich mich über etwas wundern und über
etwas freuen. Worüber ich mich wundere, das ist das, daß ich diesen
Artikel, namentlich den dritten Teil desselben, vollständig vergessen
hatte. Daß ich ihn damals gelesen, beweist mir nämlich eine von mir
in der betreffenden Nummer des Record angebrachte Korrektur eines
Druckfehlers im englischen Text. Worüber ich mich freue, das ist,
daß ich auch von mir aus auf das von Brice zuletzt empfohlene Ver=
fahren, und zwar in noch verbesserter Gestalt, gekommen bin, das
(im entweiselten Volk einmal, aber, wie früher dargelegt) im weisel=
richtigen über der Drahtgeflechtrahme und dem Absperrgitter wieder=
holt praktiziert werden kann. Freuen thut mich auch, daß Brice das
zuletzt genannte Verfahren in Anspruch nimmt nicht sowohl nur für
die Varietätenzucht, als vielmehr für die Qualitätenzucht in dem
Sinne, daß eine Königin, die von dem denkbar besten Volk abstammt,
nichts taugt, wenn sie schlecht erbrütet ist. Weygandt hat dieses Ver=
fahren auch praktiziert, aber eben mehr zum Zwecke der Varietäten=
zucht als unter dem Gesichtspunkt der Qualitätenzucht. Auch befinden
sich in meinem Kasten und bei meinem Verfahren die Königinzellen
immer im Wärmezentrum über oder neben dem Absperrgitter.

Ich bringe im IV. Teile meines Buches unter dem Titel
„Einfache Königinzucht" noch andere Methoden, muß aber bemerken,

daß es entschieden nichts Einfacheres gibt als das zuletzt genannte Verfahren, namentlich wenn es bei Sommertemperatur anfangs Juni über Drahtgeflechtrahme und Absperrgitter praktiziert wird.

Wie wir es zu machen haben, um viele und gute Königinnen zu züchten, das wüßten wir also. Wenn wir nur beim Zusetzen der Königinzellen die alte Königin nicht selber suchen und töten müßten. Das ist ein Problem, das mindestens so wichtig ist, wie die Züchtung von Königinnen und zu dessen Lösung ich verschiedene Versuche gemacht habe. Es ist dies die zweite Hälfte der stillen Umweiselung und gehört in das Kapitel der Königinzucht. Die Anregung dazu verdanke ich Doolittle.

Doolittle hängt eine Wabe (mit Brut), in die er am folgenden Tag eine reife Königinzelle drückt, über das Absperrgitter eines Stockes mit zu ersetzender Königin und zieht, nachdem die Königin ausgeschlüpft ist, einfach das Absperrgitter weg. Ich habe das probiert und es ist mir geglückt. Wie schön wäre es aber, wenn wir das machen könnten ohne diese Brut, die wir nicht immer in Honigwaben zur Verfügung haben, und ohne die die Sache überhaupt noch einfacher wäre.

Ich bin von der Thatsache ausgegangen, daß entweiselte Völker, denen ich drei Tage nach der Entweiselung eine reife Weiselzelle in der Futterlücke des Deckbrettes auf Oberkant-Brutrahmen legte (oder wenn eine Schublade ohne Absperrgitter auflag, auf die Honigrahmen), diese Weiselzelle gern annahmen und richtig beweiselt wurden, und zwar mit der aus der aufgelegten Zelle ausschlüpfenden Königin. Um die soeben ausgeschlüpfte Königin unter Glas kontrollieren zu können, bevor sie in den Brutraum hinunterstieg, legte ich die Weiselzelle wagrecht in den Zusetzapparat. Die Sache gelang vortrefflich und auch bei aufliegender Schublade. Man muß nur nicht vergessen, die Spitze der Weiselzelle in diesem Fall ein klein wenig in Honig zu tauchen und im Zusetzapparat Honigzuckerteig aufzulegen. Ich habe einmal zwei Weiselzellen so aufgelegt. Am zweitfolgenden Morgen spazierte richtig eine feine schlanke junge Königin im Apparat herum; die andere Zelle war aufgebissen und die Schwester darin getötet. Hätten die Königinnen, noch bevor sie recht gehen können, nicht ein sehr scharfes „Gebiß", so könnten sie ja auch nicht das zähe Cocon=Charnier ihrer Wiege

aufschneiden. Einmal legte ich bei warmem Wetter eine Serie aus-
gebauter Doolittle-Zellen an einem Stäbchen, die Zellen nach oben, in
der Meinung, die in den Zellen befindlichen Königinnen seien erkältet
und tot, zufällig einem Stock hinter das Fenster auf den Boden des
Vorraumes. Diesem Stock machte ich den Schieber am Fenster auf, weil
die abgetriebenen Drohnen das Flugloch verstopft hatten. Was sah
ich am folgenden Morgen? · Einige Bienen nährten die noch lebendigen
in den Zellen befindlichen Königinnen, die das „Charnier" geöffnet
hatten. — Diesen Versuchen machten, als das Regenwetter kam, die
Ameisen ein Ende. Sie drangen, sobald das Scharnier von innen aufgebissen war, in die Königinzelle hinein und fraßen natürlich den
Tropfen Honig an der Spitze der Zelle und im Honigzuckerteig das
Flüssige. Am Morgen waren die Königinnen tot, weil verhungert,
nicht etwa aus Mangel an Wärme: über dem Zusatzapparat befinden
sich immer Zeitungen und zwei Wergteller übereinander. Also fort
mit den Ameisen! (Mit Borax in Syrup oder Gift?)

Doch noch bevor die Ameisen kamen, hatte ich folgenden Versuch
gemacht. Ich erwartete, ein Volk, das seine alte Königin hat, werde
zwar eine zugesetzte Weiselzelle zerstören, aber eine im Zusetzapparat
ausgeschlüpfte und einmal angenommene (?) Königin nicht. In dieser
Meinung wurde ich bestärkt durch das Schicksal einer soeben ausgeschlüpften, also noch nicht brünstigen Königin, die ich einem im
Arrestkistchen heulenden, königinlosen Fegling gab. Das Volk kam
nämlich durch sie nicht zur Ruhe; sie wurde also fast nicht als Königin
gewertet. Die Bienen fütterten sie, schnüffelten an ihr herum; aber sie
stieg nicht in die Bienen hinauf. Wie hätte sie dies auch thun können?
Sie lief immer auf dem Boden, und am Morgen war sie tot. Eine
unbegattete, aus Südfrankreich von Giraud Pabon in Le Landreau,
Loire inférieure, bezogene cyprische Doolittle-Königin wurde dagegen
unter gleichen Umständen angenommen, so daß sofort Ruhe eintrat.

Ich ließ also in mehreren Völkern je eine im Zusetzapparat soeben
ausgeschlüpfte italienische Königin in den Brutraum hinunter. Sie
wurden wohl etwa von einer Biene an den Flügeln gepackt; aber
die Bienen stürzten sich auf das im Zusetzapparat befindliche Futter
und ließen die jungen Königinnen unvermerkt hinunter. Aber nach

einigen Wochen war in den betreffenden Bruträumen noch die alte
Königin und von italienischen Königinnen keine Spur. Die Sache wäre
natürlich anders gegangen, d. h. gelungen, wenn im Aufsatz Brut über
einem Absperrgitter gewesen wäre. Allein das letztere wollte ich nicht!
Nun versuchte ich auf anderem Wege, ohne Brut im Aufsatz, zum
Ziele zu gelangen, nämlich mit der Drahtgeflechtrahme. Um auf
alle Fälle sicher zu sein, daß die Königin sich nicht im Aufsatz befinde,
wählte ich solche Völker, die das Absperrgitter noch zwischen Aufsatz
und Brutraum hatten und vertauschte dasselbe mit der Drahtgeflecht=
rahme am Vormittag. (Oberes Flugloch geschlossen!) Abends legte ich
die Weiselzelle auf in der Futterlücke des Deckbrettes, zum Teil mit
Zusetzapparat. Ich habe, beiläufig gesagt, noch nie Doolittle=Zellen
gehabt, die leer gewesen wären oder defekte Königinnen geboren hätten.
Aber ich wollte sicher sein, wenigstens einen Teil der Königinnen lebens=
fähig zu wissen und ob in diesem Falle der Zusetzapparat nötig sei oder
nicht. Ich konnte zwar in jedem Falle nachschauen, ob eine junge
italienische Königin im Aufsatz sei; und wenn die Sache gelang ohne
Zusetzapparat, so sei es auch recht, dachte ich. Die ausgeschlüpften
Königinnen, von denen ich voraussetzte, daß sie im abgesperrten Honig=
aufsatz nicht abgestochen worden, weil ja die Bienen dort in „Verlegen=
heit" waren, ließ ich erst nach einigen Tagen in den Brutraum, nachdem
sie geschlechtsreif geworden, d. h. ich entfernte die Drahtgeflechtrahme in
der Erwartung, die junge Königin habe den Geruch des Volkes an=
genommen, sei ein Bestandteil des Volkes und würde die alte Königin
abstechen. Die Sache ist noch nicht spruchreif. Ich bemerke noch:
Die italienischen Larven, die ich zur Erzielung italienischer Königinnen
des Farbenunterschiedes wegen behufs einer sicheren Kontrolle haben
mußte, verschaffte ich mir dadurch, daß ich eine befruchtete italienische
Königin kommen ließ, sie im Arrestkästlein einem heulenden Fegling
zusetzte und den Schwarm abends auf dem Bienentrichter durchs Flug=
loch in einen möblierten, aber keine Bienen und keine Brut enthaltenden
Brutraum einziehen ließ.

Man kann auch noch anders verfahren, wenn man will, daß die
neue Königin unbefruchtet in den Brutraum komme, so daß die alte
Königin nicht vom Imker selber kassiert werden muß.

Das Brutnest wird durch zwei Schiedbretter in zwei Hälften geteilt. Auf derjenigen Hälfte, wo die Königin sich nicht befindet, wird einer Wabe eine reife Königinzelle eingedrückt. In dieser Form wäre das Verfahren wohl sehr viel praktischer als das Ausfangen und Kassieren der Königin. Man kann vielleicht aber auch bloß eine Brutwabe, auf der die Königin sich nicht befindet, außerhalb eines Schiedbretterpaares stellen. Das Volk müßte noch volkreich genug sein, um so verfahren zu können.

Alle diese Dinge befinden sich noch im Stadium des Versuches. Ich berichte nur noch, was ich entdeckte, nachdem ich meinem schon er= wähnten Italienervolk zwei Brutwaben mit Brut und einen künstlichen Schwarm ohne Königin zur Verstärkung gegeben und eine nicht Brut enthaltende Wabe zufällig in die Mitte des Brutnestes gestellt hatte. Als ich nach zwei bis drei Tagen nach Larven suchte, fand ich die Königin rechts auf den neuen Brut enthaltenden Waben Eier legen und links eine schöne Weiselzelle angesetzt, die ich kassierte, um durch die stille Umweiselung, die so im Gange war, meine Italienerin nicht zu verlieren.

Wenn wir in jedem Brutraum ein Absperrgitter einstellen würden, dann wäre das Problem der künstlichen stillen Umweiselung gelöst. Wir brauchten nur eine Wabe mit Brut, ohne die Königin, außerhalb das Absperrgitter zu stellen, eine Weiselzelle in diese Brutwabe zu drücken und das Absperrgitter zu entfernen, nachdem die Königin ausgeschlüpft ist. Man kann die Sache noch einfacher machen. Man entfernt ein Schiedbrett, um Platz zu gewinnen, und legt auf die Wabe, der man eine Königinzelle eindrückt, eine Rahme mit Königinabsperrgitter von geeigneter Größe auf. Es brauchte bloß eine Vorrichtung, welche gestattet, diese Rahme jeder beliebigen Brutwabe anzuhängen. Man würde diese Rahme vorn und hinten in der Größe einige Millimeter nach einwärts vom senkrechten Brutrahmenteil erstellen, so daß die Brutrahme trotz der Blätterrechen=Agraffen eingeschoben werden kann, aber die Königinnen zwischen den beiden Holzteilen nicht hindurch können. Die Wabe dürfte natürlich nirgends ein Loch haben.

Aus diesem Grund empfiehlt es sich, das Königinabsperrgitter so zu erstellen, daß es mit einem senkrecht abstehenden Rand aus Draht= geflecht oder Zinkblech erstellt wird, und zwar nur so groß, daß es in die

Brutrahme selber gedrückt werden kann. Leider ist mir das alles zu spät in den Sinn gekommen, um pro 1901 noch erprobt werden zu können. Ich zweifle nicht daran, daß es sich bewähren wird. Und wenn es sich bewährt, dann ist die künstliche stille Umweiselung keine Mühe mehr.

Noch etwas Wichtiges. Ich sagte mir: Gesetzt den Fall, das soeben beschriebene Verfahren gelingt; was ist damit gewonnen, wenn die Königin auf dem Befruchtungsausflug verloren geht? Dann ist der Stock erst recht verloren. Das kommt nun zwar selten vor, und der Schaden wäre zu reparieren. Allein wir können die Drahtgeflecht= rahme unter die Schublade legen. Wir versehen die Schublade, unter die wir die Drahtgeflechtrahme legen, mit Brut und Fluglochkanal, den wir einstweilen geschlossen halten, und füttern, bevor wir die Königin= zelle geben. Wir öffnen das Flugloch der Schublade am folgenden Tage und entfernen die Drahtgeflechtrahme erst, nachdem die Königin Eier gelegt hat und die untere Königin vom Imker kassiert worden ist. Bei diesem Verfahren wird natürlich ein Teil der Bienen zum obern Flugloch hinaus und zum untern hinein gehen; allein es wird auch eine Anzahl junge Bienen bleiben, besonders wenn es im Aufsatz bebrütete Waben hat. Volle Honigwaben dürfen natürlich bei diesem Verfahren nicht verwendet werden.

Will man, daß die junge Königin sich vom Aufsatz aus befruchten lasse, so daß die alte Königin unten vom Imker kassiert werden muß vor der Vereinigung, dann verfährt man am besten so: In den Aufsatz kommen in enger Distanz möglichst schöne bebrütete Waben und etwas Brut. Zwischen Brutraum und Aufsatz kommt diejenige Drahtgeflecht= oder Blechrahme, welche seitlich schmale Streifen Königinabsperrgitter hat, so daß die Bienen von unten nach oben zirkulieren können, ohne daß es den Königinnen möglich ist, an einander zu geraten, weil die untere nicht über die Schiedbretter hinaus und die obere nicht von der Brut weg geht. Die Schublade hat in diesem Fall natürlich ein Flugloch. Statt eine Blechrahme zu nehmen, welche seitlich Königin=Absperrgitterstreifen hat, kann man auch zwei Rahmen verwenden, die man aufeinander legt und von denen die eine die gewöhnliche Königin=Absperrgitterrahme ist und die andere Drahtgeflecht hat, aber nur bis einige Centimeter von den

Seitenteilen entfernt, so daß also zwischen Seitenteil und Drahtgeflecht je ein Durchgang für die Bienen entsteht. Wenn zwei Rahmen auf= einander liegen, kann man freilich die Schublade nicht mehr schieben.

Das Einfachste ist, man legt das Drahtgeflecht= oder Blechstück auf das gewöhnliche Absperrgitter zwischen die Rahme hinein, vorn und hinten an dieselbe anstoßend. Man muß nur die Wachsverbauungen, die auf der oberen Seite des Absperrgitters ohnehin geringfügig sind, entfernen. Dieses Verfahren hat auch den Vorteil, daß man das Draht= geflecht= oder Blechstück mehr nach links oder rechts rücken kann, je nachdem der Brutkörper mehr links oder rechts im Brutraum steht. Ohne das Vorhandensein von vier Schiedbrettern im Brutraum könnte man nicht so operieren.

Wenn man so in den Schubladen Königinzucht treibt zur Zeit, da die Tracht zur Neige geht, oder während der Tracht= pause, namentlich wo es sich um die Befruchtung der Königin vom Aufsatz aus handelt, empfiehlt es sich, diesen letztern nicht ganz mit Waben zu füllen, sondern links und rechts je einige wegzulassen. Es operiert sich so leichter. — Es wird nicht nötig sein, hinzuzufügen, daß man mit dieser Einrichtung in der Schublade eine Königin nach der andern sich befruchten lassen und eventuell verkaufen kann. Wenn man Zeit hätte zu alledem!

Mit dem auf das Absperrgitter aufgelegten Drahttuch= oder Blech= stück kann man auch einen Vorschwarm dem Mutterstock auflegen und die Königin desselben erst kassieren, wenn im Brutraum die neue Königin befruchtet ist. Dadurch daß der Vorschwarm mit dem Brut= raum Kommunikation hat (seitlich durch das Absperrgitter), kann der Aufsatz zugleich Honigmagazin bleiben für den Brutraum. Beide Teile bilden wieder ein Ganzes. Vielleicht ist es auch bei diesem Verfahren nicht nötig, die alte Königin nach Entfernung des Absperrgitters selber zu töten. Der schottische Imker D. M. M. schreibt in der September=Nummer des Record 1901 folgendes: Beim Vereinigen von abgetrommelten Bienen ist es das Beste, die zwei oder drei Schwärme auf eine ebene Fläche zu werfen und dieselben mit einander vermischt in den Kasten laufen zu lassen. Ich bekümmere mich nicht um die Wahl der Königin, außer unter besonderen Umständen, da die Bienen gerade so gut wie wir (oder ein wenig besser) wissen, welche von den drei Königinnen die beste ist, und eine weise Wahl treffen.

Wichtiger als diese Frage ist die Thatsache, daß auch ein abgeschwärmtes Volk die alte eierlegende Königin sofort wieder erhält und behält, daß infolgedessen der Sammel= trieb nicht unterbrochen wird und doch zugleich im Brut= raum die Königin sich erneuert. Damit ist der Nachteil, den das Schwärmen mit sich bringt, auf ein Minimum reduziert, das vollends verschwindet gegenüber dem großen Vorteil, der in der neuen, jungen Königin vorhanden ist. Der Erfolg dieses Verfahrens wird sichergestellt dadurch, daß der Vorschwarm im Aufsatz sich immer genau über dem Brutkörper des Brutraums habilitiert; er folgt einfach der Wärme.

Mit diesem Verfahren ist zugleich eine Idee verwirklicht, für die Herr Redaktor Göldi schon vor Jahren in der Schweiz. Bienenzeitung eingetreten ist, nämlich: daß man jedem abgeschwärmten Stock eine befruchtete Königin sollte geben können, damit der Sammeltrieb des Volkes keinen Unterbruch erleide.

Möglich ist dieses Verfahren natürlich nur für den, der nicht mehr vermehren will und auch keine Schwärme verkauft, sondern eventuell kauft. Und erst für diesen beginnt die rechte Bienenzucht, d. h. die rechte Honigproduktion. Aber wie dann, wenn ich nicht weiß, wo der Vorschwarm herausgekommen ist? Dann setze ich denselben irgend einem Volk auf, zuerst über die ganze Drahtgeflechtrahme und dann über das Absperrgitter ohne Drahtgeflecht= oder Blechstück, wenn die untere Königin Eier legt, und entferne dann ganz einfach auch das Absperrgitter. Das vereinigte Volk wird selber zwischen beiden Königinnen richtig wählen. Schwarmköniginnen sind in der Regel gute Königinnen. Der Schwarm selber ist der Beweis davon! Auf diese Weise kann ich viele Schwärme bekommen, ohne die Stockzahl vermehren zu müssen. Die Sammelkraft wird nicht zersplittert.

Sobald die neue Königin im Brutraum Eier legt, darf das Draht= geflecht= resp. Blechstück auf dem Absperrgitter entfernt werden. Nachdem

man die alte Königin kassiert hat, wird auch das Absperrgitter weg=
genommen, wenn man verhüten will, daß im Aufsatz über der offenen
Brut Weiselzellen errichtet werden, die zwar nicht immer entstehen
und auch bei aufliegendem Absperrgitter nach einigen Tagen entfernt
werden können. Es ist das letztere wohl noch besser, weil sonst die
junge Königin in den Aufsatz steigen und die dortige Brut weiter
ausdehnen könnte. Es kommt ganz darauf an, ob die Befruchtung
der jungen Königin schnell oder langsam erfolgt, d. h. ob im Brut=
raum selber noch viel Brut vorhanden ist oder nicht. Der einzige
Uebelstand bei der ganzen Operation ist, daß man Brut in den Aufsatz
bekommt. Allein erstens wird dieselbe in den kleineren Honigwaben keinen
großen Umfang erreichen, auch nicht bei wenig Tracht; und je länger
sich die Befruchtung der jungen unteren Königin hinausschiebt, um so
besser ist es für den Gesamtstock, daß immer etwas neue Brut entsteht.

Auch ist es ja für die Königinzucht in mancherlei Hinsicht von
Vorteil, Brut in Honigwaben zur Verfügung zu haben. Ist das
Wetter und die Tracht gut, so wird auch die junge Königin bald
befruchtet sein und das Drahtgeflechtstück ebenso bald entfernt werden
können. In der Praxis wird es das Einfachste sein, die Schublade,
in der man den Vorschwarm einlogiert, mit befestigtem Deckbrett auf
den Boden zu legen, zu unterlegen, den Schwarm vor derselben ab=
zuschlagen und dann in dieser Schublade der bereits auf dem Brutraum
liegenden Schublade aufzuschieben. Die Königin wird in bebrüteten
leeren Honigwaben sofort Eier legen, gleichviel ob diese leeren Honig=
waben sich in der ersten oder zweiten Schublade befinden (vergleiche
„Bienentrichter").

Aber wird die alte Königin oben im Aufsatz nicht schwärmen,
sobald sie vom Brutraum herauf tüten hört? Dazu müßte sie das
Hirn eines (und zwar gescheiten) Bienenzüchters haben! In der
„Natur" hat noch nie ein Vorschwarm mit alter Königin tüten gehört.
Und wenn es nun nach diesem neuen Verfahren eine alte Königin
hört, so wird sie die Bedeutung dieser Musik sehr schlecht verstehen
und sich wenig darum kümmern. Sobald das Tüten beginnt, darf
man nur nicht vergessen, die Brutwaben auf den Kopf zu stellen,
wenn man die überflüssigen Weiselzellen nicht verwenden will.

Es eröffnet sich uns hier die Aussicht auf die Möglichkeit, mit sehr einfachen Mitteln und ohne viele Umstände auch mit schwarm= lustigen, äußerst fruchtbaren Varietäten mit Erfolg zu imkern. Das Einzige, was dazu nötig sein wird, ist, zu wissen, aus welchem Stock der Vorschwarm gekommen ist. Und wenn auch etwa einer kommt, von dem man es nicht weiß, so ist es kein Unglück. Die richtige Bienenzucht resp. Honigproduktion beginnt erst mit dem Jahr, in dem der Imker die Zahl seiner Stöcke nicht mehr vermehrt.

Ich muß noch auf etwas aufmerksam machen, das man bei Operationen der soeben beschriebenen Art zu vermeiden hat. Wenn nämlich der aufgesetzte und dann vereinigte Schwarm nicht in der unteren, bereits aufliegenden, sondern in der oberen, neu hinzugekom= menen Schublade Brut eingeschlagen hat, dann müssen beide Schub= laden mit einander changiert werden, wenn vereinigt, also nicht nur die Drahtgeflechtrahme, sondern auch das Absperrgitter weggenommen wird. Das heißt: die Brut enthaltende Schublade muß unmittelbar über den Brutraum kommen. Sonst würden auf der (von der Brut im Brutraum durch eine nicht Brut enthaltende Schublade getrennten) Brut der oberen Schublade Weiselzellen entstehen, und die erste eventuell ausschlüpfende Königin von vielleicht geringer Qualität würde die befruchtete Königin töten.

In Ergänzung dessen, was in diesem Abschnitt und auf Seite 96 bis 98 und 125 über das Drahtgeflecht oder Blechstück gesagt ist, das man bei rationeller Zurückgabe des Vorschwarms braucht, ist noch etwas nachzutragen.

Man kann die Sache auch anders machen. Die Schublade, welche den Vorschwarm aufzunehmen hat, wird durch ein senkrechtes Königin= Absperrgitter halbiert, das mit Schublade Unter= und Oberkant bündig ist, d. h. man macht es einige mm weniger hoch als 168 mm (Schub= ladenhöhe). Unmittelbar darunter legt man ein schmales Rähmchen= holzstück auf das unter der Schublade liegende Absperrgitter. Im Amerikanerfalz werden Hölzchen eingelegt, damit die Königin nicht hindurch kann. Die Schublade, die schon auflag, wird (ohne Bienen) weggenommen und einem andern Volk aufgeschoben, wenn man ihren Honig nicht schleudern will. Wenn der Vorschwarm einlogiert ist, schaut man am folgenden Morgen, auf welcher Seite des senkrechten Absperrgitters sich die Königin befindet. Man hat die Wahl: entweder man schiebt das Drahtgeflecht erst nachträglich unter denjenigen Teil der Schublade, in welchem die Königin gefunden wird, oder man versieht das wagrechte Absperrgitter schon vorher auf einer Seite mit dem Drahtgeflecht (unten) und bringt die Königin nachträglich über dasselbe, falls sie nicht zufällig schon dort ist. Es ist besser, statt des Drahtgeflechts ein Blech zu nehmen. Dieses Verfahren mit dem senk= rechten Absperrgitter ist etwas komplizierter, als wenn man den ganzen Brutkörper mit Blech deckt, und wenn man eine zweite Schub= lade auflegen will, muß der die alte Königin enthaltende Teil der Schublade auch nach oben mit (auf den Honigrahmen liegendem) Draht= geflecht oder Blech gedeckt werden. Aber das senkrechte Absperrgitter erlaubt, das Drahtgeflecht oder Blech nur auf einer Seite der Schub= lade anzubringen, infolge dessen die Bienen von resp. nach unten unmittelbar über der Hälfte des Brutkörpers Kommunikation haben. Soll man in diesem Fall 13 Honigwaben mit enger oder 11 mit weiter Distanz nehmen? Das erstere ist vorzuziehen, für den Fall, daß die Brut in den Honigwaben anderswo Verwendung findet, und das senkrechte Absperrgitter kommt dann an Stelle der Wabe rechts oder links von der mittelsten. (Das Deckelchen im Deckbrett sollte immer bündig sein mit Unterseite des Deckbrettes.) Es muß also die betreffende Wabe herausgenommen werden. Sind die Wabengassen weit (bei 42 mm Distanz von Waben= zu Wabenmitte), dann sind sie 17 mm breit und die durch das (senkrechte) Absperrgitter halbierte hat immer noch 8 mm Breite, besonders wenn man die beiden benach= barten Waben etwas abrasiert. Das Absperrgitter wird an den Enden umgebogen und auf die Innenseite der Schubladen=Stirn= und Rück= wand genagelt. Am allerbesten ist es wohl, wenn man die Schubladen= Abstandstreifen ganz entfernt; man kann dann die Honigwaben auf einer Seite in weiter und auf der andern in enger Distanz hängen und der Wabengasse für das Absperrgitter die nötige Breite geben. Die Waben der Schublade können ganz gut am Tag nach dem Ein= logieren des Vorschwarms allfällig noch gerückt werden. Allein, da man die Königin doch lieber in dem kleineren Teil der Schublade

hat, empfiehlt es sich, in diesem die Waben von Anfang an in enger
Distanz und auf der andern Seite in weiter Distanz einzuhängen.
Die Königin wird dann mit der Wabe, auf der sie bereits Eier gelegt
hat, am folgenden Tag in jenen kleineren Teil gebracht, wenn sie
nicht schon dort ist.

Das Entfernen des Schubladen=Abstandstreifens ermöglicht auch
eine sehr einfache Befestigung des senkrechten Absperrgitters. Man
sägt mit einer gewöhnlichen Säge einen senkrechten Schnitt in die
Innenseite der hintern und vordern Schubladenwand und steckt das
Absperrgitter in diese Sägeschnitte hinunter. Soll der Raum für die
(alte) Königin des (Vorschwarms) fünf Honigwaben in enger Distanz
enthalten, so wäre also das senkrechte Absperrgitter 185 mm von der
Seitenwand entfernt: $5 \times 35 + (2 \times 5)$.

Mit den Versuchen betreffend Befruchtung junger Königinnen vom
Aufsatz über einem weiselrichtigen Volk aus, wie Doolittle sie praktiziert,
scheinen nicht alle Erfolg zu haben. Ich werde diesbezügliche Versuche
in folgender Form anstellen. Ich bringe in der betreffenden Schublade
zwei senkrechte Absperrgitter an und zwar rechts und links von den
drei mittelsten Honigwaben. Unter diesen letztern, also von einem
Absperrgitter zum andern, oder etwas über dieselben hinaus, wird ein
Blech auf das wagrechte Absperrgitter gelegt. Dieses Blech ist unten
auf zwei der Länge nach halbierte Rähmchenholzstücke von 6 mm Dicke
genagelt, die genau unter die senkrechten Absperrgitter kommen. So
ist die aus der (einer Brut enthaltenden Honigwabe eingedrückten)
Königinzelle ausschlüpfende Königin von der untern alten vollständig
abgesperrt, und die Kommunikation zwischen Brutraum und Aufsatz
ist doch in reichlichem Maße vorhanden. Auch die Wärme über dem
schmalen Blech ist genügend. Dasselbe ist 125 mm breit. Die beiden
senkrechten Absperrgitter (je 460 mm lang) sind 115 mm von einander
entfernt. Die Schlitze derselben liegen wagrecht. Am besten verwendet
man für sie das deutsche Absperrgitter. Es soll nicht durch die Schlitze
geschnitten werden, sondern dem Rand der Schlitze entlang. Die Seite,
auf der das nicht möglich ist, wird nach oben gekehrt; hier wird ein
15 mm breiter Zinkblechstreifen aufgelötet und hinten und vorn in
den Amerikanerfalz hinein verlängert. Will man die drei Honigwaben

untersuchen, so kann man ein senkrechtes Absperrgitter auf einer Seite nach oben hinausziehen, um Platz zu machen. — Diese drei von zwei senkrechten Absperrgittern eingeschlossenen Honigwaben kann ich auch bei der Zurückgabe des Vorschwarms brauchen. Die Königin wird einfach auf dieselben gesetzt (am folgenden Morgen). Wenn sie kassiert wird, d. h. 2—3 Tage nachher (bei Nichtanwendung des Königin= zellenkäfigs oder des Zusetzapparates) kann ich eine Königinzelle zu= setzen und nach Beginn der Eierlage und Entfernung der befruchteten Königin wieder eine u. s. w.

Das schmale, auf das Absperrgitter gelegte Blech soll an den Enden etwas nach oben gekrümmt sein und hinten und vorn gut an die Rahme anstoßen. Man kann die Brut außer die senkrechten Ab= sperrgitter stellen, wenn man Honigwaben mit nur verdeckelter Brut wünscht (Weiselzellen sind zu entfernen).

Die Königin des zurückgegebenen Vorschwarms wird von selbst in die Mitte gehen, wenn man die senkrechten Absperrgitter erst am folgenden Tag gibt und in die Mitte bebrütete Waben in enger und links und rechts unbebrütete in weiter Distanz gegeben hat.

Eine befruchtete Königin kann im Zusetzapparat jeder Schublade (über einem einfachen Absperrgitter), in der sich etwas Brut befindet, zugesetzt werden, also wenn im Brutraum ebenfalls eine eierlegende Königin ist.

Schubladen mit Glasfenstern können zu obigen Operationen nicht verwendet werden.

Das amerikanische Bee Journal 1900 veröffentlicht betreffend sicheres Zusetzen von Königinnen und Verstärkung von schwachen Völkern folgendes. „Sicheres Zusetzen von Königinnen ist eine der wichtigsten Manipulationen in der Bienenzucht. Darauf beruht die Verbesserung des Bienenstandes. Das macht den Bienenfreund zum Meister seines Geschäftes. Das Verfahren, welches ich anwende, hat nie versagt, welches auch die Verhältnisse der Bienen waren. Ich erhielt die Idee von Doolittles Scientific Queen rearing. Nur führte ich es ein wenig weiter, nämlich so: Gehe zum Stock, welchem du eine Königin zuzusetzen wünschest. Nimm die vorhandene Königin heraus, gib ein wenig Rauch und rüttle den Kasten, bis die Bienen

sich mit Honig gefüllt haben. Dann schüttle ungefähr die Hälfte der
Bienen in das Einsperr-Kästchen mit Drahttuchseiten und Trichter,
setze das Kästchen an irgend einen kühlen Platz, bis die Bienen um
eine Königin trauern, was man daraus ersieht, daß die Bienen im
Kästchen herumrennen, als ob sie sehr aufgeregt wären. Dann setzt man die
Königin zu, indem man sie oben hineinfallen läßt. Die Bienen
nehmen sie sofort an und bilden die Traube. Laß sie so für einige
Zeit bleiben; dann schüttle sie aus vor dem Stock (oder im Kasten=
Bienentrichter hinten. S.), von dem sie kommen, und laß die Königin
mit den Bienen hineinrennen, ein wenig Rauch gebend. Ich habe mit
diesem Verfahren Königinnen zugesetzt zu einer Zeit, da keine Tracht
war und die Königinnen nicht legten, und habe noch nie ein Miß=
geschick gehabt. Königinnen, die per Post kommen, werden, wenn so
behandelt, schneller legen als beim Einsperrverfahren, und sie werden
nie abgestochen (wenn es befruchtete sind. S.).

Ich behandle legende Arbeiterinnen auf dieselbe Weise. Es
werden bloß die nötigen Bienen herausgenommen von irgend einem
starken Volk. Man gibt acht, so viele junge Bienen als möglich zu
bekommen und eine lebende Königin. (Hier kann man wohl eher (?) eine
unbefruchtete nehmen. S.) Gib dem Volk, das die legenden Arbeiterinnen
hat, viel Rauch, lasse die Bienen und die Königin hineinlaufen und
das Werk ist gethan. Bienen, die eingesperrt gewesen sind (ohne Königin),
bleiben überall. Die beste Zeit, die Bienen zu nehmen, ist der Morgen.
Am Abend läßt man sie hineinlaufen.

Das ist auch das beste Verfahren, schwache Völker zu verstärken.
Nimm einem Stock, der sie entbehren kann, ein Viertel oder die Hälfte
Bienen, sperre sie acht oder neun Stunden ein; dann lasse sie in das
schwache Volk hinein, eine oder zwei Waben mit Brut gebend, und die
Wirkung wird großartig sein. Ein schwaches Volk wird so in ein
starkes verwandelt fast mit einem Mal. Ich halte es für eine verfehlte
Idee, ein schwaches Volk mit Brut zu überbürden, da es demselben
fast nicht möglich ist, sie zu bedecken. Sie sollten Bienen haben, so
gut wie Brut. Wenn Beißerei entsteht, was in einem von hundert
Fällen nicht geschieht, gib Rauch, bis der Aufruhr sich legt."

Dieses Verfahren habe ich (S.) wiederholt mit Erfolg praktiziert.

Dem Volk, das man verstärkt, zieht man eine oder zwei Brutwaben mit
Bienen heraus, schüttelt oder wischt die Bienen zum eigenen Volk und
wenn sie sterzelnd einziehen, schüttet man die fremden Bienen zu.

Herr H. Spühler verfährt beim Zusetzen einer Königin wie folgt:
Nach dem Herausfangen der zu ersetzenden Königin werden zwei bis
drei Waben herausgenommen und für einige Minuten auf den Boden
gestellt. Nachdem der Bienentrichter eingesetzt ist, werden von ein
bis zwei Waben die Bienen abgestoßen: sie ziehen brausend in ihr
Heim ein. Die neue Königin wird dazu geworfen und mit den Bienen
der dritten Wabe überschüttet. Sie zieht friedlich mit diesen ein.
Dieses Verfahren ist besser als dasjenige Ruffys (Seite 75).

Wenn ich eine wertvolle befruchtete Königin, die ich von auswärts bezogen habe, mit absolut sicherem Erfolg zusetzen will, verfahre ich folgendermaßen: Ich schütte mit dem Doolittle-Trichter Bienen
von verschiedenen Stöcken (ohne Königin) in das Arrestkistlein und
gebe ihnen nach einigen Stunden die Königin. Abends logiere ich
diesen Kunstschwarm in eine Schublade, die auf der auf dem Brutraum
befindlichen Drahtgeflechtrahme liegt und mit bebrüteten Honigwaben
möbliert ist, und füttere.

Nachdem die Königin mit der Eierlage begonnen, also nach einigen
Tagen, wird die Drahtgeflechtrahme durch ein Königin-Absperrgitter
ersetzt und wieder nach einem Tage, abends, auch dieses entfernt.
Wenn das Volk im Brutraum nicht weisellos ist, muß es entweiselt
werden, bevor man die Drahtgeflechtrahme durch die Königin-Absperrgitterrahme ersetzt. — Unmittelbar nachdem die Eierlage im Aufsatz
begonnen, kann man denselben einem andern Volk auflegen, ohne daß
viel Bienen zurückfliegen. Das wird man natürlich nur dann thun,
wenn man inzwischen z. B. ein weiselloses Volk entdeckt hat, dem man
die Königin nun zusetzen will, statt demjenigen, dem man den Kunstschwarm zuerst aufgesetzt hatte.

Ein Volk mit cyprischer Königin eignet sich zur Doolittle-Königin-
zucht ausgezeichnet, wenn man die Stechlust desselben nicht fürchtet.

III.

Theoretisches.

————

D. L. W. E. Rauwenhoff (in seiner Religionsphilosophie, aus dem Holländischen übersetzt von Lic. Dr. J. R. Hanne) sagt über den Instinkt folgendes:

„Der Instinkt ist ohne Zweifel ein Vermögen, zweckmäßig zu handeln. Wenn man die Tiere, bei denen der Instinkt am stärksten hervortritt, an der Arbeit sieht, dann kann man die Regelmäßigkeit in dem, was sie hervorbringen, unmöglich als Zufall ansehen. Welch ein Wunder der Zufälligkeit würde es sein, daß alle Arbeitsbienen das Wachs vollkommen auf dieselbe Weise, und noch dazu auf eine für Material= und Platzersparnis so vorteilhafte Weise niederlegen! Es ist darin, außer dem Mechanismus der Arbeit, ein anderer Faktor, den wir nur mit dem Namen der Finalität bezeichnen können. Die Arbeit geschieht im Dienste eines Zweckes. Aber nichts gibt uns Grund zu der Meinung, daß auch ein Plan vorhanden gewesen sei. Um das anzunehmen, müßten wir in diesen Tieren ein Bewußtsein voraus= setzen, von dem wir nicht die mindeste Spur entdecken können. Wir schließen also: es war zwar ein zweckmäßiges, aber kein plan= mäßiges Handeln; es war ein Zweck da und das Handeln war daraufhin eingerichtet, aber ohne daß die Abstraktion, wodurch die Vor= stellung des Zweckes dem Handeln vorhergeht und dasselbe fortwährend leitet, vermittelnd dazwischengetreten wäre.

Es ist nicht zu leugnen, daß solch instinktmäßiges Schaffen auf einen Zweck hin für uns immer etwas Rätselhaftes bleibt. Zwar können wir es auch an uns selbst bei gewissen Handlungen wahr=

nehmen, die einen zweckmäßigen Charakter tragen und doch gänzlich
außerhalb unseres Bewußtseins fallen. Aber es ist eine ganz andere
Sache, wenn dies Instinktmäßige bei Wesen vorkommt, die sich mit
Bewußtsein einen Zweck vorstellen können, als wenn es bei solchen
erscheint, bei denen man keine bewußte Zweckbestimmung annehmen kann.
Bei den ersteren ist die Möglichkeit vorhanden, daß eine ursprünglich
bewußte zweckmäßige Handlung entweder bei demselben Individuum
oder durch Vererbung in der Art so zur Gewohnheit geworden ist,
daß sie nun weiter ganz instinktmäßig geschehen kann. Der Bewohner
einer großen Stadt denkt nicht mehr daran, daß und wie er in einem
belebten Stadtviertel andern aus dem Wege gehen muß, während der
Bauer dort alle Augenblicke die ihm Begegnenden anrennt. Alle die
Wahrnehmung und Berechnung, die nötig ist, um schnell durch die
Menge zu kommen, geschieht ohne Nachdenken, nur infolge einer Uebung,
die freilich Bewußtsein erfordert hat. Die Bewegung unserer Finger=,
Hand= und Armmuskeln beim Schreiben geschieht ganz instinktmäßig;
aber sie ist aus der bewußten Bewegung hervorgegangen, die man
machen muß, um eine bestimmte Buchstabenform zu erhalten. So
machen wir fortwährend allerlei Reflexbewegungen, deren wir uns
nicht bewußt sind, die aber doch gewiß früher Bewußtsein erfordert
haben, um zur Gewohnheit werden zu können. In solchem vorauf=
gehenden Bewußsein kann man die Erklärung für das zweckmäßige
Handeln der Tiere nicht suchen. Die sechseckige Form der Zelle, deren
die Biene sich bedient, ist sicher kein Resultat vormaliger verständiger
Ueberlegung. Das ist eine Zweckmäßigkeit, der kein Plan (von seiten
der Biene) zu Grunde liegt und die darum auch viel schwieriger zu
erklären ist als alles, was bei Wesen vorkommt, deren vernünftige
Anlage es ermöglicht, das später Instinktmäßige mit früher bewußtem
Handeln in Verbindung zu bringen. Wie der Instinkt auch zu er=
klären sei, oder wie unerklärlich er sei, er ist ein Faktum, das in der
Natur vorliegt, ein zweckmäßiges Handeln ohne den Plan eines zu
erreichenden Zweckes, eine Wirksamkeit, die sich uns als eine intelligente
zeigt und in der wir doch keine bewußte Intelligenz voraussetzen können.
Wir haben deswegen in ihm den allgemeinen Begriff einer immanenten
Ursache, die den Charakter der Finalität (Zielstrebigkeit) trägt und die

sich von dem Vernünftigen im zweckmäßigen Handeln des Menschen dadurch unterscheidet, daß das bei dem Menschen vorkommende bewußte Setzen eines Zweckes fehlt. Auch für diesen Gegenstand verweise ich gern auf das Werk von Paul Janet: Les causes finales. In der Revue des deux Mondes vom 15. Oktober 1886 kann man einen interessanten Artikel von Alfred Fouillée finden: L'origine de l'instinct. Seine Behauptung, daß der Instinkt nicht als mécanisme transformé, sondern als appétit transformé anzusehen sei, scheint mir ernste Erwägung zu verdienen. Kann nun unter einen so beschränkten Begriff das gebracht werden, was wir mit der Herrschaft einer sittlichen Ordnung in der Welt meinen? Mich dünkt, es sei genug, die Frage nur zu stellen, um sie als beantwortet ansehen zu können. Eine Macht, welche durch vernünftige Ueberzeugung und sittliche Eindrücke Liebe zu einem Ideale erweckt, die Stimmung modifiziert, den Willen bestimmt, den Mut weckt, die Kraft stählt, welche Selbstbeherrschung groß zieht und Selbstverleugnung lehrt, welche die Lebensführung bestimmt, die Lebensbeziehungen heiligt, die Lebensaufgabe vollbringen hilft, welche im Kampf des Lebens den Sieg der Liebe erstrebt und immer mehr erreicht, welche sich im Bewußtsein der Besten als das Einzige, was dem menschlichen Dasein bleibenden Wert geben kann, offenbart, — diese Macht soll von derselben Art sein wie das Talent der Bienen und Käfer, um nicht noch thörichtere Vergleiche zu gebrauchen!?"

Siehe auch: Reimarus, Allgemeine Betrachtungen über die Triebe der Tiere (Hamburg 1798); Flourens, De l'instinct et de l'intelligence des animaux (4. Aufl., Paris 1861); Wundt, Vorlesungen über die Menschen= und Tierseele (Leipzig 1863); Wundt, Grundzüge der physiologischen Psychologie (2. Aufl., Leipzig 1880); Darwin, Entstehung der Arten (deutsch, 7. Aufl., Stuttgart 1883); Darwin, Kleinere Schriften (Leipzig 1886); Noll, Die Erscheinungen des sogenannten Instinkts (Frankfurt 1877); Körner, Instinkt und freier Wille (Leipzig 1878); Schneider, Der thierische Wille (Leipzig 1880). Siehe ferner das in 19. Auflage erschienene Buch: The Reign of Law. By the Duke of Argyll, K. G., Author of Unity of Nature (London, John Murray, Albermarle Street). Sodann: F. Gerstung:

Das Glaubensbekenntnis eines Bienenvaters, bei Paul Waetzel, Freiburg i. B.

Wir wenden uns einem andern Thema zu. In O. Pfleiderer, Religionsphilosophie auf geschichtlicher Grundlage, lesen wir:

„Lamark lehrte zu Anfang des 19. Jahrhunderts, daß aus den einfachsten, durch Urzeugung entstandenen Organismen die verschiedenen Gattungen durch Anpassung an die veränderten Lebensbedingungen hervorgegangen seien. Er fand aber zu seiner Zeit noch keinen Beifall. Erst durch Darwin ist die Entwicklungslehre zu hervorragender Geltung gekommen. Bekanntlich ging er von der Beobachtung aus, daß bei der Züchtung von Pflanzen und Tieren große Varietäten sich erreichen lassen dadurch, daß Individuen von bestimmten Eigenschaften zur Züchtung benutzt werden, deren Eigenart sich dann durch Vererbung von Generation zu Generation mehr steigert. Hieraus schloß er, daß durch ein ähnliches Verfahren der „Natur", die natürliche Aus= wahl, alle organischen Arten sich aus einer „ursprünglichen Grund= form" entwickelt haben. Diese Auswahl aber erklärte Darwin daraus, daß in dem allgemeinen Kampf ums Dasein immer nur die ihren Lebensbedingungen am besten angepaßten Individuen überleben; indem dann diese Individuen ihre besonders günstigen Eigenschaften auf ihre Nachkommen in fortwährender Steigerung der Besonderheit vererben, bilden sich im Laufe der Generationen aus der allmähligen Häufung der eigentümlichen Unterschiede die mannigfachen Arten. Damit war der Zweckbegriff in jedem Sinne beseitigt und einer rein materialistischen Naturbetrachtung der Weg geebnet. Zweckwirksamkeit und Zusammen= hang von Ursache und Wirkung widersprechen sich aber nicht, sondern sind die unzertrennlich zusammengehörigen Seiten alles organischen Lebens. Unter vielen andern hat Dr. W. Haake, Zoologe in Jena, die Unzulänglichkeit der Darwinschen Theorie von der natürlichen Zucht= wahl zur Erklärung des organischen Lebens eingehend bewiesen und die Theorie aufgestellt, daß durch die ganze Natur ein Streben nach Gleichgewicht gehe, nämlich nach Vereinheitlichung und Vervoll= kommnung des Organismus in sich selbst sowohl, als in Beziehung zu seiner Umgebung. Er knüpft damit wieder an die von Herder, Göthe und Blumenbach aufgestellte Lehre von einem organischen

Bildungs= und Gestaltungstrieb der Lebewesen; besonders nahe be=
rührt er sich mit Snell, der in der Schrift über die Schöpfung des
Menschen (1864) den Fortschritt des organischen Lebens der Erde
nicht aus der Anpassung an die Außenwelt erklärt hatte, sondern aus
einem innern Drang nach Vervollkommnung, da eine Entwicklung
überall nur da möglich sei, wo ein Inneres die gegebenen äußern
Zustände überrage. Haake sucht im Einklang mit dem großen Botaniker
Nägeli in München (von Kilchberg, Kt. Zürich) und den Zoologen
Eisner und Karl Erust von Bär beides zu verbinden: den innern
Vervollkommnungstrieb und die Bedingtheit von der äußern Umgebung,
und indem er das beherrschende Gesetz so allgemein formuliert: als
Streben nach Erhöhung des innern und äußern Gleichgewichtszustandes,
kann er dessen Geltungsbereich nachweisen nicht bloß im gesamten
Naturleben, von der Bildung der Weltkörper bis zu der des Menschen,
sondern dann auch noch im geschichtlichen Leben der menschlichen Gesell=
schaft 2c. Zweckmäßigkeit ist also tief im Wesen des Kosmos begründet."

Die jüngste Aeußerung (1899) desjenigen hervorragenden Zoologen,
der bis in die Gegenwart am zähesten an der „Allmacht der Natur=
züchtung" festhielt (und von W. Haake, wie es scheint, erfolgreich be=
kämpft wurde), des Herrn Prof. A. Weismann in Freiburg i. B. lautet:
„Wenn auch das Prinzip der Selektion (Auswahl) zuerst in einfachster
Weise das Rätsel der Zweckmäßigkeit alles Entstehenden zu lösen schien,
so zeigte sich doch im Verlauf der weiteren Durcharbeitung des Pro=
blems immer deutlicher, daß man mit ihm, in seiner ursprünglichen
Beschränkung wenigstens, nicht ausreicht." Diese Erklärung findet
sich im „Goldenen Buch des deutschen Volkes", wie ich lese in dem
in der „Deutschen Rundschau" 1900 erschienenen Aufsatz „Die natur=
wissenschaftlichen Ergebnisse des 19. Jahrhunderts" von Prof. Reinke,
Verfasser des Buches: „Die Welt als That", in welchem ebenfalls die
in der Welt vorhandene Zweckmäßigkeit anerkannt und verteidigt wird.

Nun behaupte ich: wenn irgendwo, so müssen die soeben bespro=
chenen Prinzipien sich wirksam erweisen namentlich auch in der Rassenzucht
irgend eines Lebewesens. Und da ist der Begriff des Gleichgewichts,
des innern und äußern, und das Streben nach Erhöhung des Gleich=
gewichtszustandes ein überaus fruchtbarer und von der größten Bedeutung.

Indem ich aus vorstehendem für die Königinzucht die mir richtig
scheinenden Konsequenzen ziehe, seien mir einige zwanglose allgemeine
Bemerkungen gestattet. Die Bienenzucht, d. h. die Königinzucht, unter=
scheidet sich in mehrfacher Hinsicht von der Rindviehzucht und von
der Rassenzucht der höheren Haustiere überhaupt. Die Biene und
das Rind z. B. sind zwei verschiedene Tiere. Das Rind ist in der
Stufenreihe der Organismen ein verhältnismäßig hochstehendes Tier;
die Biene gehört einer viel tiefer stehenden Tiergattung an. Beweis
dafür ist schon die geschlechtlose Vermehrung wenigstens der Drohnen.
Wir können im allgemeinen sagen, daß die höher stehenden Tiere sich
weniger schnell vermehren als die tiefer stehenden; oder ein Tier ver=
mehrt sich potenziell in dem Maße mehr, je tiefer es steht. Die Schnellig=
keit seiner Vermehrung ist für uns der Maßstab, seine Stellung in der
Rangordnung der organischen Wesen zu bemessen. Je tiefer ein Tier
steht und je schneller es sich vermehrt oder vermehren kann, desto
mehr verschwinden aber auch die Rassenunterschiede zwischen
den einzelnen Exemplaren der Gattung. Bezeichnend dafür ist
schon der Umstand, daß, je tiefer wir auf der Stufenleiter der
Schöpfung herabsteigen, desto weniger gern wenden wir das Wort
Individuum an; wir brauchen lieber das Wort Exemplar. Bei der
Biene ist nicht einmal dieses Wort ganz richtig; denn die einzelne
Biene ist kein für sich selbständiges Exemplar einer Tiergattung; sie
ist nur ein Teil eines Exemplares, das als Bien in Stockform, als
Kollektivorganismus lebt. Das gilt vor allem auch vom Entstehen
der einzelnen Biene. Sie kann nicht nur allein in einem Bienenvolk
leben, sondern auch nur in ihm entstehen. Gerstung hat sehr recht,
wenn er von einem Brutkörper redet und sagt, der Brutkörper sei
der erweiterte Eierstock der Königin. Es ist richtiger der
Uterus, die Gebärmutter. Daraus ergibt sich ein erster wesenhafter
Unterschied zwischen Königinzucht und Rinderzucht. Ein Rind ent=
wickelt sich immer nur im Uterus des Mutterrindes. Will ich ein
gutes Rind züchten, dann muß ich das ganze Mutterrind in der ge=
wünschten Qualität haben. Bei der Biene verhält sich die Sache
etwas anders. Hier kann ich die Gebärmutter geradezu komponieren.
Setzen wir den Fall, daß wir ein sogenanntes heruntergekommenes

kleines Volk mit alter Königin vor uns haben. Dieses Volk wird, sich selbst überlassen, geringe Königinnen erziehen. Es fehlt die Mög= lichkeit der nötigen Wärmeentwicklung; es fehlt die reichliche Fütterung; es fehlt der ganze aktive Trieb. Auch im Falle der Entstehung einer gut veranlagten Königin könnten diese Anlagen in dem kleinen Volk nicht zur Geltung kommen, weil die Gebärmutter fehlt, d. h. erst da wäre, wenn die Kraft der Königin schon längst wieder er= schöpft ist. Aber auch dieser Fall ist unwahrscheinlich; denn der wirkliche Eierstock der Königin sollte sich entwickeln können gerade von Anfang an. Nur der Eierstock wird im zweiten Jahr richtig und noch mehr als im ersten Jahr funktionieren, der im ersten Jahr nicht verkümmerte, weil er funktionieren konnte. Nun aber hat es ja der intelligente Mensch in seiner Gewalt, die Gebärmutter da, wo sie fehlt, zu schaffen, zusammenzusetzen. Man soll drei solcher heruntergekom= mener Völklein mit einander vereinigen oder noch besser einem solchen Völklein einige Brutwaben und viel Bienen geben und ihm die alte Königin lassen und man wird die besten Königinnen erzielen. Wenn aber die Qualität der Königin immer ein Sich=ins=Gleichgewicht=Setzen mit der äußerst günstig beschaffenen Gebärmutter ist, dann kann man nicht zwischen „ererbten" und „erworbenen" Eigenschaften unterscheiden. Die „erworbenen" sind nur entwickelte Anlagen, die in allen vor= handen sind und den Trieb haben, sich zu entwickeln. Es gibt ver= schiedene Qualität der einzelnen Königinnen, und wenn wir züchten, züchten wir von den besten. Aber diese besten selber zu produzieren, das geht bei den Bienen viel schneller als beim Rind. Gerade der Umstand, daß der Bien ein Stocktier ist, das die strengen Winter nur in einer gewissen Größe übersteht, bietet die Gewähr, daß alle jetzt noch lebenden Bienen nicht degeneriert, sondern entwicklungsfähig sind, d. h. sich entwickeln wollen und zwar in kürzester Zeit, d. h. beim ersten Erbrütetwerden der Königin in einer richtigen Gebärmutter. Diese Anschauung unterscheidet sich prinzipiell von derjenigen, die nur redet von Vererbung zufällig, d. h. durch „Anpassung" „erwor= bener" Eigenschaften, wobei dann alles, was nicht „Zuchtwahl" ist, „Zufallsprodukt" genannt wird. Machen wir die Probe und zwar nicht mit den Bienen unseres Klimas, sondern z. B. mit den italienischen

Bienen Siziliens. Dort „verbrennt" im Sommer alles und die
Bienen finden nichts mehr vom Frühling bis in den Herbst, wo die
Regenzeit wieder einsetzt. Nur diejenigen überdauern, die im Frühling
am meisten Brut und Volk hatten und am meisten sammelten. Wäre
die Zuchtwahl die Hauptsache, so müßten die dortigen Bienen lauter
Rassenbienen sein, so gut wie diejenigen, die den nördlichen Winter
durchmachen. Nun aber ist soviel sicher, daß die Bienen nicht
infolge dieser durch Hitze oder Winter getroffenen Auswahl rassig
geworden sind, sondern sie müssen es schon vorher auf anderem
Wege geworden sein durch die ihnen innewohnende geschaffene Zweck=
mäßigkeit. Das gilt unter allen Umständen, auch wenn wir an=
nehmen müssen, daß die Bienen sich ausgebreitet haben von Gegenden,
die keine Trachtpausen haben oder hatten. Ein Vogel muß Flügel
haben, bevor er fliegt. Das führt uns direkt auf einen weiteren
Unterschied. Ich weiß es nicht, aber ich denke mir, bei der Viehzucht
wird man zur Fortzucht nicht alte, sondern junge Exemplare wählen.
Bei der Königinzucht ist es eher umgekehrt. In dem künstlich kom=
ponierten Eierstock wird gerade das Mißverhältnis zwischen der Größe
dieses Eierstockes und dem vorgeschrittenen Alter der Königin der
Grund sein, warum die gezüchteten Königinnen von bester Qualität
sein werden. Denn in den Bienen ist nun der Trieb da, das Gleich=
gewicht wieder herzustellen. Die Eier, aus denen Königinnen ent=
stehen, rühren vielleicht her von dieser alten Königin; sind die Eier
von einem alten Eierstock schlechter als von einem jungen? Das ist
durchaus nicht bewiesen. Wenn wir auch an diesem Punkt das Gesetz
vom Gleichgewicht und die darin enthaltene Zweckmäßigkeit, Ziel=
strebigkeit anwenden oder als angewandt voraussetzen, dann könnten
wir ebensogut sagen, die Eier eines alten Eierstockes sind zwar weniger,
aber nicht schlechter, die eines jungen sind zwar mehr, aber nicht
besser. Allein die Sache ist von zwei Seiten aus in einem der
Viehzucht entgegengesetzten Sinn zu beurteilen: 1) Ich kann ja
dem erweiterten Eierstock, dem Uterus, Larven eines starken Volkes
mit junger Königin einsetzen oder 2) auf den Eierstock oder Uterus
der Bienen, der künstlich vergrößert werden kann, findet der Begriff
alt oder jung überhaupt gar keine Anwendung. Alt ist er nur, wenn

durch des Imkers eigene Schuld der äußere Eierstock nur noch aus weniger verdeckelter Brut besteht, die keine Wärme produzieren. Ein Brutkörper aber, der nur aus verdeckelter Brut besteht und dennoch Königinnen züchten soll, das ist ein korrumpierter Eierstock, ein Bienen=Uterus, der in der Natur gar nie vorkommt. Denn in einem abgeschwärmten Mutterstock stammen die noch vorhandenen Königinnen aus einer Zeit, wo der Stock von offener Brut strotzte und die Temperatur die höchst mögliche war. Selbstverständlich gestaltet sich die Qualität des Uterus noch besser, wenn die Königinzellen im Zentrum des Brutkörpers plaziert werden. Manche Königin ist, ob= schon von guter Rasse, doch nicht gut ausgefallen, weil sie, am Rande der Waben erbrütet, nachdem ein oder zwei Schwärme den Stock verlassen, zu wenig warm hatte. Namentlich auch als Puppe braucht die junge Königin viel Wärme. Also durch die Kunst des Menschen ist es möglich, daß der wirkliche Eierstock, aus dem das Ei kommt, einer alten Königin gehört; der äußere Eierstock aber ist gleichwohl sozusagen jung und kräftig. Aber man wird mich fragen: ist es denn ganz gleichgiltig, von welcher Königin des Bienenstandes man züchtet? Wird ein Ei aus einem sogenannten Rassenvolk wirklich keine bessere Königin geben als irgend ein anderes Ei? Besteht zwischen den einzelnen Bienen der Stöcke kein Rassenunterschied? Ich möchte diese Frage eher bejahen, wenn man auch in der Praxis natürlich von den besten Völkern nachzüchtet, weil ja die gut, d. h. in einem großen Volk gezüchtete Königin aus einem Ei eines wirklich degenerierten Volkes vielleicht nicht selber schon, sondern erst in ihrer Tochter oder Enkelin „auf die Höhe" gelangt. Aber wer kann denn behaupten, daß wir auf unseren Ständen degenerierte Bienen haben? Das ist durchaus nicht der Fall! Ich hatte pro 1900 einen Schwarm ein= logiert, der sich nach einigen Tagen als weisellos erwies. Ich stellte ihm eine Brutwabe mit offener Brut in die Mitte, die ich dem ersten besten Volk entnahm. Der genannte Schwarm züchtete eine so vor= treffliche Königin davon, daß ich diesem Volk pro 1901 75 Pfund Honig nehmen konnte.

Ich rede jetzt nicht von Rasse im Sinne der Varietät, sondern im Sinne der Qualität. Es gibt bei so tief stehenden Tieren keine

großen Qualitätsunterschiede oder nur verschwindend kleine. Ein Rind
wirft in einem Jahr nur ein Junges. Eine Bienenmutter legt im
Tag 3000 Eier oder kann sie legen. Der Qualitätsunterschied zwischen
den Bienen ist also 1 095 000 mal geringer als zwischen Rind und
Rind. Auf die Genauigkeit dieser Zahl kommt es mir nicht an. Wer
sich durch diese Taxierung der Bienen verletzt fühlt, lese in Wester=
manns Monatsheften 1900, was Friedrich Knauer über die Ameisen
sagt. Daß die Bienen sehr tief stehende Tiere sind, geht schon daraus
hervor, daß die Drohnen geschlechtslos entstehen durch einfache Spaltung
im Eierstock. Ein Bandwurm, ebenfalls ein Stocktier, produziert
75 000 000 Eier. Dieses Tier lebt unter so schwierigen Verhältnissen,
daß von diesen vielen Eiern in der Regel nur eines davonkommt. Und
dennoch verschlechtert sich die „Rasse" dieses Tieres nicht, trotzdem bei
ihm von Kreuzungsbefruchtung keine Rede sein kann. Der Bazillus,
welcher die Faulbrut, die Bienenpest, erzeugt, hat in 24 Stunden
364 Generationen. Das ist eine enorme Zahl; sie bedeutet die Zahl
der vorhandenen Exemplare in der 364. Potenz. Die betreffende Zahl
ist 364 mal mit sich selbst zu multiplizieren. Allein auch die so ge=
wonnene Zahl ist viel zu klein. Sie setzt voraus, daß bei jeder
Generation nur ein Exemplar entstehe, was nicht der Fall ist. Es
müßte also richtiger jeweilen das Produkt der Multiplikation mit
sich selbst und mit der Zahl der bei jeder Generation entstehenden
Exemplare multipliziert werden und zwar um die (ideale) Vermehrung
eines Jahres zu bekommen 364 mal 365 = 132 860 mal! Ist da
von einem Qualitätsunterschied noch zu reden? Nein! Jeder einzelne
Bazillus ist sozusagen selber keine Qualität mehr. Aber das Gleich=
gewicht ist hergestellt durch die enorme Vermehrungsfähigkeit und,
womit wir auf eine wichtige Sache zu sprechen kommen, durch die
Fähigkeit, sich in Sporen zu verwandeln. Sobald der Bazillus
einer zu tiefen oder zu hohen Temperatur ausgesetzt ist, verwandelt
er sich in Sporen, die eine große Kälte und Hitze ertragen, ohne zu
krepieren. Wir machen gleich den Sprung: sobald eine Königin in
mißlichen Verhältnissen entsteht, vermindert sich ihre individuelle Be=
schaffenheit resp. Qualität; aber es ist keine Rede davon, daß des=
wegen ihre Töchter, die unter äußerst günstigen Verhältnissen entstehen,

ebenfalls von schlechter Qualität sein müssen; sie können schlecht sein durch Generationen hindurch, wenn schlecht erbrütet; aber die Ent=wicklungsfähigkeit haben sie deswegen nicht verloren; sie ist in ihnen latent. In der Revue erzählt ein belgischer Imker, er habe einem Bienenzüchter, der jeden Herbst die besten Stöcke abschwefelte, die Bienen abgekauft und diese seien die besten seines Standes geworden! Die niedrig stehenden Tiere sind im Vergleich mit den höher organi=sierten mit einer größeren Zähigkeit, Widerstandskraft und Unempfind=lichkeit gegen bleibende degenerierende Einflüsse ausgestattet. In Eng=land lautet die Losung der Züchter: gut erbrütete Königinnen! Gewiß sind nicht alle Kreuzungsprodukte guter Qualität, aus dem einfachen Grund, weil sie nicht immer gut erbrütet waren. Es ist nicht einzusehen, warum Kreuzungsprodukte an und für sich (qualitativ) schlechter sein sollten als „reine" Rasse. Man wird doch nicht be=haupten wollen, die Italiener oder Krainer seien eine degenerierte oder überhaupt minderwertige Varietät. Kreuzungen werden eher als besser taxiert, der Blutauffrischung wegen. Aber auch diese nützt nichts, wenn die Königinnen nach falscher Methode erbrütet werden.

Aber die Drohnen!? Die Drohnen erfordern, wo es sich nicht um Varietätenzucht handelt, die Aufmerksamkeit des Imkers keineswegs in dem Maße, die man ihnen zur Zeit schenkt. Der Mittelpunkt der Qualitätenzucht ist nicht die Drohnenzucht, sondern die Königin=zucht. Aus mehr als einem Grunde! Ist der Satz von der ver=schwindenden Kleinheit des Qualitätsunterschiedes der niedrig stehenden Tiere speziell von den Bienen richtig, dann gilt er auch von den Drohnen. Und von ihnen am allermeisten. Gerade deswegen, weil sie nichts zu thun haben, als die Königin zu befruchten und im übrigen für die Volksentwicklung vollständig entbehrlich sind, abgesehen natürlich von der Notwendigkeit, jedem Stock etwas Drohnenbrut zu belassen. Ich weiß gar wohl, daß die Drohnen wie die Königinnen sehr un=gleich sind, z. B. in der Größe. Allein das hat bei ihnen gar nichts zu sagen. Eine Drohne besitzt oder kann besitzen 25 Millionen Samen=fäden, also sagen wir kurzweg über 20 Millionen mehr als nötig sind! Die Königin ist auch darum viel wichtiger als die Drohne, weil sie die Samenfäden mehrere Jahre lang, die Drohne aber nur ein Paar

Wochen aufbewahrt. Was aber aus diesen Spermatozoen wird, das
hängt von der Königin ab und nicht von der Drohne. Diese Sper=
matozoen sind kleine Tiere, bei denen wiederum der Qualitäts=
unterschied gleich null ist und für die die Hauptsache darin besteht,
daß sie gut gefüttert werden. Sie mögen noch so klein sein, es
ist nicht möglich, daß sie mehrere Jahre ohne Stoffwechsel und ohne
beständige, dadurch nötige Herstellung ihres Gleichgewichtszustandes
existieren können. Wer anders liefert ihnen aber diese Nahrung als die
Königin? Die Sache ist also bei den Bienen ganz aubers als beim
Rind, wo wiederholte Befruchtung stattfindet. Man redet viel von
Königinnen, deren Samentasche erschöpft sei. Das ist eine Phrase.
Man sollte reden von Königinnen, die zu schwach geworden, ihre
Spermatozoen lebendig zu erhalten. Ist eine Drohne geringerer Qualität,
weil sie etwas kleiner geraten? Keineswegs! Aber gesetzt den Fall,
es bestehe wirklich zwischen den Drohnen ein Qualitätsunterschied, so
ist das für den Imker noch lange kein Grund, sich viel um sie zu
bekümmern. Ich habe im zweiten Jahre meiner Imkerlaufbahn der
Ansicht Ausdruck gegeben, es handle sich darum, kräftige Königinnen
zu züchten, die in der Luft nur von den besten Drohnen erreicht werden.
Diese meine Meinung finde ich bestätigt in der von Herrn Bertrand
übersetzten und in der Revue veröffentlichten sehr interessanten Schrift
Cowans über die Anatomie der Biene, die folgende schon 1882 in der
englischen Bienenzeitung gebrachten Sätze enthält: „. . . Gemäß unsern
Beobachtungen findet die Befruchtung in der Luft statt, und wir sind
der Meinung, daß es gut ist für die Königin, daß es sich so verhält.
In der That, wenn die Königin den Stock verläßt, um sich befruchten
zu lassen, nachdem sie sich orientiert hat, um die Abflugstelle wieder
zu finden, so fliegt sie mit einer sehr großen Geschwindigkeit; solglich ist
es nur die mächtigste Drohne, die sich mit ihr vereinigt. Auf diese
Weise verwirklicht sich die Auswahl der Besten. Wenn sich die Be=
fruchtung bloß im Stocke vollzöge, so würde sich die Rasse verschlechtern,
anstatt sich zu verbessern. Uebrigens haben wir gesehen, daß die Ent=
leerung des Samenbehälters, um die Königin zu befruchten, eine große
Kraft erfordert; es ist also evident, daß die stärkste Drohne allein
imstande ist, es zu thun. Die schwachen Drohnen, sei es, daß ihre

Schwachheit herrühre von einer ungenügenden Ernährung während ihres Larvenzustandes oder infolge von Erkältung resp. ungenügender Erwärmung der Larve, haben auch ihre Organe nicht recht entwickelt. Folglich kann die Samentasche nicht eine kompakte Masse von Sper= matozoen bilden, wie es sein sollte. Die stärksten Drohnen sind die schnellsten und am meisten befähigt zu der Rolle, die sie zu erfüllen haben. Girard sagt: die Kraft, welche dabei bestimmend ist, besteht in einer Pression, welche die Drohne ausübt und zwar durch eine mächtige Zusammenziehung der Muskeln des Hinterleibes. Je mehr der Hinterleib voll und ausgedehnt ist, um so leichter wirkt diese Kraft. Wenn die Drohne fliegt, sind die Tracheen und Luftsäcke sehr mit Luft gefüllt, was die auf die Seitenwände des Hinterleibes ausgeübte Pression sehr vermehrt. Wenn die Drohne nicht fliegt, sind die Tracheen entleert . . ." Es ist also nicht richtig, außerhalb der künstlich geleiteten Drohnenzucht von „Zufallsprodukten" zu reden. Schließlich ist sogar jeder Mensch in gewissem Sinn ein Zufallsprodukt. — Und nun noch etwas! Daß die Königinnen, die in einem noch ordentlichen Volk mit alter oder durch Absperrgitter eingeschränkter Königin erzogen werden, besser oder ebensogut sind als die Königinnen eines Stockes mit junger Königin, das steht mir fest. Sollte es mit den Drohnen sich anders ver= halten? Ich glaube, die Drohnen aus abnehmenden Stöcken sind noch besser als diejenigen aus unsern stärksten Völkern, die auf der Höhe ihrer Entwicklung stehen. Ein ähnliches Verhältnis ist bei der Zucht der Haustiere gar nicht vorhanden; bei diesen handelt es sich um Exemplare, die entstehen und vergehen, während ein Bien, abgesehen von Unglücksfällen, gar nie stirbt. Der innere Eierstock kann wechseln, der äußere bleibt in Permanenz, wenigstens während der Saison und namentlich bei der stillen Umweiselung. Also die Biene ist nicht ein Haustier, ein zahmes Tier wie das Rind, bei dessen Zucht ohne den Willen des Menschen allerdings der Zufall herrschen kann, bei dem Qualitätsunterschiede überhaupt eine größere Rolle spielen und bei dem im Naturzustand ebenfalls nur der Stärkere Meister wird.

Ich begegne noch einem Einwand. Man sagt mir: aber es gibt doch einen Unterschied zwischen den Bienen; die einen Stöcke sind fleißig, sogenannte Hüngler, die andern sind es nicht. Gesetzt, es sei so! Sind deswegen die einzelnen Bienen der verschiedenen Stöcke von verschiedener Qualität? Ich glaube es nicht. „Einzelne Bienen" habe ich überhaupt noch nie gesehen. Ich habe immer nur Bienen gesehen, die zu diesen oder jenen Stöcken gehören und die nur deswegen verschieden funktionieren, weil der Stock als solcher nicht funktioniert wie ein anderer. Aber die einzelne Biene ist eine Abstraktion, die nur unser Denken vollzieht, die in Wirklichkeit nicht für sich besteht. Mit andern Worten: wo Stöcke träge sind, da liegt die Schuld nicht an der Qualität der Einzelbienen, sondern an der Qualität des Ganzen, vor allem des Zentrums, der Königin. Sie ist schlecht erbrütet. Aber ein träges Volk, bestehend aus junger, kräftiger Königin, viel geschlossener Brut und viel Volk (z. B. einem Ableger von sechs Brutwaben), das habe ich noch nie gesehen. Eine fruchtbare Königin gibt immer die Lust zum Schaffen und Sammeln. Umgekehrt, wo die Königin schlecht ist, da sind die einzelnen Bienen doch von guter Qualität; aber sie erhalten keinen Antrieb, ihre Qualitäten zur Geltung zu bringen. Es gibt im allgemeinen keine degenerierten Bienen, sondern nur degenerierte Königinnen, aus deren Eiern aber doch wieder und zwar in kürzester Zeit gute Mütter hervorgehen können, namentlich eben da, wo der Mensch die Königinzucht leitet durch Schaffung von guten „äußern Eierstöcken". Die Natur verfährt übrigens nicht anders; sie läßt in langen Wintern kleine Völker unbarmherzig verhungern, so daß Königinnen immer nur in großen Völkern entstehen können. Das ist viel wichtiger als die bloße Vererbung. Varietät kann direkt vererbt werden, Qualität nur als latente Möglichkeit. Man sollte nicht alles bloß vom Gesichtspunkt der Vererbung und der Zuchtwahl aus beurteilen, sondern sich erinnern an das, was von der organischen Auffassung des Biens heute noch gilt, wenn auch anzuerkennen ist, daß die beste Organisation des Bienenvolkes die Züchtung von Königinnen ist, die selber gut organisiert sind. Und da komme ich noch einmal auf einen Punkt, den ich schon im Auszug aus Doolittles Buch berührt und den auch einer der größten englischen Königinzüchter betont, daß nämlich die besten Königinnen durch den Transport verdorben werden. Henry W. Brice schreibt in

der Mai=Nummer des Record 1900: „Welches sind die notwendigen
Umstände, unter denen eine auswärtige Königin zu bekommen ist?
Da ist zuerst eine lange Reise per Post, gefolgt von einer halben
Stunde Einzelhaft mit Hunger. Vorausgesetzt, daß eine gute Königin
angenommen wird, so wird sie doch einer ihr fremden Kolonie zugesetzt,
hungrig und mit leeren Eierstöcken von vielleicht ruinierter Konstitution.
Dann von den Bienen nur geduldeterweise angenommen, braucht sie
eine Woche, bevor sie zu legen beginnt, und nie während ihrer künftigen
Existenz ist sie fähig, den vierten Teil der Eierzahl zu legen, die sie
gelegt hätte ohne die Leiden und Entbehrungen, die sie durchgemacht
hat. Ueberlege auch noch die Thatsache, daß eine gute Königin während
einer Saison 110 mal ihr eigenes Gewicht Eier legt, daß sie in einem
gut bevölkerten Stock drei= oder viermal in schneller Aufeinanderfolge
legt und dann gefüttert wird, da, wenn nicht alle paar Minuten
gefüttert, ihre Kräfte zur Eierlegung sich verschlechtern. Sogar bei
der direkten Zusetzungsmethode wird sie 30 Minuten ohne Futter
gehalten, um nichts zu sagen von der Schererei, die für ein so reiz=
bares Insekt notwendig Platz greift infolge der Einzelhaft." Derselbe
Imker, der erste Königinzüchter Englands, schreibt in der September=
Nummer des Record 1901: „Königinnen von abgetrommelten Bienen
sind selten befriedigend. Ich habe es mit einer großen Zahl solcher
Königinnen versucht, um starke Völker zusammenzuhalten und durch
den Winter zu bringen; aber die Resultate waren nicht die er=
warteten. Königinnen von auswärts ist ein anderer schwieriger
Punkt, und nur wenige der importierten Königinnen gedeihen bei
uns, wie sie sollten, und in je südlicheren Gegenden Italiens sie ge=
züchtet sind, umso weniger geeignet scheinen sie für die strengen
Winter unseres Klimas zu sein. In der Praxis ermangeln alle
importierten Königinnen, mit denen ich es persönlich versuchte, der
robusten Konstitution der hier gezüchteten Königinnen. Die lange Reise
schadet ihnen. Wenn sie früh im Jahr bezogen und von ihnen hier
erbrütete Königinnen gezüchtet werden könnten, wäre die Sache viel
besser. Der große Vorteil, den uns importierte Königinnen gewähren,
ist der zum Zwecke der Kreuzung und in dieser Hinsicht ziehe ich die
italienische vor. Cyprische und syrische haben mich nicht befriedigt;

sie erzeugen nur delikate (schwächliche) Bienen; es fehlen ihnen die guten Qualitäten und sie entwickeln hauptsächlich diejenige der Bos= haftigkeit..."

Befruchtete Königinnen sollten im Herbst oder während der Tracht= pause spediert werden. Unbefruchteten Königinnen, deren Eierstock noch nicht entwickelt ist, schadet der Transport weniger. Die besten König= innen züchtet jeder auf seinem Stand und zwar durch Zusetzung von Weiselzellen oder durch Zusetzen befruchteter Königinnen, die gut ver= proviantiert werden. Bei der Viehzucht ist das alles anders. Die ausgewachsenen Tiere mögen einen Transport schon eher ertragen, ohne Schaden zu nehmen.

Die Meinung, eine fertige Kulturrasse züchten und jedem be= liebigen Imker auf Bestellung hin per Post zuschicken zu können, ist in anderer Form genau derselbe Irrtum, wie die von uns nie geteilte Meinung, eine gute Bienenwohnung sei schon von selbst die gute Bienenzucht. Daß aber mein Kasten der Qualitätenzucht auf die Beine geholfen hat und immer mehr hilft, das ist sicher. Die Schale ist zum Kern geworden! Aristoteles wählte für den Begriff Wesen das Wort Form!

Rasse im Sinn von Qualität ist nichts Fertiggewordenes, nichts Konstantes, kein unveränderliches Produkt, sondern eine Produktion, etwas Werdendes, fortwährend Sichbildendes. Das geht rein theoretisch hervor aus dem Satz vom Gleichgewicht. Was einem Gleichgewichts= zustand gleicht, das ist etwas, das fortwährend in der Gleichgewichts= lage gestört ist, aber sich auch fortwährend wieder herstellt und zwar bei Organismen nun eben nicht durch äußere Zuchtwahl unter solchen Exemplaren, die zufällig sich am besten "anpaßten", sondern durch den jedem Lebewesen immanenten Trieb, dieses Gleichgewicht in sich und mit der Umgebung herzustellen. Was sich als unfähig erwiesen hat, die Entstehung einer Art zu erklären, das ist auch nicht imstande, das Fortbestehen einer Rasse zu erklären. Im Sonntagsblatt der "Thurgauer Zeitung" 1901 teilt Herr Professor H. Wegelin in der Beschreibung seiner Frühlingsfahrt nach Algerien folgendes mit: "Das Vieh ist unschön, von arabischer Rasse, braun oder weißlich, klein, struppig. Das Schweizervieh taugt nicht ins Land. Eingeführtes

ging schon nach wenigen Generationen auf die Stufe des arabischen
hinunter, das eben dem trockenen Klima angepaßt ist." Setzen wir
das Vorhandensein einer guten Bienenrasse voraus: in den Händen
eines nachlässigen oder unkundigen Imkers wird sie ihre Qualitäten
bald eingebüßt haben. Denn gerade das, was die Qualitätenzucht
so leicht macht bei den Bienen, die mühelose Schaffung des richtigen
Uterus, das stellt die Dauer dieser Qualitäten auch immer wieder
in Frage, weil in der Beschaffenheit des Uterus der Zufall eine große
Rolle spielt, d. h. weil oft Königinnen in einem kleinen Volk erzogen
werden. Namentlich von der schwarzen Rasse wird behauptet (Alberti),
daß bei ihr durchschnittlich mehr minderwertige Königinnen entstehen.
Begreiflich! Das Prinzip der Anpassung und Vererbung ist schon
darum ein völlig ungenügendes oder doch sekundäres, weil es den
Anfang der Entwicklung einfach als gegeben voraussetzt. Nur was
auch für diesen Anfang sich als Prinzip erweist, darf als Prinzip
gelten auch für den weiteren Verlauf der Entwicklung und für den
eventuellen Rücklauf der Entwicklung. „Gebt dem Bettler ein Roß,
und er wird es zu Schanden reiten." Jeder Imker hat die Rasse,
die er verdient. Daß aus einer Arbeiterlarve, die noch einige Tage
königlichen Futtersaft erhält, eine Königin werden kann, ist typisch für
die Fähigkeit jeder Larve, sich (als zukünftige Mutter) zu verbessern,
d. h. sich ins Gleichgewicht zu setzen mit den äußern günstigen Verhältnissen, sobald diese da sind. Nun ist es aber nirgends leichter
als bei der Biene, diese äußern günstigen und denkbar günstigsten
Verhältnisse künstlich zu schaffen durch Herstellung eines großen, warmen,
gut verproviantierten Brutkörpers. Die Doolittle'sche Königinzucht
erlaubt das am rationellsten für die Qualitätenzucht. Jede rechte
Königinzucht ist Rassenzucht (Spühler).

Durch ihre Massenproduktion von Königinnen ist die Methode
Doolittle auch für die Varietätenzucht zu empfehlen. Am einfachsten erreicht man den Zweck durch unbefruchtete Königinnen.
Ihre Drohnen sind von ihrer Rasse. — Die Frage: Welche Rasse?
ist eine heikle. Die Antwort lautet zur Zeit: die Landrasse! In
Amerika blüht gegenwärtig eine reich entwickelte Bienenzucht. Amerika
kann auf die aufgeworfene Frage nicht antworten: die Landrasse! Denn

es hat keine Landrasse; es gab dort vor Ankunft der Weißen keine Bienen.
Die italienische Biene ist jetzt dort Landrasse. Langstroth und Dadant
behaupten, sie widerstehe der Kälte besser als die schwarze. Bertrand
behauptet, die Kreuzung zwischen schwarzer und italienischer Rasse sei
die beste. Wie es purer Zufall ist, daß Amerika keine Bienen hatte,
so ist es purer Zufall, daß wir die schwarze und nicht die italienische
Biene als einheimisch haben. Der Zufall heißt bei uns: das Alpen-
gebirge. Wäre es nicht, wir hätten nur italienische Bienen, offenbar
bis in den Norden hinauf. Alle vorhandenen Varietäten sind Kreuzungsprodukte. Die italienische Biene z. B. ist offenbar eine Kreuzung aus
der schwarzen mit einer orientalischen Rasse. Eine Kreuzung ist immer
gut. Alle Rassen und Varietäten sind dazu bestimmt, sich mit
einander zu mischen. Eine Kulturrasse muß nicht notwendig die
Qualitäten haben, die für die Landrasse als wildlebende notwendig
sind. Die Hauptsache für unsere Verhältnisse mag eine nicht schwarmlustige Varietät sein. Aus diesem Grunde ist unsere schwarze oder braune
Biene schließlich vorzuziehen. Ob sie nun ganz rein sei in der Rasse, das
ist von untergeordneter Bedeutung. Etwas Italienerblut kann ihr nichts
schaden. Der Industrie-Bienenzüchter kann ja das nötige Futter jederzeit geben. Und Industrieller will schließlich jeder Imker sein. Die
schwarze Landrasse scheint sich zu empfehlen für denjenigen, der die
Bienen mehr oder weniger sich selbst überläßt. Allein gerade für
diesen ist zu beherzigen, daß eine nicht schwarmlustige Rasse z. B. auch
immer mehr Stöcke mit alten Königinnen hat. Daß sich für den,
der Königinzucht treibt, mit der einheimischen Biene etwas machen
läßt, das steht außer allem Zweifel. Aber wir dürfen auch nicht in
den entgegengesetzten Fehler verfallen und aus lauter Chauvinismus
alle Bienen verurteilen bloß deswegen, weil sie nicht einheimischer
Abstammung sind. Dann dürften wir z. B. auch keine Kartoffeln
essen; denn sie stammen auch aus der Fremde. Oder wir sollen in
der Ebene die Italiener verdrängen bloß deswegen, weil für diejenigen,
die hoch im Gebirge Bienenzucht treiben, die schwarzen Bienen vielleicht vorteilhafter sind? Jene Gebirgsimker sind ja in der Regel so
isoliert, daß sie leicht die schwarze Varietät bewahren können. Man
sollte nicht schablonenhaft generalisieren und alles über einen Leist

schlagen. „Nicht in der Reinzucht der oder jener Rasse liegt die
Zukunft der Bienenzucht" (Weygandt). Ob die Stämme, die zur
Zeit als „rein" gezüchtet werden, ohne jedes Krainerblut seien, wird
von vielen Seiten stark bezweifelt. Es ist aber auch kein Unglück,
wenn es nicht der Fall ist. Und es läßt sich auch hinsichtlich der
Varietät leicht eine Auslese auf einfache Weise auf jedem Bienenstand
bewerkstelligen, wo verschiedene Varietäten sich krenzen. Nämlich gestützt
auf die Thatsache, daß die Bienen, die das Produkt einer Kreuzung
sind, nicht durchaus immer eine Mischrasse darstellen, sondern entweder dem Vater oder der Mutter nacharten. Das ist der Fall auch
mit den Königinnen. Auch unter ihnen kann ich die weniger schwarmlustigen herausfinden und fortzüchten. Von einer Mischrasse wird
man nicht erwarten dürfen, daß die Vererbung konstant sei. Diese
Thatsache scheint dem Vollblutzüchter sehr unangenehm zu sein. Praktisch
ist sie von großem Wert. Denn gerade die Inkonstanz gestattet,
mit einfachen Mitteln eine nicht brutlustige Art auszulesen und fort-
zuzüchten. Stimmt diese Theorie mit den Thatsachen? Gewiß! Es
gibt Abkömmlinge von Krainerkreuzungen, die fast auf die Linie von
nicht schwarmlustigen Bienen zurückschlagen, Stöcke, die seit Jahren
nicht geschwärmt haben. Es können Rückschläge auf die Krainerseite
eintreten von selbst oder durch eine Krainerdrohne. Nun gut, dann
züchten wir von einem andern Volk fort. Wir müssen ja doch mit
dem Samen wechseln. Noch eine Bemerkung. Es können sich zwei
Arten kreuzen; der eine Teil kann mehr wieder auf die eine oder
andere Seite zurückschlagen. Aber diese durch das fremde Blut hindurch gegangene Generation ist nicht schlechter, sondern besser geworden.
Nach Meyers Konversationslexikon, Artikel Viehzucht, kann es aber
auch vorkommen, daß eine Kreuzung konstant fortzüchtet. Auch steht
man mit den modernen Einrichtungen, namentlich mit dem Dadant-
Alberti-Kasten dem Schwärmen nicht so wehrlos gegenüber wie z. B.
ein Korbimker. Es führen in der That viele Wege nach Rom. Wir
werden aber den einfachsten und bequemsten wählen. Es dürfte auch
die Frage aufgeworfen werden: ist das Inland imstande, die Nach-
frage nach Schwärmen zu decken? Das scheint nicht der Fall zu sein.
Krainerbienen können leicht umgepfropft werden, wenn wir nur einzelne

wenige Quellen haben, wo unbefruchtete Königinnen schwarzer Rasse
abgegeben werden.

Man sagt, die schwarze Biene verproviantiere sich besser. Die
Krainerin sei spekulativ. Das kann natürlich nur bildlich gemeint
sein, denn spekulative Bienen gibt es nicht. Was damit gemeint ist,
wäre gar kein Nachteil, wenn nicht die Schwarmlust damit zusammen=
hienge, und die ist allerdings nichts weniger als spekulativ. Die
Brutlust der Krainerin an und für sich ist für den mit der rechten
Einrichtung versehenen Imker kein Nachteil. Eine gute Königin ist
immer eine fruchtbare Königin, und große Völker können auf keinem
andern Wege entstehen als durch viel Brut, die ja auch für die Ueber=
winterung das notwendige junge Volk liefert und das oft durch künst=
liche Reizfütterung gezüchtet wird. Zur Bruteinschränkung im gegebenen
Moment gibt unser Kasten mühelos die geeigneten Mittel an die
Hand. Die schwarze Rasse verproviantiere sich besser. Das heißt doch:
sie hat am Ende der Saison den Honig mehr in den Brutwaben.
Dem Industrie=Bienenzüchter ist es aber erwünschter, einem Volk so
ziemlich allen Honig zu ernten, namentlich nachdem wir im Franken=
thaler=Pilé ein so vorzügliches Bienenfutter gefunden, das den Bienen
zuträglicher ist als der Sommerhonig. Ist es denn bezüglich des
Gehaltes an Ameisensäure im Proviant ein so großer Unterschied, ob
die Bienen Blütennektar sammeln oder künstlich gefüttert werden? —
Auf das Verhindern der Schwärme durch das Auf=den=Kopf=stellen
der Brutwaben will ich bloß hinweisen. Auch sind im Dadant=Alberti=
Kasten die Königinzellen leicht zu zerstören (nachdem der Stock zu
„tüten" angefangen); Schwärme sind leicht aufzusetzen und wieder zu
vereinigen. Die Italiener sind fruchtbar, ohne besonders schwarmlustig
zu sein. In gewissen Jahren schwärmen auch die „schwarzen". Gerade
die schwarze Rasse erfordert einen leicht zugänglichen Kasten, in dem
Königinzucht getrieben werden kann. Ich weiß, daß der Dadant=
Alberti=Kasten am Zustandekommen der gegenwärtigen Königinzucht in
der Schweiz einen großen Anteil hat.

Die Drohne scheint für die Varietätenzucht von größerer Be=
deutung zu sein als für die Qualitätenzucht. Für diese bildet die
Königin das Zentrum. Ist die Königin gut, dann sind auch die

Drohnen zu. Noch mehr! Von der gut erbrüteten Königin hängt es
direkt ab, ob für ihre zu züchtenden Töchter der richtige Uterus zu
stande komme. Die Drohne übermittelt allerdings die Möglichkeit zu
dieser Qualität. Allein Drohne und Königin sind ja nur die beiden
Momente einer und derselben Sache, die zwei Enden einer und derselben Linie. Habe ich einen Stab am einen Ende in der Hand, so
habe ich auch das andere Ende. Ich brauche den Stecken nicht auch
noch am andern Ende zu fassen. Die alten Schweizer faßten ihr
Schwert wohl auch mit beiden Händen, aber nur an einem Ende!
Das gilt auch von der Varietätenzucht. Um auf einem Stande eine
andere Varietät einzuführen, genügt das Umpfropfen sogar mit unbefruchteten Königinnen vollständig. Durch dieses einfache Verfahren,
das ich ja fortsetzen kann, wenn ich nur hie und da wieder eine
„Varietäten"-Königin kommen lasse, werden auch benachbarte Bienenstände in kurzer Zeit umgeartet. Daß die Drohne durch Parthenogenesis
entsteht, ist für die Zwecke des Imkers willkommen, im übrigen aber
eine Sache von untergeordneter Bedeutung. Der rein natürliche
Grund und Zweck dieser Einrichtung ist vielleicht oder wahrscheinlich
die Erhaltung der Qualität, bezw. die Verhinderung der Degeneration. Eine Drohne, die keinen Vater, sondern nur einen Großvater
hat, veranlaßt weniger Risiko, weil die gute Königin mehrere Jahre
lang lebt und im Zusammenhang damit die Drohnen in der Regel nur
eine langlebende kräftige Königin direkt beerben, von der also auch
mehr Drohnen entstehen als von andern. — Daß die Natur nicht nur
in der beweglichen Tierwelt, sondern auch schon in der unbeweglichen
Pflanzenwelt die raffiniertesten Einrichtungen getroffen hat, um Kreuzung
und Blutauffrischung herbeizuführen, ist bekannt, wobei freilich nicht
zu vergessen ist, daß Selbstbefruchtung bei sehr vielen Pflanzen und
Tieren die Regel ist ohne Degeneration der Abstammung und also
auch ohne Kampf ums Dasein zwischen den Stärkeren und Schwächeren.
(Die Wichtigkeit der Bienen für die Blütenbestäubung wird vielfach
übertrieben.) Vielleicht aber hängt die Sache auf uns unbekannte
Weise lediglich mit der Organisation des Biens zusammen; die Drohne
muß mindestens ebenso groß sein wie die Königin, weil die Begattung
in der Luft stattfindet. Auch muß beim Neubau des Wabenwerkes

durch den Schwarm der Arbeiterbau vorherrschen, der Drohnenbau
also beschränkt sein. Die Parthenogenesis wäre vielleicht das mechanische
Mittel dazu. Rein mechanisches Mittel ist zugleich der Größenunter=
schied zwischen Drohnen= und Arbeiterzellen, um in jenen Arbeiterinnen
und in diesen Männchen entstehen zu lassen. Oder man kann sagen:
die Parthenogenesis hat ihren Grund und Zweck in dem Umstande, daß
die Geburt von Männchen und Weibchen nicht nur nacheinander
stattfindet, sondern auch ihre Wiegen nebeneinander auf der Wabe
sich befinden. Die Befruchtung oder Nichtbefruchtung wird auf physio=
logischem Weg (Eiweiß!) durch den Instinkt ausgelöst infolge dieses
Größenunterschiedes, dessen Entstehung so wenig wie alles andere durch
Anpassung und Vererbung erklärt werden kann. Wie dem auch sei: Je
kräftiger die Königin eines Schwarmes, desto mehr Arbeiterbau ent=
steht, desto weniger Drohnen und desto besser sind diese Drohnen,
namentlich wenn die Königin älter wird. Die geringe Zahl der
Drohnen aber, die durch den Gebrauch der Mittelwände ohnehin noch
mehr eingeschränkt wird, ist für die Varietätenzucht kein Nachteil, weil
wir Königinnen ziehen können, soviel wir von der betreffenden Varietät
wünschen und brauchen. Ebensowenig ist beim Streit über die Varie=
täten zu vergessen, daß gerade der Gebrauch der Kunstwabe, der
Mittelwand, also dieses rein mechanischen (?) Mittels, in der modernen
Bienenzucht eine Rolle spielt, deren Wichtigkeit in diesen Fragen mit=
zureden hat. Die Mittelwand und überhaupt die Möglichkeit, reinen
Arbeiterbau mit fast völliger Ausmerzung von Drohnenbau zu einer
verhältnismäßig enormen Bienen=Gebärmutter zusammenzustellen, re=
präsentiert ja das Bestreben des Imkers, die Fruchtbarkeit der Königin
und ihre „Gefräßigkeit" auf die äußerste Grenze der Möglichkeit zu
steigern. Ein solcher Bienenuterus und =Appetit ist in der Bienen=
„Natur" kaum vorhanden. Das ist auch der Grund, warum die
Wabendimension und die Kastenform und =Größe für die Qualitäten=
zucht von der größten Bedeutung sind. Und ein Vergleich mit der
Rindviehzucht ist völlig ausgeschlossen. Hier handelt es sich nicht sowohl
um starke Vermehrung als um Milchproduktion des einzelnen Exemplars.
Wollte man die Zunahme des Biens, d. h. des ganzen Stockes, mit
dieser Milchproduktion vergleichen, so ist jene doch immer noch von

einem ganz anderen Gesichtspunkt aus zu betrachten als diese, weil die Vermehrung des Bienenvolkes zu einer ganz bestimmten Jahreszeit stattzufinden hat und weil die Trachtverhältnisse von heutzutage völlig andere sind als damals, wo die einheimische Landrasse in ihren Qualitäten sich etablierte, und weil wir die Biene eben nicht zu „natürlichen", sondern zu Kulturzwecken verwenden. Das letztere ist zwar in gewissem Sinn auch beim Rind der Fall. Wollte man eine „kultivierte" Milchkuh mit ihrem Kalb plötzlich sich selbst überlassen, ohne sie zu melken, so gienge sie, vorausgesetzt daß sie ihr Futter fände, am Ueberfluß ihrer Milch zu Grunde, weil das Kalb nicht alle braucht. Ein fruchtbarer, sich selbst überlassener Bien gienge an seiner Milch nicht zu Grunde, sondern fände entweder das Futter nicht oder könnte es nicht aufspeichern, um ihm über die Trachtpause hinüber zu helfen. Eben der Umstand, daß, wie die Verhältnisse jetzt bestehen, das Gras im Lauf des Jahres zweimal (das erste Mal oft schon Ende oder Mitte Mai!) abgeschnitten wird, hat die Sachlage für die Landrasse vollständig verändert. Es gilt für den Imker, sich mit der neuen Sachlage ins Gleichgewicht zu setzen hinsichtlich des von ihm verfolgten Zweckes, die Bienen nicht nur am Leben zu erhalten, sondern auch eine Ernte von ihnen zu bekommen. Das Mittel dazu heißt einfach Brutentwicklung vor Beginn der Tracht. Die Untermittel zu diesem Zweck, der selber wieder Mittel ist für den Hauptzweck der Ernte, sind: 1) junge Königinnen in großen Völkern; 2) künstliche Herbsttracht, d. h. reichliche Sommer= und Winterfütterung; 3) eine Rasse, die nicht erst bei Beginn der Tracht zu brüten beginnt; 4) Bruteinschränkung vom Beginn der fünften Woche vor Trachtschluß an; 5) eine nicht schwarmlustige Rasse oder sonstige Vorkehren, betreffend das Schwärmen. Die schwarze Rasse beginnt bekanntlich spät zu brüten; das wäre ganz recht, wenn die Tracht das ganze Jahr andauerte, wenn wir keine Trachtpause hätten. Aber wir müssen ja die Brut schon einschränken, bevor die Tracht recht begonnen hat. Drum bin ich der Meinung, etwas südliches Blut (Italiener oder gar Krainer) schadet unserer Bienenzucht nicht. Ich sehe nicht recht ein, warum wir mit der einheimischen Vollblutrasse weiter kommen sollen. Die italienische Rasse nützt die Nachtracht besser aus, ist wider=

standsfähig und nicht schwarmlustig. Es ist überhaupt keine andere Rasse,
sondern eine bloße Varietät und keine schlechtere. Wir brauchen uns
deswegen nicht vom Ausland abhängig zu machen. Wir können sie
ja auch bei uns rein züchten. Daß Bastarde sehr gut sein können,
beweist der Umstand, daß in der Schweiz gegenwärtig braune Stämme
fortgezüchtet werden, die nichts anderes sind als ein Kreuzungsprodukt
der schwarzen und der Krainerbiene. Oder dann müßte die braune
als Varietät neben die schwarze gestellt werden. Die gezüchteten
Königinnen scheinen in der Farbe wenigstens nicht konstant zu sein.
Viele der beteiligten Imker gestehen, daß sie eine schwarze Königin
noch gar nie gesehen haben. — Daß die dunkle Rasse auch große
Völker zu stande bringt, ist unzweifelhaft; aber ob frühe genug?
Herr Pfarrer Weygandt hat schon vor zehn Jahren in dem Buch
„Ein kleiner Beitrag zur Förderung der Bienenzucht" 1889 der Zucht
guter Stämme, namentlich schwarzer Rasse, das Wort geredet. Sind
seine Erwartungen in Erfüllung gegangen? Wo sind seine Erfolge?
Vielen sind die nordischen Bienen zu schwarmfaul. Oder ist nicht
die gute Erbrütung einer Königin mindestens ebenso wichtig wie Ab=
stammung und Konstanz? — Ich bemerke noch, daß ich zweimal Eier=
sendungen nach Südfrankreich gemacht habe, beide Male ohne Erfolg.
Die Eier sind vertrocknet angekommen und nicht mehr ausgeschlüpft.
Fischeier sind in der That leichter zu verschicken.

Können sich die italienischen Bienen akklimatisieren? Es stammen
alle Bienen aus dem Süden. Es ist doch eigentümlich, daß aus der
schwarzen nordischen Biene die schwarmlustige Heidebiene gezüchtet
werden konnte. Also ist die Schwarmlust doch nicht das Erzeugnis
bloß südlicher Temperatur, was übrigens auch bei den Krainern nicht
der Fall ist. Es scheint auch aus südlichen Bienen eine nicht schwarm=
lustige Rasse gezüchtet werden zu können, namentlich wenn vermischt
mit schwarzem Blut. In Nordamerika gedeiht die italienische Biene
in Gegenden mit grimmigem Winter mit 20—30° Celsius unter Null.
Ich habe bereits berichtet, daß Langstroth und Dadant behaupten, die
italienische Biene sei gegen die Kälte widerstandsfähiger als die schwarze,
daß Bertrand die Kreuzung zwischen Schwarz und Italienisch allen
andern vorzieht. Die Italiener=Biene ist, wenn mit Honig gefüllt

von der Tracht heimkommend, schwerer als die schwarze. Dadant hat
lauter Italiener-Bienen und sozusagen gar keine Schwärme. Es gibt
auch Schweizer-Imker, die der Meinung sind, durch Fortzüchtung von
solchen Völkern, die nicht geschwärmt haben, lasse sich in kurzer Zeit
auch ohne Vollblutrasse eine nicht schwarmlustige Art züchten. Betreffend die Ueberwinterungsfähigkeit stellt sich das Gleichgewicht in
folgender Weise her. Ohne künstliche Königinzucht wird die schwarze
Rasse öfter kleinere Völker, weil mit alten Königinnen, aufweisen, die
schlechter überwintern. Die Italiener, welche besser brüten, haben mehr
Volk und überwintern darum besser. Daß das Klima aber auch direkt
die Organismen beeinflußt, wissen wir auch sonst. Unser Rindvieh, in
die ungarische Ebene verpflanzt, bekommt große Hörner; unsere Obst-
bäume, ins südliche Klima versetzt, treiben zu viel Holz. Ein Umgekehrtes
findet ebenfalls statt. Die aus Italien eingeführten Bienen werden in
kälteren Gegenden dunkler. Neu importierte Italiener-Königinnen, die
die Strapazen einer Reise durchgemacht haben, sind nie maßgebend.

Im allgemeinen begrüße ich die Verbreitung der schwarzen oder
braunen Rasse, aber nur als Gegengewicht gegen die völlige Ueber-
schwemmung durch die Krainer. Weygandt behauptet, die deutsche
Biene, wie sie jetzt sei, nämlich nirgends mehr ganz rein, sondern
mit Krainerblut gemischt, brüte zur Zeit einen Monat früher als vor
zwanzig Jahren. Das wäre ja gerade recht; zu früh darf ein Volk
im Frühling allerdings auch nicht brüten. Es wird auch behauptet,
die reinen Italiener hören mit Brüten früher auf und kommen darum
als kleinere Völker in den Winter. Andere bestreiten es. Durch die
Herbstfütterung wird eben auch hier der Weg der Natur verändert,
und junge Königinnen brüten länger. Wieder gibt es Imker, die der
Meinung sind, die Italiener-Biene brauche sich garnicht zu akklimatisieren; sie besitze die Fähigkeit, sich einem strengen Klima bis zu einer
gewissen Grenze zu akkommodieren. Von England, Deutschland oder
Frankreich bezogene schwarze Königinnen kämen billiger zu stehen als
unsere selbstgezüchteten.

Ich kann nicht umhin, hier noch im Auszug mitzuteilen, was
Maurice Bellot in der Revue 1901 (August-Nummer) über die
Italiener-Bienen veröffentlicht. Er sagt:

Seit 1869 hat mir diese schöne Rasse immer ausgezeichnete Resultate ergeben. Die Königinnen sind größer als diejenigen der schwarzen Rasse und viel fruchtbarer. Die italienischen Stöcke besitzen darum immer eine zahlreichere Bevölkerung. Es ist das von allen fremden Rassen die empfehlenswerteste. Sie überwintern sehr gut in unsern Gegenden: Nordfrankreich, Belgien und Deutschland. Man kann ihnen indessen vorwerfen, daß sie im Frühling viel Honig konsumieren, mehr als die einheimischen; allein das erklärt sich sehr leicht aus dem Umstand, daß diese Bienen sehr viel mehr Brut aufziehen als die schwarze Biene. (Brut einschränken! S.)

Was die Kreuzungen betrifft, so geben sie stechlustigere Bienen als die reine italienische Rasse; aber diese Sammlerinnen sind sehr robust und fleißig.

Die cyprischen Königinnen sind kleiner als die italienischen, aber sehr fruchtbar. Die cyprischen Bienen sind sehr fleißig, aber ziemlich bösartig. Sie lassen sich nicht mit Bienen anderer Rasse vereinigen; sie stechen sie in kurzer Zeit unbarmherzig ab.

Die Krainer passen für kalte Länder, schwärmen aber bei uns zu viel; sie sind vorzuziehen, wenn mit Italienern gekreuzt.

Ich habe gleicherweise die kabylische Rasse Algeriens studiert; ich habe nie abscheulichere Bienen gehabt; sie sind schwarz wie Kohle, und wenn man den Stock nur berührt, selbst mit viel Rauch und mit Schleier und Handschuhen beschützt, ist man sehr bald gestochen. Sie greifen nicht nur den Imker, sondern auch die in der Umgebung befindlichen Personen an. Auch sind sie im höchsten Grad räuberisch und überwintern wie die palästinischen Bienen sehr schlecht.

Die syrischen Bienen sind ein wenig kleiner als die italienischen, aber sehr kräftig und ausgezeichnete Hüngler. Sie überwintern sehr gut bei uns. Es gibt Tage, wo es unmöglich ist, sie zu behandeln. Sie und namentlich die cyprischen erzielen beim Schwärmen oft 35 bis 40 Königinnen.

Ich komme noch einmal auf Herrn Pfarrer Weygandt zurück, der über die italienischen Bienen ungünstig urteilt, während sie sonst überall gelobt werden. Man darf nicht vergessen, daß das Urteil des Herrn Pfarrer Weygandt zusammenhängt mit seiner Idee: es sollten im Winter die Bienenstände geheizt werden. Diese Idee hat Herr Pfarrer Weygandt inzwischen vollständig aufgegeben.

Hoffentlich nimmt die Schwarze-Rassenzucht ein besseres Ende als die Heizung der Bienenstände.

Wem es in erster Linie darum zu thun ist, möglichst bald zu einem großen Bienenstand zu gelangen, kann ganz entschieden nichts Besseres thun, als Krainerbienen zu kaufen.

Zur Zeit macht mir nicht die Frage der Varietätenzucht am meisten zu schaffen, sondern die andere, wer mir meinen vielen Honig abkaufen werde!

Herr Pfarrer L. Langel in Bôle schreibt in der Revue 1901 (September-Nummer) über die Verbesserung der Landrasse: „Man thäte sehr unrecht, sie zu vernachlässigen; denn sie hat wirklich gute und solide Eigenschaften. Sie entspricht der Natur unseres Bodens und unserer Berge und widersteht leichter der Kälte und dem Unwetter der Jahreszeiten. Sehr wahr und weise sind die Worte des Herrn E. Bertrand: „Wir möchten den Anfängern einen guten Rat geben, nämlich sich nicht zu schnell in die fremden Rassen zu verlieben. Unsere Landrasse ist ausgezeichnet und paßt in jeder Hinsicht besser für die Lehrlingszeit, die immer mehr oder weniger von Mißerfolg begleitet ist.“

Man hat oft gesagt und geschrieben, die italienische Rasse sei fruchtbarer, fleißiger und sammle Honig auf Pflanzen, die von andern Bienen nicht besucht werden; sie sei auch von sanfterem Temperament. Ich will das Verdienst der fremden Bienen nicht schmälern. Ihre Einführung hat viel dazu beigetragen, unsere Rasse zu verbessern, indem sie neues Blut brachte und die Nachteile einer zuweit gehenden Blutsverwandtschaft korrigierte. Ich muß indessen sagen, daß wir einheimische Bienen haben, die wir nicht gegen irgendwelche fremde Bienen vertauschen würden. Ihre regelmäßige Arbeit, ihr wenig hastiger Ausflug, der sich immer nach der Temperatur richtet, ihre Widerstandsfähigkeit, ihre weniger frühe, aber sichere Entwicklung im Frühling, alles das trägt bei zu einem Resultat, derart, daß man am Ende der Saison oft viel Honig in ihren Stöcken findet und wenig in den andern. (Brut einschränken! S.) Es liegt mir schließlich daran, zu sagen, daß ich, wenn ich die einheimische Biene in hohen

Ehren halte, weit davou entfernt bin, Uebles zu sagen von den andern
als gut anerkannten Rassen..."

In demselben Stil ist auch die Antwort gehalten, die ich auf
eine bezügliche Anfrage von Herrn W. B. Carr, Herausgeber des
Record, Londou, Februar-Nummer 1901, erhielt. Sie lautet: „Indem
wir die excellenten Eigenschaften einiger fremder Bienenrassen ein-
räumen, bekennen wir, daß wir persönlich der einheimischen oder braunen
Biene den Vorzug geben. Auf der andern Seite sind wirklich gute
italienische Königinnen oft sehr wertvoll in Bezug auf Fruchtbarkeit
und allgemeine excellente Beschaffenheit. Die Plage ist nur die, erstklassige Qualität zu bekommen. Man darf wohl sagen, daß nicht die
Hälfte der importierten Königinnen als hochklassig betrachtet werden
kann..."

Sapienti sat!

IV.

Behandlung.

Da es nicht in meiner Absicht liegt, ein vollständiges Lehrbuch der Bienenzucht zu schreiben, auch in den beiden vorausgegangenen Abschnitten von der Konstruktion und von der Königinzucht die Hauptsache der Imkerkunst besprochen worden ist, kann ich mich in diesem Teil auf das beschränken, was mehr oder weniger meinen Kasten im besondern betrifft.

Ich beginne mit der **Einwinterung.** Die Herbstrevision hat bei der Sommerernte stattgefunden. Die 9 Brutwaben stehen in der Mitte, die 2 Schiede je an der Seitenwand links und rechts von den Brutwaben. Hat das Volk noch nicht alle 9 Brutwaben, so kann ich auch auf 5, 6, 7 oder 8 Brutwaben überwintern. Um zu untersuchen, wie viel Honig in den Brutwaben sich befindet, brauche ich die Waben bloß etwas auseinander zu blättern, ohne sie herauszunehmen. Die Schätzung des Honigvorrates kann natürlich nur eine annähernde sein. Eine Dadant=Blatt=Brutwabe enthält, wenn gefüllt, zirka 7—8 Pfund Honig. Alle Brutwaben, die keine Brut enthalten, sind ausgeschleudert worden, namentlich wenn sie Waldhonig enthielten. Doch nur, wenn nicht schon Zucker gefüttert worden; siehe darüber später. Auf Pollen= waben pflege ich bei der Einwinterung keine Rücksicht zu nehmen. Man erkennt sie an folgenden Merkmalen: sie sind sehr dünn, mit eher konkaven statt konvexen Zellendeckeln, welch letztere über den Honig= zellen vorhanden sind; die Zellenränder an der Mündung der einzelnen Zellen sind gut erkennbar, trotz der Verdeckelung. Die Zellen sind zu $^2/_3$ mit Pollen gefüllt, worüber die Bienen ein wenig Honig gießen, und ohne sie mehr oder weniger zu verlängern, wie sie fast immer zu thun pflegen mit Zellen, die nur mit Honig gefüllt sind, schließen sie dieselben (Apicoltore). Man füttert mit Frankenthaler=Pilé einen Teil, sobald die Ernte vollendet ist, und den übrigen Teil im Laufe des Monates September. Der Wintervorrat sollte nicht unter 30 Pfund betragen. Einer jungen Königin kann man nicht zu viel geben. Bis die Tracht wieder beginnt, ist aller Zucker aufgebraucht. Der im Herbst gefütterte Zucker ist für die Bienen besser, als der im Frühling gegebene, weil er noch invertiert, in Trauben= und Fruchtzucker ge= spalten wird.

W. Woodley sagt in der September=Nummer des Record 1901: Ich füge dem Winterfutter weder Essig noch Salz bei. Das Salz macht die Blechgeschirre rostig und die Bienen haben dasselbe während der Wintermonate nicht nötig.

Meist wird das Flugloch in der ganzen Länge geöffnet, aber nur 7 mm hoch. Die Flugklappen werden erst aufgeschlagen, wenn Winter= temperatur vorhanden ist. Unter dem Rost werden zwei Oelkartons eingeschoben, wenn dort keine Bretter oder Bleche vorhanden sind. Auf dem Deckbrett befindet sich der Wergteller. Alle Abfluggitter= öffnungen werden geschlossen, so daß der Pavillon innen dunkel ist.

Beiläufig erwähne ich eine Beobachtung, die man machen kann, wenn der Pavillon plötzlich dunkel gemacht wird. Dann nämlich, wenn nach der Fütterung der Futterapparat weggenommen wird und das Deckbrett voll Bienen ist. So lange es hell ist im Bienenhaus, wissen die Bienen nicht, wohin sie zu gehen haben; wird aber dunkel gemacht, so machen alle bälder „rechtsumkehrt" und marschieren der Futterlücke zu. Das beweist, daß sie in diesem Fall sich auf das Gehör besser verlassen können als auf den Gesichtssinn. Mit einer Laterne, die einen Scheinwerfer hat, z. B. mit einer Velo=Acetylen= laterne kann ich jederzeit während des ganzen Winters die Bienen in den Wabengassen sehen. Die breite, niedrige Brutwabe erweist sich als für die Ueberwinterung sehr rationell. Es kommt im Winter oft vor, daß in dem beim Flugloch befindlichen Teil des Wintersitzes der Honigvorrat erschöpft ist. In diesem Fall können die Bienen einfach nach hinten rücken und zwar auf der Breitwabe darum auch besser

als auf der Hochwabe nach oben, weil sich über der breiten Brutwabe
der ganzen Länge nach das warm gehaltene Deckbrett befindet. Ueber
dem Bien, der unten auf der Hochwabe sitzt, ist der kalte Raum
größer. Beim Warmbau, besonders wenn die Brutwaben klein sind,
müßte der Bien von den leeren Waben zu den vollen Waben wandern,
was für ihn viel schwieriger ist, so schwierig, daß er oft neben den
vollen Waben verhungert. Selbstverständlich rückt der Bien, d. h.
immer nur als einzelne Bienen, nur bei Tauwetter nach hinten oder
holt von außen Proviant ins Zentrum. Aber kein Winter besteht aus
einer einzigen andauernden Frostperiode. Auf gut gefüllten Waben
hält es aber ein normales Volk lange aus, ohne rücken zu müssen.
Denn sein Konsum ist im Winter gering. Die Kälte zehrt nicht.
Der Bien hat in der Mitte nicht kälter, wenn's draußen kälter wird;
wenn's im Kasten nur nicht zieht, dann ist er zugleich trocken, was
für eine gute Ueberwinterung notwendig ist. Der in einem nicht luft=
dicht schließenden Pavillon stehende einwandige, selbst wieder nicht ganz
luftdicht schließende Kasten ist sehr trocken. Stillstehende Luft (natürlich
nicht im absoluten Sinn) im Kasten und um den Kasten ist die beste
Wintereinhüllung. Wer, namentlich in kalten zugigen Gegenden, ein
Uebriges thun will, kann hinter dem Fenster eine Matratze einstellen
und auf alle Fälle etwaige Ritzen zwischen Fenster und Deckbrett oder
Seitenwänden mit Werg ausstopfen. Man kann auch den Hohlraum
vor und unter dem Kasten ausfüllen, ebenso denjenigen zwischen Kasten
und Kasten, wenn diese einander nicht zu nahe stehen. Man kann über
das Ganze einen aufgetrennten Zuckersack hängen, das Flugloch schließen
(bei den an den Ecken des Bienenhauses befindlichen Stöcken) und
die Luft von innen zutreten lassen ꝛc. Spät im Herbst vereinigte
Völker sind oft unruhig über den Winter.

Auswinterung. Im Frühling hat man nichts zu thun, als
nach dem ersten Reinigungsausflug die beweglichen Unterlagen zu
reinigen und wenn sie aus Blech bestehen, wieder einzuschieben. —
Korbvölker, die in den Dadant=Alberti=Brutraum umlogiert werden
sollen, werden vor dem Reinigungsausflug auf das Deckbrett gestellt,
in dem der Deckel der Futterlücke herausgenommen wurde. Im Brut=
raum werden alte Waben eingestellt oder, wenn man keine hat, Mittel=

wände, aber diese erst, wenn die Tracht beginnt oder gefüttert werden
kann. Ist die Königin unten, so wird zwischen Deckbrett und Brut=
raum ein Absperrgitter geschoben. Man kann über dem Vorraum mit
dem halben Siebenthal=Futterapparat· füttern. Zu diesem Zweck wird
der eiserne Handgriff des Deckbrettes losgeschraubt und entfernt. Man
muß sich überzeugt haben, daß die Königin des Korbvolkes wertvoll
genug ist, um das Umlogieren zu einem lohnenden Experiment zu
machen. Nach drei Wochen, nachdem das Absperrgitter untergeschoben
worden, kann der Korb über die Bienenflucht gestellt und entfernt
werden. Beim Umlogieren von beweglichen Brutwaben aus kleineren
Kasten verfährt man folgendermaßen. Die Brut enthaltenden Brut=
waben des alten Kastens werden als Brutwaben „umgelegt" und auf
den Rost gestellt und zwar abwechselnd mit Brutmittelwänden oder
Brutwaben des Dadant=Alberti=Kastens; von den erstern nicht zu
viele, wenn die Operation frühe gemacht wird. Sobald die großen
Waben Brut enthalten, werden die kleinen Brutwaben der Bienen ent=
ledigt und in Honigrahmen geschnitten. Zwischen Brutraum und Aufsatz
mit der in die Honigrahmen geschnittenen Brut kommt ein Absperr=
gitter. Die Königin muß natürlich unten sein. Der Brutraum wird
erweitert. — In den Völkern, welche das Jahr vorher als Schwärme
auf Mittelwände kamen und noch keinen Drohnenbau haben, wird
in einer Brutwabe hinten ein zirka Quadratdezimeter großes Stück
oder auch der vierte Teil der Brutwabe ausgeschnitten. Diese Wabe
marliere ich mit einem Reißstift hinten (außen) unter der Mitte des
senkrechten Rahmenteils. Sie darf nicht in der Mitte stehen, aber
auch nicht zu äußerst, so daß sie im Monat April von den Bienen
belagert wird. Die Drohnenbrut soll sich beim Fenster befinden. —
Bis Anfang Mai soll nun möglichst viel Brut entstehen. Von
der Reizfütterung will ich nicht reden. Auch über die Warmhaltung
des Brutraums verliere ich nicht viele Worte. Die Hauptsache ist
der Wergteller auf dem Deckbrett und daß der Kasten nicht zugig ist.
Im übrigen stellt die Wärmeökonomie ein sehr schönes Beispiel dessen
dar, was wir den Zustand des Gleichgewichts nennen und auch hier
wiederfinden. Der Bien trägt die Existenzbedingung in sich selbst.
Wenn man das Fenster warm hält, kommt die Brut etwas mehr

nach hinten, was aber für die Zeit der Trachtpause nicht vorteilhaft ist, weil so die „Honigecken" hinten und oben in den Brutwaben allzusehr verschwinden. Ein Volk, das Ende April auf allen neun Waben Brut hat, ist ein vortreffliches und seltenes Volk. Wer vor Beginn der fünften Woche vor Trachtschluß noch mehr Brut bekommen sollte, der kann ein oder zwei Schiedbretter herausnehmen und durch Waben oder Mittelwände ersetzen. Allein die Regel ist, daß nicht neun Waben Brut haben. Der Kasten paßt sich allen Verhältnissen an; es ist nur Sache des Imkers, diese Verhältnisse zu kennen. Ich gebe im folgenden die Uebersetzung einer Konversation mit G. M. Doolittle betreffend Brutentwicklung, die in den Gleanings und im Record erschien und zeigt, wie Doolittle verfährt, um möglichst viel Brut zu erhalten. Ich überlasse es dem Leser, das Folgende auf seine Verhältnisse zu übertragen und sich zweimal zu besinnen, bevor er es praktiziert, auf keinen Fall bevor die Außentemperatur mehr oder weniger beständig 15° Celsius beträgt. Eine Frühlingsrevision wird natürlich jeder vornehmen. Dabei ist für die Beurteilung der Königin maßgebend, ob die Brut geschlossen sei oder nicht. Wo in der Brut viele leere Zellen vorhanden sind, da ist die Königin ungenügend.

Frage: Herr Doolittle, ich komme diesen Morgen zu Ihnen, um zu sehen, wie man im Frühling die Bienen behandelt, um die besten Resultate zu erzielen von den starken und von den schwachen Völkern. Wie früh soll ich die Operationen beginnen?

Doolittle: Eine dreißigjährige Erfahrung hat mich überzeugt, daß bei zu frühem Beginn nichts zu gewinnen ist, da 6—8 Wochen genügend Zeit sind, ein rechtes Volk im Frühling zu entwickeln, so daß es stark genug ist, auf die vorteilhafteste Weise Honig zu produzieren.

Frage: Aber was habe ich zu verstehen bei dem Ausdruck zu früh?

Doolittle: Da hier im Staate New-York Weißklee die erste Pflanze ist, Nektar in genügenden Quantitäten zu liefern, um die Arbeit für Ueberflußhonig bezahlt zu machen, so ist für mich die Zeit seiner allgemeinen Blüte maßgebend. Anderswo mögen ohne Zweifel andere Pflanzen oder Bäume maßgebend sein. Aber alle sollten genau wissen, was die erste Tracht liefert, genügend, um die Operationen für ein solches Ergebnis bezahlt zu machen.

Frage: Zu welcher Zeit ungefähr beginnt Weißklee Nektar zu liefern?

Doolittle: Da Weißklee in dieser Lokalität gewöhnlich am 15. bis 20. Juni Nektar zu liefern beginnt, so ist der 1. Mai früh genug, um den Anfang zu machen mit der Behandlung der Bienen, die den Zweck hat, ihre Brut schneller zur Entwicklung zu bringen, als sie auf natürlichem Wege thun würden.

Frage: Denken Sie, es mache sich bezahlt, das Brutnest zu untersuchen und die Brutwaben zur Besichtigung herauszunehmen? Es gibt einige, welche diese Ansicht nicht teilen in der Meinung, daß daraus mehr Schaden als Nutzen entstehe.

· Doolittle: Ich weiß, daß viele denken, es bezahle sich nicht, die Brutwaben auszuwechseln in der Weise, daß dieselben verstellt werden, indem man Honigwaben in das Zentrum des Brutnestes stellt; aber nach vielen Jahren der Erfahrung habe ich die Genugthuung, daß es rentiert.

Frage: Wohlan, wie verfahren Sie dabei?

Doolittle: Bevor ich Ihnen erzähle, wie ich verfahre, möchte ich Ihnen ein Experiment erzählen, das ich anstellte, um zu sehen, ob der Versuch rentiere, die Bienen im Frühling schneller zur Entwicklung zu bringen, als sie selber auf natürlichem Wege thun würden; denn auf dieser Frage nach dem Sich=bezahlt=machen beruht alles, was da an Bienenzucht für den Durchschnittsimker vorhanden ist. — In einem Frühling vor einigen Jahren wählte ich zehn Völker aus, von denen alle viel Honig hatten; sie waren nahezu gleich in der Stärke. Fünf wurden sich selbst überlassen, die andern fünf behandelt gemäß dem Plan, von dem ich Ihnen sofort erzählen werde. Die fünf, welche sich selbst überlassen wurden, blieben im Schwärmen zwei Wochen hinter den andern zurück, und als ich im Herbst die Erträge aufzeichnete, ergaben sie nur ⅔ so viel Honig wie die andern, welche extra behandelt wurden. Aus diesem und ähnlichen Versuchen schließe ich, daß es rentiert, und ich bin der festen Ueberzeugung, daß man den Plan befolgen soll, der den größern Ertrag verspricht.

Frage: Das scheint richtig zu sein; aber wie verfahren Sie denn?

Doolittle: Ungefähr am 1. Mai (bei uns also schon Ende März. S.) untersuche ich jeden Stock, um zu sehen, wie viel Brut er enthält. Und alle Stöcke, welche im ganzen nicht $2\frac{1}{2}$ Brutwaben voll Brut haben, werden eingeengt durch ein Schiedbrett, während denjenigen, welche soviel Brut haben, der ganze Brutraum zur Verfügung steht. Die kleinern Völker werden in den bestmöglichen Verhältnissen belassen und gegen Verhungern geschützt dadurch, daß eine Wabe mit Honig außerhalb des Schiedbrettes gelassen wird, wo die Bienen den Honig holen können, sobald sie ihn brauchen. Zu dieser Zeit wird den starken Völkern das Brutnest ausgewechselt, d. h. diejenigen Brutwaben, welche am wenigsten Brut enthalten, werden in die Mitte der Bienentraube gestellt und diejenigen, welche am meisten haben, auf die Seite. Das veranlaßt die Königin, diese in die Mitte gestellten, zum Teil leeren Waben ebenso ausgiebig oder noch mehr mit Brut zu füllen wie diejenigen, welche vorher in der Mitte standen, während die Brut der nun auf der Seite befindlichen Waben nicht ersterben kann. Auf diese Weise ist ein wirklicher Erfolg erreicht mit sehr wenig Gefahr, daß die Brut absterbe, gleichviel wie das Wetter sich in den nächsten Tagen gestalten möge. Ungefähr eine Woche später nehme ich eine Wabe, welche beträchtlich viel verdeckelten Honig enthält, und breche die Deckel der Zellen, indem ich ein Messer flach darüber streiche. Nachdem ich die Brutwaben auseinander gerückt, wird diese Wabe in den Mittelpunkt des Brutnestes gestellt. Die Entfernung des Honigs von dieser Wabe veranlaßt die Bienen, eine größere Wärme zu erzeugen, die Königin reichlicher zu füttern und auf diesem Wege zur Eierlage zu reizen, ebensosehr oder mehr als bei jeder andern Art des Fütterns.

Frage: Wo bekommen Sie solche Honigwaben?

Doolittle: Es gibt in der Regel viele solcher Waben voll Honig in den Stöcken nahe der Außenseite.

Frage: Aber vorausgesetzt, daß sie nicht da sind?

Doolitte: Wenn ich keine Honigwaben hätte, würde ich leere Waben mit Zuckersyrup füllen und sie wie die Honigwaben gebrauchen. Aber ich ziehe die Honigwaben vor. Wenn der Honig entfernt ist, füllt die Königin dieselben mit Eiern, und am Ende einer andern Woche wird eine andere Wabe hinzugefügt in derselben Weise. (Man kann auch leere oder teilweise gefüllte einstellen und sofort füttern. S.)

Während der nächsten Zeit wird die Brut selber ausgewechselt wie zuerst. Am Ende der vierten Woche werden anstatt nur eine zwei Waben mit Honig in den Mittelpunkt des Brutnestes gehängt, indem man eine oder zwei Waben mit Brut zwischen denselben läßt. Der Stock muß nun zu dieser Zeit fast voll von Brut sein, wenn Sie einen 8-Rahmen-Stock haben; aber es würden noch zwei fehlen, wenn Sie einen Stock mit zehn Waben haben. Ist das der Fall, so hängen Sie eine Woche später die übrigen zwei ein, wenn die Königin fruchtbar genug ist, diese vielen Waben mit Brut zu füllen. Es ist jetzt ungefähr der 6. oder 10. Juni, und sobald die Bienen mehr Honig bringen als genügt, um die Brut zu füttern, werden die Aufsätze aufgesetzt.

Frage: Was aber geschieht mit denen, welche auf ihren Brut= waben mit einem Schiedbrett eingeengt sind?

Doolittle: Diese werden belassen, wie sie sind, bis die Waben, die sie haben, gut mit Brut gefüllt sind und zwar bis in die Ecken; dann bekommen auch sie eine leere Wabe mit Honig in die Mitte und werden dann behandelt wie die andern, bis sie sich in den gleichen Umständen befinden.

Frage: Wäre es nicht richtiger, diese vorwärts zu bringen, indem man ihnen Brut gäbe von den starken Völkern?

Doolittle: Gewiß! Wenn ich möglichst viele Völker zu haben wünsche, fange ich an, denjenigen Stöcken Brut zu entnehmen, welche ihre Wohnung zuerst voll Brut haben und den stärkeren unter den schwachen Völkern zu geben und später den nächst stärkeren, bis alle zu starken Völkern entwickelt sind.

Frage: Warum geben Sie nicht zuerst den schwächsten Brutwaben?

Doolittle: Das habe ich früher auch gethan. Aber nachdem ich auf diesem Wege mehrere Waben voll Brut verloren und die Völker, denen ich sie gab, materiell geschwächt hatte, lernte ich, daß eine einem sehr schwachen Volk gegebene Brutwabe, bevor gleichförmiges, warmes Wetter gekommen ist, immer einen Verlust bedeutet.

Frage: Sie sagten vorhin etwas von möglichst vielen Völkern. Vor= ausgesetzt, Sie wünschen nicht möglichst viele Völker, was thun Sie dann?

Doolittle: Wenn ich Honig wünsche anstatt viele Völker, so bearbeite ich alle schwächeren Völker, bis sie vier oder fünf Waben

voll Brut haben gemäß der Wabenzahl, welche meine Kasten enthalten;
dann werden drei oder vier Brutwaben einem andern Volk gebracht,
mit Bienen und allem, und mit ihm vereinigt, während die Wabe,
auf welcher die Königin sitzt, in den Stock zurückgebracht wird.

Frage: Aber werden die Bienen einander nicht stechen, wenn sie
vereinigt werden?

Doolittle: Die Brutwaben in dem Stock, welchem wir die vier
Brutwaben mit Brut und Bienen geben, werden auseinander gerückt
und die vier Brutwaben zwischenhinein gehängt, da die Bienen, so
durcheinander gemischt, selten Streit anfangen oder die Königin an-
greifen zu dieser Jahreszeit. (Es gibt für die spätere Saison viele
Arten des Verfahrens beim Vereinigen; man kann die Bienen mit
Mehl bestreuen, abwechselnd eine Wabe des einen und dann des andern
Stockes abschütteln ꝛc. S.) In zwei Wochen wird ein solches Volk so
stark sein, wie irgend eines auf dem Bienenstand, und sobald Honig
hineinkommt, werden die Aufsätze aufgesetzt. Der kleinen Kolonie,
die noch die Königin enthält, kann man eine oder zwei Waben zugeben
und sie als Zuchtvolk, dem Weiselzellen gegeben werden, verwenden.

Zu vorstehenden Ausführungen Doolittles erlaube ich mir folgende
Bemerkungen. Doolittle produziert fast ausnahmslos Wabenhonig;
schon aus diesem Grunde, abgesehen von sonstigen praktischen Rücksichten, will er jeden Löffel voll Honig im Aufsatz. Auch für die
Produktion von Schleuderhonig ist übrigens dieses Verfahren praktisch
und für die Bruteinschränkung, von der sofort die Rede sein wird,
vorteilhaft. Der über einem Absperrgitter befindliche Aufsatz wird von
den Bienen lieber bezogen, wenn der Brutraum eingeschränkt ist.
Die englische Bienenzeitung sagt: „Das Ideal eines Brutraums, der
gerüstet ist zur Tracht und zum Aufsetzen der Aufsätze, ist derjenige,
dessen sämtliche Waben mit Brut und Eiern gefüllt sind, von oben
bis unten, von vorn bis hinten." Doolittles Brutraum ist verhältnismäßig klein und entspricht so ziemlich 8—9 Dadant-Blatt-Brutwaben,
welche Zahl mit leichter Mühe vergrößert und verkleinert werden kann.
Wer das Verfahren Doolittles, das ziemlich viel Zeit erfordert und
in meinem Kasten (der Doppelschiede wegen) ohnehin nicht in allen
Teilen notwendig ist, nicht praktiziert, der kann wenigstens bei schwachen

Völkern einengen, indem er einfach die nicht belagerten oder nicht
Brut enthaltenden Brutwaben außerhalb die Doppelschiede stellt und je
nach Bedürfnis die Schiede nach auswärts rückt und eine Brutwabe
in den Brutkörper stellt. Allein auch dieses Verfahren schließt eine
Gefahr in sich, nämlich die, daß man mit dem Erweitern zu spät
kommt oder überhaupt keine Zeit dazu hat. **Dann ist der
Schaden da.** Das Einengen an und für sich ist vorteilhaft, wenn
man bedenkt, daß die Königin sich besinnt, bevor sie auf eine neue
Wabe geht, und bei der Einengung die großen Waben eher bis nach
hinten bestiften kann. Bei größeren Völkern ist das freilich von selbst
der Fall und genügt es vielleicht, eine oder zwei Wochen vor Anfang
Mai diejenigen äußersten Brutwaben, welche nur einen kleinen Kreis
Brut enthalten, in die Mitte zu stellen; sonst kann nach erfolgter
definitiver Einschränkung bis in die Ecken dieser äußersten Waben
noch viel Brut entstehen, deren Bienen nicht mehr zur Tracht kommen.
Während der Brutentwicklung soll das Flugloch nicht zu eng sein,
namentlich wenn das Fenster warm gehalten wird.

Mit Wasser tränke ich die Bienen nicht im Stock, sondern außer-
halb des Bienenstandes mit einer Tränkeinrichtung, die vor dem
Regen geschützt ist. Die Bienen werden mit etwas Honig zur Tränke
gelockt; der größte Teil der Bienen holt sich aber sein Wasser anderswo.
Uebrigens ist der im Stock befindliche Honig sehr hygroskopisch,
Feuchtigkeit aufsaugend. Und bei schlechtem Wetter können die Bienen
auch keinen Blütenstaub holen. Neuerdings wird von Dzierzon als
Reizfutter im Frühling mit Zucker versüßte Milch empfohlen.

Bruteinschränkung. Jede Biene, die entsteht aus einem
Ei, das gelegt wird nach Beginn der fünften Woche vor
Trachtschluß, kommt nicht mehr zur Tracht, sondern konsumiert bloß. Der Imker, welcher keine ergiebige Sommertracht
erhält, hat also ein Interesse daran, ungefähr von Anfang Mai an
den Brutkörper wenigstens nicht noch größer werden zu lassen. Ohne
die Bruteinschränkung kann sich durch den ganzen Monat Mai hindurch, namentlich wenn die Königin sehr gut ist, der Brutkörper noch
vergrößern in einer Weise, die nicht nur die Ernte sehr schmälert,
sondern unter Umständen ohne Hülfe von seiten des Imkers den

Hungertod des Volkes zur Folge hat. Herr Bertrand erzählt in der Revue von einem Layens=Stock, der auf 15—16 Waben Brut hatte! In Doolittle=Zellen erzogene Königinnen können ebenso fruchtbar sein. Dzierzons diamantene Regel lautete geradezu auf Entweiselung des Volkes. Seine neueste Kundgebung in Klagenfurt empfiehlt Brut= einschränkung während der Tracht. Wie zum Zwecke von Vereins= berichten die Frage gestellt werden kann: welches war der Stand der Volksentwicklung Ende Mai, das verstehe ich nicht. Es sollte heißen: Ende April! Für unsere Verhältnisse, wohlverstanden! Preuß halbiert den Brutraum, was wir auch praktizieren könnten. Allein bei uns ist die Sommertracht, wenn nicht alle Jahre Wirklichkeit, so doch Mög= lichkeit. Die Sommertracht wird natürlich durch die Bruteinschränkung im Frühling etwas beeinträchtigt. Allein erstens ist der Sommerhonig dem Frühlingshonig an Qualität und Wert bedeutend nachstehend, und zweitens ist für uns maßgebend nicht die Ausnahme, sondern die Regel, der Durchschnitt, und der lautet durchaus auf Frühlings= ernte. Lieber alle Jahre eine ordentliche Ernte des feinen Frühjahr= honigs, als hie und da, d. h. alle 10 oder 20 Jahre, eine enorme Sommertracht. Wenn wir allwissend wären und die Sommertracht jeweilen voraussähen, dann würden wir die Brut im Frühling nicht einschränken, sondern sie sich ausdehnen lassen bis in den Aufsatz hinauf, obschon die reichen Sommerernten in der Regel nur aus Waldhonig bestehen. Wer lediglich Sommertracht hat, für den ist die Brut= einschränkung, natürlich nur während der Sommertracht selber, weniger nötig; es ist im Sommer die Brut durch die Tracht schon so ein= geschränkt worden, daß auch das Einstellen von Mittelwänden oder leeren Waben mitten ins Brutnest nichts nützte, weil sie sofort mit Honig gefüllt werden. Die Engländer haben in ihren auf der Heide aufgestellten Stöcken oft nur noch einen kleinen Fleck Brut, nachdem sie freilich vorher den Brutansatz möglichst in zwei übereinanderstehenden Bruträumen gesteigert. Unter den oberen wird dann ein Absperrgitter gelegt. Die Theorie, daß die Frühlingstracht die Brut von selber ein= schränken werde, ist von sehr geringem Wert; sie kommt meist erst un= mittelbar vor dem Henet, anfangs Juni; da kann vorher eine Menge Honig für unnütze Brut konsumiert worden sein. In der „Schweiz.

Bienenzeitung" ist wiederholt die Rede von Völkern, „die über die
Schnur hauen." Die Extreme berühren sich! Sonst gebärden sich viele
Imker, als ob ein Mensch nur bei den Bienen Moral lernen könnte.
Mir sind freilich die Stöcke, die ohne Absperrgitter über die Schnur hauen
würden, sehr willkommen, auch wenn sie schwärmen. Die Völker
sind im Frühling des folgenden Jahres infolge der Bruteinschränkung
nicht kleiner als sie ohne Bruteinschränkung geworden wären. Denn
die Größe des Volkes, das eingewintert wird, hängt nicht ab von
der Eierlage des Frühlings, sondern des Sommers und Herbstes und
der Quantität Futter oder Tracht, über die es zu verfügen hat. Im
Gegenteil, wenn die Kraft der Königin im Frühling etwas geschont
worden ist, kann sie sich in der zweiten Hälfte der Saison um so
mehr entfalten. — Also anfangs Mai werden auf beiden Seiten des
Brutraums alle nicht Brut enthaltenden Brutwaben an die Seiten=
wand des Brutraums außerhalb der Doppelschiede resp. Schiedbretter=
paare gestellt. Die Schiedbretter (je zwei) werden direkt an die Brut
gestellt. Ich nehme dabei die beiden Schiedbretter der einen (rechten)
Seite heraus, rücke hier die nicht Brut enthaltenden Waben an die
Seitenwand, nehme nun die zwei Schiedbretter der andern (linken)
Seite, stelle sie auf die rechte Seite, rücke die brutleeren Waben der
linken Seite an die Seitenwand und stelle die rechts herausgenommenen
Schiedbretter hier links ein. So geht die Sache schnell. Es ist für
den Imker betrübend, wenn er viele brutleere Waben seitwärts stellen
muß. Die Zahl der Brut enthaltenden Waben ist die Quali=
tätsnote, die der Imker für jeden Stock sich selber gibt.
Diese Note ist immer sichtbar ohne weitere Notizen. Man kann die
zwischen den Schiedbrettern befindlichen Waben ja jederzeit nachzählen.
     Auf den Brutraum wird das Absperrgitter und auf
dieses eine möblierte Schublade gelegt.
     Die Schiedbretter erkennt man im Unterschied der Brutwaben
an den Nagelköpfen außen am senkrechten Rahmenteil.
     Die Königin geht nie oder doch nur äußerst selten über zwei
solche Schiedbretter hinaus, trotzdem dieselben, weil genau so groß
wie die Brutrahmen, auf allen Seiten den Bienen Durchgang ge=
währen. (Es wäre natürlich auch möglich, daß sie sich ausnahmsweise

zufällig auf einer der nicht Brut enthaltenden Waben befindet, um
dort Eier zu legen.) Diese Thatsache ist bestätigt in Gravenhorsts Buch:
„Der praktische Imker", wo es ausdrücklich heißt, daß die Königin
nie über zwei Mittelwände hinausgehe. (Wir könnten zwei solche Schied=
bretter mitten in den Brutkörper stellen resp. diesen durch jene halbieren:
die Hälfte, auf welcher die Königin sich nicht befindet, würde Honig=
raum). Der Imker braucht also nicht zu fragen: Wie viel Brut muß
ich den Völkern im Frühling lassen? Diese Frage wäre willkürlich.
Die Größe des Brutkörpers ist anfangs Mai bei jedem Volk gegeben.
Die Kasten sind alle gleich groß; aber die Brutkörper sind
nicht gleich groß. Die vier Schiedbretter stellen zwischen diesen zwei
unvermeidlichen Dingen auf sehr praktische, zweckmäßige und einfache
Weise das Gleichgewicht her. Ich brauche also keine Brutwaben, außer
denen, die im Stock sich befinden. Alle Kasten zur Aufbewahrung von
Brutwaben außerhalb der Stöcke sind für mich überflüssig. Ich brauche
auch nicht die nicht Brut enthaltenden Brutwaben durch noch mehr
Schiedbretter zu ersetzen oder den Brutraum mit Brut aus andern
Stöcken nachzufüllen, was nicht immer die Ernte vermehrt. Denn
der Stock, dem ich die Brut entnehme, wird geschwächt und im Stock,
der die Brut bekommt, der Brutraum erweitert. Auf alle Fälle gibt
es viel Arbeit, wenn die Brut sich dem Kasten anpassen muß, statt
daß umgekehrt der Kasten der Brut sich anschmiegen kann. In meinem
„Brutraum" (im uneigentlichen Sinne von Brutraumkasten) ist nur
das Brutraum (im eigentlichen Sinne von mit Brut gefüllten Waben),
was sich zwischen den Schiedbretterpaaren befindet. Was außerhalb
der Schiede sich befindet, ist Honigraum. Diesen Honigraum im „Brut=
raum" kann man freilich nicht brauchen, wenn es sich um Waben=
honig im Aufsatz handelt. Entweder müßte man diese Brutwaben ohne
Brut mit Brutrahmen, die mit Sektions versehen sind oder dann
durch noch mehr Schiede oder durch Brut aus andern Stöcken ersetzen.
Wenn die Temperatur gestiegen und das Volk groß geworden ist,
kann ich die Doppelschiede auch dazu benutzen, irgend eine Brutwabe,
die mir nicht mehr gefällt, die aber noch Brut enthält, außer die
Schiedbretter zu stellen und, nachdem die Brut ausgelaufen, zu ent=
fernen. — Der Umstand, daß ich bei meinem Betrieb auch im Brut=

raum einen wenn auch reduzierten Honigraum habe, geniert im Dadant=
Alberti gar nicht. Im Original=Amerikaner, der von oben behandelt
wird, könnte man einen solchen Honigraum im Brutraum freilich
nicht brauchen, namentlich nicht, wenn mit dem Absperrgitter gewirt=
schaftet wird. An und für sich schon würde das regelmäßige Heraus=
nehmen von Brutwaben aus dem Brutraum freistehender Stöcke Räuberei
veranlassen und in einem Brutraum, auf dem ein Absperrgitter liegt,
ist im Freien so wie so nicht viel zu machen. Beim Dadant=Alberti=
Kasten verhält sich die Sache ganz anders. Ich brauche Aufsatz und
Absperrgitter bei der Ernte im „Brutraum" nicht wegzunehmen, sondern
kann sie bloß aufhängen und dem Brutraum den Honig entnehmen
(allerdings ohne Bienenflucht), bevor ich den Aufsatz innen auch nur
berührt habe. Die Bienen sind so unten sehr ruhig, was nicht der
Fall wäre, wenn ich ihnen zuerst den Aufsatzhonig genommen und die
Bienen im Aufsatz durch den Bienenfluchtapparat hinuntergetrieben
hätte. Es ist aber nicht angezeigt, bei der Frühlingsernte im Brut=
raum allen Honig zu entnehmen. Wenn im Aufsatz keine oder wenige
bebrütete Waben vorhanden sind und die außer den Doppelschieden
stehenden Brutwaben bebrütete sind, was in der Regel der Fall, dann
kann man sicher sein, daß außerhalb der Schiedbretter viel Honig
vorhanden ist. Im umgekehrten Fall weniger. — Man frägt mich,
warum ich im Brutraum statt der zwei Schiedbretterpaare nicht ebenfalls
Absperrgitter einführe. Die Antwort ist: Weil es nicht möglich ist.
Ich möchte die Einrichtung mit senkrechten Absperrgittern sehen, die
das Blättern noch gestatten würde! Das ist eben das Famose an
diesen Doppelschieden, daß sie der Königin den Durchgang verwehren
und doch so handlich sind wie jede Brutwabe. Ebensowenig Sinn
hat die Frage, warum ich den Brutkörper nicht an die eine Seiten=
wand stelle und bloß durch ein Paar Schiedbretter einschränke. Die
Antwort lautet wieder: Weil das nicht möglich ist. Ich könnte an der
Seitenwand, an welcher der Brutkörper stände, nicht blättern. Das
heißt, wollte ich dort eine Rahme einschieben oder herausnehmen, so
müßte ich den ganzen Brutkörper auf die Seite blättern. Das ist ja
gerade das Vorteilhafte, daß ich den Brutkörper von beiden Seiten in
Angriff nehmen kann, wenn er in der Mitte steht. Und für die Bienen,

namentlich auch für den Aufſatz, iſt es auch beſſer, weil ſo die äußerſten
Honigwaben nie weit vom Brutkörper entfernt ſind. — Seit wir die
neue Wabenzange haben, iſt auch der geringſte Grund, von der Dimenſion
der Dadant=Blattwabe für den Blätterbrutraum irgendwie abzugehen,
völlig hinfällig geworden. — Ich betone noch einmal, daß gleich=
zeitig mit der Bruteinſchränkung das Abſperrgitter und der möblierte
Aufſatz aufgelegt werden. Das „Wie“ habe ich im erſten Teil meiner
Schrift beſchrieben. Alle Honigwaben werden mit dem allfällig noch
nicht ausgebauten Teil der Mittelwand nach vorn gerichtet und in die
Mitte gehängt. Neue Mittelwände werden nur den ſtärkſten Völkern
aufgeſchoben. Man kann ſie zwiſchen bebrütete Honigwaben hängen
oder das Abſperrgitter erſt ſpäter unterſchieben, wenn ſie ausgebaut
ſind. Aber dann muß man acht geben, daß die Königin ſich nicht
oben befindet. Mau nimmt die Schublade weg, ſtellt eine neue leere
hin, wiſcht die Bienen in den Bienentrichter und hängt die Honig=
waben in die neue leere Schublade, es ſei denn, daß man die Königin
auf allfälliger Brut im Aufſatz gefunden und in den Brutraum ge=
ſetzt hätte. Alle ſchön ausgebauten Waben verwendet man zuletzt.
Ganz zu äußerſt kommen womöglich bebrütete Honigwaben; eine ſolche
kommt auch in die Mitte. Oder man hängt die bebrüteten Honig=
waben in die Mitte und ſpäter, wenn ſie gefüllt ſind, kommen ſie nach
außen und die andern, die ſeitlich waren, in die Mitte. Ich zähle
meine bebrüteten Honigwaben und meine Schubladen und berechne,
wie viel bebrütete Honigwaben ich in jede Schublade verteilen kann.
Das Beſte iſt, wenn man die Mittelwände als Brutwaben im Brut=
raum ausbauen läßt und die nicht ganz tadelloſen, d. h. unter allen
Umſtänden alle diejenigen, die Löcher enthalten, in die Honigrahmen
ſchneidet. Der Anfänger hat aber nicht nötig, Brutwaben zu zerſchneiden,
wenn er den Schwarm gleich anfangs in den Aufſatz einlogiert. Je
mehr bebrütete Waben auch im Aufſatz ſich befinden, deſto weniger
ſchwärmt der Stock, weil ſich die Bienen weniger dicht im Brutraum
zuſammendrängen. — Sie und das Abſperrgitter zuſammen laſſen
erſt recht den nie beſtrittenen und namentlich auch für die Königin=
zucht außerordentlich wichtigen Grundſatz zur Geltung kommen, daß
Brutraum und Aufſatz zuſammen einen Kubus, der der Kugelform

am nächsten kommt, bilden müssen. Noch ein Wort zur Erklärung
der auffallenden Vorliebe der Bienen für bebrütete Waben. Es ist
dieselbe ein Instinkt. Dieser ist Erbgedächtnis oder wie die „Darwinisten"
sagen: Materien=Gedächtnis. Die Biene erinnert sich, freilich ohne
dessen bewußt zu werden, an das, was die Bienengattung die Jahr=
millionen hindurch erfahren hat. Und was ist das? In einem hohlen
Baum z. B. beginnt das Wabenwerk mit der Brut oben. Der Honig
kommt in der Regel über die Brut, also in bebrütetes Wabenwerk.
Es gibt in der „Natur", d. h. in der Bienenwelt, sofern sie mit den
Menschen noch nicht in Berührung gekommen ist, sozusagen keine andern
als bebrütete Waben, so wenig wie für die Wachsmotte, die es auf
bebrütete Waben abgesehen hat, während sie unbebrütete so ziemlich
unberührt läßt. Im Frühling wird im Aufsatz das Bauen von Mittel=
wänden auch dadurch gefördert, daß man im Brutraum alle nicht
Brut enthaltenden Waben entfernt. Wenn im Aufsatz Mittelwände
ausgebaut werden sollen, so muß im Brutraum genügend Drohnen=
bau, zirka $^1/_4$ einer Brutwabe vorhanden sein: sonst bauen die Bienen
auf den Mittelwänden mit Arbeiterbaugepräge Drohnenbau.

Nach vollzogener Bruteinschränkung oder gleichzeitig mit ihr
werden alle Brutwaben (wenn man sich überhaupt diese Mühe nehmen
will), die zwischen den Schiedbrettern stehen und noch nie auf dem
Kopf gestanden sind, d. h. nicht auch unten den Zwischenraum zwischen
Wabe und unterem wagrechten Rahmenholz mit Arbeiter= oder Drohnen=
bau ausgefüllt haben, auf den Kopf gestellt. Man kann damit aber
auch warten, bis die Schwarmperiode begonnen hat. Allfällige Weisel=
zellen würden dadurch zerstört. Es ist bekannt, daß Weiselzellen mit
Vorliebe da errichtet werden, namentlich seitwärts und unten an der
Wabe, wo leere Plätze sich befinden. Wenn man z. B. ein Loch in
offene Brut schneidet, entstehen sehr gern Weiselzellen. Sie können
zwar auch auf dem Holz der Rahme errichtet werden, sogar zwischen
Rahme und Fenster; allein es ist zweifelhaft, ob ein Volk gern schwärmt,
wenn es Gelegenheit zur Errichtung nur weniger Weiselzellen hat.
Und schöne Waben, die auf allen vier Seiten an das Holz der Rahme
angebaut sind, verringern die Lust zum Bauen von Königinzellen
ganz bedeutend. Durch die Bruteinschränkung werden auch allfällige

Oeffnungen mehr von selbst zugebaut. Alles organische Geschehen ist, von außen angesehen, aus zwei Momenten zusammengesetzt: aus dem mechanistischen und aus dem, welches wir das zweckmäßige, nach Her= stellung des Gleichgewichts strebende, im besondern nennen. Das Bebrütetsein der Waben veranlaßt die Bienen, sie zu belagern. Mittel= wände veranlassen zum Bauen von Arbeiterbau. Die Größe der Drohnenzelle veranlaßt das Gelegtwerden eines unbefruchteten Eies. Das Vorhandensein einer Königinzelle veranlaßt die Königin, ein Ei darein zu legen. Die leeren Stellen in der Wabe oder des Brutnestes sind oft der äußere Anlaß zur Erbauung von Königinzellen. So gewiß wie bei den bebrüteten Waben, bei Mittelwänden, bei der Drohnen= zelle, bei der Königinzelle der Instinkt eine für die Praxis so wichtige Rolle spielt, so gewiß auch bei den offenen Stellen der Wabe, die als Möglichkeit für die Königinzellen gleichsam mit zur Gebärmutter des Biens zu rechnen sind. Denn die Regel ist, daß die Königinzellen nicht am Holz, sondern an der Wabe hängen, und daß die Bienen keine Oeffnung aufreißen, resp. größer machen, wo nicht schon eine vorhanden ist. Und gerade bei gedrahteten Waben gibt es den Drähten entlang unten gern solche offene Plätze. Die Ueberbleibsel von Königin= zellen sollte man nie entfernen. Warum eigentlich ein Bien schwärmt, erklärt am besten die Futtersaftlehre. Bei Beginn der Schwarm= periode wird eine Abfluggitteröffnung aufgemacht. Der Pavillon sollte am Schatten stehen, lieber hinter als vor dem Haus. Wenn das Winterfutter aus Frankenthaler=Pilé besteht, ist Ruhr absolut nie zu befürchten. Auf der andern Seite ist zuzugeben, daß die Brut= einschränkung das Schwärmen nicht befördert. Der Schwarm müßte bald nach Vollzug der Bruteinschränkung fallen. Die Steigerung des Futtersaftstromes wird eben zugleich mitverhindert. Und der Brut= körper ist anfangs Mai bereits so groß, daß die Königin auch nach der Bruteinschränkung immer noch viel Platz zum Eierlegen findet infolge der fortwährend ausschlüpfenden Brut. Im Apicoltore em= pfiehlt ein Imker das Auf=den=Kopf=stellen der Korbvölker, um Brutentwicklung und damit Schwärme zu verhindern. Man kann vielleicht nachträglich noch etwa eine Mittelwand oder leere Wabe in das Brutnest einschieben. Die Ernte wird freilich damit sofort

verringert. Besser ist, man läßt im April bauen. Wenn das Volk
schwärmt, wird der Schwarm zurückgegeben. Auf das Auf-den-
Kopf-stellen der Waben kann man also auch verzichten. In der
Revue 1896 hat ein Imker geschrieben: „Alle Bienenschriftsteller
kommen darin überein, daß das eine ausgezeichnete Sache sei." Im
Blätterbrutraum haben wir sie mühelos; man muß nur das Wachs
auf den Wabenträgern etwas abkratzen. Im Jahre 1896 habe ich
die Sache an vielen Stöcken probiert, obschon ich damals noch keine
gedrahteten Waben hatte; auch that ich es nicht in der Absicht, das
Schwärmen zu verhüten. Von diesen Waben besitze ich heute noch
viele völlig unverändert; Spuren von Weiselzellen sind auf keiner
derselben. Die Amerikaner und Engländer haben sich seinerzeit auch
aus andern Gründen alle erdenkliche Mühe gegeben und allen Scharf-
sinn aufgewendet, eine Vorrichtung zu erfinden, die das „Umkehren"
der Brutwaben auf leichte Weise ermöglicht. Aber bei Brutwaben
mit Ohren geht es eben einfach nicht, ohne Umstände zu verursachen.

Soeben lese ich in der Revue betreffend den Bienenkasten des
Amerikaners Danzenbaker, seine Brutwaben hätten statt der Ohren
(oben) Stifte in halber Höhe der senkrechten Rahmenteile, welche auf
einer Leiste ruhen, so daß die Waben auf den Kopf stehend gedreht
werden können.

Das wichtigste und schwierigste Problem der Bienenzucht ist
für den, der die Vorschwärme nicht rationell zurückgibt, so wie ich's
am Schluß des zweiten Teils („Die amerikanische Königinzucht")
beschrieben habe, das Verhindern der Schwärme. Ich komme noch
einmal auf dieses Thema zurück. Daß Doolittle etwas von der
Bienenzucht versteht, geht auch daraus hervor, daß sein Non-Swar-
ming-Plan als Doolittle-Plan in England großen Beifall findet. Der
schottische Bienenzüchter W. McNally, einer der Hauptmitarbeiter des
Bee-Keeper Record, schreibt in der Dezember-Nummer 1900 dieser
Zeitung folgendes. „... Seit einer ziemlichen Anzahl von Jahren bewirtschaftete ich einen auswärts gelegenen Bienenstand nach Grundsätzen
des Nicht-schwärmen-lassens, und obgleich ich einige Schwärme hatte
(ungefähr 5 %), so hätten auch diese verhindert werden können, wenn
ich alle Vorsichtsmaßregeln zum voraus beobachtet hätte. Mein Ver-

fahren in der Bewirtschaftung dieses auswärts gelegenen Bienenstandes
war folgendes. Alle Stöcke waren auf 10 Brutwaben überwintert
(ein kompletter Brutraum) und hauptsächlich für Schleuder= oder ge=
preßten Honig (von Heidekraut. S.) behandelt. Gegen Ende Mai
jeder Saison, wenn die Stöcke Zeichen von Stärke zeigen, plaziere
ich auf jedem einen Aufsatz, mit schmalen Waben (von halber Höhe
der breiten Brutwabe. S.) möbliert, von denen eine oder zwei aus=
gebaut sind; die andern Honigrahmen sind mit Mittelwänden gefüllt.
Zwischen Aufsatz und Brutraum befindet sich ein Absperrgitter. Zu
gleicher Zeit oder einige Tage nachher plaziere ich unter dem
Brutnest einen andern Aufsatz mit Honigrahmen; diese letztern ent=
halten aber nur ½ Zoll breite Mittelwandstreifen. Später, wenn
die Saison sich gut hält, gebe ich einen zweiten Aufsatz mit Honig=
waben und zwar, wenn der bereits aufliegende mit Honig ungefähr halb
gefüllt ist. Ich nehme diesen weg, lege den leeren direkt auf das Brutnest
und jenen auf den leeren. Es ist nun zu erwarten, daß der Stock
mit Raum zum Aufspeichern des Honigs reichlich versehen sei; aber
wenn nötig könnte jederzeit noch mehr Vorratsraum gegeben werden.
Jede Schwarmlust ist nun durch diesen Extra=Vorratsraum gehemmt.
Stöcke, welche so behandelt werden, müssen nicht notwendig die Waben
vollständig mit Honig gefüllt haben, wie das der Fall ist mit dem
Wabenhonig in Sections. Der Hauptvorrat des Honigs bleibt bis
zu einer geeigneten Zeit in den Stöcken, so daß für einen sonst be=
schäftigten Mann dieses Verfahren prächtig paßt. In dem soeben
beschriebenen System betreffend Bienenbehandlung ist nichts Neues; es
mag Bienenzucht nach dem Doolittle=Plan genannt werden. Uebrigens
haben die alten Korbbienenzüchter etwas Aehnliches praktiziert, indem
sie dem Korb einen Ring unterschoben..."

Im Dadant=Alberti=Kasten können wir keinen Aufsatz unter=
schieben. Dagegen können wir nach erfolgter Bruteinschränkung außer=
halb der Doppelschiede ebenfalls Brutrahmen, wenigstens je eine, ein=
stellen, die bloß mit Mittelwandstreifen versehen sind, um den Bienen
Gelegenheit zum Bauen zu geben und sie vom Schwärmen abzulenken,
ohne sie zugleich den Brutkörper ausdehnen zu lassen. Wenn der
Bien zum Bauen von Waben Gelegenheit hat, verbaut er auch die

Durchgänge zwischen den Waben und dem Kasten weniger. Natürlich entsteht so viel Drohnenbau; allein wir schmelzen diese Naturwaben nachher einfach ein. In dem dem Brutnest untergeschobenen, mit Mittel= wandstreifen versehenen Aufsatz der Engländer entsteht natürlich viel Arbeiter= und Drohnenbrut. Weniger die letztere, aber ganz gewiß die erstere leitet den Schwarmtrieb ebenfalls ab. Auch wir könnten natürlich die Rahmen mit Mittelwandstreifen oder dann lieber gleich mit ganzen Mittelwänden oder Waben mit Arbeiterbau innerhalb der Schiedbretterpaare einstellen beim Beginn der Schwarmperiode; die Frage ist nur, ob wir damit nicht mehr Honig verlieren durch den vermehrten Konsum von seiten der Brutvermehrung, als wir durch Verhindern der Schwärme gewinnen. Zwar geht, wenn wir außerhalb der Schiedbretter Naturbau aufführen lassen, auch etwas Honig verloren, aber nicht viel, und wir haben dann doch gutes Wachs dafür. Wenn das bloße Bauen ohne Brutvermehrung vom Schwärmen ableukt, dann ist es ein neuer Vorteil des Dadant=Alberti= Kastens, daß er dafür Raum und Gelegenheit bietet. Man könnte zwar auch über dem Aufsatz einige Honigrahmen bloß mit Mittelwand= streifen versehen, wie denn auch viele Bienenzüchter, welche auswärts gelegene, mehr oder weniger sich selbst überlassene Bienenstände haben, erklären, das Auflegen eines Aufsatzes mit Mittelwänden oder Streifen von solchen habe dieselbe schwarmhindernde Wirkung, wie wenn er unter dem Brutraum läge (wenn Tracht vorhanden ist. S.).

Wer in dem angedeuteten Sinne im Dadant=Alberti imkern will, aber in Verbindung mit Bruteinschränkung und dem Auf=den= Kopf=stellen der Brutwaben, muß sich freilich entschließen, für die jeweilen aus dem Stock entfernten Brutwaben, die eingeschwefelt werden müssen, einen Wabenkasten anzuschaffen, oder man kann die Zahl der Brutwaben noch mehr und zwar von neun auf acht reduzieren. Der englische Brutraum von zehn englischen Standard=Brutwaben ist bedeutend kleiner als neun Dadant=Blatt=Brutwaben, die nur selten bis Ende April mit Brut gefüllt werden. Eine englische Brutwabe hat (innen) 203×343 mm = 6,96 dm² Wabe; eine Dadant= Blatt=Wabe hat 268×420 mm = 11,25 dm² Wade. Zehn englische Brutwaben = 69,6 dm² Wabe, sieben Dadant=Blatt=Brut=

waben = 78,79 dm² Wabe. Natürlich gestaltet sich die Sache für die Dadant-Blattwabe dadurch noch günstiger, daß bei ihr diese Zahl von Quadratdezimetern auf weniger Waben sich verteilt und daß die Dadant-Alberti-Brutwaben auf den Kopf gestellt und auf allen vier Seiten angebaut werden können.

Es ist also leicht ersichtlich, daß der englische Brutraum eine ganz bedeutende Bruteinschränkung darstellt. Es entspricht das meiner Erfahrung, daß bis Ende April durchschnittlich auf sieben Dadant-Blatt-Brutwaben Brut enthalten ist. Sicher sind acht Dadant-Blatt-Brutwaben bis Ende April in allen Fällen genügend, so daß wir also wenigstens für eine leere Brutrahme mit Mittelwandstreifen außerhalb einem Schiedbretterpaar ständig Platz haben. Es darf auch nicht vergessen werden, daß die Brutwaben mit Brut mehr gefüllt werden, wenn der Brutraum eingeengt, resp. die Wabenzahl reduziert ist. Das Bienenvolk selber ist ja deswegen nicht eingeengt. Auch können wir nach wie vor den Brutraum dem wirklichen Brutkörper anpassen und haben doch nicht nötig, Waben aus dem Stocke zu entfernen und in einem teuren Wabenkasten einzuschwefeln. Der letztern Mühe, die sehr lästig ist, enthoben zu sein, das ist dem praktischen Bienenzüchter sehr willkommen.

Das alles sind Gründe genug, um einzusehen, daß wir mit vollem Rechte sagen dürfen: Glücklicherweise ist der Dadant-Alberti-Bienenkasten groß genug.

Ich habe in der „Württembergischen Bienenpflege" 1900 einen Artikel veröffentlicht über das Thema: Wir hätten bei der Konstruktion dieses Kastens mehr Glück als Verstand gehabt.

Jeder Bienenzüchter, der ein Wagvolk besitzt, sollte darauf bedacht sein, die durchschnittliche Zeit des Trachtschlusses festzustellen. Hat er in der Regel am 14. Juni noch Tracht, so müßte die Bruteinschränkung nicht vor dem 10. Mai stattfinden. In vielen Gegenden ist aber mit Anfang Juni der Heuet schon im vollen Gang. Selbstverständlich ist die genaue diesbezügliche Berechnung unmöglich, schon darum, weil zur Zeit der Bruteinschränkung die äußersten Brutwaben oft nur kleine Brutflächen enthalten.

Die Hauptsache ist, daß vom richtigen Zeitpunkte an keine neue

Wabe mehr für Brut in Anspruch genommen wird. Sich auf die eine oder andere Weise mit der Schwärmerei zurechtzufinden, das sollte dem Dadant-Alberti-Bienenzüchter nicht schwer fallen.

Bekanntlich schwärmt im allgemeinen ein Volk nicht mehr, das seine Drohnenbrut hinausgeworfen hat. Ich werde nun im nächsten Frühling ein diesem Thatbestand entsprechendes Experiment ausführen. Mitte oder Ende Mai ungefähr nehme ich diejenige Brutwabe, welche den Drohnenbau enthält, weg, und stelle sie ebenfalls außerhalb der Schiedbretter. Bekanntlich baut der Bien Drohnenbau auf Mittelwände oder nagt sogar Arbeiterbau ab, um Drohnenbau aufzuführen, wenn man ihm allen Drohnenbau genommen hat. Es ist möglich, daß das auch geschieht, wenn die Brutwabe mit dem Drohnenbau außerhalb des einen Doppelschieds plaziert wird. In diesem Falle würden zu viel Brutwaben verdorben und mit dem Experiment wäre es nichts. Allein ich halte das nicht für wahrscheinlich, und zwar darum nicht, weil der Drohnenbau zwar aus dem Brutkörper, aber nicht aus dem Stock entfernt wird. Ich hoffe so ziemlich zuversichtlich, daß die Bienen mit sich reden lassen auch in diesem Punkt. Ist doch der Drohnenbau durch die „künstlichen" Mittelwände ganz bedeutend reduziert worden ohne Protest von seiten des Biens. Daß der Drohnenbau sonst nicht bloß in den Brutraum, sondern zum Brutkörper gehört, das weiß ich freilich sehr wohl; denn der Bien ist wirklich ein Einwesen-system, und zwar kein neues, sondern ein altes. Siehe: „Das neue Einwesensystem" von Mehring, dem Erfinder der Kunstwabe, heraus-gegeben von Gerstung. Vor Mitte oder Ende Mai bekomme ich nie Schwärme. Die Temperatur ist alsdann bereits so sehr ge-stiegen, und die Bienen haben sich im Stocke derart vermehrt, daß für die mit dieser Drohnenbrutwabe außerhalb des Doppelschiedes gestellte Arbeiterbrut nichts zu befürchten ist. Die Sache hat für den, der das Auf-den-Kopf-stellen der Brutwaben systematisch praktiziert (was freilich auf einem größeren Stand nicht durchführbar ist), auch noch einen kleinen Vorteil. Würde ich die Drohnenbrutwabe mit den andern Brutwaben auf den Kopf stellen, so könnte ich die beiden ihr benachbarten Brutwaben rechts und links nicht auf der gleichen Seite lassen, sondern die links befindliche käme auf die rechte Seite und die rechts befindliche auf die linke Seite, weil ja, wo Drohnenbau sich befindet, auf der vis-à-vis befindlichen Wabenfläche keine Arbeiterbrut entstehen oder bestehen kann. Diese Operationen haben auch noch einen andern großen Vorteil, den nämlich, daß der Imker sein Waben= material jährlich einer gründlichen Prüfung unterwerfen und unbarm= herzig alle Brutwaben, welche außer der einen Drohnenbau=Wabe sonst noch viel Drohnenbau oder leere Stellen (Löcher) aufweisen, aus= scheiden lernt. Natürlich wird durch das soeben beschriebene Verfahren auch die Zahl der Drohnen überhaupt noch mehr beschränkt. Da aber Drohnen schon im April erbrütet werden, bekommt jeder Stock Drohnen genug, auch wenn von Mitte oder Ende Mai an keine neue mehr entstehen. Es wäre wohl am besten, die Drohnenbrutwabe und die Brutrahme mit dem Mittelwandstreifen gleich neben einander zu stellen und zwar die erstere direkt außerhalb und neben die Schied= bretter und die letztere außerhalb der ersteren, also an die Seitenwand des Brutraumes.

Ein schwarmlustiges Bienenvolk setzt seine Weiselzellen, wenn in den Waben keine leeren Stellen vorhanden sind, oft nicht in die Waben= fläche, sondern eher auf das Rahmenholz. Das ist für uns ein Vor= teil; denn bevor das letztere geschieht, ist manchem Volk die Schwarmlust schon lange wieder vergangen. Man denke nur an die häufigen Wit= terungswechsel im Frühling.

Ich bediene mich eines Bildes. Ein gut gearbeiteter Damm hält Stand, auch wenn die Wasserflut am Ueberlaufen ist. Und dieser Zustand kann lange andauern. Befindet sich aber im Damm eine schadhafte Stelle, oder kommt ein Sturmwind dazu, dann ist's um den Damm geschehen! Gelegenheit macht „Diebe" auch bei den Menschen, obschon einer gesagt hat: „Kein Mensch muß müssen". Der Bien muß! Gewiß jedesmal, wenn er muß. Müssen kann vielerlei bedeuten. Mit diesem Schlagwort ist die Sache noch lange nicht erledigt. Durch meine Betriebsweise wird die Zahl der Völker, welche „müssen", verringert. Siehe Schweiz. Bienenzeitung 1899, Seite 55 und 56. Da heißt es: „Auch der Dröhnerich auf Usenau war geschlechtlich nur allzusehr angeregt worden. Zahlreiche Drohnen zu erhalten, hatte man ihm ein ungewöhnlich Maß von Drohnenzellen zur Verfügung

gestellt, und richtig kam er derart ins Fieber, daß ein kleiner An=
sporn genügte, und der flotte Hüngler schwärmte. Dieser Anlaß
ward geboten durch einen Ausschnitt von Eiern, in welcher
Lücke sogleich Weiselzellen wuchsen. Figur 6 zeigt uns, was
unbändige Schwarmlust (sogar bei einem ‚schwarzen‘. S.) vermag,
wenn ihr in dieser Weise Raum gegeben wird."

Wenn das am grünen Holz geschieht, d. h. daß ein viel
Drohnenbau enthaltendes Volk erst dann Weiselzellen ansetzt, nachdem
man ihm ein Loch in die Eier geschnitten, was wird am dürren
Holz geschehen, d. h. bei den Völkern, denen man den Drohnenbau
beschränkt! Sie werden noch viel eher erst beim Vorhandensein von
Oeffnungen in den Waben Weiselzellen ansetzen.

Im Dadant=Alberti=Kasten, auf dessen Brutraum ein beweglicher
Aufsatz und ein Absperrgitter liegt, und dessen Brutwabe breit und
nieder ist, kommen die Königinzellen immer eher nach unten. Ganz
anders ist die Sache im Schweizerkasten, in dem die Brutwabe eine
Hochwabe ist ohne beweglichen Aufsatz und ohne Absperrgitter darüber,
wo die über dem Brutraum befindlichen Honigwaben oft ebenfalls
Brut enthalten.

Da ich pro 1901 noch Völker entweiseln mußte, um genug
Schwärme zu bekommen, konnte ich und wollte ich das auf den Kopf=
stellen der Brutwaben in keiner Weise praktizieren. Ich bemerke noch,
daß sich am senkrechten Rahmenteil leicht auf die eine oder andere
Weise ein Zeichen anbringen läßt, daran man durch das Fenster hin=
durch erkennt, ob und wo eine Brutwabe auf dem Kopfe steht.

Der Umstand, daß beim Auf=den=Kopf=stellen der Brutwaben
die Königinzellen aufs Holz kommen, wenn sie überhaupt entstehen
müssen, hat auch den Vorteil, daß die Waben weniger verderbt
werden. Vom Holz können die Königinzellen leicht abgekratzt werben.

Einem abgeschwärmten Volk braucht man, wenn man keine weiteren
Schwärme von ihm wünscht, die Weiselzellen nicht auszuschneiden;
man stellt die Brutwaben einfach auf den Kopf. Man hat bei diesem
Verfahren nicht zu riskieren, daß man eine Weiselzelle vergißt, wie
es beim Ausschneiden etwa vorkommen kann. Ich kann dieses Auf=
den=Kopf=stellen der Brutwaben auch anwenden in allen den Fällen,

wo bei der Königinzucht Weiselzellen durch den Imker zerstört
werden müssen.

Das Auf=den=Kopf=stellen der Brutwaben hat noch einen andern
Vorteil. Dem abgeschwärmten Volk werden die Weiselzellen
erst zerstört, wenn der Stock tütet. Ich bin dann sicher, daß
er eine rechte junge Königin bereits hat und in sehr vielen Fällen
wäre das Zerstören der Weiselzellen vor dem Tüten überflüssig, weil
der Stock sehr oft nicht zum Tüten kommt, d. h. von selbst keinen
Nachschwarm abgibt, resp. die Weiselzellen selber abschafft, nachdem die
erste junge Königin ausgeschlüpft ist. Nehmen wir aber den andern
Fall, wo der abgeschwärmte Stock wirklich zum Tüten käme, so
frägt es sich, sollen und können wir ihm den Vorschwarm entweiselt
oder nicht entweiselt sofort nach dem Schwärmen wieder retour geben?
Für die Ernte, die wir vom Stocke erwarten, ist das natürlich
das Beste. Allein wenn ich das Ausschneiden der Königinzellen
(mit Ausnahme einer einzigen) vor dem Tüten praktiziere, dann
praktiziere ich es natürlich auch vor der Zurückgabe des Vorschwarms,
wenn auch erst am folgenden Tag, da am Schwarmtag selber ein
Stock aufgeregt und gereizt ist. Denn, wenn wir die Weiselzellen
erst nach begonnenem Tüten ausschneiden wollten, so wäre dieses
Ausschneiden darum sehr umständlich, weil der Stock dann sehr viel
Bienen enthält, d. h. weil wir mit der Zurückgabe des Vorschwarms
nicht haben warten können bis zum Beginn des Tütens. Was ich
sagen will ist nun eben dies: daß, wo die Brutwaben einfach auf
den Kopf gestellt werden können, auch dieses Bedenken, das sich erhebt
gegen das Zerstören der Weiselzellen erst nach begonnenem Tüten
und also nach Zurückgabe des Vorschwarms, gegenstandslos ist.

Wir stellen allen tütenden Völkern die Brutwaben auf den Kopf,
nachdem wir ihnen die Vorschwärme mit oder ohne die alte Königin
zurückgegeben haben, wenn man keine Nachschwärme will.

Dieses Verfahren hat noch einen Vorteil. Wenn man einem
abgeschwärmten Volk die Weiselzellen bis auf eine sofort zerstört
(ausschneidet oder die Waben auf den Kopf stellt), so werden oft
ebenfalls sofort neue Weiselzellen erstellt und der Stock schwärmt
doch, besonders wenn man ihm auch den Vorschwarm zurückgegeben

hat. Das ist nicht der Fall, wenn man die Brutwaben erst nach Beginn des Tütens auf den Kopf stellt.

Natürlich bringt ein abgeschwärmtes Volk, dem wir den Vor=schwarm ohne Königin zurückgegeben haben, nicht die Ernte, wie ein Volk, das nicht geschwärmt hat; denn das erstere hat eine Zeit lang keine offene Brut und sammelt darum weniger. Aber es braucht auch weniger! Ob dadurch das Gleichgewicht hergestellt sei?

Vielleicht für das laufende Jahr nicht, aber für das folgende. Denn ein Volk, dem wir den Vorschwarm auch ohne Königin zurück=gaben, leistet das nächste Jahr mehr als das Volk, das seine alte Königin behält oder nicht von seiten des Imkers erneuert wird, was freilich leicht geschehen kann.

Das Auf=den=Kopf=stellen der Brutwaben sollte vom Bienenzüchter, wenn nicht alle Frühling während der Schwarmperiode bei allen Stöcken, so doch bei neu ausgebauten Waben zu dem Zwecke praktiziert werden, sie auch unten anbauen zu lassen. Nachher müssen sie natürlich wieder richtig gestellt werden. Es kann sein, daß die Brut etwas leidet bei diesem Verfahren, allein das hat unmittelbar vor der Ernte nichts zu sagen, ist vielmehr auch ein Mittel, das Schwärmen zu beschränken.

Ich habe mich nicht gescheut, mich mit den soeben beschriebenen „Kleinigkeiten" „in den Vordergrund zu drängen", weil die Erfahr=ungen mit der zurzeit in der Schweiz gezüchteten „... nicht schwarm=lustigen ..." „einheimischen" „Edelrasse" hinsichtlich des Schwärmens noch lange nicht zu aller Leute Entzücken ausgefallen sind. Das früher beschriebene Vereinigen des nicht entweiselten Vorschwarmes mit dem Mutterstocke bringe ich hier ebenfalls noch einmal in Erinnerung.

Das Schwärmen. Jedem Vorschwarm sollte die Königin sofort (später wäre freilich „rationeller") kassiert werden. Der Schwarm wird auf den Boden geschlagen, wobei man die Königin oft oben auf den Bienen sieht; die Bienen kehren von selbst in den Mutterstock zurück. — Oft gelingt es auch, durch einfaches Umkehren des Schöpfgeschirrs die Königin zu finden. Oder man leert den Schwarm in eine Kiste, die man oben mit einem Absperrgitter bedeckt, und beunruhigt ihn. Aber alle Methoden, dem Vorschwarm die Königin zu nehmen, werden über=troffen von folgendem Verfahren. Man nagelt einer leeren Schublade unten ein Königin=Absperrgitter an, legt sie etwas unterlegt auf den Boden, schlägt den Schwarm hinein, legt das Deckbrett auf, macht es fest und schiebt diese Schublade dem Mutterstock auf, dem man das Deckbrett ja bereits genommen hat. Die Königin bleibt oben.

Sobald der Mutterstock zu tüten anfängt, werden seine Weiselzellen kassiert, wenn man keine Nachschwärme will. Die tütende Königin fliegt nicht fort; man muß sich nur hüten, sie ergreifen zu wollen. (Man hat bei dieser Operation oft Gelegenheit, zu sehen, wie sich die junge Königin beim Tüten be= nimmt. Sie legt sich mit der Unterseite fest an die Wabe.) Schwarmweiselzellen ver= wende ich zur Königinzucht nicht gerne, schon darum nicht, weil man nie weiß, wie alt ihr Inhalt ist. Königinnen aus einem gro= ßen abgeschwärmten Volk sind freilich sehr gut. Aus= laufende Königinnen kann man verwerten, wobei man aber nicht vergessen darf, daß auslaufende Königinnen oft mehr als drei Tage alt

Fig. 83. Schwarmspritze.

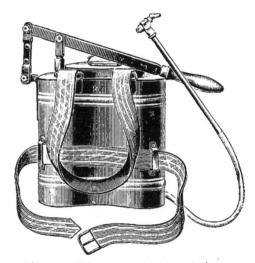

Fig. 84. Schwarm= und Gartenspritze von R. Meier, Künten, Kanton Aargau.
(10 m hoch treibend.)

sind. Ich wiederhole hier nicht, was ich im zweiten Abschnitt aus= führlich behandelt habe.

Beim Kauf von Naturschwärmen muß man vor allfälliger Einführung der Faulbrut keine Angst haben. Schwärme entstehen nur, wenn neuer Honig hineinkommt und sich neues Blut bildet. Ein Stock, der schwärmt, hat auch voraussichtlich eine fruchtbare Königin. Der Versand soll in einer neuen Kiste geschehen.

Nachschwärme können schwächeren Völkern aufgesetzt und nach

stattgefundener Befruchtung mit dem untern Volk, das man in diesem Fall entweiseln muß, vereinigt werden. (Wenn zwischen oberem und unterem Volk ein Absperrgitter liegt, kann man beide Königinnen erhalten.) Beim Vereinigen verfährt man folgendermaßen. Zuerst wird im Deckbrett unter dem Aufsatz, der den „Schwarm" enthält, das Futterlücken-Deckelchen herausgenommen und mit Drahttuch oder Drahtgeflecht überspannt. Ich nehme Reißstifte dazu. Am Abend des folgenden Tages wird das Drahtgeflecht entfernt und etwas Honig um die Futterlücke gegossen. Am Morgen des dritten Tages kann man das untere Deckbrett wegziehen. Für dieses Verfahren sollte man eben überflüssige Deckbretter haben. Billiger und zum Vereinigen und auch zu andern Zwecken noch besser sind die Drahtgeflechtrahmen. Rahmen, welche ganz mit Blech übernagelt sind, ersetzen oft auch ein Deckbrett. Man kann den Schwarm aber auch mit einem gewöhnlichen Deckel decken, nicht aber mit der Emballagerahme. Der Emballage wird von den Bienen durchnagt. Vorschwärme in der Schublade können auch zur Königinzucht verwendet werden durch einfache Entweiselung oder durch Einhängen von präparierten künstlichen Königinzellen am dritten Tag nach der Entweiselung mit (wenn ein Absperrgitter da ist) oder ohne vorherige Vereinigung mit dem Volk im Brutraum. Im letztern Fall kann man natürlich das allfällig unter der Schublade liegende Deckbrett nicht oben verwenden und sollte der auf der Schublade liegende Deckel so beschaffen sein, daß man durch denselben füttern kann. Man kann einen Vorschwarm auch im Fangkorb direkt auf ein entweiseltes Volk stellen, aber erst abends. Die Futterlücke wird im Zusetzapparat mit Honigzuckerteig gefüllt. Mit Nachschwärmen kann man nicht so verfahren. Wenigstens wären die Vorbereitungen dazu zu umständlich. — Es ist nicht mehr nötig, bei Original-Krainer- oder Italienerkasten Brut herauszuschneiden, um sie umzulogieren. Sie logieren sich selber um. Alle Ableger, Königinzucht- oder Reservekästlein, in denen man kleine Nachschwärme aufzieht, sollten mit beweglichen Böden konstruiert werden.

Das Einlogieren der Schwärme im Brutraum, sowie die Mittelwände und das Drahten habe ich im ersten Abschnitt behandelt. Ich kann natürlich unmöglich alles erwähnen, was mit den Schwärmen

zu machen ist. Der Anfänger hüte sich nur vor dem unvorsichtigen
Vereinigen eines Nachschwarms. Zwischen diesem und irgend einem
Volk genügt weder Absperrgitter noch Drahtgeflecht. Siehe darüber,
was am Schluß des zweiten Teiles zu lesen ist.

Sämtliche Schwärme, für die man keinen Platz mehr hat oder
die man nicht verkaufen will, werden zur Verstärkung der vorhandenen
Völker verwandt. Hauptregel dabei ist, daß nur diejenigen, welche
eine junge Königin besitzen, verstärkt werden oder daß diejenigen, die
man entweiselt und mit einem Vorschwarm verstärkt hat, nachträglich
noch eine junge Königin bekommen. Man kann also Vorschwärme,
statt sie ohne Königin dem Mutterstock zurückzugeben, auch jedem
beliebigen Volk aufsetzen und die Königin kassieren erst wenn der
Schwarm mit demselben vereinigt wird. Dazu ist eben in der
Pavillonwand das Flugloch auch für die zweite Schublade nötig.
Nachschwärme, die eine neue Königin ziehen sollen, werden natürlich
eher schwächeren Völkern aufgesetzt. In der Praxis wird es nicht immer
auf eines herauskommen, was man thut. Wenn man jedem Vor=
schwarm die Königin kassiert, jedem tütenden Volk die Weiselzellen
zersticht, oder das Auf=den=Kopf=stellen der Waben praktiziert, so ist
man mit Schwärmen nicht sehr geplagt. Und diese Operationen sind
beim Dadant=Alberti=Kasten eben sehr leicht ausführbar.

Wer vermehren will, läßt natürlich schwärmen, was schwärmen
mag und nimmt einige Jahre lang mit einer geringen Ernte verlieb.
Allein ganz richtig ist dieses Verfahren nicht. Auch wer vermehren
will, sollte das Schwärmen unterdrücken und die Vermehrung nach
der Tracht mit Königinzucht, Brutableger, oder abgesegten Bienen,
Mittelwänden und Zucker, welcher billiger ist als Honig, bewerkstelligen.
Die Art und Weise, wie man beim Bilden von Kunstschwärmen ver=
fährt, findet man im Abschnitt von Doolittle. Die Hauptsache dabei
sind junge Königinnen, deren Züchtung ich im zweiten Abschnitt dar=
gestellt habe. Siehe auch den folgenden Artikel.

Bei der künstlichen Vermehrung ist auch Bedacht zu nehmen auf
Vermehrung der Brutwaben. Das geschieht am einfachsten mit Feg=
lingen, die man durch den Trichter in das Arrest=Kistchen leert,
mit einer Königin versieht und wie einen gewöhnlichen Schwarm

auf Mittelwände einlogiert. Wer eine Brut enthaltende Wabe zur Ver=
fügung hat, braucht beim Einlogieren eines Schwarmes in den Brutraum
den letztern nicht ganz mit Mittelwänden zu füllen, um nachher die
unbesetzten herauszunehmen; er stellt die Wabe mit Brut in die Mitte.
Wenn ein Schwarm Honigwaben im Aufsatz ausgebaut und teilweise
mit Brut versehen hat, nimmt man das Deckbrett oder die Drahtgeflecht=
oder Blechrahme unter dem Aufsatz weg und legt ein Absperrgitter auf
den Brutraum, nachdem die Königin in den Brutraum hinunter ge=
stiegen ist. Man kann den Aufsatz auch direkt auf den Brutraum legen,
ohne Deckbrett oder Drahtgeflechtrahme zwischen beiden, wenn der
Schwarm einlogiert wird. Es geschieht so genau das, was in der Natur
geschieht: der Schwarm fängt oben an zu bauen und Eier zu legen. Den
Zucker, den man in der Schublade gefüttert hat, kann man schleudern
und noch einmal in dem Brutraum füttern. Wenn ein Schwarm in der
zweiten Etage des Pavillons von innen einlogiert wird, legt man das
Blech oder den Karton, worauf der Schwarm geschlagen wird, nicht auf
den Boden des Bienenhauses, sondern auf die zweite Etage selber und
schlägt den Schwarm dort auf das Blech oder den Karton. Wenn man
den Schwarm durchs Flugloch einziehen läßt (vermittelst des außen auf=
gehängten Bienentrichters), so muß er gleich von Anfang in die Waben
resp. Mittelwände sitzen und das Fenster braucht man nicht zurückzuziehen.

Man kann die Mittelwände im Brutraum zwischen den an der
Seite befindlichen Schiedbretterpaaren auch mit Zwischenräumen ein=
stellen und nachher zusammenrücken, wenn man zu wenig hat. Ich
habe auch schon Mittelwände langsam durch den ganzen am Deckbrett
hängenden Schwarm hindurchgestoßen. Man rückt dabei abwechselnd
ein klein wenig zurück und ein wenig weiter vor, damit die Bienen
Platz machen. Man würde sich täuschen in der Meinung, man könne
beim Blätterkasten einfach vier bis fünf Mittelwände in die Mitte
stellen und die Bienen sich sofort auf die Mittelwände stürzen sehen.
Es ist ein Zufall, wenn sie sich in denselben sammeln. Ist links
und rechts von den Mittelwänden freier Raum, so können sie sich
ebenso gut an das Deckbrett hängen, und wo sie einmal sitzen, da
fangen sie auch an zu bauen, und wärs unmittelbar neben den Mittel=
wänden. Man kann den Schwarm auch einfach im Korb auf das

Deckbrett mit geöffneter Futterlücke stellen; er wird über Nacht in den Brutraum hinunter gehen, wenn dort Brut eingestellt ist. Man braucht das Flugloch erst am folgenden Morgen zu öffnen, wenn man so verfährt. Beim Zurückgeben von Schwärmen kann man ähnlich verfahren. Bei Nachschwärmen, die man einfach zurückgibt, braucht man die Königin nicht erst zu suchen, es sei denn, daß man sie anderweitig verwendet. Man darf den Schwarm nicht zu lange eng halten. Er sollte sieben Waben ausbauen. Bei flotter Tracht wird natürlich nicht gefüttert und über dem Absperrgitter ein Aufsatz gegeben. Wenn man statt Mittelwänden nur Wachsstreifen im Brutraum gibt, kommt in diesem Falle viel Honig in den Aufsatz, wenn dieser ausgebaute, namentlich alte Waben enthält. Die Brutwaben sind dann freilich wegen Drohnenbau nicht alle brauchbar. Bei kleinen Schwärmen wird das Flugloch eng gehalten. Die Fluglochverteidigung ist den Bienen erleichtert, wenn die Waben in der Mitte stehen. Hat man ausgebaute Waden zur Verfügung, so vervollständigt man die Zahl der im Brutraum befindlichen auf acht oder neun.

In den Vereinsberichten sollte die bezügliche Fragestellung nicht lauten: wie viel Prozent Schwärme haben Sie bekommen, sondern wie viel Prozent Ihrer Stöcke haben geschwärmt.

Einfache Königinzucht. Sie wird am besten gegen Ende der Trachtzeit vorgenommen. Sie kann, wenn man die amerikanischen Methoden nicht praktizieren will, auch auf folgende Weise getrieben werden. Ich wähle das beste Volk meines Standes. Die Operation beginnt auf alle Fälle erst, wenn die Bienen den Aufsatz gut belagern und einigen Honig in demselben deponiert haben. Die Königin wird über das Absperrgitter in die Schublade gesetzt, in der sie Eier legen darf, wo sie will. Dadurch wird die Brutentwicklung freilich sehr geschwächt und können unter Weiselzellen entstehen. Besser ist es, man läßt diesem Volk das Absperrgitter weg und engt unten die Brut ein. Dann geht die Königin hinauf. In bebrütete, aber nicht ganz alte Honigwaben legt sie lieber. Die Schublade muß eventuell ausgeschleudert werden. Nach vier bis fünf Tagen nehme ich eine dieser, Eier oder jetzt Larven enthaltenden, Honigwaben und hänge sie mitten in den Brutraum eines noch schönen, aber minderwertigeren,

weniger rentablen Volkes, deſſen Königin ſechs oder ſieben Tage vorher
entfernt worden iſt. (Natürlich kann man, ſtatt die Eier einem andern
Stock einzuhängen, dieſelben auch nach Verlauf von ſieben Tagen in
den Brutraum des eigenen Stockes plazieren, wenn das Abſperrgitter
angewendet wurde. Am ſiebenten Tag würde die Königin einem
andern Volk zugeſetzt; im Brutraum würden die wenigen Weiſelzellen
ausgeſchnitten, wenn überhaupt ſolche da ſind.) Damit man nur Eier
oder Larven, welche ſoeben ausgeſchlüpft ſind, in der in einem Brutraum
zu plazierenden Honigwabe hat, ſind am dritten Tage, alſo vier Tage
vor dem Einhängen in den Brutraum, alle Honigwaben im Aufſatz
über dem Abſperrgitter, welche Eier enthalten haben, weggenommen
worden. Vor dem Einhängen ſchneide ich einen zirka 4 cm breiten
Streifen der Wabe mit den Eiern aus und befeſtige ihn mit flüſſigem
Wachs an der Unterſeite des untern wagrechten Rähmchenteils. Die
Honigrahme wird alſo auf den Kopf geſtellt und mit einer Zwing=
ſchraube auf einen Tiſch oder ein Brett befeſtigt. Selbſtverſtändlich habe
ich in dem (andern) Stock, dem dieſe Eier oder Larven eingehängt werden,
eine Woche vorher alle Königinzellen entfernt, die errichtet worden
ſind nach Entfernung der alten Königin. Die Brutwabe mit Drohnen=
brut befindet ſich direkt neben der Honigwabe mit den Zuchteiern.
In dem Stock, der die Eier lieferte, wird die Königin wieder in den
Brutraum geſetzt. Bei der die Zuchteier enthaltenden Honigrahme
wird in der Ecke am Fenſter ein Draht durchgeſteckt; beide Enden
werden nach oben und dann an einander vorbeigebogen, ſo daß die
Honigwabe „hinten“ auf den benachbarten Brutwaben hängt, wenn
das Fenſter weggenommen wird. Das ſoeben beſchriebene Verfahren
iſt durchaus zuverläſſig und wenig umſtändlich. Man muß nur beim
Ausſchneiden der Weiſelzellen keine vergeſſen in dem Stock, der die
Zuchtlarven enthält. Man braucht bloß dieſe Brutwaben auf den
Kopf zu ſtellen. Es kann auf dieſem Wege etwa eine Doppelzelle ent=
ſtehen; allein das hat nicht viel zu ſagen. Beim Ausſchneiden dieſer
ſo gewonnenen Zellen bediene ich mich einer anatomiſchen Pinzette,
deren Spitzen oberhalb der Zelle in die Wabe geſtoßen und zuſammen=
gedrückt werden, ſo daß ich mit einem warmen Meſſer die letztere um
die Zelle herum ausſchneiden kann. Die Temperatur muß über 15°

Celsius sein. Die künstlichen Doolittle-Königinzellen nimmt man einfach zwischen die Finger; man kann sie nicht zerdrücken. Ich kann nämlich ganz nach der alten Methode verfahren: ein Volk entweiseln und ihm am britten Tage künstliche Doolittle-Weiselzellen mit königlichem Futtersaft und Larven einhängen. Am sechsten Tage werden die Brutwaben auf den Kopf gestellt, um allfällige eigene Weiselzellen, die aber neben Doolittlezellen selten errichtet werden, zu vernichten. Eine Königinzelle kann, ohne abgelegt zu werden, sofort einem Volk aufgelegt werden, das drei Tage vorher entweiselt worden. Man entfernt einfach das Deckelchen in der Futterlücke, legt die Weiselzelle in eine Wabengasse, deckt mit einigen Lagen Papier zu und das Ganze mit dem Wergteller, der in diesem Fall viel Werg enthalten muß. Die Weiselzelle befindet sich sozusagen am wärmsten Ort des Brutraums. Wenn die Zellen in den Zusetzapparat unter Glas gelegt werden: nicht vergessen, die Spitze der Zelle in Honig zu tauchen, Honigzuckerteig aufzulegen und vorher die Ameisen mit Honig und Borax zu vertilgen.

Ein Stock nimmt eine Weiselzelle gern an, wenn er bereits selber solche angefangen hat, was in der Regel namentlich bei einem größeren Volk vor dem dritten Tage nicht geschieht. Die Voraussetzung ist, daß die Weiselzelle reif ist; die Königin wird also schon am nächsten Tage ausschlüpfen und es ist nicht nötig, daß sich der Imker um die von den Bienen selber angesetzten Zellen kümmere, sie werden von selbst zerstört. Das Verfahren ist absolut sicher, abgesehen von der Möglichkeit eines Unglücksfalles für die Königin, wenn sie ausfliegt. Dieses Zusetzen ist einer stillen Umweiselung ähnlich. Der Zellenkäfig ist also nicht nötig, wenn man die Zelle nicht sofort nach der Entweiselung zusetzt. Daß die Sache manchmal geraten kann, wenn man am Tage der Entweiselung sofort zusetzt, nimmt mich nicht wunder, noch weniger, daß das Zusetzen am britten Tage oft mißlingt, wenn man das entweiselte Volk noch einmal umständlich aufbricht! Das geräuschlose Zusetzen einer Zelle bringt das Volk in gute Stimmung, nachdem es drei Tage lang getrauert (?) hat. Wenn Aufsatz und Absperrgitter aufliegen, kann man natürlich die Weiselzelle nur dann oben auflegen, wenn die Honigwaben genügend belagert sind und das Absperrgitter weggenommen wird. Andernfalls muß die Weiselzelle in eine

Brutwabe hineingedrückt werden. Es ist nicht nötig, die letztere irgendwie zu verstümmeln. Nur künstliche Doolittlezellen, nicht aber natürliche, lassen sich so eindrücken. Ueber das Zusetzen von Königinzellen, ohne selber die alte Königin zu kassieren, siehe am Schlusse des zweiten Teiles.

Sollte die Königin verunglückt sein, so setzt man eine andere Königin oder wieder eine Königinzelle zu, nachdem man drei Tage vorher offene Brut gegeben. H. Brice sagt im Record: „Kurz nach= dem die Königin entfernt worden ist, werden die Bienen sehr traurig sein. Sobald sie sich überzeugt haben, daß sie fort ist, werden viele Eier zerstört oder weggeschafft (!), und in ungefähr drei Tagen werden in heißer Hast Königinzellen angefangen über Larven, die jetzt zu alt sind, um gute Königinnen zu produzieren (auch wenn noch jüngere Larven da sind S.)." Brice hält große Stücke auf die Doolittle= Königinzucht, die freilich nicht von jedermann praktiziert werden könne. Denjenigen, die kein Absperrgitter haben, empfiehlt er, mit der Königin, mit genügend Brut und Bienen des besten Stockes und einer leeren Wabe einen Ableger zu machen. Nach vier Tagen werden im Mutter= stock die Weiselzellen ausgeschnitten und ihm die eben ausschlüpfenden Eier des Ablegers in der vor vier Tagen leeren Wabe ins Zentrum gehängt. Nach weiteren fünf Tagen muß der Stock noch einmal untersucht und müssen alle Weiselzellen außer auf der dem Ableger entnommenen Wabe noch einmal ausgeschnitten werden. Am zehnten oder elsten Tage kann man den Stock in Zuchtvölklein teilen.

Eine Königin, die während oder nach der Frühlingstracht gezüchtet worden ist, sollte nicht länger in Funktion gelassen werden als während der Frühlingstracht der beiden kommenden Jahre, also bis nach der Frühlingstracht des dritten Jahres. Die Königin würde also bloß zirka zwei Jahre alt. Man darf die Königin nicht erst erneuern, nachdem das Volk schon klein geworden. Nein, junge Königinnen in große Völker!

Es kann etwa vorkommen, daß man einem Volk, das nicht ge= schwärmt hat, die alte Königin kassieren will, um ihm eine Königin= zelle zuzusetzen. Und beim Suchen nach der Königin findet man frisch aufgerissene, noch nicht bis auf das Näpfchen abgetragene Weiselzellen. Es hat eine stille Umweiselung stattgefunden und die künstliche Neu= beweiselung ist nicht nötig.

Cowan sagt betreffend die Königinzucht: „Jeder Stock muß volk=
reich sein, also eine fruchtbare Königin haben. Wenn ein Stock
schwärmt oder die Königin verliert, geht es nahezu drei Wochen, bis
wieder Eier gelegt werden, und die Sterblichkeit der Bienen ist während
der Sommermonate groß. Der Imker sollte also immer eine Anzahl
vorrätiger befruchteter Königinnen haben. Die Honigernte steht in
direktem Verhältnis zu der Kraft und Fähigkeit der Königin und zur
Härte und Zahl der Nachkommenschaft. Wir sollen zwei Jahre alte
Königinnen wählen zur Zucht. Die Königinnen übertragen im all=
gemeinen Qualität und Konstitution und die Drohnen die Disposition
(Temperament). Die Königin wirst im zweiten Jahr den meisten
Nutzen ab. Im Frühling früh muß die Vorbereitung zur Königin=
zucht beginnen. Wähle den besten Stock und mache ihn stark durch
Reizfütterung und durch Auseinanderziehen der Brutwaben. Dieser
Stock sollte mit Arbeiterbau versehen sein und nur für Königinzucht
gehalten werden, nicht für Drohnen. Plaziere eine Rahme mit leerem
sauberem Arbeiterbau im Zentrum des Brutnestes. Die Königin wird
sie mit Eiern füllen. Drei Tage nachher wird die Königin entfernt
und anderswo benützt. Alle Waben mit unverdeckelter Brut werden
entfernt und andern Völkern gegeben, ohne die Bienen. Nun werden
Königinzellen gebaut, und wir können den Bienen helfen, indem wir
den Mund jeder einzelnen Zelle, von der wir wünschten, daß auf
derselben Königinzellen angesetzt werden, mit einem Hölzchen von
konischer Form ausweiten derart, daß die benachbarten Zellenwände,
namentlich unterhalb, niedergerissen werden. Es ist ratsam, die Ecken
der Wabe wegzuschneiden und zu bewirken, daß die Zellen längs des
Wabenrandes entstehen, abwärts hängen und gut entfernt werden
können."

Es ist dieses Verfahren dasjenige, von dem Doolittle erklärt hat,
es sei das beste unter den Zuchtmethoden, bei welchen die Königin
kassiert wird. Die Gründe sind einleuchtend. Es sind viele junge
Säugammen da. Auch ein Vorschwarm, wenn nach drei Tagen ent=
weiselt, zieht gute Königinnen.

Ich bemerke noch betreffend das Suchen der Königin: Es ist
reizend, wenn, während man eine Brutwabe, die man soeben sachte

aus dem Brutraum genommen hat, in der Hand hält, die Königin,
die sich auf derselben befindet, mit der Eierlage ruhig und ungestört
fortfährt. Es kann aber auch vorkommen, daß sich die Königin
irgendwo zwischen Wabe und Rahme versteckt. In diesem Falle stelle
ich die Brutwaben, je zwei neben einander, in Abständen auf den
Wabenknecht oder hänge sie so in ein Transportgeschirr. Dasjenige
Wabenpaar, bei dem sich die Königin befindet, erkennt man nach einiger
Zeit an der Ruhe, die dort herrscht.

Auf allereinfachste Art kann man junge Königinnen erhalten,
wenn man einem abgeschwärmten Volk eine Wabe, auf der sich Königinzellen befinden, nimmt und in ein entweiseltes Volk (oder einen Ableger) stellt. Beides je nach zwei oder drei Tagen!

Die Tracht. Wir haben schon Ende April eine ordentliche Tracht
gehabt. Sie kann sich durch den ganzen Mai hindurch verzetteln.
Wunderschön heißt der Wonnemonat Mai, weil er zum großen Verdruß
des Imkers wunderselten schön ist. Oft kommt die Tracht erst unmittelbar vor dem Heuet, anfangs Juni. Wenn die Temperatur gleich-
förmig und rasch steigt, ohne daß zugleich gute Tracht kommt, gibt es mehr
Schwärme als bei sofortiger reichlicher Tracht unmittelbar nach kaltem
Wetter. Oft, wenn während der Schwarmperiode die Tracht kommt,
hört das Schwärmen auf und Stöcke, die einen Vorschwarm abgegeben,
zerstören die Weiselzellen. Wenn ich einer schon aufliegenden, fast vollen
Schublade eine zweite Schublade mit lauter oder mit viel bebrüteten
Honigwaben auflege, dann ist es weniger nötig, die neue leere Schublade zwischen Brutraum und bereits aufliegender Schublade einzuschieben. Daß man dabei den bereits vorhandenen Aufsatz nicht
umständlich wegnehmen müßte, sondern schräg aufhängen kann, setze
ich als aus dem ersten Abschnitt bekannt voraus. In sehr vielen
Jahren genügt eine Schublade, die zirka 35 Pfund Honig aufnimmt.
Um sich zu überzeugen, ob „etwas" darin ist, braucht man sie (hinten)
nur aufzuheben. Man darf nicht warten, bis sie ganz voll ist. Wenn
sie schwer ist, sollte eine zweite Schublade gegeben werden; es könnten
möglicherweise noch viele gute Tage kommen zu einer Zeit, in der
man durch Amtsgeschäfte oder sonstwie gehindert ist. Lieber zu früh
als zu spät. Wer hinsichtlich der Tracht in sehr guter Gegend wohnt,

muß schleudern, sobald zwei Schubladen gefüllt sind. Man legt oder schiebt ein Deckbrett mit Chasse-abeilles zwischen die beiden Schubladen und treibt die Bienen in die untere. Die ausgeschleuderte kommt unter eine andere, noch aufliegende volle, deren Bienen wieder in die untere getrieben werden, und so weiter in infinitum! Wo mit Absperrgitter gewirtschaftet wird, kann man das machen; wenn man eine Schublade schräg aufhebt und sie schwer findet, da weiß man, es ist keine Brut, sondern Honig! Und das ist einfach herrlich!

Das Absperrgitter ist nach der Frühlingsernte, mit Ausnahme der Stöcke, die gewissen Zwecken dienen sollen, nicht mehr nötig. Gleichzeitig mit der Ernte werden im Brutraum die Doppelschiede wieder an die Seitenwände, die ausgeschleuderten oder leeren Brutwaben an die Brut gestellt. Es ist zwar Regel, daß der Sommerbrutkörper nicht ausgedehnter wird, als der Brutkörper am Anfang Mai, wenigstens bei alten Königinnen. Auf alle Fälle aber ist es besser, den Brutraum nicht erst vor der Einwinterung, d. h. vor der Winterfütterung, in der soeben angegebenen Ordnung aufzustellen. Die Brutwabe mit dem Drohnenbau kommt an Stelle der letzten oder zweitletzten Wabe, damit die Brutentwicklung bis zur Einwinterung nicht gehindert wird. Im nächsten Frühling darf der Drohnenbau nie zu äußerst stehen, obschon auf beiden Nachbarwaben der Drohnenbrut gegenüber keine Arbeiterbrut entstehen kann.

Die Ernte. Betreffend unreifen Honig muß man nicht zu ängstlich sein. Ueber dem Absperrgitter kann man ihm zwar Zeit zur Reife lassen, ohne befürchten zu müssen, daß er für unnütze Brut konsumiert werde. Allein wenn man in den Fall kommt, schleudern zu müssen mitten in der Trachtzeit, so korrigiert sich die Sache von selbst, indem im Kessel der unreife Honig obenauf kommt, wo er abgeschöpft und wieder gefüttert werden kann. Er verdampft auch etwas beim Klären, d. h. Erwärmen. Das Schleudern sollte nie mit eben aus dem Stock genommenen noch warmen Waben vorgenommen werden. Besser ist, man wartet damit bis am folgenden Tag. Die Waben brechen so nicht. Bei der Frühlings- und Sommerernte werden auch Brutwaben, die nicht Brut enthalten, ausgeschleudert und zwar immer, bevor man in der Schublade etwas macht. Diese wird einfach aufgehängt. Wenn

man dabei die Schiebbretter an die Seitenwände stellt und sofort mit
andern vorrätigen leeren oder ausgeschleuderten Brutwaben ausfüllt,
geht die Sache schnell. Hinter dem amerikanischen Abfluggitter sind wir
vor Räuberei absolut sicher. Der dem Brutraum entnommene Honig
ist sehr gut. Oft wird mir durch den so gewonnenen Sommerhonig,
der zur Ueberwinterung noch lange nicht ausreichen würde, eine sehr
reichliche Winterfütterung bezahlt. Es gibt viele Gegenden, wo ohne

Fig. 85. Honigschleuder.
(Der Drahtgeflechtkorb ist im Grundriß ein Quadrat.)

diese Praktik die Bienenzucht nicht lohnend ist. Wer mit jungen
Königinnen imkert, weiß, daß von diesem Winterfutter kein Tropfen
mehr vorhanden ist, bis die Aufsätze im nächsten Frühling wieder
aufgesetzt werden. Daß die Völker auf gutem und gut invertiertem,
weil früh im Spätsommer oder September gefüttertem Zucker sich
schlecht entwickeln oder gar degenerieren, davon habe ich noch nichts
verspürt. Dagegen weiß ich sehr genau, daß es bei vielen Imkern

mit der Bienenzucht namentlich auch darum nicht vorwärts gehen will, weil sie, vorausgesetzt noch, sie hätten junge Königinnen, nicht einmal die Hälfte dessen als Winterfutter geben, was gegeben werden sollte. Denn das Winterfutter ist eben das eigentliche Frühlingsfutter und wichtiger als alles Reizfüttern und mit Wasser Tränken und Ein= sperren der Bienen im Frühling. Die Leistungsfähigkeit einer jungen Königin in einem normalen Volk ist enorm; aber auch sie kann keine Wunder thun, es bestehe denn zwischen ihrer Leistung und ihrem Verbrauch das Gleichgewicht. Nach dem Ausschleudern der Honig=

waben werden dieselben den Bienen zum Auslecken noch einmal auf= gesetzt und zwar unbedeckt auf das Deckbrett des Brutraums, in welchem man die Futter= oder Chasse - abeilles - Oeffnung auf= gemacht hat. Um die Bienen nach einigen Tagen in den Brutraum hinunter zu treiben, bedient man sich des Chasse-abeilles, d. h. Bienen= flucht=Apparates. Man gibt einem Volk miteinander drei Aufsätze.

Für denjenigen Imker, der auf eine Sommertracht nicht immer zählen kann, dürfte es sich fragen, ob er nicht besser thäte, zum vorn=

Fig 86. Schleudermaschine von Gerstung.
(Aus: „F. Gerstung, Der Bien und seine Zucht.")

herein auf dieselbe zu verzichten und zwar aus folgendem Grunde: Wenn ein Volk mit junger Königin, dem die Brut eingeengt wurde, bei der Frühlingsernte abgeerntet wird, sollte es schon jetzt für das nächste Jahr gefüttert werden, und nicht erst im Herbst. Gesetzt den Fall, der Imker füttert nicht, weil er noch etwas Sommertracht erwartet, und diese kommt nicht! Was geschieht dann? Das Volk geht zurück; es entwickelt sich nicht, wie es sich entwickelt hätte, wenn es gleich nach der Frühlingsernte gefüttert worden wäre. Nehmen wir einen Schwarm, wieder mit junger Königin. Nach Schluß der Schwarm= periode tritt auch Schluß der Tracht ein. Der Schwarm muß bei schlechtem Wetter mit Zucker gefüttert werden, und zwar gehörig, um bauen und sich entwickeln zu können. Geerntet kann von ihm im gleichen Jahre nichts werden; denn setzen wir ihm eine Schublade auf, so haben wir den Zucker oben. Ein im Juni abgeerntetes Volk befindet sich ungefähr in der gleichen Lage, wenn es gefüttert wird. Man hat dann nur eine Wahl: entweder man setzt die Aufsätze nicht mehr auf, was zwar der Wachsmotte wegen sehr mißlich ist, oder man setzt die Aufsätze auf, schleudert und füttert wieder, was man geschleudert hat. Ich weiß aus Erfahrung, was für große Völker es

Fig. 87. Sonnenwachsschmelzer, geöffnet.

gibt, wenn man sie den ganzen Sommer hindurch gut pflegt. Denn im Sommer müssen wir den Grund zur zeitigen Entwicklung im nächsten Frühling legen. Es wäre verkehrt, alles von den sechs bis sieben Wochen von Mitte März bis Anfang Mai zu erwarten. Die beste Rassenkönigin kann nichts leisten, wenn sie nichts hat. Auch bloßes Futter nützt ihr im Frühling wenig, wenn sie kein Volk hat. Die Ernte wird um so größer sein, auf je mehr Waben Brut vor= handen ist. Das bißchen Sommerhonig, das wir opfern, bringen wir im nächsten Frühling mit Zinsen ein. Da die Möglichkeit einer

beträchtlichen Sommerernte immerhin besteht, kann man ja die Zucker=
fütterung erst dann eintreten lassen, wenn im Juli Regenwetter und
Temperatursturz eintreten, und die Fütterung nicht übertreiben! Es sehe
jeder, wie er's treibt! (Bei der Königinzucht sollte kein Zucker ver=
wendet werden: nicht weil Zucker nicht ein gutes Futter wäre, sondern
weil auf diese Weise viel Honig, in welchem Zucker ist, wertlos wird
oder nur zum Hausgebrauch verwendet werden darf.) Allgemein ver=
bindliche Vorschriften können da nicht gegeben werden. Die Verhältnisse
sind zu verschieden. Aber wer Bruteinschränkung praktiziert, sehe sich
vor; sie ist ein zweischneidiges Messer, gerade wie das Ablegermachen.
Auf alle Fälle soll man schon anfangs August abräumen und möglichst

Fig. 88. Honigkessel von R. Meier, Künten, Kanton Aargau.

Fig. 89. Honigkessel von Bösch, Bruggen bei St. Gallen.

bald mit der Winterfütterung beginnen, namentlich nach schlechten
oder auch sehr guten Sommern. Je mehr Bienenfluchtapparate und
Emballagerahmen man hat, desto schneller ist abgeräumt.

Im Herbst sollten keine Völker vereinigt werden müssen; sie sind
im Winter oft unruhig. Es sollte auch nicht nötig sein, weil es keine
große Mühe macht, jedes Volk mit einer jungen Königin zu versehen.
Und kommt es vor, daß eine Königin in einem Volke nichts taugt,
so habe ich im Frühling bald eine vorrätige oder gezüchtete; dann
brauche ich keinen Ableger zu machen oder auf Schwärme zu warten
oder Brutwaben außer dem Stock zu überwintern.

Betreffend das Ueberwintern sagt einer der größten englischen
Imker, W. Woodley: „Normale Völker vorausgesetzt, kommt die Zahl

der Brutwaben für die Ueberwinterung nicht in Betracht. Die Bienen
befinden sich bei zehn bis zwölf Waben so gut wie bei sechs bis acht.
Ganz schwache Völker mögen möglicherweise Vorteil ziehen aus dem
Verengern ihrer Stöcke zu bescheidenen Dimensionen. Als Anfänger
habe ich's allgemein praktiziert, aber dann aufgegeben und die Resultate
beweisen Jahr für Jahr, daß das Einengen im Winter für eine
praktische und profitable Bienenzucht unnötig ist."

Ueber die Ueberwinterung der Honigwaben habe ich im ersten
Teil bei Beschreibung der Schwefelkiste alles Nötige mitgeteilt.

Ich betone nochmals, daß man die Herbstrevision während oder
vor der Schlußernte macht.

Fig. 90. Entdecklungsgabel „Badenia" von
B. Rietsche, Biberach, Baden.

Fig. 91. Entdecklungsmesser von J. Huber,
Mettmenstetten, Kanton Zürich.

Fig 92. Entdecklungsmesser.

Es könnte als das Be-
quemste scheinen, zuerst die
Schubladen abzuräumen
und dann gleich die Brut-
waben ohne Hindernis von
oben zu behandeln. Allein
die Bienen des Brutraums
sind ruhiger, wenn man
vorher im Aufsatz nichts
gemacht hat. Auch wären
die beiden großen ent-
blößten Flächen oben und
seitlich wenigstens bei freistehenden Stöcken zu sehr
den Raubbienen ausgesetzt. Einzelne freistehende Stöcke könnte man
am Ende so behandeln, aber nicht mehrere nacheinander.

In der ersten Auflage hatte ich empfohlen, vor der Winterfütterung
die Schiedbretter direkt an die Brut zu stellen, um die Bienen zu
zwingen, da zu sitzen, wo das Futter ist und das Futter aufzuspeichern,
da, wo die Bienen sitzen. Bei genügender Fütterung tragen aber die
Bienen die Vorräte von selbst an die richtige Stelle.

Wer sehr kalte Winter zu überstehen hat, kann, namentlich vielleicht den Stöcken, die an den Ecken des Bienenhauses stehen, das
Flugloch ganz zumachen und die Luft durch den Schieber von innen

geben. Dann muß man aber aufpassen wegen allfällig eintretenden Tauperioden, damit den Bienen ein Reinigungsausflug nicht verunmöglicht wird. Die Winterruhe, in der sich die Bienen wohl befinden, erkennt man an einem kaum hörbaren gleichförmigen Rauschen.

In sehr heißen Sommern gibt es viel Blattlaushonig in die Brutwaben. Wer aber alle nicht Brut enthaltenden Waben ausschleudert, vielleicht eine leere Wabe in das Brutnest stellt und Zucker füttert, hat keine Ruhr zu befürchten. Im Winter brauchen die Bienen wenig Stickstoff. Der Honig enthält keinen Stickstoff, sondern ist Kohlenstoff. (Als Quelle des Kohlenstoffs steht den grünen Gewächsen die in der Luft enthaltene Kohlensäure zur Verfügung, die sie durch den Assimilationsprozeß unter Hinzunahme von Wasser in Zucker verwandeln. Der hiebei stattfindenden Zersetzung der Kohlensäure entspricht eine Ausscheidung von Sauerstoff. Die Einwirkung von Licht [Elektrizität!] ist eine unerläßliche Bedingung dieses Prozesses. Diese chemische Wirkung des Lichtes, das dabei durch den grünen Farbstoff aufgesogen wird, ist für uns von großem Interesse. Damit die aus Kohlenstoff und Sauerstoff bestehende Kohlensäure ihren Kohlenstoff für die Bildung von Zucker hergebe, muß sie zersetzt, d. h. es müssen die festverbundenen Atome des Kohlenstoffs und des Sauerstoffs auseinander gerissen werden. Hiezu bedarf es, wie zur Ausführung jeder mechanischen Arbeit, eines beträchtlichen Aufwandes von Kraft, und die dazu erforderliche Energie liefert das Sonnenlicht. Von außen her strahlt also fremde Energie in die grüne Zelle hinein, um eine Arbeit zu vollbringen, von der die Speisung und Erhaltung des Pflanzenreiches wie des Tierreiches abhängt. Denn in ihrem Innern verfügen die grünen Zellen über keine Energiequelle, der die Zersetzung der Kohlensäure gelänge. J. Reinke.) Bei Gewittern wird es dunkel!

Man hat behauptet, die Breitwabe befördere eine fatale Randwirtschaft, d. h. es käme aller Honig in die Honigwaben. Das wäre ja eben gerade recht für den Industriebienenzüchter, der immer zu seinen Bienen sieht. Allein es ist ganz einfach deswegen unrichtig, weil die Brutwabe groß ist. Die Bienenrasse oder vielmehr die Fruchtbarkeit der Königin gibt hier den Ausschlag, d. h. die Gesetze der Brutentwicklung, die mit denjenigen für die Ablagerung der

Vorräte aufs innigste zusammenhängen. Eine Königin, die den Brut=
raum „fett" werden läßt, namentlich schon im Frühling, ist nicht nach
meinem Wunsch. Gegen den Herbst arbeitet selbstverständlich der Bien
mehr nach innen. Aber es kommt auch auf die Quantität der Tracht
an und darauf, ob im Aufsatz bebrütete Waben vorhanden sind.

Das Geniale am Amerikaner=Bienenkasten ist, daß in ihm die
Forderungen der Theorie und der Praxis erfüllt sind: große praktische
Honigwabe und Kubusgestalt, die von Brut= und Honigraum zu=
sammen gebildet werden. Denjenigen, der die Breitwabe zu nieder
erklärt, könnten wir ja einfach auf unsere kolossalen Völker hinweisen.
Wir vermögen aber auch theoretisch hierüber Rechenschaft abzulegen. Im
Frühling, so lange der Bien auf die Eigenwärme angewiesen ist, also
die Brut mehr oder weniger in Kugelform sich entwickeln muß, läßt
der 270 mm hohe Innenraum eine ganz gewaltige Brutentwicklung
zu, besonders wenn das Deckbrett warm gehalten wird, so gewaltig,
daß die Königin innerhalb dieser Kugel, oder dieser durch das warme
Deckbrett abgeplatteten Kugel, wahrlich Raum genug findet für ihre
Eier, bis die wärmere Witterung eintritt, und das unterdessen ange=
wachsene Volk gestattet, die Brut ohne Rücksicht auf Kugel= oder Eiform
auszudehnen. Darüber streitet heute niemand mehr, daß auf der
Breitwabe die Völker sich flott entwickeln, daß aber auch und im
Zusammenhang damit über der Breitwabe der Honig schneller in den
Aufsatz kommt. Wenn wir also für den Winter etwas mehr Zucker
füttern müssen, so thun wir es gern, nicht nur weil wir dazu gut
eingerichtet sind, sondern auch weil wir ja mehr Honig haben als
über der Hochwabe. Dabei ist nicht zu vergessen, daß zur großen
Brutwabe die Bruteinschränkung im rechten Augenblicke notwendig
gehört. Der Jubel in guten Honigjahren imponiert mir nicht. In
schlechten Jahren zeigt sich des Imkers Kunst.

Die beiden Brettstücke der Schiedbretter werden am besten ganz
an die wagrechten Rahmenteile unten und oben angestoßen. Der Spalt
entsteht dann in der Mitte und kann mit einem Blechstreifen über=
nagelt oder mit Nut und Feder versehen werden.

Wer die Betriebsweise des Herrn Preuß in Potsdam kennt,
wird finden, daß meine Bienenzucht mit der seinigen eine gewisse

Aehnlichkeit hat, nämlich in Bezug auf Bruteinschränkung. Ich möchte nur noch betonen, daß jeder Imker, der Wald in der Nähe hat oder auf eine etwelche Sommertracht zählen kann, von vornherein von der Möglichkeit ausgeschlossen ist, das Preuß'sche Verfahren zu praktizieren.

In Madetsweil, Kanton Zürich, hat pro 1901 ein Imker in einem Dadant-Alberti-Bienenstock 105 Pfund geerntet.

Daß das Absperrgitter die Bienen nicht belästigt, beweist die Thatsache, daß von einem Volk schon 315 Pfund über dem Absperr- gitter gesammelt worden sind (auf der Insel Man). Doolittle hat ein Volk gehabt, das ihn 522 englische Pfund ernten ließ.

Nachträge zum II. und IV. Teil.

Soeben, in der Januar-Nummer des Apicoltore 1902, bringt Herr Redaktor von Rauschenfels umstehendes Cliché mit einem Artikel, betitelt: Der Königin-Käfig Swarthmore zur Zucht von Königinnen und zur Ueberwinterung mehrerer befruchteter Königinnen in einem Volk. Herr Pratt in Swarthmore (Pensilvanien), der Erfinder dieses Königinkäfigs, überwintert seit Jahren einige Königinnen in der- selben Familie. Herr Wathelet, Redaktor des Rucher beige über- setzte und vervollständigte die Instruktionen betreffend den Gebrauch dieses Käfigs, welche Herr Pratt ihm gab, indem er (?) die Beschreibung illustrierte mit einer Abbildung, die von den Gleanings in Bee-culture des Herrn Root in Medina (Ohio) reproduziert wurde.

Man denke sich über einander zwei wagrechte parallele Rähmchen- holzstücke von beliebiger Länge (je nach der Zahl der Königinnen). Diese Holzleisten sind 24 (oder auch nur 22) mm breit und 1 cm dick. Die senkrechte Entfernung zwischen ihnen beträgt 5 cm. Die einzelnen Käfigabteilungen sind 3 cm lang und werden erstellt durch senkrechte Blechstücke, die eingeschoben werden in Sägeschnitte, welche sich unten an der obern und oben an der untern Seite (rechtwinklig) befinden. Die Vorderseite ist bedeckt, resp. wird gebildet mit eng- maschigem Drahtgeflecht; die andere Seite besteht aus einem Königin- absperrgitter-Streifen, der leicht weggenommen werden, und, wenn

nötig, ebenfalls mit Drahtgeflecht bedeckt werden kann. In der obern
Leiste hat es für jede Käfigabteilung eine runde Oeffnung von 2 cm
Durchmesser; ebenso in der
untern Leiste, nur sind hier die
Oeffnungen bloß 1¹/₂ cm breit.
Die Oeffnungen in der obern
Leiste sind verschließbar mit
kleinen cylinderförmigen Holz=
pfropfen, die inwendig von unten
kugelförmig ausgehöhlt sind. In
diesen Aushöhlungen der Holz=
pfropfen kann man künstliche
Doolittlezellen einfügen. In den
Oeffnungen der untern Leiste
wird ein Schwämmchen mit
flüssigem Honig oder Honig=
zuckerteig plaziert.

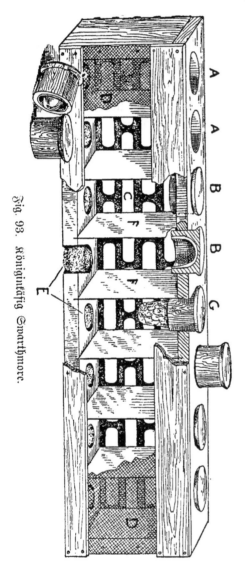

Fig. 93. Königinkäfig Smartmore.

Sehen wir nun, wie man
verfährt, um die Königinnen in
den Käfig zu bringen und sie
durch die Bienen annehmen zu
lassen. Vor allem muß man
die Einführung derselben ver=
zögern, bis sie mit der Eier=
lage aufgehört haben (Ende
Oktober oder Anfang Novem=
ber). Dann wähle ein schönes
Volk mit jungen Bienen, ein=
logiert in einem Kasten, der
richtig geschützt ist, und auf
Waben, die genug verdeckelten
Honig enthalten, und deren
Zahl gerade ausreicht für das Volk, wenn es sich zusammengezogen hat.
Zwei Tage vor der Einführung des Käfigs mit den Königinnen in
den Stock wird diesem seine Mutter genommen; denn nie darf man in

einem Volk, das gefangene Königinnen besitzt, eine Königin in Freiheit finden. Nach Wegnahme der Pfropfen bringt man eine befruchtete Königin in jede Käfigabteilung, nachdem vorher die Oeffnungen der untern Seite mit den Honigschwämmchen geschlossen worden sind. Man bedeckt die Oeffnungen von unten noch mit Wachs und einer dünnen Leiste.

Wenn die Königinnen eingesperrt worden sind, muß man sich überzeugen, daß keine durch das Absperrgitter hindurch gehen kann, was häufig geschieht, und dann das Absperrgitter mit Drahtgeflecht bedecken, um die Bienen zu verhindern, in den Käfig zu dringen. Darauf zieht man eine Wabe aus dem Zentrum des Volkes heraus, und nachdem man ein Stück Wabe herausgeschnitten, unmittelbar unter dem Wabenträger in der Mitte, wird der Käfig in den so ent= standenen leeren Raum der Brutwabe gebracht und die letztere wieder an ihren Ort gestellt. Der Stock wird erst nach fünf Tagen wieder aufgemacht. Man schaut nach und entfernt schnell das Drahtgeflecht über dem Absperrgitter, damit nun die Bienen in die Käfigabteilungen hineingehen und den Winter über die Königinnen nähren können. In den ersten schönen Tagen des Frühlings kann man diese Königinnen den weisellosen Völkern verteilen. Die letzte wird erst befreit, nachdem die zweitletzte verwendet worden ist. In seinem Briefe (fügt Herr Wathelet hinzu) sagt Herr Pratt, daß ein solches Volk überwintern müsse in einem Lokal, in dem die Temperatur 7—8° Celsius beträgt, und in dem kein Zug ist. In Belgien, wo im Winter das Klima viel milder ist als in Pensilvanien, genügt es, den Stock gut zu schützen und acht zu geben, daß weder Vögel noch Nagetiere die Bienen stören, und daß die Luft sich unten erneuert.

Herr von Rauschenfels zweifelt, ob die Sache großen praktischen Wert hat. Im Dadant=Alberti=Kasten überwintere ich Königinnen im Aufsatz in kleinen Völkern, die ich im Frühling vereinige mit solchen, die, was zwar selten geschieht, weisellos geworden sind.

Dagegen kann dieser Käfig für die Doolittle=Königinzucht ver= wendet werden, für die er auch ursprünglich bestimmt ist. Man kann die Königin, wenn es sein muß, in jeder Käfigabteilung ausschlüpfen lassen, ohne befürchten zu müssen, daß die zuerst ausgeschlüpfte die andern absteche. Mit anderu Worten: man muß die Königinzellen,

wenn sie reif geworden, nicht erst in andere Käfige (z. B. in die von
Alley) transportieren, um sie dort ausschlüpfen zu lassen, wie man es
thut, wenn man vorrätige Weiselzellen hat. — Es gibt im Handel
verschiedene Absperrgitter auch in Bezug auf die Weite der Schlitze.
Für die Königinzucht sollten die Schlitze möglichst eng sein.

In den Gleanings vom 15. Juli 1901 hat Herr Pratt in Swarth=
more über seine Königinzuchtmethode folgendes veröffentlicht: „Einem
leeren Brutraum (oder einer leeren Schublade des Dadant=Alberti=
Kastens. S.) befestige unten und oben je eine Drahtgeflechtrahme, um
einen Schwarm darin einzusperren. In der obern Drahtgeflechtrahme
ist (in einem quer laufenden Brett) eine viereckige Oeffnung, welche
gestattet, einige Swarthmore=Tragleisten (die obere Leiste des Swarth=
more=Königinkäfigs) Seite an Seite einzuhängen. Dränge diese Trag=
leisten nahe zusammen durch Einschlagen von vier Stiften. Dann
bringt man in die runden Löcher dieser Tragleisten je eine künstliche
Doolittle=Königinzelle, die unten in einem Holzpfropfen befestigt ist.
Nun schütte in den Brutraum (oder in die Schublade. S.) ziemlich
viel Bienen, denen soeben die Königin weggenommen wurde. (Man
bedient sich dabei am besten des runden Doolittle=Trichters und ver=
sieht zu diesem Zweck das Querbrett der obern Drahtgeflechtrahme, wie
das gewöhnliche Arrestkistlein, noch mit einer runden Oeffnung von
8 cm Durchmesser [in der man nachher auch mit dem Thüringer Luft=
ballon füttern kann]. Die Bienen nimmt man aus Schubladen über
Absperrgittern [oder man verfährt nach Seite 194, Alinea 2]. S.)
Vorher hat man in der Schublade Waben mit Honig, Pollen und
Wasser, aber ohne Brut plaziert. (Wer keinen runden Trichter hat,
kann einen Schwarm auf ein Blech schütten, entweiseln [wenn es
gelingt], ihn in die Schublade werfen und dann erst die Drahtgeflecht=
rahme auflegen. S.). Die Bienen werden einstweilen eingesperrt ge=
halten, bis sie ihrer Weisellosigkeit ganz „bewußt" geworden, vielleicht
über eine Nacht. Am folgenden Morgen lege den Brutraumkasten (oder
die Schublade. S.) auf einen Tisch (oder auf einen oben abgeschlossenen (?)
Brutraum im Bienenhaus. S.) und präpariere die künstlichen Zellen.
(Sie werden mit königlichem Futtersaft [von diesem sagt zwar der
Verfasser nichts] und mit einer Larve versehen. S.) Beginn an einem

Ende; so oft du eine leere Zelle herausziehst, halte einen Stöpsel bereit, die runde Oeffnung schnell zuzustöpseln, eine auf einmal, bis jedes Näpfchen mit einer Larve versehen ist. Laß dir nur Zeit! Es ist nicht nötig, zu pressieren. Denn in dem Maße, als du fortfährst, sind die Bienen daran, an den ersten gepfropften Zellen zu bauen.

Unmittelbar nach dem Belarven fülle einen Salzstreuer=Futter= apparat (wir nehmen den Thüringer Luftballon. S.) mit dünnem Honig und füttere in einem Loch im Querbrett neben den Zellen.

Laß keine Zeit verloren gehen je zwischen dem Entfernen des Stöpfels und dem Einsetzen der Zellen, sonst entwischen zu viel Bienen. Es ist nicht nötig, auch nur eine Biene entwischen zu lassen, wenn der Imker geschickt ist. Laß das Volk ungestört, bis die Zellen fort= geschritten sind. Schau gegen Abend nach und ziehe auf einmal je eine Zelle heraus; markiere jede, die mißraten ist, und am nächsten Morgen können neue Larven in jede markierte Zelle gethan werden.

Nach Verlauf von 36 Stunden plaziere den Stock auf seinem Originalstand; bringe die fertigen Zellen neben einander und die Trag= leisten in den untern Käfigteil; füge die Schiedblechstücke ein, bringe den Absperrgitterstreifen an und verteile die Käfige in mächtige Völker; gib einer einzelnen Kolonie nicht mehr als 16 Zellen. Wenn die Zellen von weisellosen Bienen vollendet werden sollen, müssen sie nicht im Käfig eingesperrt werden, bis sie verdeckelt sind.

Um die Käfige besser verteilen, oder um einer einzelnen Königin besser beikommen und Zellen oder Käfige voll Zellen oder Königinnen leicht entfernen zu können, ohne die Bienen zu stören, brauche Rauch. Oder habe einige Rahmen, die mit nach oben offenen Tragleisten konstruiert sind: d. h. die gewöhnliche Tragleiste einer (Brut= oder Honig=) Rahme ist um zwei Zoll niedriger gemacht und ist dort an die senkrechten Rahmenteile festgenagelt. Zwei Längsleisten (eventuell mit „Ohren") sind (oberkant bündig mit der Tragleiste [der Rahme], wenn sie da wäre) außen seitlich genagelt, so daß zwei Käfige zwischen ihnen Platz haben (hinter einander in der Längsrichtung. S.). Den untern Teil der so konstruierten Rahme füllt man mit Wabe oder Mittelwand. Man hängt sie in die Mitte irgend eines mächtigen Volkes, das geeignet ist, zu irgend einer Zeit Futterkäfige aufzunehmen.

Wenn nicht mit Käfigen besetzt, füllt man den leeren Raum der Rahme mit einem Stück-Holz, das ein wenig kurz geschnitten ist, so daß es leicht entfernt werden kann, auch wenn mit Wachs überbaut.

Bedecke die Waben mit einer ordinären Leinwanddecke, die in der Mitte geteilt ist und die Zellen bloßliegen läßt. Wenn du Zellen brauchst, kannst du sie bloß herausziehen ohne Rauch, ohne Störung der Bienen."

J. A. Root fügt hinzu: „Ich zögere nicht, zu erklären, daß nach meiner Meinung Swarthmore ein sehr einfaches und vollkommenes System der Königinzucht erfunden hat. Diese Möglichkeit, bewegliche Zellen zu haben, die beim Umlarven oder auch, wenn sie vollendet sind, leicht behandelt werden können, ist ausgezeichnet." —

Warum bauen die Bienen „in der Natur", z. B. in einem Korbe, in der Regel Kaltbau? Es ist nichts anderes als die geometrische Wahrscheinlichkeit! Jede Abweichung vom rechten Winkel zur Kaltbaurichtung ist eben mehr oder weniger Kaltbau. Die genaue Warmbaurichtung der Waben wäre der reine Zufall.

Reidenbach behauptet, die im Honig vorhandenen ätherischen Oele seien den Bienen nachteilig. —

Beim Zusetzen von Nachschwärmen, wenn dasselbe nach der auf Seite 205 ff. beschriebenen Methode gelingen soll, wird es gut sein, ihnen etwas verdeckelte Brut zu geben. — Wer einen künstlichen Nachschwarm mit einer sehr guten Königin will, kann ein Volk entweiseln, die angesetzten Weiselzellen mit jungen Larven umlarven und dann schwärmen lassen. —

Man darf die Dadant=Alberti=Kasten nicht so nahe neben einander stellen, daß die Geleiseleisten der Deckbretter und der Schubladen einander berühren. —

Aus Schwärmen kann man die Königinnen auch in folgender Weise heraustreiben. Man leert den Schwarm in ein Kistchen und legt ein Absperrgitter auf die Bienen. Dasselbe sinkt in dem Maße, als die Bienen abfliegen. Es muß die Dimensionen des Innenraums des Kistchens haben und nicht ganz auf den Boden sinken können. (Aus Gerstung: „Der Bien und seine Zucht.")

Obschon ich mich um die Drohnen grundsätzlich nicht viel kümmere, teile ich als Neuigkeit an dieser Stelle (aus dem Apicoltore) noch mit, wie (nach den Gleanings) der Amerikaner Davitte König=innen von ausgewählten Drohnen befruchten läßt.

Es handelt sich um ein Zelt von zirka 9 m Durchmesser und 9 m Höhe, bedeckt mit „einer Art Gaze". Die Völker, mit aus=gewählten Drohnen werden an die Seite des Zeltes gestellt. Jeder Stock hat zwei Eingänge, deren einer sich nach außen öffnet und reguliert ist in der Weise, daß weder Königin noch Drohnen hinaus können. Der andere Ausgang öffnet sich im Zelte und ist groß genug, um den Drohnen und den Königinnen den Ausgang zu ge=statten; aber er bleibt eine Woche lang geschlossen, nachdem die be=treffenden Völker an ihre Stelle gebracht worden sind. Das hat zur Wirkung, daß die Arbeiterbienen sich an den Ausgang zum äußern Flugloch hinaus gewöhnen, so daß sie, auch wenn das Flugloch, welches in das Zelt führt, geöffnet wird, fortfahren, sich ausschließlich der äußern, ihnen vertraut gewordenen Thüröffnung zu bedienen.

Nach Verlauf einer Woche wird das innere Flugloch von 11—1½ Uhr geöffnet, um den Drohnen den Ausgang zum Zelt zu erlauben. Sie machen Bekanntschaft mit den Grenzen ihres Ge=fängnisses, akkommodieren sich schließlich daran und belustigen sich, indem sie in der Höhe herumfliegen. Dieses Sich=angewöhnen der Drohnen ist der wichtigste Punkt des Problems. Nachdem sie „zahm" geworden, öffnet man das innere Flugloch der Stöcke, welche die jungfräulichen Königinnen enthalten. In neun von zehn Fällen wird die Königin die Zelthöhe nicht erreicht haben, ohne daß eine Drohne sich bereits auf sie gestürzt hat. Die Königin wird etwa fünf Minuten nach dem Ausflug aus dem Stock mit dem Zeichen der stattgefundenen Befruchtung zurückkehren.

In einem Jahr, sagt Davitte, habe ich zirka 100 Königinnen gezüchtet und alle habe ich in diesem Zelt befruchten lassen.

Aehnliche Versuche seien mit Erfolg schon 1872 von W. R. King und von Davitte schon vor zehn Jahren gemacht worden. (Bee-Keepers Review).

V.

Schluß.

Die beim Betrieb des Dadant=Alberti=Kastens eigentümlichen
Handgriffe, die dem Anfänger und demjenigen, der von einem andern
System herkommt, im Anfang ungewohnt sind, werden ihm bald
geläufig werden. Man muß nur beim Oeffnen des Kastens die
richtigen Regeln nicht vergessen. Man soll sofort Rauch geben oder
besser vor dem Oeffnen Rauch geben durch die Oeffnung des Schiebers.
Der Zweck ist, daß die Bienen sich auf den Honig stürzen und sich
vollsaugen. Nachher sind sie viel weniger ängstlich und gereizt, als
wenn sie sich mit leerem Magen zur Wehre setzen. Bei steigender
Temperatur sind die Bienen in besserer Stimmung als bei fallender,
z. B. unmittelbar vor beginnendem Regenwetter. Man packt das
Fenster unten, um es wegzureißen. Oben drückt man gegen das
Fenster. Rasche Bewegungen sind zu vermeiden. Man wird viel
schneller fertig, wenn man nicht pressiert. — Ein gutes Mittel ist
auch, statt immer nur auf die Bienen Rauch zu geben, die Hand
zu beräuchern, welche die Zange hält. Man darf beim Herausziehen
der breiten Brutwaben nicht zu nahe am Kasten stehen, namentlich
wenn man mit einer Zange operiert, die von hinten packt statt von
oben. Die Behauptung, bei der Behandlung des Blätterkastens werde
man viel gestochen, ist ein — Märchen. Aber daß man bei Kasten,
aus denen man alles auspacken, auf die Seite hängen und wieder ein=
packen oder den Aufsatz auf die Seite stellen muß, mehr gestochen
wird, das ist kein Märchen. Wenn ich lange operiere, stecke ich die
Hosen unten in Gamaschen, die ich als Velofahrer brauche. Vom

Schuhmacher habe ich mir aus gleichem Kautschukstoff Manschetten machen lassen, die ich oft anziehe, damit die Bienen nicht unter die Hemdärmel kriechen können. Beim Operieren habe ich immer nur eine Weste an.

Der Anfänger sollte mit einem kräftigen Nachschwarm beginnen, den man erhält, wenn man dem Vorschwarm die Königin kassiert und ihn dem Mutterstock zurückgibt. Oder noch besser, er logiert den Vorschwarm ein und setzt den Nachschwarm über einer Blech=rahme auf, um ihn nach stattgefundener Befruchtung der Königin, d. h. nachdem sie angefangen, Eier zu legen, mit dem untern ent=weiselten Volk zu vereinigen. Beim Einlogieren von Nachschwärmen ist es gut, das Flugloch erst nachts wieder aufzumachen, besonders wenn man noch keine bebrüteten Waben hat. Hat der Schwarm keine Königin oder keine offene Brut, oder besteht er aus Vor= und Nach=schwarm, die zusammen geflogen sind, und wollen die Bienen wieder heraus, dann freilich muß man ihnen aufmachen. Mir ist einmal ein ganzer Schwarm zu Grunde gegangen, weil ich ihn nicht heraus ließ und dazu noch auf einem heißen eisernen Gartentisch stehen hatte. Auch ein prächtiges Kastenvolk mit selbstgezüchteter Königin in einem Wartenweiler Blätterkasten ist mir einmal erstickt, weil ich ihm, um es für einen Augenblick verstellen zu können, das Flugloch mit Draht=geflecht zugemacht hatte; die Bienen drängten ans Drahtgeflecht und ließen keine Luft mehr hinein. Es war warmes Wetter.

Der Anfänger sollte keine Korbvölker aus der Nachbarschaft kaufen zum Umlogieren, sondern Schwärme kommen lassen, wenn sie in der Nähe nicht zu haben sind. Wenn er aber vorzieht, Körbe umzulogieren, so vergesse er nicht, daß es nicht nötig ist, das selber zu thun, weil es die Bienen besorgen, wenn der Korb vor dem ersten Reinigungs=ausflug auf den mit Mittelwänden möblierten Brutraum gestellt wird. Man kann den Korb allerdings auch geraume Zeit nach dem ersten Reinigungsausflug, besonders wenn inzwischen wieder kaltes oder nasses Wetter gekommen ist, verstellen, ohne Bienen zu verlieren. Korbvölker, die aus einer Entfernung von einigen Kilometern kommen, kann man natürlich auch noch später so behandeln. Wenn man auf den Brutraum statt des Deckbrettes einen Karton oder ein Blech legt, in

denen eine runde Oeffnung ausgeschnitten ist, so groß als der Korb=
durchmesser im Lichten, so geht die Königin noch schneller hinunter.
Zum Füttern mit dem schweizerischen Futtergeschirr kann man seitlich
eine zweite Oeffnung ausschneiden.

Der Amerikaner=Aufsatz ist hors concours! Le cadre (Rahme)
internationale, die Breitwabe ist hors concours! Das Blättersystem
als Brutraum ist hors concours! Die Kombination dieser Teile
zu einem System ist hors concours!

Das klingt sehr selbstbewußt. Ich sage es auch nicht meinetwegen,
sondern der Sache wegen. Seit der ersten Auflage meiner Schrift
sind viele Bienenstände nach meinem System entstanden und die
betreffenden Imker würden mit keiner der alten Einrichtungen tauschen.
Ich wäre der erste, der etwas Praktischeres und Einfacheres, falls es
mir mitgeteilt würde, empfehlen würde. Die kleine Verlängerung der
Schubladenseitenwände über die Stirnwand hinaus ist nach der Meinung
eines Imkerfreundes ein Kolumbusei. Es anerkennen alle, die die
Sache erprobt: das sei sein, und nicht nur dies, sondern auch das
andere, das ich inzwischen am Kasten verbessert habe, namentlich in
Bezug auf die Königinzucht, das Aufhängen der Schublade, die Brut=
einschränkung in Verbindung mit der Verwendung von bebrüteten
Honigwaben, das Aufsetzen von Schwärmen 2c. 2c. Mein System
bewährt sich in schlechten und guten Jahren und paßt sich überhaupt
allen Verhältnissen und Gegenden an. Ich betone nochmals, daß ich
mit meinen vier Schiedbrettern und der durch sie ermöglichten Brut=
einschränkung auch in schlechten Jahren eine Ernte gemacht habe,
während ich ganz genau weiß, daß Imker, die mit großen Brut=
waben und großem Brutraum imkern, jahrelang nichts geerntet
haben. Ihr Jubel in guten Jahren imponiert mir nicht. Auch jener
Strohkorbimker imponiert mir nicht, der die Bruteinschränkung über=
haupt verwerflich findet. Als ob in Körben die Brut nicht, und zwar
gehörig, eingeschränkt würde. Ich habe schon oft Gelegenheit gehabt,
Schubladen zu ziehen, die mit Honig und Bienen nicht mehr gefüllt
sein konnten. Es geht einfach prächtig. Kein Bienlein wird zerdrückt.
Meine Erwartung, daß es möglich sei, diese Schubladen als solche,
d. h. nur von einer Seite zu behandeln, wenn Kasten an Kasten steht

und zum Fassen von der Seite durchaus kein Raum gelassen wird,
hat sich mir herrlich bestätigt. Die Schublade ist trotz ihrer Schwere
leicht zu ziehen, da sie ja beim Ziehen in schräger Stellung nicht
sowohl vom Imker als vielmehr vom Brutraum resp. von der untern
Schublade getragen wird. Wird sie, wenn herausgezogen, vom Imker
allein getragen, so ist keine Gefahr mehr vorhanden, daß er das Gleich=
gewicht verliere. Auch die gefüllte Schublade läßt sich an dem einen
Handgriff in einer Hand, weil senkrecht abwärts hängend, nach Hause
tragen, in jeder Hand eine, wenn man nicht vorzieht, sie auf einem
Schubkarren zu transportieren oder mittelst einer Appenzeller „Kräzi"
auf dem Rücken zu tragen. Für eine zweite Etage im Pavillon ist
sie erst recht praktisch; wie manchmal müßte der Imker das Treppen=
gestell auf und ab, wenn er jede Honigwabe einzeln entnehmen müßte.
— Uebrigens läßt sich mein System für jede Wabendimension ein=
richten; die Hochwabe sollte aber auf alle Fälle zur Breitwabe umgelegt
werden. Eine neue Form erhielten dann nur die Honigwaben. Aber
neue Schleudermaschine oder Gußform für Mittelwände wären nicht
nötig. Die Bienen entwickeln sich auf dem zur Hochwabe bestimmten,
nun aber umgelegten Gepräge, und bauen dasselbe ebenso gut aus wie
in normaler Stellung. Hochwaben mit Ohren braucht man bloß die
Abstandstifte zu entfernen. Der liegenden Schweizerrahme kann eventuell
auch eine 14 oder 16 mm=Leiste aufgenagelt werden (286 + 16 = 302).
Empfehlen kann ich aber das grundsätzliche Abweichen von den
Dimensionen des Dadant=Alberti=Kastens auf keinen Fall und in keiner
Beziehung. Nur wer Wabenhonig (in sog. Sections) produziert, wähle
eine ganz niedrige Wabe, 17—20 cm hoch im Lichten.

Ernstgemeinte Einwendungen sind seit einigen Jahren gegen den
neuen Kasten keine mehr gemacht worden.

Mit Blätterkasten haben geimkert der blinde J. Huber in Genf,
Morlott, Quinby und dessen Schwiegersohn Root in Amerika und
viele andere neuere: Herrn Alberti gebührt der Preis für die beste
Einrichtung des Brutraums, resp. für die Erfindung des Rostes und
der Blätteragraffen=Rechen! Herr Spühler hat seinen Blätterkasten be=
schrieben im Anhang der zweiten Auflage des von ihm übersetzten „Führer
am Bienenstand", von Bertrands Conduite du rucher, 8me édition.

Wie aus dem Bericht der Revue über die Pariser Weltausstellung
hervorgeht, kommt man auch in Amerika auf die Zahl „8—10 große
Brutwaben" zurück. Das stimmt also auffallend mit der Wabenzahl
meines Brutraums.

Manch ein Anfänger, der mit meinem Kasten imkert, fühlt sich
vielleicht unglücklich, wenn er von Rassenzucht und Edelköniginnen
hört und gegenüber der Qualität der eigenen Bienen mißtrauisch wird,
ohne doch sich entschließen zu können, für Verbesserung seines Bienen=
materials viel Geld zu opfern. Nur ruhig und unverzagt! Wenn
er nur selber Rasse hat! Dann werden seine Bienen schon recht
werden, seien sie schwarz oder braun oder gelb oder grau! In der
amerikanischen Königinzucht hat er ein treffliches Mittel, von seinen
bessern und je nach Bedürfnis und Umständen von schwarmlustigen
oder schwarmunlustigen Völkern nachzuzüchten. Allein er verlasse sich
nicht allzusehr darauf. Viel wichtiger ist die ganze Art und Weise,
das Geschick und die einsichtige Sorgfalt, mit der er Bienenzucht treibt,
die Gewissenhaftigkeit und Pflichterfüllung, die gern oder ungern das
thut, was gethan werden muß. Das Gegenteil jenes Unverstandes,
jenes Dünkels, oder auch jener falsch angewendeten, knickerigen Spar=
samkeit, die uns bei manchen Imkern zur Verzweiflung bringt. —

Man darf beim Einlogieren eines Schwarmes in eine Schublade
nicht vergessen, die Honigwaben, die vielleicht zu dick sind, etwas ab=
zurasieren. Auch soll dieselbe mit Waben gefüllt sein, sonst sitzt der
Schwarm allfällig gerade in den leeren Raum und baut ans Deckbrett.
Nachher darf man eventuell auf jeder Seite zirka zwei Waben heraus=
nehmen, um besser operieren zu können. —

Was ich Seite 189 Endosmose nannte, ist nach Bunge nicht
dieser physikalische, sondern ein physiologischer Vorgang. Siehe
Westermanns Monatshefte, Februar 1902, Seite 763.

Gewiß können wir künstlich (in großen Völkern) ausgezeichnete
Königinnen züchten, aber wir sollen nie vergessen: ein Naturschwarm aus
einem großen Volke hat immer eine vortreffliche Königin und hinterläßt
vortreffliche Königinnen. Wer nicht mehr vermehrt und keine Schwärme
verkauft, sondern sie zurückgibt oder als Nachschwärme aufsetzt und ver=
einigt, wird von selbst die denkbar beste Qualität der Königinnen erzielen.

Das Prinzip des immer neuen Erwerbes, in unserem Fall des Gut=erbrütet=Werdens, steht unendlich höher als das Prinzip der Erbschaft. Auch hier heißt es: „Was du ererbt von deinen Vätern, erwirb es, um es zu besitzen."

Man hat mir gesagt: es sei ein Widerspruch, wenn ich möglichst fruchtbare Königinnen züchte und doch die Brut einschränke. Das ist kein Widerspruch. Die Brut soll nur während der Tracht ein= geschränkt sein, d. h. zu einer Zeit, wo sie die Ernte beeinträchtigt.

Noch einige Bemerkungen praktischer Natur. Bei der Winter= fütterung verfahre ich folgendermaßen. Ich füttere der Hälfte meiner Stöcke (32) je drei Liter Syrup, und zwar möglichst früh im August; dann lege ich die Futterapparate der andern Hälfte meiner Stöcke auf und füttere ebenfalls je drei Liter. (Gewöhnlich hat man dabei viele Wespen in den Kesseln und im Syrup. Das beste ist, man kümmert sich nicht um sie und schöpft sie mit in die Futtertröge. In England haben Imker die Wespen dadurch vertrieben, daß sie im Frühling für jede Wespenkönigin, die man ihnen brachte, eine Kleinigkeit bezahlten.) Der ersten Hälfte werden alle Schubladen zum Auslecken aufgelegt. Die Futterapparate bleiben auf der zweiten Hälfte der Stöcke liegen bis Mitte September, wo die Winterfütterung vollendet wird. Inzwischen sind auch die ausgeschleuderten Honigwaben, die auf der ersten Hälfte liegen, von den Bienen ausgeleckt. Sie werden weggenommen und nun die Apparate auch hier noch einmal aufgelegt und der Rest des Winterfutters ebenfalls gegeben.

Wenn ich auf einen Schubkarren der Länge nach ein Brett lege, kann ich auf demselben auf einmal acht bis zehn Schubladen trans= portieren.

Bevor die Honigwaben zur Ueberwinterung, resp. zum Ein= schwefeln, aufgestappelt werden, wird an jeder das am Holz befindliche Wachs abgekratzt. Alle Honigwaben, die noch nicht fertig ausgebaut sind oder Löcher haben, werden gesondert aufbewahrt und kommen im nächsten Frühling über starken Völkern zuerst zur Verwendung, je in einer Schublade, aber nur einige neben andern bebrüteten. — Ich habe diesen Sommer (1901) die bebrüteten Honigwaben nicht mehr von den Bienen auslecken lassen, sondern bloß noch die unbebrüteten, um sie

in Schubladen an die Dachrafen hängen zu können. Auch die Blüten=
staub enthaltenden Honigwaben (auch unbebrütete) habe ich eingeschwefelt
(mit den trockenen oder unausgeleckten Honigwaben). Es scheint, daß
der Schwefel den Blütenstaub vor dem Schimmligwerden schützt. Bei
den aufeinander geschichteten Schubladen habe ich die Ritzen nicht mehr
mit Werg verstopft. Wenn auch die untern Schubladen etwas mehr
Schwefel bekommen als die obern, der Schwefel verbreitet sich nachher
durch Verdunstung oder Oxydation doch in der ganzen Schubladensäule.
Ich bemerke noch: wenn man eine Schublade von einer solchen Schicht
wegnehmen will, dann nimmt man nicht die oberste, sondern legt diese,
ohne die Zeitungen wegzunehmen, auf die Seite, nimmt die nächst=
folgende und legt die auf die Seite gelegte oberste wieder auf, so daß
sie stets die oberste bleibt.

Die Engländer gestehen, daß beim Operieren im Original=
Amerikaner, d. h. beim Entnehmen der Brutrahmen nach oben sehr
oft Königinnen zwischen Rahme und Seitenwand des Kastens be=
schädigt werden. Das ist beim Blätterkasten ganz entschieden nicht
der Fall; man muß nur immer Deckbrett oder Schublade aufheben.
Wenn man beim Blättern die Waben recht viel auf die Seite rückt,
d. h. alle Waben mit den Schiedbrettern von der Seitenwand an,
dann kann man ganz gut eine Wabe herausnehmen, wieder einstellen
und mit einer andern ebenso verfahren, ohne eine Brutwabe auf den
Wabenknecht stellen zu müssen. Freilich, wenn an den oberen wag=
rechten Rahmenteilen viel Wachsverbauung vorhanden ist, dann ist es
besser, eine Wabe herauszustellen. Mit einem nachlässigen Dreinfahren
könnte die Königin eben doch gefährdet werden.

Wenn auch nicht alle Jahre, so doch je nach einigen Jahren
sollten alle Brutwaben untersucht und alle nicht ganz tadellosen ent=
fernt, d. h. einstweilen, wenn sie Brut enthalten, außerhalb die Schiede
gestellt werden. (Es ist kein Grund vorhanden, Waben zu entfernen,
bloß weil sie alt sind. Wenn sie keine Löcher haben, können sie zwanzig
und mehr Jahre dienen. Die Zellen werden mit der Zeit durch die
zurückgelassenen Cocons wohl eine Idee kleiner, aber die Bienen werden
deswegen nicht kleiner. Doolittle.) Hiezu eignet sich mein System
ganz vorzüglich, weil man das namentlich während der Haupttracht,

wo die Bienen in sehr guter Stimmung sind, machen kann. Die Schub=
lade und das Absperrgitter werden bloß aufgehängt. Weiselzellen!

Durch die Thatsache, daß bebrütete alte Waben von den Bienen
wie von der Königin bevorzugt werden, muß man sich nicht etwa zu
der Meinung verführen lassen, daß es nicht gut sei, während der
Tracht oder noch besser vorher, schon im April, Mittelwände im Brut=
raum ausbauen zu lassen. Zu dieser Zeit bauen die Völker gern
und rasch, und diese neuen, selbst ausgebauten Waben werden auch
gern bestiftet, so daß die Brutentwicklung auf solchen schönen Waben
eben doch weiter kommt als auf alten, fehlerhaften.

Umgekehrt soll man es sich zur Regel machen, nicht nur in den
zuerst aufgelegten Schubladen bebrütete Honigwaben zu haben, sondern
in allen Schubladen, namentlich auch in denen, welche während der
Sommertracht aufliegen. Es soll möglichst viel vom Sommerhonig
in die Schubladen hinauf kommen, wenn man sie überhaupt im
Sommer auflegt. Das S. 281 berührte Problem betreffend Fütterung
in der Trachtpause wäre am einfachsten gelöst, wenn man nach der
Frühlingsernte, aber nur bei sehr schlechtem Wetter, etwas Sommer=
honig (vom vorigen Jahre her) füttern würde. Die Sommertracht
kann sich dann einstellen oder nicht. Zucker sollte auf keinen Fall
gegeben werden vor der Zeit, in der eine Sommertracht noch möglich
ist. Und schließlich wenn man früh abräumt, z. B. Mitte August,
so läßt sich mit Zucker immer noch etwas machen, um für die Ein=
winterung viel junge Bienen zu bekommen, ohne jegliche Fütterung
in der Trachtpause. Die während der letztern erbrüteten Bienen
hätten doch mehr nur den Wert als Ammen zur Erbrütung der=
jenigen später erbrüteten, die dann wirklich überwintern. — Das Jahr
hindurch und für gewöhnlich habe ich immer nur eine Schublade auf
jedem Kasten liegen. Ich besitze auch für meine 64 Völker nicht etwa
128 Schubladen, sondern bloß 85, und ich gedenke nicht, noch mehr
anzuschaffen. Wenn ich sehe, daß ein Stock voraussichtlich mehr als
einen Aufsatz füllt, dann wird geschleudert. Selbstverständlich ist es
notwendig, etliche überzählige, mit ausgebauten Waben möblierte
Schubladen zu haben, damit man, wenn geschleudert werden muß, diese
unterschieben kann, dann die ausgeschleuderten und so weiter, bis

man herum ist. Wo mit Bienenflucht und Königin-Absperrgitter
gewirtschaftet wird, geht das schnell. Man muß freilich zu jedem
Bienenfluchtapparat eine Emballage-rahme haben. Auch die bebrüteten
Honigwaben möchte ich nicht in allzu großer Anzahl, um nicht zu
viele einschwefeln zu müssen.

Wenn ich beim Abräumen vor der Einwinterung die Bienenflucht nicht anwende, verfahre ich wie folgt. Zuerst wird die Schublade aufgehängt und im Brutraum geschaut, ob offene Brut vorhanden ist. Dann wird das Deckbrett weggenommen, und wenn
man das Wachs unten am Deckbrett abkratzen will (am besten auf
einen Emballagesack), der Bienen entledigt. Dann zieht man die
Schublade gegen sich, stellt sie auf, legt das Deckbrett unten an dieselbe, schiebt die Schublade auf dem Deckbrett nach vorn und läßt
das Ganze auf den Brutraum nieder. Am Brutraum ist das Fenster
ohne Schieber angeschoben worden. Nun wird noch der (eckige) Bienentrichter eingeklemmt. Die Bienen werden von den Honigwaben ab-
geschüttelt und in eine bereitstehende leere Schublade plaziert. Die
leerwerdende aufliegende Schublade wird in gleicher Weise bei dem
folgenden Stock verwendet. Bei der Entnahme der Honigwaben müssen
dieselben mit dem verlängerten Zangengriff gelöst werden.

Wenn man einen Brutraum aufmacht, so merkt man schon an
der Ruhe der Bienen, daß der Stock weiselrichtig ist. Im andern
Fall sterzeln alle Bienen des (weisellosen) Volkes; es „heult." Oft
auch sind die Bienen bei Beginn der Operation ruhig und nach und
nach werden alle aufgeregt. Das Sterzeln des ganzen Stockes kommt
(während einer Operation) vor, auch wenn das Volk in stiller Umweiselung begriffen ist, aber noch keine Eier da sind.

Je später in der Saison die Königinzucht praktiziert wird, desto
größer ist das Risiko, daß die Königinnen nicht mehr befruchtet werden.

In jedem meiner Bienenhäuser ist inwendig an der Thür ein
kleines Schreibpult angebracht; auf demselben liegt je ein Bleistift
und ein Notizbuch, das 10—20 Rp. kostet. In diesem Büchlein hat
jeder Stock ein Folio, Vorder- und Rückseite. Auf den hintern
Seiten des Büchleins trage ich eine wichtige Operation noch einmal
ein und zwar nach dem Datum geordnet. Ich weiß dann immer,

an wie vielen Stöcken und an welchen die betreffende Operation vor=
genommen wurde. Endlich trage ich immer einen Taschenkalender
(Notizbuch) bei mir und zwar nicht in der Weste oder im Rock,
sondern in einer Tasche, die in den Hosen, die man immer anhat,
angebracht ist und zwar nicht seitlich, sondern hinten.

Sehr viele praktische Notizen in diesem Buche sind auf diesem
Wege, also buchstäblich mitten in der Praxis, entstanden. Mein Buch
würde übrigens einen zu großen Umfang erreichen, wollte ich alles
und jedes zu Papier bringen, was mit dem Dadant=Alberti=Bienen=
kasten gemacht werden kann. Wenn ich mich nicht gescheut habe, auch
Kleinigkeiten zu erwähnen, so hat das seinen Grund darin, daß sie
oft willkommen sind, aber manchmal erst nach langer Zeit einem in
den Sinn kommen. Auch bilde ich mir nicht ein, daß sich nicht noch
manches kombinieren läßt, was mir zur Zeit noch nicht zum Bewußt=
sein gekommen ist und das der eine oder der andere finden wird.
Mein Grundsatz ist indessen immer der, nicht nach dem Ruhme zu
streben, etwas Neues zu erdenken, sondern nachzuforschen dem, was
andere, namentlich erfahrene Großbienenzüchter, nicht bloß theoretisch
behandelt, sondern mit Erfolg praktiziert haben, und dabei, wenn
immer möglich, zu sagen, von wem ich es gelernt habe. Wenn manches
in meinem Buche überseeisch ist, so ist es nicht deswegen gut. Es liegt
aber auch, für mich wenigstens, kein Grund darin, es deshalb gering
zu schätzen. Und wie ich deukt noch mancher. Selbst die Amerikaner
haben auch in der Bienenzucht von Europa viel gelernt. Warum·nicht
auch umgekehrt? Unsere Landwirte z. B. gehen, im Bilde zu reden,
immer mehr nach Amerika, d. h. sie bedienen sich auch amerikanischer
Maschinen, wenn sie sehen, daß dieselben zweckmäßig sind. Der Geist
der Kulturarbeit ist international.

Sachregister.

---

[1] Nach Root (Gleanings 15. Juli 1901) beträgt die Schlitzweite des Königin=Absperrgitters, das die Königin sicher ausschließt, $\frac{16}{1000}$5 englische Zoll = 4,191 mm.

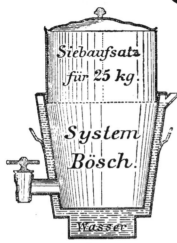

H. Boßhard,

Blechwarenfabrikation,

Dübendorf bei Zürich,

liefert als

Spezialität in bester Ausführung:

Honigbüchsen

Honigkessel

Klärkessel

Klärsiebe

Honighahnen etc.

Das beste Futtermittel

für Reiz- und Winterfütterung ist der seit 14 Jahren erprobte

Fruchtzucker

(Invertzucker).

Weil den Bienen ebenso zuträglich wie Honig und weil ohne Kochen, nur durch Wasserbeimengung, gleich zur Verwendung bereit, wird er von Tausenden von Imkern regelmäßig verfüttert. Zu beziehen durch die bekannten Dépôts oder bei der

Zuckerfabrik Maingau

(vorm. Dr. O. Follenius)

Schweizer Fruchtzuckerfabrik Zürich.

Abstandstreifen
für Honigrahmen und Schubladen.

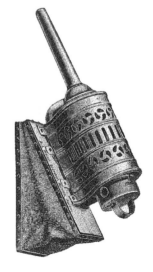

Verlag von J. Huber in Frauenfeld.

Auf **15,000 Exemplare in acht Auflagen** beläuft sich bereits die Verbreitung der Original-Ausgabe des nachstehenden, auch ins Italienische, Holländische und Russische übersetzten Buches:

Der

Führer am Bienenstande.

Anleitung für den Mobil-Imker

mit Angabe der monatlich vorzunehmenden Arbeiten

von

Eduard Bertrand,

Herausgeber der „Revue Internationale d'Apiculture", Professor an der landwirtschaftlichen Schule in Lausanne und an der Gartenbauschule in Genf, Ehrenmitglied der internationalen Gesellschaft amerikanischer Bienenzüchter, des Vereins schweizerischer Bienenfreunde und verschiedener anderer Bienenzuchtvereine.

Mit zahlreichen Figuren und einer Tafel.

Einzig autorisierte deutsche Uebersetzung,

besorgt von

H. Spühler.

Zweite, vermehrte Auflage,

mit einem Anhang: **Der Blätterkasten,** vom Uebersetzer.

Preis hübsch und solid in Leinwand gebunden Fr. 3. 50.

∼⊷⊷∽

Urteile der Presse.

„Mitteilungen über Gartenbau, Geflügel- und Bienenzucht": Die Originalausgabe dieses hochinteressanten Werkes erfolgte in französischer Sprache und die deutsche Imkerschaft ist dem Uebersetzer zu großem Danke verpflichtet. Es ist ein schätzenswertes Handbuch für den Mobil-Imker, zufolge des praktischen und lehrreichen Stoffes, wie auch der leichtfaßlichen und einfachen Schreibweise halber. Der Inhalt gliedert sich in zwei Hauptteile und einen Anhang. Der erste Teil behandelt sehr ausführlich und doch leicht verständlich auch für den Anfänger sämtliche Arbeiten am Bienenstande, nach den einzelnen Monaten gerichtet. Im zweiten Teile sind die verschiedenen Bienenrassen, Bienengeräte und

Bienenwohnungen einer eingehenden Besprechung unterzogen, mit besonderer Be=
rücksichtigung des Dadant=, des modifizierten Dadant=, des Layens= und des
Schweizerstockes. Erwähnt sind ferner noch die Honigerzeugnisse, besonders Honig=
wein, =Essig und =Branntwein, sowie deren Herstellung. Wir empfehlen den
Mobil=Imkern die Anschaffung dieses Buches, umso mehr, als der Preis ein
mäßiger ist und die Ausstattung eine hübsche genannt werden muß.

„Bernische Blätter für Landwirtschaft": Der „Führer am Bienen=
stande" ist ein sehr praktisches und außerordentlich lehrreiches Bienenbuch, das in
kurzer Zeit acht Auflagen erlebt hat. Sein Verfasser, Herr Bertrand, Bienen=
züchter in Nyon und Redaktor der „Internationalen Bienenrevue", ist ein weit
über die Grenzen unseres Vaterlandes bekannter und geachteter Bienenzüchter,
und Herr Spühler hat unsern Schweizerimkern einen großen Dienst geleistet,
indem er den „Führer am Bienenstande" übersetzt hat. Wir wünschen dem Buche
eine große Verbreitung.

„Oesterreichisch=ungarische Bienenzeitung": Das vorliegende Werk
ist eine der interessantesten Erscheinungen auf dem jetzigen apistischen Büchermarkte:
Ein geborener Schweizer lernt in Frankreich die englische Bienenzucht kennen und
bringt es, nachdem er sie in seiner Heimat durchgeführt hat, zu staunenswerten
Erfolgen. Wie er sich die verschiedenen Systeme zurechtgelegt hat und zu welchen
Schlußfolgerungen, die Bienenzucht im allgemeinen betreffend, er hiebei angelangt
ist, das alles setzt er in seinem „Führer", der zunächst in französischer Sprache
erschien und von H. Spühler meisterhaft ins Deutsche übertragen wurde, getreulich
auseinander. Wir gestehen offen, daß wir in dem Buche vieles gefunden, was
uns, obwohl wir die gesamte deutsche Litteratur über Bienenzucht seit mehr als
zwanzig Jahren eifrig verfolgen, seiner Neuheit wegen überraschte. Man sagt im
Sprichworte: „Vier Augen sehen mehr als zwei"; hier angewendet könnte man
füglich sagen: „Drei Nationen sehen klarer als eine." Und hierin liegt der
Hauptvorzug des in Rede stehenden Buches: Es lehrt uns, aus den Errungen=
schaften und Erfahrungen anderer Volksstämme Nutzen zu ziehen. Uns hat das
Buch, das außer den auf der Tafel befindlichen Zeichnungen auch mit zahlreichen
in den Text gedruckten Abbildungen versehen ist, sehr angesprochen, und können
wir dasselbe allen Freunden der Bienenzucht auf das beste empfehlen.

„Köhlers Wirtschaftsfreund": Ein Buch, welches in der Bienenzucht
noch gefehlt hat. Es sind zwar vielfache Versuche gemacht, ein ähnliches Buch
zu schaffen, allein über einen und meist mangelhaft ausgefallenen Bienenarbeits=
kalender ist es nicht gekommen, wohingegen der Bertrandsche Führer eine frisch
geschriebene, anregende Anleitung zu den Monat=Arbeiten am Bienenstande ist,
das in vortrefflicher deutscher Uebersetzung von H. Spühler vorliegt und daher
jedem Imker doppelt empfohlen werden kann.

„Trierischer Landbote": Das vorstehend bezeichnete Werk empfehlen
wir allen Bienenzüchtern aufs beste. Selten hat uns eine Arbeit über Bienen=
zucht vorgelegen, welche so umfassend und lehrreich ist wie diese. Der Verfasser
verfügt über reiche Erfahrung und Sachkenntnis.

Verlag von J. Huber in Frauenfeld.